번암집

한국고전번역원 한국문집번역총서

번암집 11

樊巖集

채제공 지음
蔡濟恭

박미경 옮김
정문채

일러두기

1. 이 책의 번역 대본은 한국고전번역원에서 간행한 한국문집총간 235~236집 소재 《번암집(樊巖集)》으로 하였다. 번역 대본의 원문 텍스트와 원문 이미지는 한국고전종합DB(http://db.itkc.or.kr)에서 확인할 수 있다.
2. 역주는 내용이 간단하면 간주(間註)로, 길면 각주(脚註)로 처리하였다.
3. 한자는 필요한 경우 이해를 돕기 위하여 넣었으며, 운문(韻文)은 원문을 병기하였다.
4. 문장 부호는 '한글 맞춤법'에 규정된 용법을 따랐으며, 그 밖에 새로 만들거나 용법을 달리하여 사용한 부호는 다음과 같다.
   「 」: ' ' 안의 재인용을 나타낼 때 사용한다.
   『 』: 「 」 안의 재인용을 나타낼 때 사용한다.
   《 》: 책명 및 각주의 전거(典據)를 나타낼 때 사용한다.
   〈 〉: 편명, 작품명, 논문 제목을 나타낼 때 사용한다.
   …… : 번역문에서 원문의 '云云'을 처리할 때, 각주에서 긴 인용문을 처리할 때, 각주의 표제어가 네 어절 이상일 경우 생략되는 말을 처리할 때 사용한다.
   - - : 본문에서 소자(小字) 원문 주(註)의 처음과 끝에 사용한다.

차례

번암집 제41권

시장 諡狀

번암집 제42권

시장 諡狀

번암집 제43권

시장 諡狀

번암집 제44권

신도비 神道碑

번암집 제45권

번암집

제41권

시장
諡狀

대광보국숭록대부 의정부영의정 겸 영경연홍문관예문관춘추관관상감사 세자사 한산부원군 노저 이공[1] 시장

大匡輔國崇祿大夫議政府領議政兼領經筵弘文館藝文館春秋館觀象監事世子師漢山府院君鷺渚李公諡狀

선묘(宣廟) 임진년(1592, 선조25)에 나라가 혼란한 즈음에 명을 받아, 위급한 때에 위용을 세워 죽음에 이를 때까지 몸과 마음을 다 바친 이로 노저(鷺渚) 이 상공(李相公)이 있었다. 이 당시의 일이야말로 차마 말할 수 있겠는가. 왜구가 침입해 들어왔을 때 신립(申砬)이 패배했다는 소식을 듣고 서울이 크게 요동하고 상은 장차 서쪽으로 피난을 가려고 하였다. 처음에 문충공(文忠公) 유성룡(柳成龍)에게 명하여 남아서 서울을 지키게 하였는데, 대신이 공이 있다고 아뢰자, 상이 다시 명하여 공을 대장으로 삼아 도성에 남게 하고, 상은 즉시 피난을 떠났다.

공은 수하에 병졸이 한 사람도 없었기에 바로 남은 백성을 수습해 모집하여 막아 지킬 계획을 하였다. 당시에 한강을 막고 있던 도원수(都元帥) 김명원(金命元)[2] 공의 군대가 무너지고 적이 진격하여 서울

1 노저(鷺渚) 이공(李公) : 영의정을 지낸 이양원(李陽元, 1526~1592)을 말한다. 본관은 전주(全州), 호는 노저, 자는 백춘(伯春), 시호는 문헌(文憲)이다. 정종의 아들인 선성군(宣城君) 이무생(李茂生)의 현손이다. 임진왜란 때 유도 대장(留都大將)이 되어 일본군에 대항하였는데, 의주(義州)에 피난하고 있던 선조가 요동(遼東)으로 건너가 내부(內附)하려 한다는 소식을 듣고 탄식하며 8일간 단식하다가 피를 토하고 죽었다. 광국 공신(光國功臣)에 책록되었다.

2 김명원(金命元) : 1534~1602. 본관은 경주, 자는 응순(應順), 호는 주은(酒隱)이며, 이황의 문하에서 수학하였다. 임진왜란 당시 도원수로서 한강을 지키다가 패전하여

에 접근하자, 공은 성을 지킬 수 없다고 짐작하고 물러나 양주(楊州)에 진을 쳤다. 이윽고 전하는 말에 주상이 장차 내부(內附)[3]하리라고 하니, 공이 탄식하며 "나랏일을 어떻게 할 수가 없다."라고 하고, 한번 죽어 나라에 보답할 것을 맹세하고는 드디어 여드레 동안 밥을 먹지 않았다. 공의 셋째 아들이 종사관(從事官)으로 군중(軍中)에 있으면서 울며 음식을 들도록 청하였으나 공은 "내가 중한 부탁을 받았으나 힘이 부쳐 적을 쳐부수지 못하였다. 또 주상의 행차가 장차 요동(遼東)으로 건너간다고 하니, 살아서 무엇 하겠느냐. 지금이 바로 내가 죽을 때이다. 다시는 말하지 마라."라고 말하고 이어서 눈물을 흘리니 막사 안의 병사들이 모두 숨을 죽이며 쳐다보지 못하였다. 드디어 피를 몇 되나 토하고 군중에서 세상을 마치니 때는 임진년 7월 1일이었다.

공의 성은 전주 이씨(全州李氏)이고 휘는 양원(陽元)이며 자는 백춘(伯春)이다. 고조할아버지 휘 무생(茂生)은 공정대왕(恭靖大王 정종(定宗))의 넷째 아들로서 선성군(宣城君)에 봉해졌다. 증조할아버지 휘 말정(末丁)은 병산군(屛山君)이고, 할아버지 휘 천수(千壽)는 지산군(知山君)이다. 아버지 휘 학정(鶴丁)은 이원군(利原君)이니, 이원군은 곧 지산군의 사촌 동생 비홍령(飛鴻令) 휘 난손(蘭孫)의 아들인데 지산군이 양자로 들였다. 공이 귀하게 되자 병산군, 지산군, 이원군이

임진(臨津)에 피신한 적이 있다.

3 내부(內附) : 다른 나라에 들어가 의탁하는 것을 말한다. 의주까지 파천(播遷)한 선조는 압록강을 건너 요동으로 들어가기 위해 중국의 의사를 타진하고, 대신들과도 여러 차례 이 일을 의논하였다.

모두 차례대로 품계가 추증되었다. 어머니 동래 정씨(東萊鄭氏)는 군수 휘 정창(鄭瑒)의 따님으로, 가정(嘉靖) 병술년(1526, 중종21)에 공을 낳았다.

몇 해 뒤 이원군이 세상을 버렸는데, 공은 어려서 아버지를 잃었으나 남달리 영특하여 번거롭게 지도하지 않아도 문장이 울연(蔚然)히 일찍 성취하여 열대여섯 살에 벌써 대단한 명성이 있었다. 독실하고 인자한 데다 도량이 컸고, 기쁨과 노여움을 표정에 드러내지 않았다. 당시 여론에서 문학에 뛰어난 선비로서 벼슬길에 나아가 한 시대를 보좌할 자로 공을 기대하지 않는 자가 없었다.

을묘년(1555, 명종10)에 생원, 진사 두 시험에 입격하였다.

병진년(1556)에 명종이 시행한 성균관 알성시에서 을과(乙科)에 급제하여 승문원에 기용되었다. 이어 천거로 예문관에 들어가 한림(翰林)[4]이 되었다. 이윽고 홍문관의 정자와 저작에 녹선되었고 수찬에 올라 독서당에서 사가독서(賜暇讀書)를 하였으니, 모두 최상의 선발이었다.

이 당시는 사대부 중에 재주와 학문으로 명망이 있는 이들이 조정에 수없이 많았지만 공보다 앞설 이가 없었으니, 막 관직에 임명되었음에도 이렇듯 태산북두같이 명망이 높았다. 병조로 옮겼다가 지제교(知製教)로 녹선되었고 사간원 정언으로 옮겼다가 또 홍문관으로 들어가 교리(校理)가 되었으며, 얼마 되지 않아 이조 정랑을 배수하였고, 의정부 사인으로 옮겼다.

계해년(1563)에 나라에서 변무선계사(辨誣璿系使)를 보내니 공이

4 한림(翰林) : 예문관에서 7품 이하의 참하관(參下官)을 말한다.

서장관(書狀官)으로서 북경에 갔다가 정사(正使) 김주(金澍)[5]가 병으로 죽자 공이 정성을 다해 전대(專對)하였다. 천자를 감동시켜 마음을 돌리게 함으로써, 바로잡은 칙명을 받들고 돌아왔다. 귀국하자 상이 크게 기뻐하며 상을 매우 후하게 내리고 특별히 통정대부(通政大夫)를 가자(加資)하였으며 호조 참의를 배수하였다. 병조 참지, 대사간(大司諫)을 거치며 그 사이에 승지가 되었고, 홍문관 부제학을 거쳐 이조 참의를 배수하였다.

정묘년(1567)에 도승지로 옮겨 특별히 가선대부(嘉善大夫)에 올랐다. 명종의 병세가 매우 위독해지자 공이 영의정 이준경(李浚慶)[6] 공과 함께 대궐에 들어가서 세자를 세우는 교지를 받들고, 덕흥군(德興君)[7]의 사저(私邸)에서 선조대왕을 맞이하여 궐로 들어가 즉위하게 하였다. 당시 갑작스러운 위기에 종사(宗社)의 존망이 호흡하는 사이에 달려 있었는데, 공이 승정원에 있으면서 일 처리를 치밀하고 신중하게 하니, 일각도 채 못 되어 반석같이 안정되었다. 이공이 이 일로 공을 더욱 의지하고 중시하였다.

5 김주(金澍) : 1512~1563. 본관은 안동(安東), 자는 응림(應霖), 호는 우암(寓菴), 시호는 문단(文端)이다. 1563년 종계변무사(宗系辨誣使)로 명나라에 가서 사명을 마치고 그곳 객사(客舍)에서 죽었다. 1590년(선조23) 광국 공신(光國功臣) 3등으로 화산군(花山君)에 추봉(追封)되었다.

6 이준경(李浚慶) : 1499~1572. 본관은 광주(廣州), 자는 원길(原吉), 호는 동고(東皐)·남당(南堂)·홍련거사(紅蓮居士)·연방노인(蓮坊老人)이다. 1567년 하성군(河城君) 이균(李鈞)을 선조(宣祖)로 세우고 원상(院相)으로서 국정을 보좌하였다.

7 덕흥군(德興君) : 중종(中宗)의 일곱 번째 아들로 이름은 이초(李岹)이다. 명종이 후사가 없어 덕흥군의 아들 하성군이 즉위하니 바로 선조이며, 덕흥군 자신은 대원군으로 봉해졌다.

무진년(1568, 선조1)에 경상도 관찰사에 임명되었다.

경오년(1570)에 병으로 해임되었다가 겨울에 동지 하사(冬至賀使)가 되었다.

신미년(1571)에 대사헌을 배수하였고 또 전라도 관찰사로 나갔다.

계유년(1573)에 또 사은사(謝恩使)가 되었다.

을해년(1575)에 개성 유수(開城留守)로 나갔다가 이윽고 대사헌을 배수하였다. 2년 뒤에 다시 이조 참판이 되었다.

무인년(1578)에 평안도 관찰사로 나갔다.

경진년(1580)에 부름을 받고 나가 부제학(副提學)을 배수하였다. 겨울에 특별히 승진하여 형조 판서가 되었다.

임오년(1582)에 병조 판서에 임명되었다.

병술년(1586)에 이조 판서에 임명되었다.

기축년(1589)에 천거로 홍문관과 예문관 대제학에 임명되어 문형(文衡)을 잡았다. 공은 스스로 요직을 많이 거쳤다 하여 매번 완강히 사양하였으나 결정이 되면 그만두니 상이 더욱 중히 여겼다.

경인년(1590)에 특별히 의정부 우찬성으로 승진하였다.

신묘년(1591)에 우의정에 임명되고 광국 공신(光國功臣) 한산부원군(漢山府院君)에 책봉되었으니, 계해년(1563, 명종18)에 종계(宗系)를 바로잡은 공로 때문이었다.

공이 물러나 양주에 주둔하였을 때 왜적은 승기(勝機)를 타서 예봉이 매우 날카로웠는데, 공이 모집한 병사들은 모두 시정(市井)의 늙고 병든 자들이라 어찌해 볼 도리가 없었다. 공은 그래도 격문으로 남병사(南兵使) 이혼(李渾)과 부원수(副元帥) 신각(申恪)을 불러 왜적을 게재〔蟹峴〕 아래에서 요격(邀擊)하여 크게 무찔러 70여 급의 머리를 베고, 명성령(明城令) 이작(李綽)[8]을 급히 보내어 행재소에 승첩을 아뢰도록 하였다. 왜구가 깊이 들어오고부터 패전의 보고가 날마다 이어졌는데, 이때에 와서 비로소 승첩을 알리자 상이 크게 기뻐하여 즉시 이작을 소견(召見)하여 특별히 품계를 통정대부로 올려 주고, 공은 승진시켜 영의정으로 삼았다.

아, 이 당시에 공의 공적이 과연 어떠했던가. 그러나 공의 뜻이 어찌 다만 한 번의 승첩만으로 나라에 보답한 것이라 여기고서 그만두려 했겠는가. 하늘이 그의 충정을 가엽게 여겨 도와주지 않으니 끝내 성취할 것은 다만 한 번의 죽음뿐이었다. 충신과 지사(志士)가 어찌 천년이 지난 뒤에라도 슬피 탄식하지 않을 수 있겠는가. 세자가 이천(伊川)에 있으면서 공이 죽었다는 소식을 듣고 사람을 보내어 조문하고 제사하며 배로 관을 호송하여, 해미(海美)에 장사 지내게 했으니 수(壽)가 67세였다.

공은 타고난 자품이 고명한 데다 학문을 더 보태어 선을 좋아하고 옛것을 좋아함이 늙을수록 독실하였다. 성리학을 제대로 아는 학자가 있다는 말을 들으면 반드시 몸을 낮추어 만나 보았고, 종족이나 친구 중에 몹시 궁한 자가 있으면 그때마다 아낌없이 도와주었다. 풍채와 격조가 장중하고 심원하여 구차하게 말하거나 웃지 않으니, 사람들이 그의 깊이를 엿볼 수 없었다. 선조 때 조정의 신하들이 동서로 나뉘어

8 이작(李綽) : 세조의 손자 연창군(延昌君) 이학수(李鶴壽)의 여섯째 아들이다. 임진왜란 때 재종(再從) 호성군(湖城君)·흥원군(興原君)·춘원정(春原正)과 더불어 동맹하여 종묘사직을 수호하고자 의병을 일으켜 평양성을 탈환하였고, 1593년 선조가 궁으로 돌아올 때 호종하는 등 공을 세워 1605년 선무원종공신일등(宣武原從功臣一等)에 책훈되었다.

각각 자기의 당을 만들 때 공은 홀로 남아 어느 한쪽에도 기울거나 치우치지 않았다.

일찍이 야대(夜對)에서 상이 술을 권하고 직접 시를 지어 공에게 화답하게 하였는데, 그 노래에,

까마귀야 검지 말아라 鵶兮莫黑
백로야 희지 말아라 鷺兮莫白
흑백이 어지러이 다투는데 黑白之紛如兮
수리는 홀로 어찌하여 검지도 희지도 않으냐 雕獨胡爲乎不黔不白

하자, 공이 즉시 이어서 화답하기를,

붉다고 해도 내가 아니고 謂朱非我兮
푸르다 해도 내가 아니네 謂綠非我
붉고 푸른 것이 현란하지만 朱綠之眩晃兮
또한 내가 지닌 어여쁨은 아니네 又非我之娜也
님은 어찌 나를 모르시는가 君胡爲兮不我知
나를 얼룩덜룩 물들었다 하시네 謂我兮染夏

하였는데, 그제야 상이 공은 동서의 편당이 없음을 알고 더욱 훌륭하게 여겼으니, 군신간의 만남이 이처럼 성대하였다. 공이 이로 인하여 자호를 노저라고 하였다.

일찍이 삼도(三道 경상도, 전라도, 충청도)의 관찰사를 역임하면서 크고 작은 일을 헤아려 처리할 때 물 흐르듯 결단하여 사의(事宜)에 맞지 않는 것이 없어서 재임한 곳마다 명성과 치적이 드러났다. 양전(兩銓)의 판서를 여러 번 역임하면서 한결같이 공정함을 견지하여, 감히 청탁을 행하는 자가 없었다. 나라가 위태로운 때를 만나서는 빈손으로 중임을 받아서 강개한 나머지 눈물을 흘렸고, 격문으로 병사를 모집해 군대

를 편성하여 먼저 큰 적을 헤아려 보고 제대로 승첩을 거두었으며, 죽음을 삶같이 여겨 배운 바를 저버리지 않았으니, 군자가 죽을 자리를 제대로 얻은 것이라고 말할 만하다. 근본을 둔 곳이 없다면 어찌 이럴 수 있겠는가.

공은 젊어서 이소재(履素齋) 이중호(李仲虎)[9]에게 수업을 하여 언제나 《소학》의 가르침으로 몸을 다스렸다. 또 퇴도(退陶 이황(李滉)) 선생의 문하에서 가르침을 받으며 기대를 듬뿍 받았고, 한강(寒岡) 정구(鄭逑) 선생과 사이가 좋아서, 도의(道義)로 서로 절차탁마하였다. 승지에 추증된 공의 셋째 아들 시경(蓍慶)[10]이 왜적을 격퇴하다 죽어 시신을 찾지 못하자 초혼하여 공의 묘 곁에 장사 지냈다. 어질구나, 아버지의 사업과 미덕을 계승하여 떨쳤구나.

부인 정경부인(貞敬夫人) 유씨(柳氏)는 군수 휘 유간(柳幹)의 따님이다. 부도(婦道)가 있고 공을 잘 섬겼으며, 공보다 1년 뒤에 죽어 공의 묘에 합장하였다.

3남 2녀를 낳았으니, 장남 서경(犀慶)은 현감이고, 차남 귀경(龜慶)은 증(贈) 좌찬성이며, 삼남 시경은 증 좌승지이다. 장녀는 이조 판서 성영(成泳)에게, 차녀는 군수 조희식(趙希軾)에게 시집갔다. 귀경의

9 이중호(李仲虎) : 1512~1554. 본관은 전주(全州), 자는 풍후(風后), 호는 이소재이고, 종실(宗室) 고양부정(高陽副正) 이억손(李億孫)의 서자이다. 김굉필(金宏弼)의 문인(門人)인 유우(柳耦)에게 배웠다. 그의 문하생이 수백 명이었는데 《소학》을 학문의 기초로 삼아 가르쳤다고 한다. 《明宗實錄 9年 11月 26日》

10 시경(蓍慶) : 이시경(?~1597)의 호는 약산(藥山)이다. 소촌 찰방(召村察訪)으로 정유년(1597, 선조30)에 왜적을 죽이고 전쟁터에서 죽어 배에 화살이 꽂힌 채 장사 지냈다고 한다. 《正祖實錄 16年 9月 5日》

손자 익로(翼老)는 벼슬이 직강(直講)에 이르렀고, 익로의 아들 우정(宇鼎)은 벼슬이 예조 판서에, 우진(宇晉)은 벼슬이 승지에, 우겸(宇謙)은 벼슬이 교리에 이르렀으며, 우진의 아들 도원(道原)은 벼슬이 주서(注書)에 이르렀다. 시경의 손자 규로(奎老)는 벼슬이 필선(弼善)에 이르렀다.

공은 박학하고 문장에 능하였다. 밝은 시대를 만나 책무는 경연의 자리에서 컸고 지위는 정승까지 높이 올랐다. 위로는 군왕의 덕을 아뢰고 아래로는 당시의 정사를 조화롭게 잘 다스렸으니 찬란하게 볼만한 것이 어찌 이에 그치겠는가. 애석하게도 전란을 겪으면서 집에 모아 놓은 것들이 흩어져 버려 고증할 길이 없다. 다만 평생의 큰 이력들만 모아서 봉상시에 올려 시호를 내리는 전례(典禮)를 청한다.

대광보국숭록대부 의정부영의정 겸 영경연홍문관예문관춘추관관상감사 세자사 영평부원군 송천 최공 시장
大匡輔國崇祿大夫議政府領議政兼領經筵弘文館藝文館春秋館觀象監事世子師寧平府院君松泉崔公諡狀

공의 성은 최씨(崔氏)이고 휘는 홍원(興源)이며 자는 복초(復初)이고 자호가 송천(松泉)이며 본관은 삭녕(朔寧)이다. 증조할아버지 휘 항(恒)은 세종 때 문과에 장원을 하여 벼슬이 영의정에 이르렀고 다섯 임금을 내리 섬기며 세 번 책훈(策勳)되었으며, 문장과 덕업이 우뚝한 명신이다. 할아버지 휘 영호(永灝)는 문과에 급제하여 벼슬이 사옹원정(司饔院正)에 이르렀으나 일찍 죽었으며, 좌찬성에 추증되었다. 아버지 휘 수진(秀珍)은 음직(蔭職)으로 벼슬하여 전첨(典籤)에 그쳤고, 영의정에 추증되었으니, 공이 귀하게 되었기 때문이다.

처음에 의정공(議政公)이 판서 성현(成俔)의 따님에게 장가들었으나 혈육이 없었다. 후취는 이세신(李世臣)의 따님으로, 가정(嘉靖) 기축년(1529, 중종24) 1월 5일에 공을 낳았다. 당시에 의정공의 나이가 이미 쉰을 넘어, 매우 기특하게 여기고 사랑하였으며 간절히 바라는 것은 제대로 성장하는 것뿐이었다. 그러나 공은 남다른 자질이 있어 10여 세에 스승의 가르침을 받지 않고도 문장이 벌써 성취되니, 칭찬하지 않는 이가 없었다.

정미년(1547, 명종2)에 어머니 상을 당하였고, 복을 마치자마자 곧 의정공의 상을 당하였는데 지나친 슬픔으로 몸을 상해 가면서도 예를 다하였다.

을묘년(1555)에 사마시에 입격하였다.

신유년(1561)에 내시교관(內侍敎官)에 제수되었다.

계해년(1563)에 선공감 주부에 올랐다.

갑자년(1564)에 호조 좌랑으로 옮겼는데 안으로는 밝고 밖으로는 엄하여 판결이 모두 적절하니 판서 원혼(元混)·김개(金鎧)·이탁(李鐸)이 그의 재주에 탄복하여 낭료(郎僚)로 대하지 않았다.[11]

병인년(1566)에 조정에서 군자창(軍資倉)이 허술한 것을 염려하여 사람을 선발하여 제수할 것을 의논해서 공을 군자감 판관으로 삼았다.

정묘년(1567)에 상의원 판관으로 옮겼다. 당시에 명종이 승하하고 선조가 막 즉위하니, 사신의 행차가 연이었는데, 공이 의물(儀物)을 준비하는 것과 접대할 여러 도구를 마련하는 것이 일마다 시의적절하였다. 이윽고 평양 판관(平壤判官)으로 옮겨졌으나 상의원 제조가 이러한 때에 공이 없어서는 안 된다고 아뢰어 그대로 상의원에 있게 되었다. 겨울에 상주 판관(尙州判官)의 자리가 비자 관찰사가 아뢰어 사람을 가려서 제수하기를 청하였으니, 이는 공을 의중에 두었던 것이다. 상주 판관으로 옮겨 제수되자 상의원 제조가 또 전처럼 청하였으나 상이 특별히 상주로 보냈다. 상주로 간 지 몇 달 되지 않아 관가의 저장과 백성들의 비축이 모두 넘쳐났다.

무진년(1568, 선조1)에 문과에 급제하니 조정이 인재를 얻었다고

11 판서……않았다 : 판서 원혼·김개·이탁이 자신들보다 낮은 관원으로 대하지 않고 대등하게 대우했다는 말이다. 판서는 정2품 벼슬이다. 낭료는 낭관(郎官)인 요속(僚屬)으로 낭청(郎廳)이라고도 하며, 낭관은 정5품 이하 즉 동반의 통덕랑(通德郎) 또는 서반의 과의교위(果毅校尉) 이하인 관원을 말한다.

서로 축하하였다. 전례대로 전적(典籍)으로 옮겼다가 조금 뒤 그대로 상주 판관에 명하였다. 얼마 있다가 경상 도사를 배수하였고 임기가 차자 돌아와서 호조의 낭관(郎官)을 배수하였다가 곧 예조로 옮겨 서장관(書狀官)으로서 북경에 갔다. 돌아와서 장악원 첨정을 배수하고 옮겨서 사간원 정언에 제수되었다. 이로부터 여러 번 지평, 장령, 집의, 사간을 역임하고 홍문관에 참록(參錄)되었다.

을해년(1575)에 천거로 동래 부사(東萊府使)에 제수되고 통정대부(通政大夫)의 품계에 올랐다. 공이 종 한 명을 데리고 임지로 가서 티끌만큼의 재물도 자기 손에 넣지 않으니, 왜인들이 경외하여 한 가지 토산물도 감히 바치지 못하였다. 얼마 뒤 어떤 일로 파면되었다.

병자년(1576)에 동부승지에 제수되었다가 체직되어 부평 부사(富平府使)에 제수되었다. 하리(下吏)들이, 공이 엄하고 분명한 것을 꺼렸기 때문에 일을 꾸며 내어 파직되었는데, 백성들이 상소하여 잉임해 주기를 빌었으나 회답이 없자 모두들 눈물을 흘리면서 돌아갔다.

기묘년(1579)에 황해도 관찰사를 배수하였다.

경진년(1580)에 임기가 차서 첨지중추부사에 제수되었고 그사이 또 승정원에 들어갔다. 판결사(判決事)로 옮겨서는 해묵은 소송을, 가려운 곳을 긁듯 시원스레 판결하니 원망하는 말이 없었다.

신사년(1581)에 충주 목사(忠州牧使)에 임명되었다가 얼마 지나지 않아 충청도 관찰사에 올랐는데 감영(監營)에 미처 부임하기도 전에 상이 특별히 승지를 제수하니, 외직으로 내보내는 것을 아쉽게 여겼기 때문이다. 도승지에 올랐다가 병으로 사직하였다. 병조 참의를 배수하였고 또 홍주 목사(洪州牧使)에 제수되었다.

계미년(1583)에 황해도 지역에서 기근이 들어 굶주린 백성이 많이 떠돌아다닌다고 고하자, 율곡(栗谷) 이 문성공(李文成公)이 해주(海州)에 있으면서, 공이 전에 황해도 관찰사로 있을 때의 정적(政績)에 대해 매우 자세히 알고 있어서 조정에 말하기를 "이러한 때라면 황해도 지역은 최 아무개가 아니면 맡길 수 없습니다." 하니 조정이 그 말대로 계청(啓請)하여 다시 황해도 관찰사를 제수하였다. 공이 정성을 다하여 백성을 구제하니 백성들이 고통을 받지 않았다. 이 때문에 상이 포상을 하였고 황해도 일대의 백성들은 부모처럼 사랑하고 떠받들었다. 가선대부(嘉善大夫)의 품계에 올라 동지중추부사에 제수되고 한성부 좌윤, 형조 참판으로 옮겼다.

을유년(1585)에 함경도 관찰사를 배수하였다. 이에 앞서 대간(臺諫)이 북로(北路)의 군량이 불필요하게 낭비되는 것을 논하여 관찰사를 가려 뽑아서 정리하기를 청하였는데, 공이 부임하자마자 장부를 다 조사하여 조금도 빠뜨리지 않고 글로 써서 조정에 보고하니, 조정에서 다들 탄복하였다.

병술년(1586)에 병으로 체직되어 좌윤을 배수하였다. 얼마 있다가 상이 특별히 호조 판서에 제수하였다. 공이 낭관으로 있을 때 이미 명망이 있었기 때문에 이때에 와서 모두 만족해하며 "참다운 판서를 얻었다."라고 하였다. 당시에 상은 내수사(內需司)의 비용이 다한 것을 근심하여 광흥창의 미(米)를 이월하여 내려 주려고 하였는데 공이 의리에 근거하여 저지하니 당시의 의론이 훌륭하게 여겼다. 1년 만에 쌓인 피로가 병이 되자 체직되어 지중추부사를 배수하였다.

무자년(1588)에 평안도 관찰사를 배수하였는데, 병이 아직 낫지 않았다는 이유로 사직하고 부임하지 않았다. 겨울에 개성부 유수를 배수하였다. 백성들이 그의 청렴한 덕에 감복하여 비석을 세워 기렸다.

기축년(1589)에 다시 호조판서 겸 지의금부사에 제수되었다.

경인년(1590)에 좌참찬 겸 도총관을 배수하였다. 여러 번 옮겨 대사헌, 형조 판서가 되었다.

신묘년(1591)에 특별히 이조판서 겸 지경연사에 제수되었다. 가을에 병조 판서를 배수하였고, 체직되어 좌참찬에 제수되었다.

임진년(1592) 여름 4월에 왜구가 크게 들이닥치자 상이 서쪽으로 행차하여 피하려고 밤에 공을 경기, 황해 두 도의 도순찰사(都巡察使)에 제수하면서 성문의 열쇠를 남겨두고 보내었다. 공이 급히 달려 개성(開城)에 도착했을 때 왕의 행차가 이미 서울을 떠났다는 소식을 듣고 종사관(從事官) 이유징(李幼澄)을 보내어 상을 벽제(碧蹄)에서 맞이하였고, 또 종사관 유영경(柳永慶)을 개성에 남겨 어가를 호종하게 한 다음 공은 급히 황해도로 달려가서 어가를 호위할 일을 정리하였다. 상이 개성에 도착하자 상신 윤두수(尹斗壽) 공이, 위기에 임하여 혼란을 수습하는 재주가 있다며 극력 공을 추천함으로써 발탁되어 상신을 배수하였다. 공이 명을 듣고 어가를 보산역(寶山驛)에서 맞이하니, 상이 매우 극진히 위로하였다. 얼마 지나지 않아 좌의정에 올라 영의정에까지 이르렀다.

당시에 왜적이 평양성을 함락하자, 상은 의주(義州)로 가서 내부(內附)[12]할 계획을 하고 동궁을 남겨 종묘사직을 맡기면서 다시 공에게 명하여 보좌하게 하였다. 당시에 너무도 다급하여 권서(權署 대행(代行))의 교서가 없었는데 공이 급히 청하자, 상이 옳다고 여겼다. 그러나 상의 행차는 이미 떠나 버렸으므로 뒤에 곧바로 보냈으니 큰 변고를

12 내부(內附) : 다른 나라에 들어가 의탁하는 것을 말한다. 14쪽 주3 참조.

당하여 큰일을 처리할 때는 대개 이와 같이 주도면밀하였다. 이로부터 극서(極西 황해도와 평안도) 지역에서 동궁을 모셨으니, 강계(江界)로 들어갔다가 동북쪽 이천(伊川)으로 옮겼으며 또 서쪽으로 성천(成川)에 머물렀고, 또 옮겨서 용강(龍岡)까지 갔다가 이어서 영변(寧邊)으로 갔다. 평양이 수복되자 정주(定州)에서 상을 맞이하여 종묘사직에 제사 지내어 위로하였다.

처음에 공이 동궁을 호종하여 강계에서 북쪽으로 갈 적에 왜적이 왔다는 경보가 왔다. 동궁을 따른 신하들이 모두 허둥대며 종묘사직의 신주를 혹은 정결한 곳에 묻는 것이 편리하다고 하고, 혹은 산사에서 모시는 것이 편리하다고 하며 의론이 분분하여 결정짓지 못하자 공이 엄히 배척하였다. 행차가 이천에 머물게 되자 원근에 격문을 돌려 충의(忠義)를 격려하였다. 당시에 평양이 함락되고 도로가 두절되자 백성들 사이에 대가(大駕)가 이미 요동으로 건너갔다는 헛소문이 나돌아 백성들이 마음 붙일 곳이 없었다. 그런데 공이 동궁을 호종하여 근처에 머무르고 있다는 소식을 듣게 되자 군중이 곧 안정되었고 팔도의 의병들이 소매를 걷고 일어나니, 훗날 중흥의 공적은 실로 이에 바탕을 둔 것이다.

시랑(侍郎) 송응창(宋應昌)[13]이 황제의 칙지를 받고 와서 군무를 독려하니, 공이 명을 받고 가서 접대하였는데 주선하고 응대하는 것이 모두 예에 잘 맞자 시랑이 매우 비범하게 여겨 통사(通事) 남호정(南好

13 송응창(宋應昌) : 1536~1606. 자는 시상(時祥), 호는 동강(桐岡), 절강(浙江) 인화(仁和) 사람이다. 임진왜란에 병부 좌시랑(兵部左侍郎)으로 경략(經略)이 되어 조선과 계료(薊遼) 등의 군무를 담당하였다.

正)에게 말하기를 "내가 그대 나라 신하를 많이 보았지만 최 상국(崔相國)만 한 자가 없었다. 그대 나라에 인물이 있다." 하고 손에 든 부채를 주어 뜻을 전하였다.

정주에서 상을 맞이할 때 선릉(宣陵)과 정릉(靖陵) 두 능침의 변고[14]에 대한 보고가 도착하자 상이 통곡하며 공과 종실(宗室) 오산군(烏山君 이현(李鉉))의 무사 몇 명에게 명하여 몰래 밤중에 적의 소굴을 지나서 봉심(奉審)할 것을 명하였는데, 일행이 서울에 도착하기 전에 왜적이 막 물러났었다. 공이 곡하며 능에 알현하고 자세히 기록하여 아뢰면서 선대(先代) 조정의 옛 신하들과 궁인・환관, 왕자・처첩이 번갈아 봉심할 것을 청하였다. 이에 조정에서 회의를 크게 열어 여쭈어 결정하고 나서 공을 총호사(摠護使)로 삼고 다시 예에 따라 개봉(改封)[15]하도록 명하였다. 곧이어 공을 수성 대장(守城大將)으로 삼았는데, 공이 정성을 다해 어루만지고 보살피니 흩어졌던 백성들이 비로소 돌아와 모였다.

당시에 공은 몸소 나라의 안위를 맡아 비바람에 시달리며 나라가 있는 줄만 알고 자신이 있는 줄을 모르다가 병이 크게 났다. 상이 도성으로 돌아오자 공은 병든 몸을 이끌고 나가서 맞이하였고, 돌아와서 "대가가 이미 돌아왔으니 나는 죽어도 유감이 없다."라고 하고 연이어 글을 올려 정승의 자리에서 해임해 주기를 청하였다. 체직되어 판중추부사에 제수되자 빈객을 사절하고 고요히 방 한 칸에 거처하였으나

14 선릉(宣陵)과……변고 : 정현왕후(貞顯王后)의 선릉과 중종의 정릉이 파헤쳐진 사건을 말한다.

15 개봉(改封) : 무덤에 흙을 더 얹고 떼를 입히는 것이다.

나라에 큰일이 있으면 나아가 의논하였다.

정유년(1597)에 왜적이 다시 군대를 일으켜 침입하니 상이 공에게 명하여 중전(中殿)을 보호하게 하였다. 행차가 수안(遂安)에 머물렀다가 3년 뒤 기해년(1599)에 비로소 돌아왔다. 도성으로 돌아와 영중추부사에 올랐고 계묘년(1603)에 세상을 마치니 이해 2월 16일이다. 수는 75세였다. 한창 병이 위중할 때 상이 내의원에 명하여 간병하게 하고 내의원의 약재를 조제하여 보냈으며, 부음을 듣자 슬퍼하여 사흘 동안 조회를 멈추었다. 부의를 특별히 더 후하게 내리고 승지를 보내어 조문하게 하였으며 예조의 낭관을 제관(祭官)으로 보내어 장사를 돕게 했다. 교하(交河)의 선영 곁에 예장(禮葬)하였다.

공은 참판 권응창(權應昌)의 따님에게 장가들어 1남 3녀를 낳았다. 아들 산립(山立)은 벼슬이 호조 참판에 이르렀고 영안군(寧安君)을 습봉(襲封)하였다.

공은 진솔하면서 강직하고 온화하며 단정하였다. 평소에 교유를 즐기지 않고 공무에서 물러나면 오직 경서와 역사책을 가까이하였다. 더욱이 선조를 받드는 여러 범절을 중히 여겨, 늙고 병들어 예를 행할 수 없더라도 기일(忌日)이 되면 그때마다 기일에 앞서 소식(素食)을 하였다. 자제들에게 말하기를 "제수는 정결한 것을 귀하게 여기니 굳이 풍성하지 않아도 된다. 한결같이 〈가례도(家禮圖)〉에 따라 행하고 묘지의 비석도 사마 온공(司馬溫公)의 가르침에 따라 성명과 세계(世系)를 기록하는 것으로 족하다."라고 하였다.

한 누이동생이 일찍 과부가 된 것을 마음 아파하여 아무리 사소한 음식이라도 반드시 함께하였고, 친족을 잘 보살펴 먼 친척들도 부형처럼 우러러 의지하였다. 임진왜란에 권 부인(權夫人)의 집이 왜적에게 몰살당하여 권씨의 제사가 끊어졌는데 공이, 그 서자가 황해도를 떠돈다는 소문을 듣고 말을 보내어 거두어 양육하였고, 다 자라서는 권씨의 묘소 아래에 살게 하고 권씨로부터 나누어 받은 땅문서를 다 돌려주니, 듣고서 아름답게 여기지 않는 자가 없었다.

관직에 있으면서 늘 법을 잘 지키고 일을 할 때는 반드시 마지막을 생각하였다. 큰소리를 내지 않고도 부임한 곳마다 잘 다스렸고, 관료들끼리 의논을 할 때 어쩌다 의견이 다르더라도 표정을 드러낸 적 없이 조용히 조치하니, 사람들이 처음에는 마음에 들지 않아 하더라도 일이 끝날 때가 되면 깊은 사려에 감복하지 않는 자가 없었다.

남의 단점을 덮기에 힘쓰고 자기의 장점을 자랑하지 않았다. 말은 마치 입에서 나오지 않는 것처럼 하였으나 대책을 결단할 때면 아주 간단한 말로 가부를 결단하였다. 조정에 의심스러운 일이 있으면 그때마다 와서 자문하여 공을 마치 시귀(蓍龜)[16]처럼 믿었다. 비록 정승의 자리에서 물러나 집에서 지내면서도 조보(朝報)를 볼 때마다 정사에 잘못이 있거나 옛 법도를 새로 고친 것이 있으면 반드시 혼잣말로 중얼거리며 천장을 쳐다보고 가만히 탄식하였으니, 나라를 근심하는 정성스러운 뜻은 늙어서도 변함없었다.

지위는 영의정까지 높이 올랐으나 관복이 아니면 비단옷을 한 벌도 만들지 않고 자제들에게 통렬하게 경계하여 비단옷을 입는 당시 풍습을 본받지 못하게 하였다. 기거와 음식이 남들이 견디지 못할 만큼 초라하지만 편안한 듯하였고, 자제 중에서 벼슬에 제수되는 자가 있으

16 시귀(蓍龜) : 점을 치는 시초(蓍草)와 거북이라는 뜻으로, 국가에서 전적으로 믿고 의지할 수 있는 신하를 비유할 때 쓰는 표현이다.

면 공은 그때마다 근심하고 두려워하며 경계하기를 "감히 게을리하지 마라."라고 하였다.

처음에 나라에서 임진년의 공로를 녹훈(錄勳)할 때 공이 먼저 경기와 황해도의 관찰사로 명을 받았다는 이유로 녹훈되지 못하였으나 공은 태연하게 개의치 않았는데 마침 상의 하교로 끝내 호성 공신(扈聖功臣)에 책훈(策勳)되어 영평부원군(寧平府院君)에 봉해졌다. 충훈부의 관례에 공신의 초상을 그리게 되어 있는데, 화공(畫工)이 왔으나 공이 허락하지 않았으니, 대체로 이와 같이 겸손하고 근신하였다. 그 뒤에 조정에서 청백리를 선정할 때 공이 동고(東皐) 이 상공(李相公) 준경(浚慶)과 함께 선정되어 자손을 녹용(錄用)하라는 하교가 있었으니, 생전과 사후에 영광과 애도가 모두 지극하였다.

아, 공은 일찍이 재주와 도량을 지니고서 늦게야 밝은 조정에 들어가 장차 지닌 재주를 크게 펼칠 듯하였으나 불행하게도 어렵고 근심스러운 시대를 만나 나라가 결딴난 때에 정승이 되었고, 상이 파천하는 날에는 호종을 하여 나라의 재건을 잘 도왔다. 그러나 누적된 피로가 빌미가 되어 어느덧 병이 침입하였다. 어찌 이리도 애석하게 되었는가. 그 당시에 나가서는 군중(軍中)에서 계책을 세우고, 들어와서는 조정에서 책략을 낸 것을 어찌 다 헤아릴 수 있겠는가마는 병란을 거치면서 전하는 것이 열에 아홉은 없어졌다. 가장(家狀)을 가지고 공훈과 청렴 두 가지의 큰 이력을 대략 간추려 봉상시의 손을 빌려 시호를 청한다.

보국숭록대부 행 판중추부사 겸 이조판서 판의금부사 지경연춘추관사 세자좌빈객 치사봉조하 근옹 이공 시장
輔國崇祿大夫行判中樞府事兼吏曹判書判義禁府事知經筵春秋館事世子左賓客致仕奉朝賀芹翁李公諡狀

숙종 18년 임신년(1692)에 근옹(芹翁) 이공(李公)이 원임 이조 판서로서 상소하여 사임을 청하였다. 상소에 아뢰기를,

"마흔에 벼슬하여 일흔에 물러나는 것은 예법이 매우 엄합니다. 어떻게 넘을 수 있겠습니까. 신하가 나랏일에 힘을 쏟는 것은 젊고 건장한 때이며, 나이가 들어 몸이 쇠약해져서 의욕은 넘치지만 힘이 마음을 따라 주지 못하게 되면 대개 명성을 떨어뜨리고 일을 그르쳐서 공사(公私) 간에 해가 됨을 면치 못합니다. 더구나 신은 한창의 나이에도 남에게 미치지 못하였고 늙어서는 더욱 쓸모가 없으니 이제부터는 일을 그만두고 태평성대의 은자가 되고 싶습니다."

하니, 상이 이르기를,

"내가 이제 막 옛사람들을 임명하려고 하는데 경은 어찌 서둘러 물러날 뜻을 품는가. 허락하지 않는다."

하였다. 공이 연이어 상소하며 그만두지 않자, 상이 공의 뜻을 돌릴 수 없음을 알고 경연관과 비변사, 사복시, 선공감의 제조 등의 여러 관직을 해임하고 한가한 자리를 주어 휴식하고 수양하기에 편리하게 하였으니, 위로하고 면려한 것이 매우 지극하였다.

다음 해 계유년(1693)에 무릇 열 번이 넘게 상소하자, 상이 평소 공을 중히 여겨 놓아주고 싶지 않았으나 이때에 와서는 공이 끝내 떠나

려는 뜻이 매우 확고한 것을 잘 알고 비로소 허락하였다. 이에 보국숭록대부(輔國崇祿大夫) 행 판중추부사 치사봉조하(致仕奉朝賀)로서 7품의 녹봉 및 달마다 술과 고기를 하사하니, 모두 국법대로였다. 사은숙배할 때 상이 특별히 선온(宣醞)을 베풀고 친히 세 편의 절구 시를 써 주며 입시한 승지에게 명하여 길을 떠날 때 주게 하였다. 시는 다음과 같다.

일흔의 장수는 원래 고금에 드문데	中壽元來罕古今
빛나는 충성심 늙을수록 더욱 깊도다	耒忱炳炳老彌深
사직하는 이날 그대는 아무 아쉬움 없겠지만	休官此日君無憾
나는 홀로 서운한 마음 끝이 없구려	我獨悠悠悵缺心

어찌 감당하랴 왕실의 이 어려운 일들을	那堪王室屬艱辛
이제 막 조정이 숙덕의 신하에게 의지하려는데	方仰朝廷宿德臣
오교장[17]의 한적한 즐거움 있다 해서	莫以午橋閑適樂
평소 사랑하던 대궐을 잊지나 마시오	也忘平昔戀楓宸

화려한 술자리 궁궐 안에 열 것을 재촉하니	華筵催向禁中開
백옥의 술잔에 향기로운 선온주로다	瀼醞香浮白玉杯
바람과 구름 물과 물고기처럼 잘 어울렸으니	風雲契合猶魚水

17 오교장(午橋莊) : 당(唐)나라 때 재상 배도(裴度)의 별장으로, 만년에 벼슬을 그만두고 물러나 이곳에 소나무와 대나무를 심고 못과 정자를 두어 날마다 친척이나 벗과 술 마시고 시를 지으며 한적하게 지냈다고 한다. 《宋史 張齊賢列傳》

바라건대 은혜에 흠뻑 젖어 취해서 돌아가시게　　願沐恩波倚醉廻

공이 절하고 머리를 조아리니 눈물이 흘러 옷깃을 적셨다. 이에 금중(禁中)에 입직한 여러 관서의 관원 및 숙위(宿衛)한 서리 들이 모두 탄식하며 말하기를 "참으로 어진 재상이며, 이는 세상에 드문 영예이다." 하였고, 도성의 백성들이 노소가 다 길거리에 나와 쳐다보며 말하기를 "어진 재상이 물러간다." 하였으며, 조정의 사대부들도 근심스레 말하기를 "우리는 누구를 본보기로 삼아야 하나." 하였다. 이로부터 문을 닫고 교제를 끊은 채 입으로는 시사(時事)를 말하지 않고 때때로 간단한 가마를 타고 삿갓을 쓰고서 산수 사이를 유유자적하였다.

을해년(1695) 2월 16일에 세상을 마치니, 수가 78세였다. 상이 매우 슬퍼하며 이틀간 조회를 열지 않고 시장을 닫도록 하였다. 부의(賻儀)를 보내고 장례의 의식을 관에서 돕도록 하였으며 예관을 보내어 조문하고 제사 지내게 하였고 동궁도 그와 같이 하였다. 살아서나 죽어서나 영광스러운 은전이 다 갖추어졌으니, 어찌 그리 성대한가.

공의 휘는 관징(觀徵)이고, 자는 국빈(國賓)이며, 자호는 근옹(芹翁)이다. 당(唐)나라 종실 이무(李茂)가 중랑장(中郎將)으로서 삼한(三韓)을 평정하여 연안(延安)을 채읍(采邑)으로 받으니, 연안 이씨가 여기에서 시작되었다. 이름난 정승과 훌륭한 인물이 대대로 이어져 성대하게 동방의 큰 일족이 되었다.

휘가 주(澍)이고 호가 분봉(盆峯)인 분에 이르러서는 대관(臺官)으로서 어떤 일을 논하다 상의 뜻을 거슬러 좌천되어 가산 군수(嘉山郡守)로 나갔고 죽은 뒤 영의정에 추증되었으니, 맏아들 연원부원군(延原府院君) 광정(光庭)[18]이 귀해졌기 때문이다. 막내아들 휘 창정(昌庭)

은 광해군이 인륜을 무너뜨리던 때를 만나 홀로 인목대비(仁穆大妃)를 모시다가 당시에 배척을 당하였는데 인조반정 때 함경도 관찰사에 발탁되었다가 그 벼슬로 세상을 마쳤으며,[19] 이조 판서에 추증되었다. 맏아들 휘 심(襑)은 뛰어난 행실이 있었으며 상락(上洛 안동(安東))에 은거하였다. 여러 번 유일(遺逸)로 천거되어 동궁 부솔(東宮副率)과 대군사부(大君師傅)에 임명되었고 사후에 좌찬성에 추증되었으니, 바로 공의 아버지이다. 어머니 정경부인 이씨는 본관은 영천(永川)이며 참판 이민환(李民寏)의 따님이다.

공은 9세 때 할머니 정부인(貞夫人)을 따라 중원(中原 충주(忠州))에 거주하였다. 때마침 왜국 사신이 가홍(可興)[20]을 지나면서 아이들 가운데 있는 공을 보고 매우 기특하게 여겨 사람을 시켜 업어 주고 장난감과 음식을 주게 하였는데, 공은 응답하는 데 두려워하는 기색이 없고 끝까지 하나의 물건도 가지지 않아 사신이 감탄하였다. 16세에 한성시(漢城試)에 입격하고, 18세에 사마시(司馬試)에 입격하였으나 격식을 어겨 입격자 명단에서 이름이 삭제되었다.

기묘년(1639, 인조17)에 또 사마시에 입격하니, 화려한 명성이 매우

18 광정(光庭) : 이광정(1552~1629)으로, 본관은 연안(延安), 자는 덕휘(德輝), 호는 해고(海皐)이다. 1602년(선조35) 주청사(奏請使)로서 인목대비의 책봉에 대한 고명(誥命)을 받으러 명나라에 다녀왔고, 1604년 호성 공신(扈聖功臣) 2등에 책록되어 연원군(延原君)에 봉해졌다. 뒤에 보국숭록대부(輔國崇祿大夫)에 올라 부원군(府院君)이 되었다.

19 함경도……마쳤으며 : 이창정(李昌庭)은 1624년 함경도 관찰사에 임명되어 1625년 임지에서 세상을 떠났다. 《仁祖實錄 2年 4月 10日》《承政院日記 仁祖 3年 6月 15日》

20 가홍(可興) : 오늘날의 충청북도 충주시 가금면(可金面)에 있는 이(里) 이름이다.

떠들썩하였다.

무자년(1648)에 찬성공(贊成公) 삼형제가 전염병으로 죽자, 친척들은 감히 그 집에 들어가지 못하고 종들은 모두 달아나니 공이 친히 장례 물품을 마련하고 슬픔과 예를 모두 극진히 하여 마음에 조금도 아쉬움이 없게 하였다. 어머니를 모시고 중원의 외가에 더부살이하면서 더욱 분발하여 말하기를 "내가 신세가 이미 외롭게 되었고 가업이 무너져 버렸으니 스스로 학업에 힘쓰지 않는다면 무엇으로 어머니 마음을 위로해 드리겠는가." 하고 관솔불을 밝혀 밤새 책을 읽었는데, 이웃 할머니가 늘 새벽 방아를 찧을 때마다 공이 글 읽는 소리를 듣고 또한 탄복하였다.

임진년(1652, 효종3)에 정릉 참봉(靖陵參奉)에 제수되었다.

효종 계사년(1653)에 문과에 급제하여 승문원에 뽑혀 들어갔다. 이윽고 요직에 있는 자에게 배척당하여 성균관으로 바뀌었으나 달갑게 받아들이며 섭섭한 기색을 드러내지 않고 승문원의 명함을 성균관에 돌리니, 여러 장로(長老)가 그의 아량에 탄복하며 미칠 수 없다고 하였다.

기해년(1659)[21]에 어머니 상을 당하고 복을 마친 뒤 학유(學諭)에서 봉상시 봉사로 옮겼고, 전적(典籍)에 올랐다가 병조 좌랑으로 옮겼다. 나가서 함평 현감(咸平縣監)이 되니, 함평은 작은 고을이기에 사람들은 공이 반드시 기뻐하지 않으리라 여겼다. 그러나 공은 수레를 재촉하여 임지로 가서 서민들을 은혜로써 보살피고 관장(官長)을 예로써 섬기는 한편 스스로를 청렴함과 엄격함으로 다스리니 1년 만에 고을이

21 기해년 : 대본에는 '丁未'로 되어 있다. 문맥에 근거하여 '己亥'로 바로잡아 번역하였다.

매우 잘 다스려졌다.

다음 해 경자년(1660, 현종1)에 어떤 일 때문에 파면되자 함평 사람들이 공적을 비석에 새겨 칭송하였다.

신축년(1661)에 사헌부 지평을 배수하였다가 체직되고 병조 정랑을 배수하였다. 사간원 정언으로 옮기고 나서는 네 조목의 상소를 올리니 모두 시정(時政)과 관련된 것으로, 상이 채택하였다.

임인년(1662)에 평안 도사가 되었다.

계묘년(1663)에 정언(正言)을 배수하였고, 체직되어 호조의 낭관을 배수하였으며 얼마 지나지 않아 지평(持平)으로 옮겼다가 장령(掌令)에 올랐는데 용주(龍洲) 조경(趙絅) 공의 〈논례소(論禮疏)〉[22]를 옳다고 여겨 매우 절실한 말로 당시 여론과 다른 주장[23]을 하였다가 배척당하여 전라 도사에 보직(補職)되었다.

갑진년(1664)에 두 번 장령이 되고 한 번 정언이 되었다. 또 안주판관(安州判官)으로 나가서는 공이 말하기를 "신하가 군주를 섬김에

22 용주(龍洲)……논례소(論禮疏) : 조경은, 본관은 한양, 자는 일장(日章), 호는 용주·주봉(柱峯)·간옹(㵎翁), 시호는 문간(文簡)이다. 인조의 계비 자의대비(慈懿大妃)가 효종의 상에 어떤 상복을 입어야 하는가의 문제로 벌어졌던 기해예송(己亥禮訟)에서 서인 쪽에서는 송시열, 송준길 등이 중심이 되어 1년 복을 주장했고, 남인 쪽에서는 허목, 윤휴 등이 나서서 3년 복을 주장하였다. 서인 측의 주장대로 1년 복으로 정해지자, 남인 윤선도(尹善道)가 상소를 올려 서인 송시열의 논리를 비판하다가 함경도 삼수로 유배 가게 되었는데, 조경이 윤선도의 주장을 지지하는 내용으로 상소한 것을 말한다.《顯宗實錄 2年 4月 21日》

23 당시……주장 : 조경이 윤선도를 지지하는 주장을 하자 당시 여론이 그를 지목하여 흉도라고 하며 배척하였으나, 이관징이 조경을 변론했던 것을 말한다.《顯宗實錄 4年 4月 4日》

어찌 안팎을 가리겠는가." 하고 한결같이 함평을 다스리던 방도로 다스리니, 관직에 있은 지 3년 동안 청나라 사신이 세 번이나 왔지만 백성들이 동요하지 않았고, 관서의 고을 중에서 치적이 가장 뛰어났다. 절도사가 공에게 말이 없는 것을 보고 무명 100단(端)으로 말을 살 자금을 마련해 주었으나 공은 명분이 없다는 이유로 사양하였고 억지로 주자 칙사 접대에 쓰는 비용으로 돌렸다.

정미년(1667)에 임기가 끝나 돌아가자 직강(直講), 세자시강원 문학을 제수하였다.

무신년(1668)에 헌납(獻納)에 두 번, 장령과 사예(司藝)에 한 번 배수하였다.

기유년(1669)에 통정대부에 올라 종성 부사(鍾城府使)를 배수하였는데, 마침 흉년이 거듭 들어 굶주린 백성이 사방에 가득하자 공이 정성을 다해 진휼하였고, 이웃 현과 읍에서 먹여 주기를 바라는 자들도 금하지 않으니, 공 덕분에 살아난 자가 수천 명을 헤아렸다. 진휼이 끝나고 나서 아전이 곡식의 수를 다른 고을의 예와 같이 상사(上司)에 보고할 것을 청하자 공이 웃으며 말하기를 "고을의 수령으로서 있는 힘을 다하여 곡식을 마련해서 고을 백성을 살렸을 뿐인데 무엇 하러 보고를 하겠는가." 하였다.

겨울의 호시(互市 국경 무역)에서 시장을 주관하는 자를 경계하여 청나라 물산 중 판매 품목 외에는 함부로 팔지 못하게 하니, 육진(六鎭)이 떠들썩하면서 반드시 경색되는 사달이 날 것이라고 하였으나 공은 꿈쩍도 하지 않았다. 하루는 청나라 사신이 곧장 들어와서 절하며 말하기를 "우리들이 용만(龍灣 의주(義州)) 길을 왕래하면서 안주에서의 공의 청렴한 덕을 익히 들었소. 지금 또 들으니 공의 집이 가난하여 갖옷이 없다는데, 한 벌 드리고 싶소." 하자 공이 깜짝 놀라며 눈을 부릅뜨고 물리치려고 하다가 그가 화를 낼까 두려워 즉시 보민고(補民庫)[24]로 내려보냈다. 모시는 자가 그 지역에서 생산한 베로 여름옷을 만들어 바치자 공이 말하기를 "내가 서남쪽 고을의 수령이 되었을 때도 토산물을 몸에 가까이한 적이 없는데 지금 종성의 베옷을 입겠는가." 하였다.

임자년(1672)에 임기가 차서 돌아오니, 종성의 백성들도 비석을 세웠다. 승정원 동부승지를 배수하였고 순서에 따라 우부승지에 올랐다.

계축년(1673)에 경상도 관찰사를 배수하였다. 당시에 영남 일대에 기근이 들자 공은 평상시의 녹봉을 덜어 내고 감영에 비축해 둔 곡식을 꺼내어 만여 섬의 곡식을 마련하여 구제하고, 조정에 알리지 않았다. 이에 앞서 관찰사가 도내의 인사들을 널리 구제하면서 각 고을에서 보첩(報牒)[25]을 가지고 온 자들에게도 양식을 주어 환심을 사니, 감영의 회조(會租)[26]를 흩어 준 것이 무려 만여 포(包)나 되었는데 돌아갈 무렵에는 도리어 회계 장부에 올렸다. 수혜자는 모르고 그것을 사사로운 은혜로 여겼는데 곡식을 갚을 기한을 독촉하니 공이 따로 처리하여 모두 탕감해 주고 말하기를 "백성들을 속여 함정에 빠지게 해서는 안

24 보민고(補民庫) : 원래는 향촌 사회에서 향약이나 계를 조직하여 일시에 많은 세금을 낼 수 있는 방편으로 기금을 모아 세 부담을 해결하던 공동체적 납세 조직의 성격을 띤 농민의 대응 기구였으나, 백성으로부터 잡역세를 징수하여 이를 감영과 중앙의 각 관서에 상납하거나 지방의 경비를 조달하는 재원으로서의 기능을 하게 되었다.

25 보첩(報牒) : 하급 관아에서 상급 관아에 알리는 공문으로, 보장(報狀)이라고도 한다.

26 회조(會租) : 지방 관아의 회계에 잡혀 있는, 환곡(還穀)이나 정해진 수량 외에 별도로 부가된 재정인 별회곡(別會穀)을 말한다.

된다." 하였다. 좌우에서 도내에 유시(諭示)하여 회조를 먹어 버린 자들이 알게 할 것을 청하였으나 공이 말하기를 "남의 허물을 드러내어 나의 은혜를 사는 짓을 나는 하지 않겠다." 하니, 좌우가 서로 속삭이기를 "지금에야 군자의 마음 씀씀이를 알겠다." 하였다. 이에 조정에 청하여 경술년(1670)과 신해년(1671)의 심한 흉년 뒤에 누적된 포흠(逋欠) 수만 섬을 탕감해 주었다. 고을을 다스리는 도는 큰 해가 될 것이 없으면 옛날의 관례를 고치지 않으며, 법률을 엄격하고 가혹하게 적용하지 않으면서 한결같이 백성이 시속에 편안하도록 하니, 백성들이 모두 소리치며 다시 살아난 것처럼 기뻐하였다.

공은 일찍이 영남에서 나고 자란 덕에 인척과 벗이 날마다 문을 메웠는데, 조금도 지체 없이 맞이하여 대부분 그 바람을 들어주었다. 공무의 여가에는 반드시 띠를 느슨히 매고 두건을 젖혀 쓰고 벗들과 기쁘게 담소를 나누며, 벼슬이 있거나 없거나 차별을 두지 않으니 당시 사람들 중 흡족해하지 않은 자가 없었다.

을묘년(1675, 숙종1)에 좌승지로서 다시 성균관 대사성을 거쳐 사간원 대사간으로 옮겨 여러 조목의 상소를 하였다.

첫 번째는 뇌물죄에 관한 법령을 엄히 하는 것이다. 뇌물죄는 국법에 매우 엄격하게 명시되어 있지만 기율이 점차 느슨해지면서 함부로 교활한 짓을 일삼는 자를 징계하지 못하여, 곧바로 지적되어 감찰을 받아 적발된 자가 의금부의 판결을 한번 거치고 나서 다시 본도를 거치면서 조사한 것이 공정하지 않아 고혈을 착취한 죄가 도리어 깨끗이 씻기는 바탕이 되니, 어떻게 무너진 기강을 엄하게 다잡고 피폐한 백성을 치료하겠느냐는 것이다.

두 번째는 인사 행정을 신중히 하는 것이다. 재주 있는 자를 뽑아 각자 적합한 임무를 담당하게 하는 것이 이조의 직무인데 최근에 사정(私情)이 공도(公道)를 이기지 못하여 관직에 사람을 가려 뽑지 않아서 넉넉하고 이름난 고을은 대개 노련한 아전을 잘 섬기는 자의 차지가 되었다. 처음 벼슬하는 좋은 자리는 권문(權門)의 자제들이 앞길을 트는 바탕이 될 뿐이니 이 폐단을 고치지 않고 어떻게 나라를 다스리겠느냐는 것이다.

세 번째는 청탁(淸濁)을 분별하는 것이다. 예송(禮訟) 이래로 온 나라가 의구심을 가지고 온 세상이 유약하여 스스로를 지탱하지 못하는 것이 참으로 근심스러우므로, 마땅히 경중(輕重)을 자세히 가리고 선을 장려하고 악을 제거하여 꿋꿋한 절개를 장려하고 나약해진 기강을 진작해야 한다는 것이다. 무려 수천 마디 말들이 분명하고 절실하지 않은 것이 없어 시대의 병폐에 적중하니, 식자(識者)들이 훌륭하게 여겼다.

체직되어 병조 참지를 배수하였고, 현종의 신주를 썼다. 가선대부(嘉善大夫)에 올랐으며 호조 참판과 대사헌을 거쳐 이조 참판을 배수하자 사직소를 올려 사양하였다. 상이 답하기를 "이조의 관직은 육조에서 으뜸이다. 순(舜) 임금이 무위(無爲)로 다스릴 수 있었던 것도 단지 천관(天官)이 적임자를 얻어 모든 관직이 각자의 재주에 맞아서였다. 경의 재주와 국량이 실로 이 직임에 적합하니, 사직하지 말라." 하였다. 공이 공도를 넓히고 벼슬길을 소통시키는 것을 자기의 임무로 여겨 평소 친한 사람일지라도 만약 조급하게 요행을 노리는 자라면 모두 배척하여 물리치니 이리하여 좋아하지 않는 자가 많았다. 두 번 상소하여 면직되고 대사헌을 배수하였다.

이로부터 거친 경력이 더욱 풍부하여 병조 참판, 도승지, 한성부 좌윤과 우윤, 형조 참판, 공조 참판을 지냈고, 겸직은 동지춘추관사, 성균관사, 부총관이었다. 자헌대부(資憲大夫)에 올라서는 강화부 유수, 형조 판서, 한성부 판윤, 예조 판서, 지중추부사, 의정부 좌참찬과 우참찬, 이조 판서를 지냈고 겸직은 지의금부사, 지경연사, 사포서·사옹원·빙고·내의원·승문원·장악원·선공감·비변사 등의 제조였다. 원자보양관(元子輔養官)으로서 정승의 의망에 올랐고 특별히 숭정대부(崇政大夫)를 거쳐 숭록대부(崇祿大夫)에 올라서는 판의금부사, 세자시강원 좌빈객, 사복시 제조를 지냈다. 또 정승의 의망에 올랐다. 보국숭록대부(輔國崇祿大夫)에 올라서는 행 판중추부사를 지냈다. 같은 벼슬을 여러 번 거친 경우도 매우 많다.

처음에 《현종실록(顯宗實錄)》이 오래도록 완성되지 못하자 공이 당상관을 증원하여 완성하였다. 당시에 홍우원(洪宇遠) 공이 제학으로 함께 참여하였는데 사람들에게 말하기를 "이공의 곧은 문필과 사실 규명은 실로 사법(史法)에 합한다. 또 만 1년 동안 한 번도 휴가를 가지 않았으니, 이와 같은 충성과 능력은 탄복할 뿐이다." 하였다.

일찍이 상사(上使)로서 연경에 갔을 때 청나라 황제가 관례대로 사신에게 수백 냥의 은자(銀子)를 상으로 주었는데 대개 50냥은 은화 한 덩어리로 되어 있다. 공이 역관에게 명하여 그 수대로 조각 은으로 교환하니 사신의 행차를 주관하는 자들이 서로 말하기를 "공이 연경의 물건을 하나도 가지지 않는 것은 반드시 이유가 있을 것이다." 하였는데, 돌아올 때가 되어 한 냥도 남겨 두지 않고 여러 종자(從者)의 형제 수에 따라 다소를 헤아려 나누어 주니 비로소 혀를 차며 말하기를 "연경 사행(使行)이 있은 이래 이런 일은 본 적이 없다." 하였다.

처음에 상이 갓 즉위하자 온 나라가 허적(許積)의 말을 들었다. 허적이 시행하고 조치하는 것이 대부분 공론과 맞지 않자 미수(眉叟) 허문정공(許文正公)이 차자(箚子)를 자주 올려 간절히 경계하였다. 여기에서 청탁(淸濁)의 명목이 비롯되어 사류(士流) 중에서 정승 미수를 영수(領袖)로 하는 자가 청류(淸流)가 되고, 권세를 좋아하여 허적에게 붙은 자를 탁류(濁流)라고 하였으니, 앞서 공이 상소에서 논한 바 악을 제거하고 선을 장려하는 것이 그 척도가 엄한 줄을 알 수 있다.

경신년(1680)에 허적의 서자 허견(許堅)이 역모를 꾀하자, 당시 국사를 맡은 신하들이 연루되어 죽고 유배 가는 일이 연이었다. 그런데 상이 유독 공을 연석(筵席)에서 칭찬하여 말하기를 "이 아무개라면 이른바 몸을 깨끗이 한 사람이 아니겠는가."라고 하였다.

기사년(1689)에 왕후의 출궁[27]을 맞아 상이 삼공과 삼사(三司)의 2품 이상 여러 재신(宰臣)을 나오게 하여 자문하니, 공이 앞에 나아가 아뢰기를 "중전은 선왕과 선후(先后)께서 종묘사직에 중임(重任)을 맡긴 분입니다. 온 나라가 국모로 섬긴 지 이미 오래고, 아직껏 실덕(失德)했다는 말도 듣지 못하였으니 오늘의 일은 신하들로서 감히 들을 일이 아닙니다." 하자 상이 불쾌하게 여기며 조회를 파하였다. 전 응교 박태보(朴泰輔) 등의 상소가 들어가자 상이 친히 국문을 하고 이튿날 섬으로 위리안치(圍籬安置)하도록 하니, 공이 상소를 올렸다. 그 대략은 다음과 같다.

27 왕후의 출궁 : 왕후는 숙종의 계비(繼妃) 인현왕후(仁顯王后)를 말한다. 희빈(禧嬪) 장씨(張氏)가 낳은 왕자 이윤(李昀)을 세자로 책봉하는 문제로, 이를 반대하던 서인(西人)이 축출된 기사환국(己巳換局) 때 왕후도 폐위되어 궁중에서 나가 서인(庶人)이 되었던 일을 말한다.

"형벌을 받은 세 신하가 상처를 싸맨 채 죽다 남은 목숨으로 급히 먼 유배 길로 쫓겨나니, 도중에 귀신이 되지 않을 줄 어찌 알겠습니까. 나이가 한창인 자라도 목숨을 보전할 수 없는데 더구나 매우 쇠약하고 늙은 자이겠습니까. 그 상소의 대의를 말할 것 같으면 실로 조정에서 쟁송(爭訟)했던 공론입니다. 신은 바라건대 성명(聖明)께서 어진 은혜를 특별히 내려 살릴 수 있는 길을 깊이 생각해 주십시오."

상이 승정원에 전교하기를,

"박태보 등은 군주를 망각하고 절의(節義)를 내세우는 자들로, 그 죄는 흉악한 역도(逆徒)들보다 더 심한 점이 있다. 목숨을 부지한 것도 저들에게는 다행인데, 감히 살릴 수 있는 길을 깊이 생각해 달라고 청하였다. 오늘날 국가가 기강이 조금이라도 있다면 어찌 감히 이럴 수 있겠는가."

하였다. 당시에 임금의 노여움이 거듭되어 준엄한 하교를 연이어 내렸으나 공이라서 죄주지는 않았다. 이조 판서를 임명할 때 세 번이나 글을 올려 굳이 사양하니, 상이 너그러운 비답을 내려 윤허하지 않았다.

이에 앞서 정치하는 자는 반드시 명문거족(名門巨族)의 지시를 받거나 명망 있는 젊은 사람에게서 논의를 채택하고는 이를 '소상하고 정당하다'고 하였다. 그렇게 하지 않으면 비난이 사방에서 일어나 오래 직분을 맡을 수 없었다. 공은 홀로 개의치 않고 다만 장부대로 이름을 불러 신념대로 행하였다. 경신년(1680) 뒤로 관리를 등용하거나 내칠 때 일의 시비와 사람의 선악을 따지지 않고 한결같이 색목(色目)에 국한하니 공이 일찍이 개탄하였는데, 이때에 와서 죄적(罪籍)이 없으면 대부분 녹선(錄選)되었다. 이리하여 청탁이 억제되어 혐의가 끊어지고, 뇌물이 행해지지 않고 결탁이 통하지 않았다. 그러나 권병(權柄)

은 공이 즐거워하는 바가 아니어서 여러 번 사양하여 면직되었다. 뒤에 다시 제수되자 끝내 출사(出仕)하지 않았으니, 보양관을 거쳐 세자시강원 빈객이 되었다.

경전(經傳), 제자서(諸子書), 역사서 중에서 세자를 보양(輔養) 할 만한 내용과 옛날의 어진 태자가 효도하고 우애로우며 학문을 하던 실제를 모아서 한 권의 책으로 만들어 《춘궁보양집요(春宮輔養輯要)》[28]라고 이름하고, 수시로 차자로 써서 올리니, 상이 기꺼이 받아들이며 말하기를 "어린 세자가 점점 자라고 있으니 올린 책은 실로 세자를 교양하는 방도에 잘 맞는다. 마땅히 서연(書筵)에 내려보내겠다." 하였다. 상이 언젠가 예조에 기로연(耆老宴)[29]을 내려서, 공이 기로사(耆老社 기로소(耆老所))의 여러 재신과 나아갔는데 상이 내외법온(內外法醞)[30]과 악부(樂部)의 일등악(一等樂)[31]을 하사하며 황문(黃門 내시부)의 근시(近侍)를 통해 명을 전하니, 실로 성대한 일로 온 나라 사람들이 전송(傳誦)하였다.

공의 맏아들 부제학공이 일찍이 부모의 병을 이유로 예조 참판의

28 춘궁보양집요(春宮輔養輯要) : 경사(經史) 가운데에서 왕세자에게 귀감이 될 만한 내용을 가려 뽑아 수정하여 만든 책으로, 현재 국립중앙도서관에 상·하 2편 1책의 필사본이 전한다. 《肅宗實錄 17年 3月 21日》

29 기로연(耆老宴) : 조선 시대에 70세가 넘은 정2품 이상의 문무관(文武官)에게 내려 주던 잔치를 말한다.

30 내외법온(內外法醞) : 내국법온(內局法醞)의 오기(誤記)인 듯하다. 향온(香醞)과 같은 말로 궁중에서 만든 임금이 내리는 술을 말한다.

31 일등악(一等樂) : 기로연, 영친연(榮親宴) 등에 임금이 정재(呈才), 여기(女妓), 악공(樂工) 등을 보내는 것을 사악(賜樂)이라고 하는데, 여기에는 4등급이 있다. 그중에서 악사(樂師) 1인, 여기 20인, 악공 10인을 내리는 것을 말한다.

벼슬을 사임하자, 상이 특별히 어의(御醫)를 보내어 공의 병을 보살피고 약물을 모두 내의원에서 내주도록 하였으니, 공에 대한 상의 예우가 이와 같았다. 교하(交河)의 월롱산(月籠山) 남쪽 자좌(子坐) 터에 공을 장사 지냈다.

부인 정경부인 최씨(崔氏)는 황해도 관찰사 최동립(崔東立)의 손녀이자 경상 도사 최호(崔皥)의 따님이다. 공보다 24년 앞선 임자년(1672, 현종13)에 죽었으며 공의 장사 때 옮겨서 부장(附葬)하였다. 4남 1녀를 낳았으니, 장남 옥(沃)은 예조 참판을 지냈고 호는 박천(博泉)으로, 문집이 세상에 전한다. 차남 발(浡)은 용인 현령(龍仁縣令)을 지냈다. 삼남 숙(淑)은 재행(才行)이 있었으며 전설사 별좌로서 일찍 죽었다. 사남 협(浹)은 생원시에 장원을 하였고 시직(侍直)을 지냈다.

참판은 승지 이동규(李同揆)의 따님에게 장가들어 4남 1녀를 낳았다. 장남 만수(萬秀)는 생원이고, 차남 만부(萬敷)는 과거에 응하지 않고 학문과 저술에 힘썼으며 호는 식산(息山)이다. 삼남 만유(萬維)는 홍문관 수찬이고, 사남은 만지(萬祉)이다. 딸은 현령 홍중달(洪重達)에게 시집갔다. 발은 판관 이성(李渻)의 딸에게 장가들어 1남 2녀를 낳았다. 숙은 현령 유명웅(柳命雄)의 딸에게 장가들어 2남 1녀를 낳았다. 협은 판서 오정위(吳挺緯)의 딸에게 장가들어 2남 1녀를 낳았다.

만수는 판서 권대재(權大載)의 딸에게 장가들었으나 자식이 없어 뒤에 사인(士人) 오윤적(吳允迪)의 딸에게 장가들어 1남을 낳았다. 만부는 장령 유천지(柳千之)의 딸에게 장가들어 1남을 낳았다. 만유는 오정위의 막내딸에게 장가들었다. 만지는 진사 정사충(鄭思忠)의 딸에게 장가들었다. 내·외손과 증손은 40여 명이다.

공은 평소 외면을 꾸며서 남다르다고 한 적이 없었으나 처신과 몸가짐은 언제나 옛사람의 법도에 맞아 가정에서부터 관에 이르기까지 무릇 세상에 모범이 될 만한 것이 한두 가지가 아니었다. 찬성공이 성품이 반듯하고 엄하여 기쁘게 해 드리기가 어려웠으나 공은 보고 듣기에 앞서 받들어[32] 감히 조금도 게을리하지 않으니 가정은 늘 화기애애하였다. 어버이의 상을 당하여서는 슬픔으로 몸이 여위어 상을 거의 감당할 수 없을 뻔하였다. 기일이 되면 재계를 하고 슬퍼하고 사모하는 마음이 평생 한결같았다.

여러 숙부를 찬성공에게 하듯이 섬겼고 다른 곳으로 분가하였으나 날마다 숙부들의 처소에서 날을 마치지 않은 적이 없었으며, 벼슬살이 때문에 외지에서 살게 되자 철 따라 입는 옷과 제철 음식을 끊이지 않고 보내 드려 게을리한 적이 없었다. 한 아우가 계부(季父)의 양자가 되었으나 우애하는 마음이 매우 깊어 하루도 떨어져 있으려 하지 않았다. 일찍이 과부가 된 누이동생이 가산이 결핍되자 안타까워하며 극진히 보살피니, 누이동생이 와서 마치 바깥 창고 것처럼 재물을 가져갔다. 주군과 도의 벼슬을 두루 거쳤지만 터럭만큼도 자기의 이익을 챙기지 않았다.

이조에 있을 적에도 문정(門庭)은 늘 비로 쓴 듯하였으니 여러 고을에서 늘 보내는 물건 중에 조금이라도 전례가 아닌 품종은 받지 않았

32 보고……받들어 : 《소학》 〈명륜(明倫)〉에 "군자가 하품하고 기지개를 켜며 지팡이와 신발을 고르거나 날이 이른지 늦은지를 살펴보면 모시는 자는 나가시자고 청한다."라고 한 말에서 유래하였는데, 어른이 말하기에 앞서 어른의 행동을 보고 의중을 파악하여 모셨다는 말이다.

다. 만년에 녹봉이 넉넉해지자 양친이 녹봉으로 봉양을 받지 못했던 것을 마음 아파하여, 집안사람을 단속해서 풍성하게 차리지 말고 검소하게 차리도록 하여 밥상에 두세 개의 그릇만 놓게 하였다. 집에 갖옷을 둔 적이 없다가 연경에 갔을 때 비로소 한 벌을 마련하였는데, 물리치며 말하기를 "몸에 익숙하지 않다." 하였다. 참판공이 일찍이 비단으로 만든 겉옷을 바치자 땅바닥에 내던지며 엄히 꾸짖고야 말았다. 모든 기물은 채색을 넣거나 금은으로 된 장식을 가까이하지 않았고, 짚자리와 나무 베개를 좋아하며 말하기를 "이것이 내 형편에 맞는다." 하였다. 음악을 연주하고 노래 부르는 것을 즐기지 않으며 말하기를 "이는 사람의 귀를 시끄럽게 할 뿐이다." 하였다.

처음 북동(北洞)에 살 때 귀척(貴戚)의 집과 가까운 것을 싫어하여 팔아 버리고 다른 곳에 가서 집을 알아보았는데, 집터가 퍽 널찍하고 동산과 연못이 있는 데다 값이 싸서 재력에 맞아 자제들이 사고 싶어 하자 공이 말하기를 "옛집보다 너무 사치스러워 마음에 편치 않다. 옷이 몸과 맞지 않는 것도 재앙이 될 수 있는데 더구나 집이 분수에 맞지 않는 경우이겠느냐." 하였다.

일찍이 말하기를,

"즐기거나 하고 싶은 것은 사람 마음이 똑같다. 내가 맛난 음식을 싫어하고 화려한 옷을 싫어하는 것이 아니라 내 마음에 맞고 몸에 편한 것이 여기에 있지 않아서이다. 나는 내 마음에 편한 것을 따를 뿐이다. 내가 그러므로 '남들이 청렴하고 검소한 것은 성품을 어기는 것이기 때문에 어렵고, 내가 청렴하고 검소한 것은 성품대로 하는 것이기 때문에 쉽다.'라고 말한 것이다. 지금 내가 내 성품대로 하면서 헛된 명성을 사고 있으니 부끄럽지 않겠느냐."

하였다.

녹봉은 삼사(三事 삼정승)와 나란히 높고 관직은 팔좌(八座)[33]의 수장이 되며, 서상(西庠 성균관)에 들어 대로(大老)의 봉양을 받았다. 정승의 자리에 앉게 될 날이 바로 머지않은데 벼슬을 헌신짝 벗듯이 버리고 몸을 챙겨 돌아오니, 어쩌면 이른바 급류에서의 용퇴가 신선과의 거리가 멀지 않다[34]는 것이 아니겠는가. 온 세상의 품평이 자기편에 들어가면 주인으로 여기고 남의 편으로 나가면 종으로 여기며, 조정의 판국이 변천하여 금방 현자가 되었다가 금방 아첨하는 자가 되며, 비방과 칭송, 영예와 치욕이 아침저녁이 무상하지만 들추어내고 꼬집어 지적하는 행위를 유독 공에게는 감히 가하지 못하고 모두들 칭송하기를 "하나의 절개를 가지고 완전한 이름을 보전한 자는 오직 이공뿐이다."라고 하였다.

아, 성대하구나. 문장은 임금의 훌륭한 계책을 보좌하였고, 필법은 비석에 빛났으나 이는 곧 공의 여사(餘事)이자 장난이었으니, 어찌 꼭 일일이 많은 말로 자세히 서술해야 되겠는가. 삼가 언행과 실제의 자취를 차례대로 서술하여 봉상시(奉常寺)에 바쳐 시호(諡號)를 추증하는 은전을 청한다.

33 팔좌(八座) : 육조(六曹)의 판서와 좌우 참찬을 가리킨다.

34 급류에서의……않다 : 관로(官路)가 한창 트였을 때에 용감하게 은퇴하는 것을 뜻하는 말이다. 송나라 진종(眞宗) 때의 명신(名臣)인 전약수(錢若水)가 젊었을 때 관상가에게 상을 보였더니 "소용돌이치는 벼슬길에서 과감하게 물러날 사람이다.〔是急流中勇退人也〕"라고 하였는데, 뒤에 겨우 40세에 추밀 부사(樞密副使)로 치사(致仕)하였던 고사에서 유래한다.《聞見前錄 卷7》

증 숭정대부 의정부좌찬성 겸 판의금부사 세자이사 오위도총부도총관 조공 시장

贈崇政大夫議政府左贊成兼判義禁府事世子貳師五衛都摠府都摠管趙公諡狀

내가 일찍이 사관으로서 오대산(五臺山)에서 사서(史書)를 포쇄(曝曬)[35]하던 중 기묘년(1519, 중종14)의 제현들이 옥에서 쓴 글을 읽다가 크게 탄식하고 눈물을 흘리며, 끝까지 읽지 못하고 책을 덮어 버렸다. 지금 인수당(仁壽堂) 조공(趙公)의 가장(家狀)에 공의 〈중봉기묘감회(重逢己卯感懷)〉 시가 있어서 읽자니, 또한 한 글자마다 한 줄기 눈물을 흘리기에 충분하다. 그러나 그 당시에는 사대부들이 거듭되는 사화에 넋을 잃고 두려움에 떨며 올곧은 기상은 다 사라지고, 거침없이 지목하여 서로 헐뜯었지만 그래도 공과 함께 지난 일을 논의할 만한 뜻있는 사람이 있었다. 《시경》에 이르기를 "백성이 지닌 떳떳한 본성, 이 아름다운 덕을 좋아하도다.〔民之秉彝 好是懿德〕" 하였으니 사람이 간직하고 있는 떳떳한 본성을 없앨 수 없음이 이와 같다.

공의 휘는 변(抃)이고 자는 호연(浩然)이며 본관은 한양(漢陽)이다. 고려조에서 대대로 현달한 벼슬아치와 이름난 인물이 있었다. 휘 인벽(仁璧)에 와서는 벼슬은 좌정승(左政丞)으로 한산백(漢山伯)에 봉해

35 포쇄(曝曬) : 사고(史庫)의 서적을 점검하고 햇볕에 말리고 바람을 쏘이는 일로, 일반적으로 봄에는 청명절에, 가을에는 중양절에 실시하였다.

졌으며 시호는 양렬(襄烈)이다. 부인 이씨(李氏)는 바로 우리 태조의 누님이다. 3대를 지나 군수 휘 승원(承源)에 와서는 대제학 문희공(文僖公) 신석조(辛碩祖)의 따님에게 장가들어 내섬시 정(內贍寺正) 휘 위(瑋)를 낳았고, 내섬시 정은 종실 은천군(銀川君)의 딸에게 장가들어 현령 휘 광언(光彦)을 낳으니 이분이 공의 아버지이다. 어머니 문화 유씨(文化柳氏)는 절도사 유제(柳睇)의 따님이자 판서 유계문(柳季聞)의 손녀이다. 홍치(弘治) 경신년(1500, 연산군6) 1월 15일에 공을 낳았다.

공은 어려서부터 총명하고 영민하였고 조금 자라서는 걸출하면서도 순후하고 독실하였다. 15세쯤에는 정암(靜菴 조광조(趙光祖)) 선생의 문하에 유학하여 문장에 해박하였으나 과거 공부를 좋아하지 않고 옛 사람의 위기지학(爲己之學)[36]에 힘을 써서, 학문이 날로 진취하여 동년배의 으뜸이 되니 선생이 자주 칭찬하고 장려하였다. 이윽고 기묘년에 사화가 일어나자 선비들이 대부분 안면을 바꾸어 목숨을 보전하려고 하였으나, 공은 근심과 울분으로 슬피 울면서 살고 싶은 생각이 없는 듯하였고, 일신의 재앙을 염두에 두지 않았다.

공은 평소 안처겸(安處謙)[37] 공과 서로 잘 지냈는데, 신사년(1521,

36 위기지학(爲己之學) : 자신의 수양을 위한 학문으로, 남에게 보이기 위해 하는 위인지학(爲人之學)과 대칭되는 말이다. 《논어》 〈헌문(憲問)〉에 "옛날 학자들은 자신을 위한 학문을 하였는데, 지금의 학자들은 남에게 보이기 위한 학문을 한다.〔古之學者爲己, 今之學者爲人.〕"라고 하였다.

37 안처겸(安處謙) : 1486~1521. 본관은 순흥(順興), 자는 백허(伯虛), 호는 겸재(謙齋)이다. 1521년 시산군(詩山君) 이정숙(李正叔), 권전(權碩) 등과 더불어 세상을 비판하는 담론을 한 것이 빌미가 되어, 기묘사화를 일으킨 심정(沈貞), 남곤(南袞)

중종16)에 안씨 집안이 남의 모함에 빠져 안공이 국문을 당하게 되자 공이 하인의 옷으로 바꾸어 입고 가마를 메고 드나들면서 안처겸의 안부를 탐문하다가 이 일로 연루되어 가혹한 고문을 당하고 강진(康津)으로 유배되었다. 아, 삼대(三代) 이후로 수많은 현자가 이 나라에 나온 것이 기묘년만 한 때가 없었고, 현명한 군주와 어진 신하가 서로 만나 요순의 도가 아니면 배우지 않아서 조만간 태평성대를 기대할 수 있었던 때도 기묘년 같은 때가 없었다. 불행하게도 소인이 이간질하여 현명한 군주와 어진 신하의 만남이 끝을 맺지 못하고, 수많은 현자가 머리를 나란히 하여 죽음에 나아갔으니, 천고에 지사(志士)와 인인(仁人)의 아픔 중에서 또 무엇이 기묘년의 일보다 더하겠는가. 맹자가 말하기를 "그 시(詩)를 외고, 그 글을 읽으면서 그 사람을 알지 못한다면 되겠는가. 그러므로 그 시대를 논한다."[38] 하였다. 선비가 세상에 나서 이름이 《기묘명현록(己卯名賢錄)》에 열거되었다면 이것만으로도 족하다. 더구나 공은 약관이 채 되기 전에 문정공(文正公 조광조)을 의귀처(依歸處)로 삼고 의연히 여러 현자와 화복(禍福)을 함께하였으니, 후세에 그 시대를 논하는 자라면 누구든 어찌 높은 산처럼 우러르고 큰길처럼 따르려는 마음이 없겠는가.

등의 제거와 경명군(景明君) 이침(李忱)의 추대를 모의했다고 송사련(宋祀連)이 무고하여 안형(安珩), 황현(黃俔) 등과 함께 주살되었다.

38 그 시(詩)를……논한다 : 시대는 곧 글을 쓴 당시의 그 사람의 사적(事跡)을 말한다. 《맹자》 〈만장 하(萬章下)〉에 "이 세상의 훌륭한 선비와 벗하는 것으로 충분하지 못하면 다시 옛 시대로 올라가서 옛사람을 논한다. 그의 시를 낭송하고 그의 글을 읽으면서도 그가 어떤 사람인지 모른대서야 말이 되겠는가. 그렇기 때문에 그 시대를 논하게 되는 것이니, 이것이 바로 옛 시대로 올라가서 벗하는 것이다."라고 하였다.

공이 강진에서 귀양살이할 때 할머니의 승중상(承重喪)을 당하자, 여묘를 짓고 궤연을 설치하여 상제(喪制)를 한결같이 옛 예법에 따랐다. 공은 일찍이 부모를 잃어 할머니 이씨(李氏)가 공을 양육하였는데, 늘 부모를 위해 추복(追服)을 하고 싶어 하면서도 할머니를 모시고 있기 때문에 감히 하지 못하였다. 이때에 와서는 여묘살이로 인하여 몸이 상하고 쇠약해져 병을 앓으며 해를 넘기느라 그 뜻을 이루지 못하게 되어 늘 평생의 아픔으로 여겼다.

무진년(1568, 선조1)에 사면을 받아 돌아왔는데 이때부터는 숨어 살며 수십 년 동안 문밖을 나오지 않고 금서(琴書)로 즐겼다. 평생 다리를 앓았는데 세 차례에 걸쳐 부스러진 뼈가 다섯 조각이 나왔다.

만력(萬曆) 기묘년(1579) 공의 나이 여든에 여러 손자가 수연(壽筵)을 베풀었는데, 공이 아우에게 준 시에,

형의 나이 여든이요, 아우는 일흔 하고도 하나	兄年八十弟稀一
이 신세에 기묘년 봄을 두 번 만났네	身世重逢己卯春
지난 일 아득히 감개도 많아	往事悠悠多感慨
차마 다정한 친구와 담론할 수 없구나	不堪論與有情人

하였다.

임오년(1582)에 하찮은 병을 앓다가 하루는 의대(衣帶)를 풀고 베개에 기대어 말하기를 "나는 이제 큰 잠에 든다." 하고 마침내 세상을 마치니, 9월 5일이었다. 향년 83세였다. 뒤에 기묘명현으로서 숭정대부 의정부 좌찬성에 추증되고 겸직도 전례대로였다.

공은 너그럽고 온화하며 이웃과 친족 간에 돈독하고 화목하였고, 더욱이 선조를 모시는 데 정성을 다하였다. 유서(遺書)에서 여러 손자에게 말하기를 "나의 아버지께서도 일찍 세상을 떠났고 너의 아비도

요절하였으니 모두 나의 조부모를 제사 지내지 못했다. 너희 대에 이르면 마땅히 조천(祧遷)[39]해야 하니 마음이 매우 슬프고 아프다. 모름지기 옛 예법을 따라 고조할아버지를 제사 지내는 것이 옳다." 하였다. 12월 정유일에 용인(龍仁) 포곡(蒲谷)의 선영 서쪽 언덕에 장사 지냈다. 부인 광주 안씨(廣州安氏)는 홍문관 박사 안한영(安漢英)의 따님이자 판서 안윤덕(安潤德)의 손녀이다. 갑자년(1504, 연산군10)에 태어나 기미년(1559, 명종14)에 세상을 마치니, 향년은 56세였다. 묘는 공의 묘소 왼쪽에 있다.

아, 기묘년은 이제 5주기가 되었다. 가승(家乘)에 실린 공의 문장과 덕행은 여러 번의 전란을 거치면서 하나도 남은 것이 없고 고찰할 수 있는 것은 오직 《기묘명현록》뿐이다. 그러나 간략한 것이 아쉽고 또 사실을 빠뜨렸다. 대개 공은 스승으로는 정암 선생이고 벗으로는 그 당시의 여러 현인이며, 기개와 절조는 사화의 변고를 겪으면서도 변하지 않았고 어버이에 대한 효성과 선조를 사모하는 마음은 늙어서까지도 시들지 않았다. 비록 자질이 남보다 뛰어난 데가 있다고 하더라도 이 또한 학문의 힘이며, 백세 뒤에라도 미루어 알 수 있으니 기록의 상략(詳略)과 소밀(疏密)이 또 어찌 공에게 더하거나 모자람이 있겠는가.

공은 아들 수린(壽麟)을 낳았는데 공보다 앞서 죽었다. 수기(壽麒)는 측실의 아들이다. 수린은 6남 1녀를 낳았는데, 장남 후(詡)는 찰방

39 조천(祧遷) : 조상의 제사를 모시던 맏집의 5대손이 죽고 나서 5대손이 살아 있는 차자의 집으로 신주를 옮겨 제사를 모시는 일이다. 만약 옮겨 제사를 모시던 집의 5대손이 죽고 나면 다음 5대손의 집으로 또 옮기는데, 이렇게 하여 마지막 5대손이 죽은 뒤에는 조매(祧埋)를 한다.

이고 차남은 순(詢)이고 삼남은 함(諴)이다. 사남 의(誼)는 무과에 급제하여 포도대장(捕盜大將)이고, 오남 심(諶)은 감찰(監察)이며, 육남 인(訒)은 군수이다. 후는 2남을 낳으니, 장남 국필(國弼)은 참판이고, 차남은 국서(國瑞)이다. 순은 1남 국렴(國廉)을 낳으니, 첨정(僉正)이다. 함은 1남 2녀를 낳으니, 아들은 국형(國馨)이다. 의는 2남 4녀를 낳으니, 국철(國哲)은 선전관(宣傳官)이고, 국신(國信)은 현령이다. 심은 1남 3녀를 낳으니, 국로(國老)는 봉사(奉事)이다. 인은 1남 1녀를 낳으니, 국준(國俊)은 판관(判官)이다.

나라가 기묘년의 현인을 대우하여 시호를 추증하는 전례로 모두 아름답게 기렸다. 공에게 작질(爵秩)이 추증되었으니 또 법에 따라 시호를 내리는 것이 마땅하다. 이에 봉상시(奉常寺)에 올린다.

자헌대부 형조 판서 이공 시장
資憲大夫刑曹判書李公諡狀

공의 휘는 징귀(徵龜)이고 자는 여휴(汝休)이니, 성종대왕(成宗大王)의 일곱째 아들 익양군(益陽君) 회(懷)의 6세손이다. 증조할아버지 휘 성윤(誠胤)은 금산군(錦山君)이다. 금산군은, 임진왜란을 만나 선조를 호종하여 서쪽으로 갈 때 다급하여 임시로 종묘사직의 신주를 노차(路次)[40]에 묻으려고 하자, 극력 간쟁하여 마침내 모시고 갔다. 광해군 때 정치가 문란하자 항소(抗疏)하여 적신(賊臣) 이이첨(李爾瞻)을 목 벨 것을 청하였다가 남해로 귀양 가서 근심과 울분으로 세상을 마쳤다. 금산군이 휘 정방(庭芳)을 낳으니, 장례원 사의이고 이조 참판에 추증되었다. 사의가 휘 민정(敏政)을 낳으니, 음직으로 벼슬하여 세 고을의 수령을 지냈고, 첨지중추부사에 올랐으며 이조 판서에 추증되었다.

정부인 광산 정씨(光山鄭氏)에게 장가들었고, 재취(再娶)는 청주 한씨(淸州韓氏)로 인조 신사년(1641, 인조19)에 공을 낳았다.

공은 젊어서부터 공부에 힘써서 계묘년(1663, 현종4)에 사마시에 입격하였다.

숙종 병진년(1676, 숙종2)에 문과에 급제하여 승문원에 들어갔다.

무오년(1678)에 천거로 승정원 주서가 되었다.

기미년(1679)에 전적(典籍)에 올랐다가 병조 좌랑으로 옮겼다.

40 노차(路次) : 임금이 거둥할 때 도중에 잠깐 쉬기 위하여 길가에 마련한 임시 막차(幕次)를 가리킨다.

경신년(1680)에 전라 도사로 나갔다가 이윽고 또 병조의 낭관으로 옮겼고 경기 도사가 되었다.

신유년(1681)에 사헌부 지평, 사간원 정언을 배수하였다.

임술년(1682)에 또 병조에 들어가 정랑(正郎)이 되었다.

계해년(1683)에 강원 도사에 제수되었고 곧이어 체직되어 병조 정랑이 되었다.

약천(藥泉) 남구만(南九萬) 공이 병조 판서가 되었을 때 병조의 모든 업무를 일체 공에게 맡겼는데, 당시에 국고의 비축을 간사한 아전들이 야금야금 축내 버린 터라 창고가 텅텅 비어 있었다. 공이 출납을 헤아려 제도를 정하자 겨우 1년이 지나 재정이 매우 넉넉해지니 남공이 기뻐하며 말하기를 "내가 사람을 알아본 덕을 보는구나." 하였다. 때마침 공이 천거로 승진하게 되자 남공이 일부러 저지하며 "공의 재주와 명망으로 어찌 앞길이 열리지 않을 것을 걱정하시오. 잠시 머물러 있으면서 아직 완결 짓지 못한 여러 업무를 함께 완결 짓기를 원하오."라고 하였다. 이 때문에 3년을 옮겨 가지 못했는데, 뒤에 남공이 정승으로 들어가서는 상소하여 공의 학문과 재간과 식견이 크게 쓸 만하다고 천거하였다. 다음 해에 또 사람을 천거하도록 명하자 차자로 아뢰기를 "신이 전에 이 아무개를 천거하였으나 아직도 기용하지 않았습니다. 그런데 지금 또 천거하도록 하시니 장차 형식만 갖추려는 것입니까." 하였다.

을축년(1685)에 광주 경력(廣州經歷)에 부임하였는데 첨지공의 상을 당하였다. 상기를 마치자 장성 현감(長城縣監)을 배수하였다.

기사년(1689)에 장령(掌令)을 배수하고 지제교(知製敎)에 뽑혔다. 당시에 삼사(三司)가 문정공(文正公) 송시열(宋時烈)을 법에 따라 처단할 것을 청하였으나 공이 홀로 다른 견해를 주장하니, 이 때문에 내쳐져 북청 판관(北靑判官)에 보임되었다.

얼마 뒤 나주 목사(羅州牧使)로 옮겼다. 나주에 창고를 감독하는 자가 몰래 관의 곡식을 빼낸 일이 있었는데 공이 이를 알고서 말하기를 "아무 날에 창고를 검열하겠다." 하고는 기한이 되자 날짜를 물렸다. 이렇게 세 번을 반복한 뒤에야 가서 비축된 것이 축나지 않았는지를 검열하고 드디어 자물쇠로 봉하고 서둘러 감독자를 교체하였으니, 그가 형벌의 위엄을 쓰지 않고도 간사한 속임수를 방비한 것이 이와 같았다.

임신년(1692)에 시강원 필선이 되었고 장령으로 옮겼다. 얼마 뒤 연안 부사(延安府使)에 제수되었다.

계유년(1693)에 충주 목사(忠州牧使)로 옮겼다.

갑술년(1694)에 홍문관에 뽑혀 들어가 수찬이 되었다.

을해년(1695)에 헌납(獻納)을 배수하였다.

병자년(1696)에 정주 목사(定州牧使)가 되었다.

정축년(1697)에 사성(司成)으로 옮겼다가 필선(弼善), 헌납으로 전임(轉任)하였다.

기묘년(1699)에 사간(司諫)에 올랐다. 이로부터 집의(執義), 교리(校理), 응교(應敎), 겸보덕(兼輔德)을 여러 번 배수하였다. 일찍이 진술하기를 "귀양 간 자가 부모의 상에 갈 수 없는 것은 효도로 다스리는 정치가 아닙니다. 이제부터는 죄가 악역(惡逆)과 관련된 것이 아니라면 돌아가서 장사를 치르고 다시 배소(配所)로 돌아오게 하소서."라고 청하였는데, 상이 훌륭하다고 칭찬하고 법령으로 만들었다.

경진년(1700)에 중화 부사(中和府使)에 제수되었다.

임오년(1702)에 국장도감(國葬都監)의 일로 통정대부(通政大夫)에 올랐고, 곧바로 부인 한씨(韓氏)의 상을 당하였다. 상기를 마치자 승정원 동부승지를 배수하였다.

을유년(1705)에 순서에 따라 우부승지로 옮겼고, 얼마 뒤 병조 참지를 배수하였다가 장단 부사(長湍府使)로 나갔다.

병술년(1706) 겨울에 조정에 들어가 예조 참의가 되었다.

정해년(1707)에 좌부승지를 배수하였다. 겨울에 안악 군수(安岳郡守)에 제수되었다. 하직 인사를 할 때 군(郡)의 폐단을 진술하여 아뢰기를 "궁례(宮隷)들의 횡포가 심하여 백성들이 견디지 못하니 어떻게 하면 되겠습니까?"라고 하자, 상이 "그대가 통렬히 응징하는 데 달려 있다."라고 하니, 공이 전지(傳旨)를 써 주기를 청하였다.

군에 부임하자 절의 승려가, 궁례 7명이 기악(妓樂)을 벌이고 무뢰배를 거느리고 있어서 우려된다고 고하니, 공이 병졸을 내어 즉시 사로잡아 관아의 뜰에 엎드리게 하고, 전지를 다 읽고 나서 모질게 장(杖)을 치며 경계하기를 "다시 범하면 죽이겠다."라고 하였다. 이 뒤로 궁속(宮屬)들이 조금이라도 함부로 굴면 백성들이 꾸짖기를 "우리 사또가 두렵지 않은가." 하였다. 흉년이 들어 주린 백성을 진휼하니 온 경내에 굶어 죽은 자가 없었고 옆 고을의 백성도 덕분에 살아난 자가 많았다. 관찰사와 안렴사(按廉使)가 치적이 우수하다고 장계로 아뢰니, 법으로는 마땅히 한 자급이 올라야 하지만 공은 이조에 글을 보내어 극력 사양하고야 말았다. 상이 별유(別諭)하여 칭찬하고 총애하였다. 이윽고 돌아가게 되자 백성들이 비석에 공을 새겨 은혜를 기렸다.

해서(海西 황해도)의 읍들은 칙수전(勅需錢)[41]을 그해에 백성들에게 빌려주고 2할의 이자를 거두니 관민(官民)이 모두 그 덕을 보았다.

41 칙수전(勅需錢) : 칙사(勅使)를 접대하는 비용으로 마련해 둔 돈을 가리킨다.

그런데 관찰사가 이를 상인에게 넘겨주고 이자를 5할로 올리자, 공이 언쟁하기를 "저 장사치들이 돈과 재물을 얻으면 반드시 주색(酒色)으로 낭비할 것이고, 관에 빚을 많이 지고 나면 반드시 날짐승처럼 흩어져 버릴 것인데 장차 누구에게 책임 지우겠습니까."라고 하였다. 관찰사가 끝내 듣지 않자 공이 탄식하며 "재주가 일을 처리하기에 부족하고 이끗을 보고 달려가니 내가 반드시 그가 후회하는 것을 보리라." 하였는데, 몇 년 뒤 관민이 모두 곤궁해져서 마침내 공의 말과 같이 되었다.

무자년(1708)에 들어가서 좌승지가 되었다.

기축년(1709)에 병조 참의를 배수하였다. 당시에 유생들이 상소하여 쟁변한 일이 있었는데, 승정원에서 저지하고 들이지 않으며 병조로 하여금 쫓아내도록 하니, 공이 거절하여 말하기를 "뒷날에 가서 간신이 위복(威福)을 휘두르며 병조를 시켜 초야의 언론을 막게 하는 것이 나에게서 시작되었다고 하지 않겠는가."라고 하고, 즉시 상소하여 유생들을 욕되게 할 수 없고 언로를 막아서는 안 된다고 극력 말하니, 상이 가상히 여겼다.

정유년(1717)에 공조 참의를 배수하였다.

무술년(1718)에 예조 참의를 배수하였다.

기해년(1719)에 상이 기로사(耆老社)에 들어가면서 추은(推恩)으로 가선대부(嘉善大夫)에 오르고 형조 참판을 배수하였다가 얼마 지나지 않아 한성부 우윤에 제수되었다.

좌윤 최경중(崔敬中)[42]은 공의 인척이자 벗이다. 일찍이 금령을 범

42 최경중(崔敬中) : 1646~1722. 본관은 전주(全州), 자는 일강(日强)이다. 한성부 좌윤(漢城府左尹)에 임명된 것은 1721년이다.《承政院日記 景宗 1年 6月 24日》

한 자를 석방해 줄 것을 청하였으나 공이 들어주지 않고 말하기를 "이미 금법(禁法)을 마련해 놓고 문득 석방한다면 금령을 어디에 쓰겠는가." 하니, 최경중이 처음에는 화를 내다가 나중에 형 집의 여종이 난전(亂廛)의 금령을 범하자 공이 속전(贖錢)을 바치라고 독촉하니 최경중이 그제야 탄식하며 말하기를 "이전에 내가 아무개를 잘 몰랐구나."라고 하였다. 예조 참판을 배수하였다가 도승지로 옮겼다.

경자년(1720)에 80세로 자헌대부(資憲大夫)에 오르고 기로소(耆老所)에 들어갔다가 지중추부사로 전임(轉任)하였다.

신축년(1721, 경종1)에 지돈녕 겸 지의금부사를 배수하였다.

금상 을사년(1725, 영조1)에 형조 판서를 배수하였다.

정미년(1727) 3월 22일에 세상을 마치니, 향년이 87세였다. 충주(忠州) 거곡리(巨谷里) 유좌(酉坐) 터에 장사 지냈다.

부인 안동 김씨(安東金氏)는 통덕랑(通德郎) 김영희(金永熙)의 따님이자 정랑(正郎) 김구(金榘)의 손녀이다. 공이 일찍이 추울 때 가난한 친족이 찾아오자 딱하게 여겨 갓 지은 옷을 주려고 슬쩍 부인을 떠보니 부인이 말하기를 "공께서 선을 행하는데 제가 함께하는 것은 영예입니다." 하였다. 집에 양식이 자주 떨어졌으나 그때마다 태연히 말하기를 "어찌 가난한 재상이면서도 어질지 않은 이가 있겠습니까. 저는 어진 재상의 아내가 된 것으로 족합니다." 하였다. 부인은 경진년(1640, 인조18)에 태어나 공보다 5년 앞서 임인년(1722)에 세상을 마치니, 향년이 83세였다. 장사할 때 오른쪽을 비워 두었다가 공을 여기에 장사 지냈다.

공은 풍채가 우뚝하며 단정하였고 기량은 넓고 컸다. 엄하면서도 사납지 않고 잘 어울리면서도 휩쓸리지 않았다. 평소의 몸가짐은 모두 세상의 모범이 되기에 충분하고, 효성과 우애는 타고났다. 부모를 모실 때 뜻을 받들고 따라서 어김이 없었고, 봉록과 받은 선물을 모두 드려 쓰시도록 하니 부모가 말하기를 "어찌하여 네가 써야 할 것을 빼지 않았느냐?"라고 하면 그때마다 "자식이 쓰는 것은 부모의 친척에게 쓰는 데 지나지 않습니다. 어찌 달리 사사로이 쓸 곳이 있겠습니까."라고 대답하였다. 어머니가 일찍이 말하기를 "내 아들 같은 효자는 옛날 사람이라도 미치지 못할 듯하다."라고 하였다.

어머니 상을 당하였을 때는 공의 나이가 이미 예순둘이었으나 아침 저녁으로 곡하고 전(奠)을 올리며 상복을 벗지 않고 3년을 마쳤다. 부모를 섬기는 도로 형님인 참판공을 섬겨 종일 모시고 앉아 있으며 직접 청소를 맡았는데, 이때는 공의 나이가 막 여든이 되었을 때로 정경(正卿)의 지위에 있었다. 자제들이 대신 하겠다고 청하였으나 눈물이 그렁그렁하며 "형님이 늙으셨으니 내가 오래 이렇게 하고 싶어도 그렇게 할 수 있겠느냐." 하였다.

형과 공의 집은 거리가 1리쯤 되었는데, 아침에 견여(肩輿)를 타고 가서 저물어서야 돌아와 바람이 불거나 비가 오고 춥거나 더운 때에도 하루도 거른 적이 없었다. 먼 고을에 수령으로 나가서도 맛있는 것을 얻게 되면 먼저 형에게 보내어, 이미 맛보았으리라고 짐작되는 때가 된 뒤에야 맛보았고, 편지를 부칠 때도 남에게 대신 쓰게 하지 않으며 말하기를 "형님이 내가 직접 쓴 글을 보고서야 편안할 것이라 생각해서이다."라고 하였다. 기로사에 들어가서는 양로(養老)의 물품들이 오면 전부 형에게 보냈다가 형이 그 절반을 나누어 돌려보내면 그제야 여러 동생에게 두루 나누어 주었고, 오래 보관해도 부패하지 않는 것은 단단히 봉해 두었다가 형이 비축해 둔 것이 다하거든 그때마다 다시 드렸다. 형이 죽자 너무 슬퍼하니 조문객들이 침문(寢門)에 들어가 곡을 하고 공은 조문하지 않은 채 나오면서 말하기를 "공이 슬퍼하는 모습을 어찌 차마 보겠는가." 하였다. 한 종이 실성통곡하며 말하기를 "지난날 내가, 아우가 죽었을 때에는 그다지 슬픈 줄 잘 모르겠더니 지금 공을 보니 비로소 마음 아픔을 알겠다." 하였다.

여러 번 넉넉한 고을을 맡아 다스렸으나 돌아와서는, 집은 비바람도 막지 못하였고 자신의 생활은 한미한 선비와 같았다. 그러나 관직에 있을 때는 제수(祭需)를 반드시 아주 풍성하게 하며 말하기를 "내가 감히 선조를 모시는 데 박하게 하여 청렴하다는 명성을 구하겠는가." 하였다. 손님 중에 공이 저녁에 죽을 마시는 것을 보고 탄식하는 기색이 있자, 공이 말하기를 "우리 집은 평소 가난하지만 자손들의 상례나 혼례는 때에 맞게 하였고 종족 중에는 기아와 추위로 죽은 자가 없으니 생각건대 나라의 은혜가 이미 무겁다. 그런데 다시 재산을 불려 의식을 풍족하게 하려고 하겠는가."라고 하였다.

조정에서 벼슬할 때는 공평하고 정직하였고, 군주를 사랑하고 나라를 근심하는 마음은 지성(至誠)에서 나왔다. 평소에 입으로는 조정의 옳고 그름을 말하지 않았고, 당시의 정사에 타당하지 않은 점이 있으면 종일 편치 못하였다. 남과 겨루려는 마음은 없었으나 공무를 맡아서는 마땅히 준수해야 할 바를 따라서 떠들썩한 비방이 사방에서 나와도 변하지 않았고, 권세와 이익에는 담박하였다. 아들 도사공(都事公)이 일찍이 과거에 급제하여 문장으로 명망이 있었다. 당시에 문형(文衡)을 잡은 이가 찾아와서 공을 만나 보고 도사공이 읊은 〈백로(白鷺)〉 시를 매우 칭찬하며, 마땅히 독서당(讀書堂)의 선발에 들어야 한다며 다른 작품을 보고 싶다고 하자, 공이 답하기를 "아이가 우연히 이것을 지었을 뿐이고 다른 볼만한 것이 없으니, 어찌 이 선발에 합당하겠습니까." 하였다.

권세 있고 요로(要路)에 있는 자가 애써 혼인을 요구하였으나 군이 사양하고 보냈는데, 훗날 그 집이 망하자 손님 중에 누군가, 공이 아무 관직에 있을 때 아무 일을 사람들이 모두 잘했다고 칭찬한다고 하자, 공이 천천히 말하기를 "그런 일이 있었던가? 나이가 들어 기억하지 못하겠소." 하였으니, 자랑하지 않고 겸양한 예가 이와 같았다.

공은 2남 2녀를 낳았으니, 장남 중장(重章)은 문과에 급제하여 경상 도사와 지제교를 지냈으나 일찍 죽었고, 차남 중형(重亨)은 요절하였다. 장녀는 정동길(鄭棟吉)에게 시집갔고, 차녀는 진사 정영신(丁永愼)에게 시집갔다. 도사는 1남 택인(宅仁)을 낳았으니 진사이고, 중형은 아들이 없어 당질 택지(宅智)를 아들로 삼았다. 택인은 3남을 낳았으니 륜(崙)과 계(启)와 강(崗)이다. 택지는 2남을 낳으니, 집(集)과 은(訔)이다.

아, 나는 공보다 뒤에 태어나 직접 만나 뵙지는 못하였으나 부형(父兄)과 사우(師友)를 통해 듣건대 근세에 후덕한 사대부로 공과 견줄 만한 자가 드물며, 형을 잘 모신 것은 옛날의 사마 온공(司馬溫公)[43]이라도 이보다 잘하지는 못했을 것이라 하여, 참으로 일찍이 공경하고 탄복하였다. 이제 가장(家狀)에 근거하여 사실을 기록하면서 그분의 공정함으로 말하자면 법을 지켜 흔들림이 없었고 청렴함으로 말하자면

43 형을……사마 온공(司馬溫公) : 사마광(司馬光)이 형 백강(伯康)과 우애가 매우 돈독하여 형의 나이가 근 여든이 되도록 엄한 아버지를 모시듯 받들고 어린아이 대하듯 보살폈다고 한다. 《小學 善行》

높은 자리에 올랐어도 속히 가난해져, 요컨대 모두 타고난 바탕이 충후(忠厚)하고 집에서의 행실이 돈독한 데 근본을 두었음을 더욱 알겠으니, 부형과 사우에게 들은 것이 다 증명된다. 그 중요한 부분을 모아서 봉상시(奉常寺)에 올려 이로써 시호의 은전을 청한다.

자헌대부 공조 판서 윤공 시장
資憲大夫工曹判書尹公諡狀

공의 성은 윤씨(尹氏)이고, 본관은 파평(坡平)이다. 고려 신종(神宗) 때 휘 위(威)라는 분이 있어 남원(南原)의 도적을 토벌하여 평정하고 남원백(南原伯)에 봉해지니, 자손이 그대로 관향으로 삼았다. 우리 조선에 들어와서 대대로 고관을 지내며 공까지 왔다.

공의 휘는 돈(暾)이고 자는 여승(汝昇)이며 호는 죽창(竹窓)이다. 가정(嘉靖) 신해년(1551, 명종6)에 태어났다. 만력(萬曆) 기묘년(1579, 선조12)에 생원시와 진사시에 모두 입격하였는데, 생원시에서는 3등을 하니 사림(士林)이 최상의 선발이라고들 하였다. 병술년(1586)에 명경과(明經科)에 합격하였으나 분관(分館)을 하지 못하다가 천거로 예문관에 들어가 한림(翰林)이 되었고 이윽고 홍문관 정자로 옮겼으며 수찬, 교리에 올랐다.

이로부터 상의 지우(知遇)가 날로 융숭해지고 명망과 실제가 날로 드러났다. 10년 사이에 이조 좌랑과 정랑, 사간원 헌납과 사간, 시강원 필선, 의정부 검상과 사인, 홍문관 응교와 전한, 예문관 직제학을 지냈으니, 이는 당대에 가장 명망 있는 자리였다.

공이 홍문관에서 입직할 때면 밤에도 관복을 벗지 않고 단정히 앉아 책을 읽었는데, 글 읽는 소리가 대내(大內)에까지 들려 상이 더러는 불시에 선온(宣醞)을 베풀기도 하였고 더러는 편전으로 불러들여 경전을 토론하기도 하였는데, 마칠 때마다 술을 내렸다. 일찍이 명하여 어서(御書)에 제목을 쓰게 하고 특별히 어안(御案) 위에 있던 《논어》,

《소학》, 주자(朱子)의 《가례》 등의 책을 하사하였다. 또 일찍이 밤에 번천(樊川)[44]의 시를 외는 것을 듣고는 어도서(御圖署)가 찍혀 있는 《번천집(樊川集)》을 하사한 적도 있었다. 이 당시 재주 있는 선비들이 조정에 수없이 많았지만 청반(淸班)의 높은 명망으로 혹시라도 공을 앞설 자가 없었고 상이 공을 예우하기를 또 이와 같이 하였으니 공이 지닌 바를 알 수 있다.

공은 일찍이 고봉(高峯) 기대승(奇大升),[45] 추연(秋淵) 우성전(禹性傳),[46] 월천(月川) 조목(趙穆)[47]을 사사(師事)하였으며 퇴도(退陶) 이황(李滉) 선생의 문하에 출입하여, 뜻을 돈독히 하고 힘써 배워 연원이 풍부하였다. 더욱이 예학(禮學)에 깊이가 있어 예에 의심스러운 점이 있을 때마다 공에게 물어보았으니, 비록 나라의 예법과 관련된 것일지라도 예관(禮官)에게 명하여, 와서 자문한 경우가 자주 있었다.

무술년(1598)에 유 도독 접반사(劉都督接伴使)[48]의 종사관으로서 군

44 번천(樊川) : 당나라 두목(杜牧, 803~853)의 호이다. 자는 목지(牧之)로, 이상은(李商隱)과 함께 이두(李杜)로 불렸고, 또 작품이 두보(杜甫)와 비슷하여 소두(小杜)라고 불렸다. 서정성이 뛰어난 시를 많이 지었고, 칠언 절구에 능하였는데, 시어의 조탁(彫琢) 못지않게 내용을 중시했다.

45 기대승(奇大升) : 1527~1572. 본관은 행주(幸州), 자는 명언(明彦), 호는 고봉이다. 성리학에 밝아 이황과 12년에 걸쳐 서한을 교환하였는데, 그 가운데 1559년(명종14)에서 1566년까지 8년 동안에 이루어진 이른바 '사칠논변(四七論辨)'이 유명하다.

46 우성전(禹性傳) : 1542~1593. 본관은 단양(丹陽), 자는 경선(景善), 호는 추연 또는 연암(淵庵), 시호는 문강(文康)이다. 이황의 문인이다.

47 조목(趙穆) : 1524~1606. 본관은 횡성(橫城), 자는 사경(士敬), 호는 월천·동고(東皐)이다. 이황의 문인이다.

48 유 도독 접반사(劉都督接伴使) : 유 도독은 명나라 장수 유정(劉綎)을 말한다.

량미 운반을 감독하였다. 순천(順天)의 전투[49]에서 도독의 독책(督責)이 날로 심해졌는데, 당시에 적의 예봉이 기세등등하여 큰 고을이 텅 비었으나 공이 형편에 맞게 대책을 마련하여 군량미가 모자란 적이 없었다. 내직(內職)으로 돌아와 통정대부(通政大夫)의 품계에 올라 대사간을 배수하였고, 승지, 이조와 병조의 참의, 부제학을 지냈다.

기해년(1599)에 강원도 관찰사를 배수하였다.

경자년(1600)에 조정으로 들어와 승지와 대사간이 되었다.

신축년(1601)에 가선대부(嘉善大夫)에 올랐고 전임(轉任)하여 도승지와 이조, 병조의 참판 및 대사헌(大司憲)이 되었다.

갑진년(1604)에 자헌대부(資憲大夫)에 올라 공조 판서에 발탁되었다.

을사년(1605)에 어머니를 봉양할 수 있도록 간청하여 충청도 관찰사로 나갔다.

무신년(1608)에 선조가 승하하니, 6월에 산릉도감 제조(山陵都監提調)로서 일을 마친 뒤 행 예조 판서(行禮曹判書)에 승진하여 배수하였다. 7월에 산릉이 장맛비에 손상되자 파직되고 자급(資級)이 내려갔다.

기유년(1609, 광해군1)에 어머니 상을 당하였다. 처음에 공이 강원도 관찰사로 나간 것은 어머니를 봉양하는 데 편리하게 하려는 계획이었다. 어머니를 춘천(春川)의 시골집에서 모셨는데, 어머니의 환갑이 마침 부사(府使) 홍이상(洪履祥) 공의 어머니의 생일과 같은 달이었

1598년 유 도독의 접반사는 김수(金睟)이다.《宣祖實錄 31年 8月 1日》

49 순천(順天)의 전투 : 1597년 명량 해전(鳴梁海戰)에서 대패한 왜군이 순천으로 퇴각하여 주둔하자 1598년 9월에서 10월에 걸쳐 명의 제독 유정 휘하의 육군과 조선의 수군통제사 이순신, 명의 수군제독 진린(陳璘)이 순천의 왜성을 공격한 연합군의 합동작전을 말한다.

다. 공이 합연(合宴)을 베풀어 잔을 올려 축하하였는데, 언관이 전쟁의 재앙이 겨우 진정되었는데 잔치를 베푸는 것은 온당치 않다며 함께 논죄할 것을 청하였으나 상이 끝내 윤허하지 않았다.

당시에 공경대부로서 나이 많은 홀어머니를 모시는 자들이 이에 약속하여 함께 계를 모았는데, 공도 그중 한 사람이었다. 그 계의 이름을 '경수계(慶壽契)'라고 하였고, 어머니의 생신이 될 때마다 함께 모여 장수를 축하하였다. 을사년(1605) 여름에 와서 각자 어머니를 모시고 크게 합연을 열어 즐겁게 해 드렸는데, 상이 듣고 아름답게 여겨 특별히 법부악(法部樂)[50]을 하사하였고 여러 도에 명하여 잔치에 필요한 물품을 보조해 주도록 하고 낮에 입직(入直)을 서는 사람에게 입직을 그만두고 함께 잔치에 가게 하였으니 참된 효성이 임금의 마음을 감동시킨 것이 이와 같았다. 충청도 관찰사가 되어서는 영화로운 봉양[51]을 지극히 잘하여 아침저녁 식사에 음식을 반드시 먼저 맛을 보고 나서야 드렸다.

이때에 이르러 공의 나이가 이미 예순이었는데 상제(喪制)에 예를 다하다가 몸이 야위어 병이 났으나 아침저녁의 전(奠)과 곡(哭)을 한

50 법부악(法部樂) : 《계곡집(谿谷集)》 권2의 〈수친연시사락선온사물사전(壽親宴時賜樂宣醞賜物謝箋)〉을 보면 법부의 선악(仙樂)을 하사하였다는 내용이 있는 것으로 보아, 법부악은 법부 선악을 말하는 것으로 보인다. 법부는 당 현종(唐玄宗) 때에 제정한 악곡 이름인 법곡(法曲)을, 선악은 법곡의 하나인 헌선음(獻仙音)을 말한다. 신선 같은 장수를 축수하는 의미를 담아 수연(壽宴)에 연주하였던 것으로 보인다. 《樂府詩集 卷96 法曲》

51 영화로운 봉양 : 한 고을의 수령이 되어 부모를 봉양하는 것을 말하는데, 이를 전성지양(專城之養)이라 하며 매우 영광스럽게 여겼다.

번도 거르지 않았고, 제수는 반드시 직접 살펴보아 평소 봉양하던 대로 하였다. 임자년(1612) 2월에 복을 마치자마자 3월 1일 아침에 끝내 세상을 마쳤으니 이는 몸에 손상이 누적되어 빌미가 된 때문이다. 향년 62세로 광주(廣州) 월천(月川)의 선영 아래 곤좌(坤坐)의 언덕에 장사 지냈다.

증조할아버지 휘 시영(時英)은 사간원 사간을 지냈고 예조 참판에 추증되었다. 할아버지 휘 징(澄)은 영의정에 추증되었으니, 공의 숙부 용릉군(龍陵君)이 또 새로 추은(推恩)을 받았기 때문이다. 아버지 휘 극신(克新)은 문과에 급제하였고 임천 군수(林川郡守)로 관직을 마쳤으며 좌찬성에 추증되었으니, 공의 벼슬이 높았기 때문이다. 어머니 정경부인 고성 남씨(固城南氏)는 교관(敎官) 남견손(南堅孫)의 따님이다. 부인 정부인 이씨(李氏)는 흥의수(興義守) 이수린(李壽麟)의 딸이자 태종의 왕자 희령군(熙寧君) 이타(李袉)의 현손녀(玄孫女)이다. 공의 묘 왼쪽에 부장하였으며 2남 5녀를 낳았다.

장남 형준(衡俊)은 사산감역(四山監役)으로서 광해군 때 인목대비(仁穆大妃)를 유폐시키자는 논의를 당면하여 "감역이 관리하는 사산의 송백은 푸르고 푸를 뿐"이라는 말을 남기고 벼슬을 버리고 고향으로 돌아왔다. 인조가 반정(反正)을 하자 찰방(察訪)에 제수되었는데, 한 번 나가 은명(恩命)에 사례하고 그만두었다. 차남 형철(衡哲)은 광해군 때에는 과거에 응시하지 않다가 계해년(1623, 인조1) 반정이 일어난 뒤에 여러 차례 군읍(郡邑)의 수령을 지냈다. 장녀는 문과에 급제하고 관찰사를 지낸 홍득일(洪得一)에게 시집갔다. 차녀는 문과에 급제하고 참판을 지낸 오정(吳竫)에게 시집갔다. 삼녀는 윤선도(尹善道)에게 시집갔는데, 윤선도는 문과에 급제하고 참의를 지냈으며 판서에 추증되었고, 시호는 충헌(忠憲)이다. 사녀는 황흡(黃潝)에게 시집갔다. 오녀는 윤희안(尹希顔)에게 시집갔다.[52]

아, 공은 유현(儒賢)을 스승과 벗으로 두고 밝은 시대를 만나 좋은 요직(要職)을 두루 거치니 훌륭한 충신이다. 집안에서 행한 아름다운 행실과 공직에서 이룬 위대한 업적을 어찌 한두 가지로 헤아릴 수 있겠는가. 그러나 여러 번 전란을 거치면서 고찰할 만한 문헌이 없고, 증거로 삼을 만한 것은 오직 앞 시대의 명유(名儒)와 석학(碩學)이 공을 애도하고 애석해하는 마음을 시로 드러낸 것뿐이다. 이월사(李月沙 이정귀(李廷龜))의 시에 "이십 년 벼슬살이 가난은 뼈에 사무치고, 삼 년의 거상(居喪)에 병이 몸을 에워쌌네.〔廿載簪纓貧到骨 三年草土病纏身〕"라고 하였고, 오만취(吳晩翠 오억령(吳億齡))의 시에 "큰 이름 벽력처럼 드날리고 높은 식견 한계를 벗어났네. 가업은 여러 손자에게 맡겼으나 집은 씻은 듯 가난하구나.〔大名掀霹靂 高識破蹄筌 業有諸孫托 家徒四壁懸〕"라고 하였으니, 이러한 글로 공의 청렴하고 검소한 덕을 생각해 볼 수 있다. 그리고 정수몽(鄭守夢 정엽(鄭曄))의 "옥홀 같은 아름다운 명망에 화락한 군자였네.〔珪璋令望 豈弟君子〕"라는 말과 김숭양(金崧陽)의 "넓고 깊은 물결이요 꼿꼿한 학이었네.〔汪汪之波 昂昂之鶴〕"라는 말에서 또한 어렴풋이 공의 기상을 알 수 있다.

평소 입으로는 명예나 이익과 관련된 말을 하지 않았고 발길은 훈구(勳舊)나 권세 있는 사람의 문에 이르지 않았다. 그리고 이백사(李白沙

52 차녀는……시집갔다 : 《성호전집(星湖全集)》 권66 〈공조판서죽창윤공행장(工曹判書竹囱尹公行狀)〉에는 "차녀는 참의 윤선도에게 시집갔고, 삼녀는 황흡에게 시집갔고, 사녀는 이희안(李希顔)에게 시집갔다."라고 되어 있다.

이항복(李恒福)), 이한음(李漢陰 이덕형(李德馨)), 홍모당(洪慕堂 홍이상(洪履祥)), 오만취, 심일송(沈一松 심희수(沈喜壽)), 유서경(柳西坰 유근(柳根)), 이오봉(李五峯 이호민(李好閔)), 심청계(沈靑溪 심우승(沈友勝)) 등과 같은 명사(名士)들과 친하게 지내니, 모두들 도의(道義)의 교제라고 칭송하였다. 홍모당은 일찍이 춘천 부사(春川府使)로 부임하여 함께 어머니의 합연을 열고 경수계를 거행한 자이다.

아, 맹자가 말하기를 "그러므로 그 시대를 논한다."[53] 하였으니, 공이 친하게 지낸 사람들을 보면 또한 공의 평생을 알 수 있다. 삼가 가장(家狀)을 가지고 다소 간략하더라도 꾸미지 않고, 이것으로 유사(有司)가 채택하여 시호를 내리는 은전에 대비하게 한다.

53 그러므로……논한다 : 52쪽 주38 참조.

자헌대부 의정부우참찬 겸 지춘추관의금부사 오위도총부 도총관 눌암 김공 시장
資憲大夫議政府右參贊兼知春秋館義禁府事五衛都摠府都摠管訥菴金公諡狀

공의 휘는 찬(瓚)이고 자는 숙진(叔珍)이며 자호(自號)는 눌암(訥菴)이다. 본관은 안동(安東)이니 신라 경순왕(敬順王)의 후손이다. 고려 때 상락공(上洛公) 방경(方慶)이 충정(忠精)과 위절(偉節)로 이름을 떨쳤다. 조선에 들어와 휘 사형(士衡)이라는 분이 있으니, 벼슬은 좌상(左相)을 지냈고 개국 원훈(開國元勳)이 되었다. 4대를 내려와서 휘 질(礩)도 좌상을 지내고 부원군에 봉해졌다. 시호는 문정(文靖)이니, 이분이 공의 고조할아버지이다. 증조할아버지 휘 성동(誠童)은 가선대부(嘉善大夫)로 부사(府使)를 지냈다. 할아버지 휘 려(濾)는 충좌위부호군(忠佐衛副護軍)을 지냈고 병조 참판에 추증되었다. 아버지 휘 언침(彦沈)은 형조 참의를 지냈고 영의정에 추증되었다. 어머니 전주 이씨(全州李氏)는 장사랑(將仕郎) 이응진(李應軫)의 따님이다. 가정(嘉靖) 계묘년(1543, 중종38)에 공을 낳았다.

공은 학업에 힘써 일찍 성취하였다. 정묘년(1567, 명종22)에 진사시에 입격하였고 또 그해에 문과에 급제하여 승문원에 들어갔다.

경오년(1570, 선조3)에 천거로 예문관에 들어가 한림이 되고 봉교를 거쳐서 예조 좌랑에 올랐다. 이로부터 사간원에서는 정언, 헌납, 사간을 지냈고 사헌부에서는 지평, 집의를 지냈으며 홍문관에서는 수찬, 교리, 응교를 지냈다. 의정부에서는 검상과 사인을 지냈으며 이조에서는 정랑을 지냈는데, 하나의 관직을 여러 번 거친 경우도 많다. 외직으로는 평안 도사, 해운 판관(海運判官), 경기 재상 경차관(京畿災傷敬差官)을 지냈다. 국자감, 장악원, 예빈시와 여러 낭서(郎署)[54] 같은 것은 생략한다.

공은 평소 공정하고 분명함으로 저명하였는데 이 당시에 조정에서는 양서(兩西 평안도와 황해도) 지역 군졸이 도망하고 향교 선비가 문란한 점이 걱정되자 공을 선발하여 도사(都事)로 임명하였고, 양호(兩湖 전라도와 충청도)의 조운을 관리하는 자가 적격자가 아니라서 조운선(漕運船)에 실은 곡물이 부패하는 일이 많자 공을 선발하여 판관(判官)에 제수하였는데, 공은 또한 가는 곳마다 정성을 다하여 모두 상의 뜻에 맞았다. 그리고 도사로서 향교 유생들에게 강학을 하면서 그들을 경시(輕視)하지 않고 그 사람이 진실로 조금이라도 장점이 있으면 반드시 장려하고 칭찬해 주니 사람마다 기뻐하였고, 이로 말미암아 감격하고 분발하여 이름을 이룬 자가 많았다.

갑신년(1584)에 의정공(議政公)의 상을 당해 묘소에 여막을 짓고 시묘살이를 하였다. 복을 마친 뒤 전한(典翰)을 거쳐 직제학(直提學)에 올랐다.

다음 해 발탁되어 동부승지(同副承旨)를 배수하였고 좌부승지(左副承旨)로 옮겼으며 얼마 지나지 않아 대사성(大司成)으로 옮겼다. 이윽고 경기 관찰사의 자리가 비자 상이 특별히 공을 제수하였다. 이는 공에게 늙은 어머니가 있는 것을 살펴 봉양하기에 편리하게 한 것이다. 임기가 차자 동지중추부사를 제수하였고 또 대사헌(大司憲)으로 옮겼다.

54 낭서(郎署) : 낭관(郎官)이라고도 하는데, 육조의 정랑(正郎), 좌랑(佐郎), 그 외 실무를 담당하는 관원을 이른다.

기축년(1589)에 부제학(副提學)을 배수하였으며 여러 번 옮겨 호조 참판, 대사간(大司諫), 도승지(都承旨)를 지냈다.

경인년(1590)에 역적의 국문에 참여한 공으로 품계가 올라 가의대부(嘉義大夫)가 되었다.

신묘년(1591)에 병조 참판을 배수하였고 또 대사헌으로 옮겼다.

임진년(1592) 여름 4월에 왜구가 대거 들어와 노략질하고, 순변사(巡邊使) 신립(申砬)이 패전했다는 보고가 이르자 서울이 들끓으니 상이 두세 대신의 말을 따라 피난할 계책을 정하였다. 공은 여러 간관(諫官)을 거느리고 궁문을 밀치고 들어가서 큰 목소리로 부르짖으며 아뢰기를 "대사헌 신(臣) 김찬이 급하게 아뢸 일이 있습니다."라고 두세 번 호소하였다. 당시에 밤이 이미 깊어 내시(內侍)가, 내시부의 검 두 자루를 상의 명으로 공과 집의(執義)에게 나누어 주고 들어가도록 인도하였다. 상은 섬돌에 앉아 있다가 급히 내려와 공의 손을 잡고 말하기를,

"경들과 나라 다스리는 도를 강론한 지 무릇 몇 년인데 곧 오늘과 같은 날이 있게 되었는가."

하였다. 공이 목 놓아 울며 대답하기를,

"신들의 죄입니다."

하며, 마침내 피난을 가는 것이 계책이 되지 않음을 극력 아뢰며,

"내일 새벽 돈화문(敦化門)으로 나가 의용병(義勇兵)을 불러 모으고 또 긴급한 격문으로 사방의 군대를 징발하여 죽어도 떠나지 않겠다는 뜻을 보인다면 200년 휴양(休養)[55]을 받은 백성들이 어찌 감동하

55 휴양(休養) : 백성들의 부담을 경감하고 생활을 안정시켜 원기(元氣)를 회복하게 하는 것을 말한다.

지 않겠습니까."

하였는데, 말이 매우 간절하고 지극하여 상이 고개를 끄덕였다.

공은 물러나 어머니를 뵙고 즉시 대궐로 달려가서 상이 돈화문으로 나오기를 기다렸으나 상의 행차는 이미 성을 나갔다. 어찌할 수 없어서 드디어 모시고 호위하여 벽제(碧蹄)에 도착하니, 따라온 신하를 가자(加資)하고 녹훈(錄勳)할 것을 명하자 공이 또 아뢰기를 "하루를 호종하였는데 도리어 이것으로 자급을 올려 주십니까."라고 하며 불가함을 고집하니 상이 윤허하였다. 개성에 도착하자 동료들과 함께 영의정이 상에게 피난할 것을 권한 잘못과 김공량(金公諒)[56]이 권한을 남용하여 뇌물죄를 지은 것을 논하여 영의정을 파직하고 김공량을 국문할 것을 청하였다. 상이 그 말을 모두 따랐는데, 김공량은 이미 달아난 뒤였다. 얼마 뒤에 호종한 신하들을 가자하라고 명하니, 공도 자헌대부(資憲大夫)에 올랐다.

처음에 공이 어머니를 영평(永平)으로 보내 왜구를 피하게 하였는데, 어가를 호종하여 평양(平壤)에 머무른 지 10여 일 만인 이때에 와서 왜적이 군사를 풀어 경기를 도륙하여 들판에 피가 흘렀다는 소식을 듣고, 공은 눈물을 흘리며 상소하여 어머니를 찾게 해 달라고 청하니, 상이 윤허하였다. 공은 죽음을 무릅쓰고 호랑이 입으로 들어가 어머니를 산골짜기에서 만나 즉시 부축하여 강화(江華)로 들어갔다. 당시에 상국(相國) 정철(鄭澈)이 도체찰사(都體察使)에 임명되어 강화로 올 때 상이 명하여 스스로 부사(副使)를 선발하게 하였는데, 상주

56 김공량(金公諒) : 본관은 수원이다. 선조의 후궁 인빈(仁嬪) 김씨(金氏)의 오빠로, 누이가 선조의 총애를 받자 세도를 부렸다.

(上奏)하여 공을 부사로 삼았다.

계사년(1593)에 전라도 도검찰사(全羅道都檢察使)로 개차(改差)되었다. 겨울에 총병(總兵) 유정(劉綎)이 군대를 이끌고 남쪽으로 내려오자 행재소(行在所)에서 공을 선발하여 접반사(接伴使)로 삼았다. 공이 명을 받들어 빈상(儐相)[57]이 되어 정성과 예를 모두 지극히 하니 비록 귀한 자리에 있는 거만한 명나라 장수일지라도 매우 공경하고 존중하였고, 헤어질 때 그의 선조 유고(遺稿) 한 질을 주어 뜻을 전했다.

을미년(1595)에 예조 판서를 배수하였다가 얼마 지나지 않아 대사헌으로 옮겼다.

병신년(1596)에 또 예조 판서가 되었다가 얼마 지나지 않아 이조 판서를 배수하였다. 당시에 왜란이 겨우 진정되었기에 벼슬길이 혼란스러웠다. 공이 인사권을 잡고 인재 선발을 하는 데 조금도 어긋남이 없어서 사정(私情)으로 공도(公道)를 해친 적이 없었다. 만취(晩翠) 오억령(吳億齡)이 일찍이 사람들에게 말하기를 "난리 뒤에 일을 맡아 공정하게 처리한 이로는 김 아무개가 으뜸이다."라고 하였다. 당시에 어머니가 청주(淸州)의 옛 거처로 돌아가자 공은 관직에서 물러나 돌아가서 어머니를 보살폈다.

정유년(1597)에 다섯 번 대사헌을 배수하였고 네 번 예조 판서로 옮겼다. 그사이에 우참찬, 지의금부사가 되었으나 모두 어머니의 병 때문에 채 두어 달도 서울에 머무른 적이 없었다. 가을에 왜적이 다시 군대를 움직이니 서울이 진동하였다. 공은 당시에 대사헌으로서 호종

57 빈상(儐相) : 빈객을 인도하는 등 주인의 일을 돕는 사람을 말하는데, 여기서는 접반사의 일을 맡은 사람을 말한다.

하기 위해 서울로 달려가려고 하였으나, 어머니의 병이 위독하다는 소식을 듣고 상소하고 달려가니 부고가 중도에 왔다. 공은 연로하다는 핑계로 게을리하지 않았으니, 예제(禮制)를 지키느라 지나치게 몸을 상하여 대상(大祥)과 담제(禫祭)를 마치자마자 고양(高陽)의 시골집에서 세상을 마치니, 바로 기해년(1599) 12월 12일이다.

부음을 듣고 상이 몹시 애도하며 조회(朝會)를 열지 않고 시장을 닫게 하며, 낭관(郎官)을 보내어 치제하게 하니 애도와 영예를 겸비하였다. 다음 해 2월에 용인현(龍仁縣) 두랑리(頭郎里) 아무 좌향의 언덕에 장사 지내니, 선영 아래에 간 것이다. 부인 양성 이씨(陽城李氏)는 대사헌 이세영(李世英)의 증손녀이자 무공랑(務功郎) 이용(李墉)의 딸로, 5녀 1남을 낳았다.

장녀는 목사(牧使) 송석조(宋碩祚)에게, 차녀는 도정(都正) 홍여익(洪汝翼)에게, 삼녀는 진사 심적(沈績)에게, 사녀는 문간공(文簡公) 조형(趙絅)에게, 오녀는 진사 윤세구(尹世耉)에게 시집갔다. 아들은 홍건(弘建)이다.

공은 공손함으로 처신하였고 온화함으로 남을 대하였다. 남의 선을 칭찬할 때는 오직 그 선이 드러나지 않을까 걱정하였고, 남의 허물을 덮을 때는 혹시라도 다 덮지 못할까 아쉬워하였다. 두 형의 남은 아이를 어루만져 주고 과부가 된 누이를 보살핀 것은 모두 지극한 정성에서 나온 것으로, 이리저리 피난을 다닐 때에도 반드시 함께 다니고 어머니를 모시면서는 뜻을 잘 받들어 위로하며 기쁘게 해 드려 극진히 하지 않은 것이 없었다.

조정에서 벼슬한 30여 년 동안 지위는 팔좌(八座)에 올랐으나 몸에는 비단옷을 입지 않고 거처는 한미한 선비와 같으니 인망이 조야(朝

野)를 뒤덮었을 뿐만 아니라 선조 임금이 공을 예우한 것도 매우 지극하였다. 기축년(1589) 옥사(獄事)[58] 때 죄인의 진술이 공에게 연루되자 형조에 내려보내어 심리하게 하였으나, 상이 다른 혐의가 없음을 살피고는 즉시 사면하라고 명하였고 파직만 하였다가 이윽고 별도로 서용(敍用)하였다.

당시에 이조에서 대사간의 의망을 두 번 올렸으나 상이 두 번 다 임용하지 않고 전교하기를 "어찌하여 별도로 서용된 사람은 주의(注擬)하지 않았는가." 하였다. 아, 공이 군부에게 이러한 대우를 받았으니, 말은 미더우면서도 행위는 가식적인 경우가 아니라면 어찌 이러할 수 있었겠는가.

공이 조정에 있을 때 볼만한 일이 한둘이 아니지만 가승(家乘)이 전란을 겪으면서 죄다 사라져 버려 남은 것이 없다. 조 문간공(趙文簡公 조경(趙絅))이 일찍이 말하기를 "이 부인(李夫人)[59]이 아들과 사위들을 보면 반드시 공을 예로 들어 면려(勉勵)하면서 말하기를 '그분의 경서 공부는 기호하는 정도를 벗어났을 뿐만 아니라 함께 어울린 이도 모두 당시 명망이 있는 분들이었는데 가장 잘 지낸 사람으로는 서애(西厓) 유상(柳相 유성룡(柳成龍))과 학봉(鶴峯) 김공(金公 김성일(金誠一))이다.'라고 하였다." 하였다.

김공이 신묘년(1591)에 사신으로 일본에 갔을 때 한 글자도 집에 대하여 묻지 않고 오직 공에게만 편지를 남겼다. 유상은 공이 죽었다는

58 기축년 옥사(獄事) : 1589년에 발생한 정여립(鄭汝立)의 모반과 관련된 옥사를 말한다.

59 이 부인(李夫人) : 김찬의 아내인 양성 이씨를 가리킨다.

소식을 듣고 천 리 먼 곳에서 뇌문(誄文)을 보냈으니 기리고 애도하는 마음이 매우 지극하였기 때문이다.

아, 유상 같은 분은 저급하더라도 좋아하는 사람에게 아첨하는 데까지 가지는 않을 것이니,[60] 이러한 점을 볼 때 또한 공의 평소 사람됨을 알 수 있다. 이에 이 글로써 봉상시(奉常寺)의 손을 빌려 시호의 은전을 요청한다.

60 저급하더라도……것이니 : 인품이 남에게 아부할 사람이 아님을 말한다. 《맹자》 〈공손추 상(公孫丑上)〉에 "재아(宰我)와 자공(子貢)과 유약(有若)은 지혜가 성인(聖人)을 넉넉히 알아볼 만하였다. 저급하더라도 좋아하는 사람에게 아첨하는 데까지 가지는 않을 것이다."라고 한 말에서 유래하였다.

증 대광보국숭록대부 의정부 영의정 행 숭록대부 의정부 좌찬성 소릉 이공 시장

贈大匡輔國崇祿大夫議政府領議政行崇祿大夫議政府左贊成少陵李公諡狀

공의 휘는 상의(尙毅)이고 자는 이원(而遠)이며 호는 소릉(少陵)이다. 본관은 여주(驪州)로, 고려 때 대대로 벼슬을 세습했다. 우리 조선에 와서는 휘 계손(繼孫)이라는 분이 있으니 벼슬은 병조 판서를 지냈고 시호는 경헌(敬憲)이다. 일찍이 함경도 관찰사로 있을 때 시서(詩書)와 예양(禮讓)을 가르쳐 활 쏘고 말 타는 습속을 변화시키자, 선비들이 모두 스승으로 높였고 세 고을에서 사당을 세워 제향하였으니, 이분이 공의 5대조이다. 고조할아버지 휘 지시(之時)는 현감을 지냈고 좌승지에 추증되었다. 증조할아버지 휘 공려(公礪)는 이조 판서에 추증되었다. 할아버지 휘 사필(士弼)은 의정부 사인을 지냈다. 아버지 우인(友仁)은 사재감 첨정을 지냈다. 공이 귀해짐으로써 2대가 모두 영의정에 추증되었다. 어머니 양천 허씨(陽川許氏)는 수찬(修撰) 허형(許珦)의 딸이다. 가정(嘉靖) 경신년(1560, 명종15) 2월에 공을 낳았다.

공은 외모가 훤칠하고 문장이 일찍 성취되어 약관(弱冠)에 사림에서 명망이 있었다.

을유년(1585, 선조18)에 생원시에 장원을 하고 정시(庭試)에서도 장원을 하여 곧바로 병술년(1586) 전시(殿試)를 치렀고, 승문원에 들어가 천거로 주서가 되었다. 얼마 지나지 않아 전적(典籍)에 올랐다가 감찰(監察)로 옮겼다. 다시 병조 좌랑에 전보(轉補)되었고 지제교(知

製教)에 뽑혔으며 곧바로 지평(持平)을 배수하였다.

임진년(1592)에 선조(宣祖)가 왜구를 피하여 서쪽으로 갈 때 공이 병조 정랑으로서 검찰사(檢察使)의 종사관(從事官)이 되어 임진(臨津)에 머물렀다. 이윽고 뒤따라 행재소(行在所)에 나아갔다. 가을에 부응교(副應敎)를 배수하였고, 겨울에 필선(弼善)으로서 이천(伊川)의 분조(分朝)로 갔다가 또 기거사인(起居舍人)의 명을 받들고 다시 행재소에 나아갔다.

당시에 군대를 통솔하고 나라를 다스리는 업무가 번다하고 일에 지극히 어려움이 있었으나 공은 조정에 들어가서는 행재소의 악전(幄殿)[61]에서 정사를 논의하고 구상하였고, 나와서는 주도면밀하고 신중하게 조정에서 마련한 계책을 도와서 시의(時宜)를 놓치지 않으니 시망(時望)에 더욱 부합하였다. 이로부터 세자시강원과 사헌부와 사간원에 한 번 혹은 두 번 있었고, 오직 홍문관에 가장 오래 있었으며, 전한(典翰)을 거쳐 사간(司諫)으로 옮겼다.

대사헌 김우옹(金宇顒)과 함께 징사(徵士) 최영경(崔永慶)의 기축년(1589) 옥사(獄事)[62]의 억울함을 신원하였고, 서장관(書狀官)으로 북경에 가서는 직접 정문(呈文)을 작성하여, 조선이 달가운 마음으로 왜구

61 악전(幄殿) : 차일을 치고 휘장을 사방에 둘러막고 그 안에 임시로 어좌(御座)를 꾸민 것을 말한다.

62 징사(徵士)……옥사(獄事) : 정여립 역모 사건과 관련된 옥사를 말한다. 호남 유생 양천회(梁千會)가 "조정의 많은 신하가 정여립과 은밀하게 내통하고 있었습니다."라고 상소함으로써 동인에 대한 서인의 정치적 탄압으로 비화하면서 김우옹은 역적과 친밀했다는 이유로 유배를 갔으며, 조식(曺植)의 제자인 처사 최영경은 모주인 길삼봉(吉三峯)으로 지목되어 옥사한 일이 있다.

를 위한다고 참소하는 모함에 대해 변명하였는데,[63] 이 일로 직제학으로서 승지에 발탁되었다. 동부승지에서 여러 번 올라 도승지에 이르렀으며, 가선대부(嘉善大夫)에서 숭록대부(崇祿大夫)까지 자급이 올랐다. 대사간으로 있은 것이 두 번, 대사헌으로 있은 것이 세 번, 도승지로 있은 것이 네 번이다. 성균관에서는 대사성이 되었고, 홍문관에서는 부제학을 배수하였다. 이조에서는 참판과 판서를 지냈고, 병조에서는 참판을 지냈으며, 형조와 공조에서는 모두 판서를 지냈고, 의정부에서는 좌찬성을 지냈다. 외직으로는 성천 부사(成川府使)를 지냈으니, 이는 그가 거친 경력이고, 산관(散官)과 제조를 겸직한 것은 생략하였다.

계축년(1613, 광해군5) 이후로 공은 자취를 거두고 세상을 피하여 스스로의 의리를 지켜 편안히 지내니, 권간(權奸)들이 더욱 흘겨보면서도 다만 공이 인망이 있어서 임시로 이상(貳相 좌찬성과 우찬성)의 직함을 주었을 뿐이었다.

인조반정 때에 공이 소복을 입고 서궁(西宮)의 길가에 엎드려 있으니 인조가 명하여 어가를 따르라고 하였다. 공은 상소하여 사직하니 상이 윤허하지 않고 표창하여 장차 크게 쓰려고 하였다. 훈신(勳臣) 중에서 꺼려 하여 비방하는 자가 있자 연평(延平) 이귀(李貴)가 분연(奮然)히 큰 목소리로 "우리 중에서 누가 이 이상(李貳相)을 따를 자가 있다고 오늘 이 어른을 정승으로 삼는 것을 저지하는가."라고 하였다.

63 서장관(書狀官)으로……변명하였는데 : 1597년 9월 명나라 병부 상서(兵部尙書) 형개(邢玠)가, 조선이 싸울 뜻은 없고 도피하려고만 하며 스스로 분발하여 명나라와 보조를 맞추려고 하지 않는다고 질책하는 내용으로 보낸 자문을 두고 하는 말로 보인다. 이에 대하여 조선 측에서는 그해 10월 변무(辨誣)의 자문(咨文)을 올렸다.《宣祖實錄 30年 10月 2日》

이에 상하가 모두 공에게 기대하였으나 공은 물러날 뜻이 더욱 확고하였다.

갑자년(1624, 인조2)에 역적 이괄(李适)이 반란을 일으켜서 상이 남쪽으로 피난하니 공이 병든 몸으로 행차를 호종(扈從)하였다. 그해 8월 21일 정동(貞洞)의 집에서 생을 마쳤다.

부음을 아뢰자 상이 몹시 애도하며 조회를 정지하고, 예법대로 부의를 하사하였다. 처음에 여주(驪州) 오압산(烏鴨山)에 장사 지냈다가 뒤에 금천군(金川郡) 서쪽 설라산(雪蘿山) 유좌(酉坐)의 언덕에 이장하였다. 공은 상을 호종한 공훈으로 품계가 보국(輔國)에 이르렀다. 계해년(1683, 숙종9)에 광해군 때 받은 녹훈을 다 없앨 때 공도 예(例)에 따라 한 자급이 내려갔다가 이때[64]에 와서 선조를 호종한 원종공훈으로 대광보국숭록대부(大匡輔國崇祿大夫) 의정부 영의정에 추증되고 겸직도 전례(典例)대로 복원되었다.

공은 효성과 공경을 천성에 뿌리 두어 어버이의 병을 시중들 때는 얼굴에 근심하는 빛이 드러났고, 친상을 당해서는 슬픔으로 몸이 심하게 손상되었으며, 상례와 제례에는 한결같이 주자(朱子)의 《가례(家禮)》대로 하였다. 평소 독서할 때는 주해(註解)에 얽매이지 않았고, 또한 학문으로 자처한 적도 없었으나 경서의 뜻에 잠심하여 독실하게 믿으며 삼가 지켰다. 무릇 일을 시행할 때는 반드시 중정(中正)을 추구하였고, 자식들을 가르칠 때는 먼저 《소학(小學)》을 읽게 하며 말하기

64 이때 : 1765년(영조41)을 말한다. 《영조실록》 41년 5월 29일 기사에 영의정 홍봉한(洪鳳漢)이, 이상의와 그 아들 이지완(李志完)에게 증시(贈諡)하는 은전을 청하니, 임금이 윤허하였다는 기록이 있다.

를 "이 책을 읽지 않으면 사람이 될 수 없다."라고 하였다. 짐승에게조차 나쁜 말을 쓰지 않았고 종들에게도 가혹하게 대하지 않았다. 대문은 쓸쓸하여 왕래하는 자는 오직 이름난 정승 몇 사람뿐이었다.

검소한 생활은 한미한 선비와 같았고, 음악이나 악기의 오락과 시녀의 시중이 없었으며, 기물과 의복은 금은이나 비단으로 된 화려한 물건이 없었다. 공이 죽었을 때 상자를 점검하여 보니 관복 외에는 흰 명주로 된 오래된 적삼이 있었는데 소매가 해져 기운 것이라 보는 자들이 모두 탄복하였다. 외가에서 온 종 수십 명이 있었는데, 외가 인척 중 와서 다투는 자가 있었으나 공은 그와 쟁변하지 않았다. 어릴 때는 퍽 조급하였으나 열대여섯 살이 되고 나서는 일찍이 조그마한 방울 하나를 차고 스스로를 경계하여 의젓하고 진중하기에 힘쓰니, 오래되자 덕기(德器)가 타고난 것과 같아서 비록 한가한 때나 다급한 때라 하더라도 평소의 법도를 잃지 않았다.

을유년(1645) 정시(庭試)를 치르던 날, 오각(午刻 오전 11시부터 오후 1시)이 다 되어 가는데 시권(試券)을 아직 올리지 않은 자가 19명이었다. 다들 뒤질세라 시권을 들고 바삐 뛰어갔으나 공은 홀로 두 손으로 시권을 받들고 천천히 섬돌 아래로 나아가 절하며 올리고 나서 물러나니, 뜰 안의 사람들이 다 주목하였다. 일찍이 홀로 방에 누워 있을 때 밤이 깊어 도둑이 들어왔는데 공은 알면서도 가만히 있었다. 도둑이 공이 자는지 시험하려고 손으로 공의 발을 간질이자 공이 천천히 말하기를 "간지러우니 그만두라."라고 하니, 도둑은 매우 놀라 달아나고 공은 또 가만히 있었다.

공은 겉으로는 너그럽고 진중하였으나 속으로는 실지로 활달하고 민첩하였다. 경자년(1600)에 도승지가 되었는데, 당시에 선조는 일찍이 명나라 장수를 맞이하여 일을 논의하고 있었다. 이윽고 또 명나라 장수 한 명을 맞이하게 되자 예폐(禮幣)가 장수에게 가지 못할까 근심하니, 공이 아뢰기를 "이미 이러한 일이 있을까 염려하여 해당 부(部)에 준비하여 대기하였습니다."라고 하였다. 상이 매우 훌륭하게 여기며 신료들에게 말하기를 "이상의(李尙毅)는 과묵하지만 일을 만나서는 빠뜨리거나 놓친 적이 없으니, 그의 민첩함을 알 수 있다." 하고 드디어 발탁하여 병조 참판을 제수하였다.

기유년(1609)에 접반사(接伴使)로서 의주에 사신을 맞이하러 갔는데, 사신이 공의 진중함을 보고 공을 시험하려고 은밀히 사람을 시켜 틈을 타서 공의 가마 속에 있던 갓을 감추게 하였다. 공은 일절 묻지 않고 다만 따로 보관해 둔 것을 쓰니, 사신이 더욱 공경하고 탄복하였다.

이조 판서를 맡았을 때 오리(梧里 이원익(李元翼)), 한음(漢陰 이덕형(李德馨)), 백사(白沙 이항복(李恒福)) 세 상공(相公)과 나란히 정승의 자리에 있었고, 공은 또 인재 선발을 맡고 있어서 온 나라가 잘 다스릴 것이라고 기대하였다. 공이 정사를 처리할 때 악을 물리치고 선을 장려하여 경박하고 조급한 풍습을 진정시키고 당파(黨派)와 색목(色目)을 따지지 않고 오직 어질고 재주 있는 자를 등용하였는데, 가장 먼저 여헌(旅軒) 장현광(張顯光)을 추천하여 지평(持平)으로 삼았다. 이이첨(李爾瞻)이 사사로운 당파를 세워 점차 권력을 농단할 때 그의 무리 중 유희발(柳希發)이 하마터면[65] 이조 정랑이 될 뻔하였는데, 유희발의 아우 유희량(柳希亮)에게, 충고해 주는 아우라는 명성이 있으며 당시

65 하마터면 : 대본에는 '危'로 되어 있다. 《송파집(松坡集)》 권14 〈숭록대부……소릉이공신도비명(崇祿大夫……少陵李公神道碑銘)〉에는 '佹'로 되어 있다.

예문관에 있다는 것을 공이 살펴 알게 되었다. 급히 유희량을 옮겨 설서(說書)로 삼고 또 승진시켜 이조의 낭관(郎官)으로 삼음으로써 유희발이 곧 내쳐지자[66] 백사 상공이 매우 잘했다고 여기고 한음 상공과 서로 축하하며 "군왕을 요순으로 만드는 데 이 일이 그 계단이 된다." 하였다.

정조(鄭造)와 윤인(尹訒) 등이 모후(母后)를 폐위하자는 발의를 할[67] 때 공의 아들 지완(志完)이 대사간으로 있었는데, 바른 의론을 창도하여 그 일을 막았다. 아들 지정(志定)과 손자 원진(元鎭)이 성균관에 있으면서 유생을 이끌고 상소하여 정조와 윤인 등을 목 벨 것을 청하니, 실로 공의 명을 받든 것이었다.

무오년(1618)에 광해군이 또 모후를 폐위하는 일로 여러 신하에게 헌의(獻議)하게 하자, 공이 가족에게 "어서 길 떠날 준비를 해라. 내가 귀양 가게 될 것이다."라고 말하고서 의견을 올렸는데 그 의론이 간절하고도 간절하며 마음에서 우러나는 효성으로 상에게 권하였으니, 대의(大義)에 임하여 화복(禍福) 때문에 마음이 흔들리지 않은 것이 이와 같았다.

66 유희량을……내쳐지자 : 당시 유희발은 이미 4품에 오른 까닭에 낭천(郎薦)이 막히게끔 되어 있었고, 또 유희발이 낭관이 되면 그의 아우 유희량이 피혐해야 할 처지였다. 유희발이 이조 낭관에 오르는 것을 저지하기 위해 이상의는 이항복과 상의하여 청의(淸議)가 있으면서 사류(士類)로 자부하던 유희량을 자급을 뛰어넘어 천거하여 설서로 옮겼다가 몇 번 거쳐 이조 정랑이 되도록 하였다.《光海君日記 1年 7月 3日, 2年 12月 26日》《少陵集 卷4 高祖考家狀》

67 정조(鄭造)와……할 : 정조와 윤인은 이이첨의 당여(黨與)로, 인목대비(仁穆大妃)의 폐위에 앞장서서 "대비는 이미 어머니로 대접받아야 할 이유가 없어졌으니 폐해야 마땅하다."라고 하며 여론을 조장한 일을 말한다.

광해군 초에 매번 정승을 선정할 때면 오리나 백사 같은 어진 자들이 공을 힘껏 추천하였으나 광해군은 그때마다 "쯧쯧, 이 사람은 너무 느리다."라고 하며 끝내 공을 두고 다른 사람을 기용하니 식자(識者)들이 거리낌을 받는 점에 더욱 탄복하였다.

참판 박경신(朴慶新)은 공과 평소에 잘 지냈는데, 정유년(1597)에 왜구가 다시 침범했을 때 당시 전주 부윤(全州府尹)으로서 성을 지키지 못하니 공은 눈물을 흘리며 법대로 다스리라는 청을 발의하였고, 박경신도 평소 공을 따랐기에 끝내 원망하지 않았다.

지방으로 나가 성천(成川)의 수령이 되었을 때 백성 중에 준수한 자를 가려 직접 강학을 하자 3년 만에 조사(造士 학문을 성취한 선비)가 나오니, 상이 표리(表裏)를 하사하여 그의 다스림을 칭찬하였다. 이윽고 조정으로 돌아가자 백성들이 공을 비석에 새겨 기렸다. 그러나 이러한 것들은 공에게는 대수롭지 않으니 또 어찌 군이 떠벌리겠는가.

공은 시문(詩文)을 지을 때 꾸미지 않으며 아름답고 뜻이 깊어 정시(正始)와 〈대아(大雅)〉의 음[68]이 있었으나 겸손하게 물러서고 이를 자부한 적이 없었다. 주청사(奏請使)로서 북경에 갔을 때[69] 지봉(芝峯) 이수광(李睟光)이 공의 부사(副使)가 되었는데, 공과 시를 주고받고는 크게 놀라며 "소릉(少陵)과 같은 문장은 오늘날에 대적할 이가 드물다. 내가 그를 늦게 알게 된 것이 한스럽다." 하였다. 만년에 젊었을 때

68 정시(正始)와 대아(大雅)의 음 : 아정(雅正)한 글을 말한다. 정시는 〈주남(周南)〉이나 〈소남(召南)〉과 같은 순정(純正)한 악성(樂聲)을 뜻하는 말이며, 〈대아〉는 《시경》 구성 부분의 하나이다.

69 주청사(奏請使)로서……때 : 1612년(광해군4) 6월 7일 이상의와 이수광이 세자면복 주청사(世子冕服奏請使)가 되었다. 《光海君日記 4年 6月 7日》

지은 것들을 모두 불사르며 말하기를 "이것들이 어찌 후세에 보일 만한 것이겠는가." 하였다. 이 때문에 세상에는 약간의 글만이 간행되어 전한다.

부인 정경부인 해평 윤씨(海平尹氏)는 사인(舍人) 휘 윤현(尹晛)의 따님이다. 공보다 1년 뒤에 죽었으며 공의 묘에 부장하였다. 7남 4녀를 낳았다.

장남 지완(志完)은 의정부 우참찬이고, 차남 지선(志宣)은 선교랑(宣敎郎)이며, 삼남 지굉(志宏)은 군자감 정이고, 사남 지정(志定)은 부사(府使)이고, 오남 지인(志寅)은 진사이고, 육남 지유(志裕)는 현령인데 양자로 나가 공의 아우 참판공 상신(尙信)의 후사가 되었고, 칠남 지안(志安)은 지평이다. 장녀는 부사(府使) 정세미(鄭世美)에게, 차녀는 참의 이후천(李後天)에게, 삼녀는 장령 김덕승(金德承)에게, 사녀는 참판 이소한(李昭漢)에게 시집갔다. 손자와 증손자 이하로는 다 기록하지 못한다.

아, 공의 아름다운 말과 행실 중에 전할 만한 것이 많으나 연대가 이미 멀어지고 가승(家乘)에 빠진 것이 많아 오직 익숙히 보고 들은 것만 적었다. 하사한 교서(敎書)에서 말하기를 "교악과 태산처럼 우뚝한 움직이기 어려운 절조이고, 천구(天球)와 홍벽(弘璧)[70]처럼 순수한 다듬지 않은 보배로다.〔喬岳泰山 卓乎難動之節 天球弘璧 粹然不琢之

70 천구(天球)와 홍벽(弘璧) : 모두 옥으로 만든 진귀한 구슬이다. 《서경》 〈고명(顧命)〉에 "옥을 다섯 겹으로 하며 보물을 진열하니, 적도와 대훈과 홍벽과 완염은 서쪽 행랑에 있고 대옥과 이옥과 천구와 하도는 동쪽 행랑에 있다.〔越玉五重, 陳寶, 赤刀、大訓、弘璧、琬琰在西序, 大玉、夷玉、天球、河圖在東序.〕"라고 하였다.

珍〕"라고 하였고, 이월사(李月沙 이정귀(李廷龜))가 공을 애도한 시에 "만년의 벼슬살이 더부살이 같았고, 위태로운 조정에서 발길 이미 막혔었지."라고 하였으며, 또 공을 위한 제문에 이르기를 "화목함은 봄바람 같고 온화함은 봄 햇살 같았네."라고 하였고, 임소암(任疎菴 임숙영(任叔英))이 공에게 지어 준 서문에도 "겸손하고 온화하며 충성스럽고 독실하였다."라고 하였으니, 대개 선조(宣祖)의 좋은 시대를 만나 뛰어난 신하와 훌륭한 대신이 조정에 많이 있었지만 덕이 높고 명망이 두터운 자로는 공을 미루어 으뜸으로 삼지 않는 이가 없었다. 앞에서 말한 여러 이름난 이들이 칭찬하는 말로 살펴보건대 참으로 거짓말이 아니다. 이 말들로써 공의 평생을 다 알 수 있으니, 후생소자(後生小子)가 어찌 쓸데없이 말을 덧붙이겠는가. 삼가 차례대로 기술(記述)하여 올려 유사가 채택하여 시호를 내리는 은전에 대비하게 한다.

증 대광보국숭록대부 의정부 영의정 행 자헌대부 의정부우참찬 겸 지경연사 이공 시장

贈大匡輔國崇祿大夫議政府領議政行資憲大夫議政府右參贊兼知經筵事李公諡狀

공의 휘는 지완(志完), 자는 양오(養吾), 자호는 두봉(斗峯)이며 본관은 여주(驪州)이다. 증조할아버지 휘 사필(士弼)은 의정부 사인이고, 할아버지 휘 우인(友仁)은 사재감 첨정이다. 아버지 휘 상의(尙毅)는 벼슬이 찬성(贊成)이고 호는 소릉(少陵)이니, 덕망이 있고 문학에 뛰어나 우뚝하게 선조(宣祖) 때의 명신이 된다. 어머니 해평 윤씨(海平尹氏)는 수찬(修撰) 윤현(尹晛)의 따님이다. 만력(萬曆) 을해년(1575, 선조8)에 공을 낳았다.

공은 9세에 능히 문장을 지었다. 18세에 임진왜란을 당하여 제부(諸父)가 모두 어가를 호종하고 공은 어머니를 모시고 산골짜기에서 왜구를 피하였는데, 토적(土賊)을 만나자 자신을 대신 죽여 달라고 하다가 도적들에게 상해를 입었고, 위험한 곳을 이리저리 떠돌아다니면서도 책 읽기를 그만두지 않았다.

정유년(1597)에 정시(庭試)에서 발탁되어 승문원에 들어갔고 천거로 한림(翰林)을 배수하였으며, 전례대로 전적(典籍)에 올라 시강원 사서를 겸하였다. 얼마 지나지 않아 정언(正言)으로 옮겼다.

경자년(1600)에 병조 낭관이 되어 지제교(知製敎)에 뽑혔다.

신축년(1601)에 지평(持平)을 배수하였다. 가을에 선발되어 홍문관에 들어가 부수찬이 되었다.

임인년(1602)에 천거로 이조 좌랑에 임명되어 주역 교정 낭청(周易校正郎廳)을 겸하였으니, 이는 최상의 선발이었다. 당시에 찬성공과 찬성공의 아우 참판공이 그 일을 총괄하고 있었고 공은 또 낭관(郎官)이었기에 사람들이 영화롭게 여겼다.

가을에 하지사 서장관(賀至使書狀官)이 되어 북경에 조현(朝見)하러 갔을 때 독락사(獨樂寺) 승려가 동국(東國)에서 학사(學士)가 왔다는 소식을 듣고 "남녀가 어깨 나란히 하여 세상에서 함께 사랑을 맺고〔子女竝肩 合作人間之好〕"라는 글을 보여 주며 화답의 글을 구하자, 공이 입에서 나오는 대로 말하기를 "해와 달 한 몸 되어 아름답게 하늘의 밝음 이루었네.〔日月同體 麗成天上之明〕"라고 답하자 승려가 놀라 탄복하였다.

병오년(1606)에 원접사(遠接使) 유근(柳根) 공의 종사관이 되어 주지번(朱之蕃)과 양유년(梁有年)[71] 두 명나라 사신을 영접하였다. 도중에 수창(酬唱)하였는데 그들이 매우 경탄하여 두봉 사형(詞兄)이라고 일컫기까지 하였다. 편면(便面)[72]에 적어 준 시가 있어 집에 보관하고 있다. 가을에 사인(舍人)을 배수하였다.

정미년(1607)에 필선(弼善)을 거쳐 서쪽 변방을 순무하라는 명을 받고 열 가지 대책을 적은 상소를 올리니, 조정이 대부분 채택하였다.

71 주지번(朱之蕃)과 양유년(梁有年) : 주지번은 한림원 수찬(翰林院修撰)이고 양유년은 예과 좌급사(禮科左給事)로서 명나라에서 1606년(선조39) 주지번을 정사(正使)로, 양유년을 부사(副使)로 파견하여 황손(皇孫)의 탄신을 알리기 위한 조서와 칙유를 보낸 일이 있다.《宣祖實錄 39年 4月 11日》

72 편면(便面) : 남에게 자기 얼굴을 보이기 싫을 때 얼굴을 가리는 데 쓰던 기구, 즉 부채 따위를 가리킨다.

무신년(1608)에 응교(應教)로서 호당(湖堂)에서 사가독서(賜暇讀書)를 하였고, 중시(重試)에 발탁되었다. 당시에 왜인(倭人)이 와서 강화(講和)를 빌었으니, 이는 임진년 뒤에 처음 있는 일이었는데, 공은 선위사(宣慰使)의 명을 받았다.

기유년(1609, 광해군1) 봄에 왜국(倭國) 사신 평경직(平景直)·현소(玄蘇) 등이 당도하자 공이 평경직 등에게 먼저 지영(祇迎)의 예의를 익히게 하자, 평경직 등이 화를 내며 "조선의 사신이 왔을 때 일본에서 언제 뜰아래서 절한 적이 있던가." 하자, 공이 예에 근거하여 그 뜻을 꺾었다. 다음 날 아침 어주(御酒)를 내리자 평경직 등이 뜰아래로 나아가 네 번 절하며 연례(宴禮)를 오직 의례(儀禮)대로 정중하게 행하였다.

현소가 북경으로 갈 것을 간절히 구하였으나 공이 허락하지 않고 말하기를,

"그대 나라가 이유 없이 군대를 움직여 신의를 크게 잃었다. 강화의 일은 본래 우리의 뜻이 아니다. 지금 풍신수길(豐臣秀吉)이 죽고 후사가 없자, 그대들이 얼굴을 바꾸어 항복하니 조정이 애써 따랐다. 이미 선온(宣醞)을 하였으면 마땅히 국서(國書)를 바쳐야지 어찌 북경을 가겠다는 것인가."

하였다.

평경직이 또 명나라에 조공 바치는 길을 빌리려 하자, 공이 말하기를,

"옛날 그대 나라가 책봉사(冊封使)에게 무례하였기에 당시 화의를 주장하던 석 상서(石尙書)와 심 유격(沈遊擊)이 모두 이 때문에 죄를 받아 죽었다.[73] 우리가 어찌 감히 다시 명나라 조정에 아뢰겠는가.

73 옛날……죽었다 : 책봉사는 심유경(沈惟敬)을, 석 상서는 석성(石星)을, 심 유격

만일 입조(入朝)하고 싶다면 영파(寧波)[74]의 옛 길이 있을 따름이다."
하였다. 현소가 놀라며 말하기를,

"해외(海外)의 옛 길은 어디를 통해 알게 되셨습니까? 선위 대인(宣慰大人)이 뭇 서적에 매우 박학해서 그런 것입니까?"

하였다.

평경직 등이 또 정통(正統) 8년(1443, 세종25)에 해마다 세견선(歲遣船)[75]을 50척으로 하던 관례를 회복하려고 하였는데, 이는 은사(恩賜)를 이롭게 여겨 선박을 늘리는 데 힘쓴 것이다. 공이 말하기를,

"이는 국초(國初)에 삼포(三浦)를 열었을 때의 조약이다. 뒤에 왜인

은 심유경을 말한다. 임진왜란 때 명나라의 사신 조승훈(祖承訓)을 따라 유격장군(遊擊將軍)으로 우리나라에 왔으며, 일본과의 강화의 임무를 띠고 여러 번 일본에 왕래하였다. 조선 4도 할양, 명의 황녀를 일본 천황의 후궁으로 보낼 것 등, 일본의 요구가 너무나 터무니없자 풍신수길이 왜왕이 되고 싶어 하는 것으로 조작하여 명나라 조정에 화의(和議)가 성립되었다고 보고했다. 이에 명나라는 풍신수길을 왕에 책봉한다는 문서를 보냈는데, 책봉 조서의 내용을 들은 풍신수길이 조서를 땅바닥에 던지며 전쟁을 재개할 것을 명령함으로서 정유재란이 일어났다. 뒤에 심유경은 명나라 장수 양원(楊元)에게 잡혀 참형에 처해지고 석성은 감옥에서 병들어 죽었다.

74 영파(寧波) : 원래 명칭은 명주(明州)였는데, 명나라 때 국호(國號)를 피하여 영파로 바꾸었으며, 오늘날 중국 절강성(浙江省)에 있었다. 명나라 때는 연해(沿海) 지역에 해금(海禁)을 하고 오직 영파만 대외적으로 개방하였다.

75 세견선(歲遣船) : 대마도주에게 우리나라를 내왕하도록 허락한 무역선(貿易船)을 말한다. 세종 초에 왜인에 대한 회유책으로 삼포(三浦)를 열어 무역을 허가하고, 거기에 왜관(倭館)을 두어 머물게 하였다. 그 뒤에 왜인들의 내왕이 잦아지자 1443년 세견선을 50척으로 제한하였으며, 불가피한 경우에 한하여 특송선 2, 3척을 허락하였다. 세견선에는 대·중·소 세 종류가 있으며, 일본과 문제가 있을 때마다 배의 숫자를 증감하였다.

이 난을 일으킴으로 인하여 바꾸어 25척으로 정하였다. 정통 8년에 와서 왜인이 상국(上國 명나라)을 노략질하고 또 우리나라 제주(濟州)를 약탈하여 마침내 대마도로 달아나자, 대마도주가 모두 포박하여 우리에게 보냈고, 우리나라는 또 포로를 명나라에 바치니, 이것으로 공을 논하여 50척으로 늘렸다. 정덕(正德) 5년(1510, 중종5)에 삼포의 왜인이 변란을 일으키자 뒤에 삭감하여 25척이 되었다. 임진년의 일이 정덕년과 비교해 볼 때 어떠한가? 배 20척도 너무 많다."
하였다.

평경직이 말하기를,

"50척도 적다고 아쉬워하는데 더구나 20척이겠습니까. 일본이 이 소식을 듣는다면 아마도 강화의 일이 이루어지지 못할 듯합니다."
하자, 공이 버럭 소리 지르며 말하기를,

"만약 전쟁이 다시 일어난다면 우리가 어찌 의외의 일에 대한 대비가 없겠는가. 강화를 할지 말지는 알 바 아니다."
하니, 평경직이 감히 다시는 말하지 못하였다. 조약이 정해지고 나서 또 특송선(特送船)[76] 3척을 세견선 20척 안에 충당하니, 세견선은 실제로 17척이었다. 대마도주에게 주는 은사도 1년에 쌀과 콩 100섬에 지나지 않았고, 대마도주의 문인(文引)[77]이 없거나 부산(釜山)을 통하지

76 특송선(特送船) : 일정한 세견선과는 달리 정해진 수가 없으며 정부의 허락을 받아 특별히 입항하는 왜선(倭船)으로, 그 대우는 구주 절도사(九州節度使), 대마도주와 동등하였다. 《海東諸國紀 朝聘應接紀 諸使定例》

77 문인(文引) : 조선에 왕래하던 왜인이나 야인(野人) 들이 그 추장(酋長)으로부터 받아서 가져오던 통행 증명서이다. 일본에서는 대마도 종씨(宗氏)가 도항(渡航) 증명서를 발급하였다.

않는 자는 도적으로 논하였다.

복명(復命)하자, 오리(梧里 이원익(李元翼))와 한음(漢陰 이덕형(李德馨))과 백사(白沙 이항복(李恒福)) 세 정승이 아뢰기를,

"임진년의 변란에 명나라 군대 10만으로도 대적하기에 부족하였는데, 이제 이지완(李志完)이 세 치 혀로 꺾고도 남았습니다."

하자, 비답하기를,

"왜국 사신이 처음 왔을 때 사세가 위태롭고도 어려웠는데 잘 주선하여 처리하였으니 매우 가상하다."

하고, 특별히 통정대부를 가자하였다.

경술년(1610)에 호조와 예조의 참의를 거쳐 승정원에 들어가 우승지가 되었다. 당시에 정인홍(鄭仁弘)이 차자(箚子)를 올려 회재(晦齋 이언적(李彦迪))와 퇴계(退溪 이황(李滉)) 두 선생을 모함하고 헐뜯었다. 이 당시에 공의 아우 지굉(志宏)이 성균관의 장의(掌議)로 있으면서, 정인홍의 이름을 유적(儒籍)에서 삭제해 버렸다. 광해군이 노하여 유생들을 죄주려고 하자 공이, 정인홍이 현자를 모함하고 정직한 사람을 해친 정황을 아뢰어 진달하고, 이어 내린 전지를 반려하였다.

임자년(1612)에 가선대부에 올라 대사성을 거쳐 대사간으로 옮겼다. 당시에 정조(鄭造), 윤인(尹訒)이 모후를 폐위하자는 의론을 처음 꺼내자 공이 즉시 아뢰기를,

"전하께서 인륜의 변고를 만났으니, 지당하게 처리한 뒤에야 후세에 비난이 없을 것입니다. 신의 생각은 오직 우리 군왕을 요순의 경지에 들이고 싶을 뿐입니다. 이제 이론(異論)이 마구 생겨나니 신은 차마 듣지 못하겠습니다."

하였다. 아우 지정(志定)과 아들 원진(元鎭)이 성균관에 있으면서 또

앞장서서 상소하여 정조와 윤인을 목 베라고 청하였다. 이위경(李偉卿) 같은 간흉이 그 계책을 빨리 이룰 수 없었던 것은 바로 이 덕분이다. 호조 참판으로 옮겼다가 겨울에 주청 부사(奏請副使)가 되었다.

다음 해 봄에 복명하자 자헌대부(資憲大夫)에 올랐다.

병진년(1616)에 우참찬을 배수하였고 형조 판서로 옮겼다. 이로부터는 문을 닫고 손님을 사절하였다.

정사년(1617)에 와서 집에서 세상을 마치니 향년 43세였다. 당시에 서궁(西宮)이 공의 집과 매우 가까웠는데, 인목대비가 공의 초상 소식을 듣고는 탄식하기를 "내가 더욱더 희망이 없어졌구나. 이 사람마저 또 가 버렸단 말인가." 하였다. 다음 해 봄에 여주(驪州) 관곡(寬谷)에 장사 지냈다가 뒤에 영평현(永平縣) 천석리(穿石里) 묘향(卯向)의 언덕으로 옮겼다.

인조반정 뒤에 공이 계축년(1613) 대사간으로 있을 당시 주장을 달리하였다 하여 특별히 좌찬성을 추증하고 집에 관원을 보내어 제사를 지내게 하였다. 제문은 다음과 같다.

지난 계축년에	往在癸丑
의리는 깜깜하게 꽉 막히니	義理晦塞
의관은 짐승의 것이 되고	冠裳禽犢
사직이 폐허가 되려 하였도다	社稷將屋
경이 간하는 신하로서	卿以諫臣
정론을 앞장서서 부르짖으니	首倡正論
요순을 끌어와서	引以堯舜
의로움을 말로 드러냈도다	義勃于言

효성이 국가에 드러나고 孝彰家國
충성이 조정을 감격시키니 忠激朝端
백관들은 얼굴에 땀 흘리고 百僚汗顔
간사한 자들 뼈가 서늘해졌도다 奸諛骨寒
우주에 우뚝하게 서서 獨立宇宙
거센 물결의 지주 되도다 砥柱狂瀾

또 원진의 영국 원종공(寧國原從功)으로 인하여 대광보국숭록대부 의정부 영의정을 더하여 추증하고 겸직은 전례(典例)대로 하였다.

부인 전주 이씨(全州李氏)는 첨정 이결(李潔)의 딸로, 2남 1녀를 낳았다. 원진(元鎭)은 관찰사이고, 숙진(叔鎭)은 군수이며, 딸은 한림(翰林) 유흠(柳歆)에게 시집갔다.

아, 공은 총명함이 남보다 뛰어나고 경사(經史)에 널리 통했으며 백가(百家)의 서적에 두루 미쳤다. 선조가 날마다 경연의 자리를 열었을 당시 공은 유신(儒臣)으로서 《주역》을 강하였는데, 소릉공(少陵公 이상의(李尙毅))이 이것저것 여러 괘(卦)를 뽑아 시험하였으나 공은 시험하는 것마다 시원스레 풀이하니, 《주역》에 깊은 사람이라도 이보다 나을 수는 없었다. 소릉공은, 공이 재주가 뛰어난 것을 기뻐하면서도 지나치게 총명한 것을 걱정하였다.

일찍이 조희일(趙希逸) 공과 함께 원접사의 종사관이 되었는데 조공이 공을 시험하려고 미리 각각의 시체(詩體)로 시 수십 편을 지어 놓고 공에게 즉시 화답하게 하자, 공은 그 두루마리를 한번 보고는 붓으로 그 제목을 찍고 이어서 종이를 펴서 붓을 휘둘러, 1각이 채 넘지도 않아서 모두 화답하자 조공이 크게 놀라며 천재라서 자신이 미치기 어렵다고 여겼다. 선위사(宣慰使)로 남쪽으로 내려갔을 때 동악(東岳) 이안눌(李安訥)이 동래 부사(東萊府使)가 되어 함께 수창(酬唱)하고서 칭찬하기를 "나올수록 더욱 기이하고 많을수록 더욱 잘한다."라고 하였으니, 이는 깊이 탄복한 것이다. 그러나 이것으로 어찌 공을 다 표현했다고 할 수 있겠는가.

공은 조정에 있을 때는 강직하고 반듯하였고 일을 만나면 치밀하고 민첩하였다. 선위사로 나갔을 때 예의는 익숙하고 의리는 엄숙하여 교활한 왜인의 마음을 감복시켰고 엄격하게 맨 처음의 관례를 확립하였으니, 지금까지 수백 년 동안 변방의 관문에서 준수하여 행하는 제도 중에 공이 만들지 않은 것이 없다. 계축년(1613)의 일 같은 경우 명교(名教)를 주장하고 인륜을 부지하였으니, 역사책에 밝게 빛나고 백대까지 가기에 충분하다. 하늘이 만약 수명을 빌려주어 훌륭한 성주(聖主)를 돕고 신하로서의 경륜을 펼치게 하였더라면 공업(功業)을 펴는 것이 어찌 여기에 그쳤겠는가. 아, 애석하구나. 삼가 가승(家乘)에 따라 세상의 교화에 관계되고 국법에 갖추어져 있는 것을 모아 시호를 내리는 은전을 청한다.

번암집

제42권

시장 諡狀

자헌대부 호조 판서 권공 시장

資憲大夫戶曹判書權公諡狀

성상 46년(1770, 영조46) 겨울에 내가 호조 판서에 임명되자 조정의 고관들은 서로 권면하며 "오직 권 판서와 같기를 바랍니다."라고 하고, 호조의 늙은 아전들은 몰래 서로 말하기를 "우리 공이 권 판서가 남긴 규범을 이어받을까 두렵다."라고 하였으니, 이는 권공이 호조를 관장한 뒤로 지금 40여 년이나 지났지만 호조를 다스리던 방법과 세금을 거두던 계책이 혁혁하게 말로 전해지고 있어서, 고관들은 공을 아끼고 사모할 줄 알고 아전들은 두려운 줄 알기 때문이다.

아, 천승의 나라에서 세정(稅政)을 다스리는 일은 자로(子路)라야 담당할 수 있었으니[1] 이것을 어찌 작은 일로 여기겠는가. 그러나 공이 겉으로 드러낸 것이 그러할 뿐이고 공이 지니고 있는 경륜을 다 펼친 것은 아니다. 공의 휘는 이진(以鎭)이고 자는 자정(子定)이다. 어려서 가학(家學)에 뜻을 두어 과거 공부를 달가워하지 않았으나 백부 대간공(大諫公)[2]의 간절한 권유를 받고 숙종 계유년(1693, 숙종19)에 성균

1 천승의……있었으니 : 한 나라에서 세정을 담당하려면 그에 걸맞은 능력을 지닌 자라야 가능하다는 말이다. 맹무백(孟武伯)이, 자로가 인(仁)하냐고 묻자, 공자가, 그가 인한지는 모르겠지만 천승의 나라에서 군정(軍政)을 다스리게 할 수는 있다고 한 데서 유래하였다. 《論語 公冶長》《논어》에서 말하는 군정은 넓게 보아 병사의 징집과 그에 소요되는 세금의 징수 등을 포함하고 있으나 여기서는 세정을 담당하는 호조의 일을 말한다.

2 백부 대간공(大諫公) : 권이진의 백부 권기(權愭)로 1693년 대사간에 제수되었다.

관에 들어갔다.

다음 해에 별시(別試)에서 발탁되어 승문원에 뽑혀 들어갔고, 얼마 뒤 김천 찰방(金泉察訪)으로서 시강원 설서에 제수되어, 드디어 승급하여 병조 좌랑이 되었다. 이로부터 사헌부 지평, 사간원 정언을 거쳐 홍문관에 뽑혀 수찬이 두 번 되었고, 세자시강원 필선이 한 번 되었으며, 외직으로는 함평(咸平), 무장(茂長) 두 고을의 현감을 거쳤고 그사이 전라 도사를 지냈다.

공이 수찬으로서 부름을 받았을 때 도중에 상소문을 지어, 세 가지 큰 근본과 여섯 가지 급선무를 반복하였다.[3] 시사를 콕 찔러 논하며, 궁금(宮禁)을 지적하여 진달한 것이 상하 수천 마디 말이었는데, 미처 소(疏)를 올리기도 전에 누설한 자가 있어 조정이 떠들썩하니 서로 두려워하였다.[4] 이에 김만근(金萬謹), 한영휘(韓永徽)가 나서서 상소

3 상소문을……반복하였다 : 군왕의 수신에 대한 세 가지 근본과 당시 국정의 여섯 가지 폐단을 지적한 것으로, 그 대략은 사욕을 절제함으로써 성정(性情)을 수양하여 근본을 수립하고, 학문을 익혀 의리를 궁구하여 시용(施用)에 통달하며, 희로(喜怒)로써 시비(是非)를 살펴 사이비(似而非)를 제거하는 세 가지는 수신의 큰 근본이 되며, 지극한 정성을 펴서 당론을 소멸시키고, 궁금을 엄하게 하여 사사로운 길을 막고, 균역(均役)을 균등하게 하여 민생을 기르고, 군대를 잘 다스려 변경을 견고히 하고, 내장(內庄)을 줄여 백성의 원성을 그치게 하고, 기강을 엄숙히 하여 풍속을 바르게 하는 여섯 가지는 입정(立政)의 급선무라는 등의 내용이다.

4 소(疏)를……두려워하였다 : 누설한 자란 《유회당집(有懷堂集)》 권3 〈의상소(擬上疏)〉의 자주(自註)에 "김순(金洵)이 무주 현감(茂朱縣監)으로서 천안(天安)을 지나다가 군수 윤(尹) 아무개에게 '권 학사의 이 소가 올라가면 영남 지역이 이 때문에 들끓을 것'이라는 말을 했는데 그러고 나서 한영휘와 김만근의 상소가 있었다."라고 기록하고 있는 것으로 보아 김순을 말하는 것으로 보인다. 또 《성호전집(星湖全集)》 권64 〈호조판서유회당권공묘지명(戶曹判書有懷堂權公墓誌銘)〉을 참조하면 상소 내용

문을 채집하여 매우 예리하게 맞받아쳤다. 그러고 나서 얼마 뒤 한영휘를 탄핵하는 자가 있어 그 말이 매우 모질고 독하였다. 어떤 자가 이 일을 가지고 공에게 축하하자[5] 공이 얼굴을 찌푸리며 "한영휘의 일은 그의 과오와 관계있소. 나를 논한 것은 애당초 그릇된 일이 아닌데 어찌 이것으로 축하하기까지 하오."라고 하였다.

함평에 있을 때는 귀신같은 지혜로 이웃 고을에 드러났고, 도사(都事)가 되었을 때는 편의에 따라 대책을 세워 조운(漕運)을 하는 백성들이 파산할 우려를 하지 않게 하였으니[6] 백성들이 비석을 세워 칭송하였다.

무자년(1708)에 무장 현감에서 발탁되어 동래 부사(東萊府使)에 임명되었다. 그 당시 동래부에 왜인(倭人)과의 다툼이 있었기에[7] 조정에

중에 김춘택(金春澤)이 법망에 걸리지 않은 일을 논했는데, 상소를 올리기 전에 누설한 이가 있어서 대간이 논핵하여 파직되었다는 말이 있다. 이는 1689년(숙종15) 인현왕후(仁顯王后)가 폐위되자, 김춘택이 한중혁(韓重爀)과 복위를 꾀하다가 발각되었는데, 한중혁은 장살되었으나 김춘택은 처벌받지 않았던 일을 말한다. 《肅宗實錄 20年 3月 26日, 22年 1月 11日, 23年 3月 15日》

5 어떤……축하하자 : 《유회당집》 권3 〈의상소〉를 살펴보면 이 상소 외에 사직 상소가 두 편 있는 것으로 보아 상소가 누설되고 대간의 탄핵이 있자 벼슬을 그만두었기에 이러한 말을 하는 것으로 보인다.

6 도사(都事)가……하였으니 : 《성호전집》 권64 〈호조판서유회당권공묘지명〉을 참조하면 권이진이 전라 도사에 임명되었을 때 도민이 조역(漕役) 때문에 고달파하자 공이 쌀을 거두어 삯꾼을 사는 것을 정식으로 삼았다고 하였다.

7 동래부에……있었기에 : 왜인이 출몰한다는 이유로 동래 부사 한배하(韓配夏)가 왜관 서쪽 담장 밖의 보이는 곳에 문을 지키는 군관과 훈도와 별차 등을 두었으나 그들이 금표(禁標)를 벗어나는 것을 금단(禁斷)할 수 없자 장계를 올렸다. 이에 조정에서는 조약을 어기고 떼 지어 다니는 사람을 나포하는 것과는 달리해야 한다는 주장과 멋대로

서 별도로 공을 뽑아 가서 다스리게 한 것이다. 공이 도착하자 서계(書契)를 전달하지 않은 자를 목 벨 것을 주청(奏請)하고, 왜관(倭館)에 문과 담장을 처음으로 설치하였으며, 거주하는 백성 90호를 철수시켜 이사하게 하여, 혼잡하게 섞여 살 실마리를 없애 버리니 왜인이 매우 거세게 화내며 갖가지 수단으로 공갈하였으나 공은 조금도 흔들리지 않았다. 시장세〔市稅〕와 은과 인삼 중 관의 장부에 들어 있지 않은 것을 그 수량대로 실용에 보태어 써서 역관들의 간교한 농간을 막게 하였다. 얼마 지나지 않아 왜인이 쌀 교역 문제로 왜관을 벗어나 소란을 피웠으나 훈도(訓導)와 별차(別差)[8]가 금하지 못하였는데, 공이 태연자약하게 소나 양을 채찍으로 몰듯이 왜인을 구역 안으로 들여 넣고서야 그쳤다. 이어서 조정에 청하여 물품 지급을 중지함으로써 그들을 징계하고, 도서(圖書)를 공급하지 않음으로써 벌을 주며, 훈도와 별차를 벌주지 않고서도 그들의 계교를 꺾었다. 조정이 어떤 것은 따르고 어떤 것은 따르지 않았으나 왜인도 두려워 움츠리며 감히 준동하지 못했다.

신묘년(1711)에 임기가 끝나 조정으로 돌아가자 승지에 제수되었다. 당시 괘서(掛書)의 옥사[9]가 있었는데 대신이, 무고한 자의 죄를

금표를 왕래하는 것은 엄금해야 한다는 주장이 각각 있었다.《承政院日記 肅宗 34年 閏3月 10日》

8 훈도(訓導)와 별차(別差) : 왜학훈도(倭學訓導)와 특별히 파견한 당상 역관(堂上譯官)을 가리킨다.

9 괘서(掛書)의 옥사 : 1711년 4월 30일 연은문(延恩門)에 걸렸던 글과 관련된 옥사를 말한다. 글의 대체는 조선이 명나라를 도와 청나라를 토벌하는 데 앞장서라는 것으로, 괘서 죄인(掛書罪人)은 끝내 잡지 못하였으며 이 일로 엉뚱한 사람을 고변(告變)하

끝까지 추궁하지 말 것을 청하자, 공이 소대(召對)를 통해 "형벌은 마땅히 범죄의 동기를 따져야지 따로 문제를 삼아서는 안 됩니다."라고 하며 명나라 교생광(皦生光)의 일[10]을 끌어다 증거로 삼았는데, 임금이 물리치니 공이 또 상소하여 체직되었다. 겨울에 경주 부윤(慶州府尹)에 제수되었으며 계사년(1713)에 벼슬을 버리고 돌아갔다.

다음 해에 영광 군수(靈光郡守)에 제수되었으며 을미년(1715)에 또 벼슬을 버리고 돌아갔다.

무술년(1718)에 철원 부사(鐵原府使)에 제수되었다가 곧바로 안동 부사(安東府使)로 옮겼다.

이보다 앞서 영광군에 반노(叛奴 주인을 배반한 종)가 있어 그 주인을 죽이고 구석진 곳에 묻었는데, 그 종이 재력이 대단하여 옥사가 오래도록 판결이 나지 않았다. 그래서 주인의 부인은 천 리를 걸어 다니며 상복을 입고 지낸 지 8년이나 되었다. 공이 영광군에 부임하자 맨 먼저

여 무고하게 벌을 받고 심문을 받거나 고변과 연루되어 벌을 받은 사람들이 많았다. 《肅宗實錄 37年 4月 30日・7月 5日・10月 13日, 41年 9月 25日》

10 교생광(皦生光)의 일 : 명나라 신종(神宗) 때 황태자 상락(常洛)을 폐하고, 정귀비(鄭貴妃) 소생인 상순(常洵)을 황태자로 삼고자 한다는 요서(妖書) 사건이 발생하자 연관된 자를 속히 체포하라는 명이 내렸다. 이 일에 앞서 도읍의 무뢰배인 교생광이 정국태(鄭國泰)와 부상(富商) 포계지(包繼志)에게 협박하여 돈을 뜯어낼 목적으로 시를 지어 포계지의 것이라고 하였는데, 어떤 자가 그 시 구절이 의심스럽다 하여 교생광을 잡아서 혹독한 고문을 하였으나 승복하지 않았다. 사안을 조사하던 진구(陳矩)는 교생광이 억울하다는 것을 짐작하였으면서도 이전에 지은 죄가 이미 죽을죄에 해당되고, 옥사가 벌어졌는데도 주모자가 없다면 임금이 심히 노할 것이며, 돌아가며 수많은 사람이 연좌될 것을 염려하여 예부 시랑(禮部侍郎) 이정기(李廷機)와 함께 능지처참의 죄를 교생광에게 덮어씌웠는데, 나중에 무고한 옥사라는 것이 밝혀졌다. 《明史 宦官列傳 陳矩》

이 일을 심문하여 그 정상(情狀)을 파악하고는 모두 장(杖)을 쳐서 죽였고, 채비를 갖추어 돌아가는 부인에게 보내 주니 사람들이 강직함과 준엄함에 탄복하였다.[11]

안동부를 다스리게 되었을 때는, 부가 영남좌도의 극읍(劇邑)[12]이라 결단하기 어려운 일을 만나면 꼭 갓끈을 만지작거리며 깊이 생각하여 한참 뒤에 결단하였는데 딱 들어맞지 않는 일이 없으니, 백성들은 귀신 같은 밝은 지혜에 납득하여 따르지 않는 자가 없었고 그의 판결을 갓끈 점〔纓卜〕이라고 부르기까지 하였다. 토지를 측량할 때 부의 북쪽에 있는 세 현(縣)이 부와의 거리가 아주 멀고 땅도 외지며 남의 토지를 집어삼키는 자들이 백성의 토지를 차지하여 자기 주머니에 집어넣었는데, 이를 공이 직접 밝혀내어 다 빼앗아 백성에게 돌려주자 그 지역의 세력 있는 자들이 도처에서 들고 일어나 비방을 조성하여 유감을 풀고야 말려고 하였으나 끝내 아랑곳하지 않았다.

경자년(1720)에 임기가 끝나 돌아갔다.

신축년(1721, 경종1)에 승정원에서 곧바로 형조 참의로 옮겼고, 이윽고 또 승정원에 들어갔다가 일에 연좌되어 파직되었다.

11 이보다……탄복하였다 : 주인은 면천(沔川)의 황동로(黃東老)이고, 부인은 모재(慕齋) 김안국(金安國) 선생의 후손인 김씨(金氏)이며, 주인을 살해한 종의 이름은 천명(千明)과 천강(千江)이다. 두 종은 영광에 있는 상전을 배반한 자로, 황동로가 관에 송사하여 얻게 되었는데 문서를 가지고 종의 집에 찾아가자 이들이 황동로를 살해하고 묻어 버렸다. 이에 부인이 8년간 상복을 벗지 않고 천 리 길을 걸어 걸식하며 남편을 죽인 종을 탐문하여 찾아내어 관에 고발하였으나 관에서는 가벼이 처리하여 미결인 채로 감옥에 가둬 두기만 하였는데 권이진이 부임하자마자 사형으로 판결하여 죽이고 부인은 인마(人馬)를 마련하여 배를 태워 귀가시켰다.《有懷堂集 卷11 金氏傳》

12 극읍(劇邑) : 문제가 많아 정무(政務)가 복잡하고 번거로운 군현(郡縣)을 말한다.

임인년(1722)에 예조 참의에 임명되었다. 덕안릉(德安陵)[13]을 봉심(奉審)하고 나서 장계하여, 능의 사토(沙土)를 오래도록 바꾸지 않았다는 사유로 전 관찰사를 죄주기를 청하였다.

다음 해에 공조 참의로 부름을 받고 가다가 도중에 승지로 옮겼다. 입시를 계기로 심신을 수렴하는 공부에 대하여 널리 아뢰고, 이어 홍문관에 명하여 《대학장구》와 정자(程子)의 〈정성서(定性書)〉[14]를 써서 바치게 해서 경연에 나오지 않는 날이라도 늘 송독하기를 청하니, 임금이 가납(嘉納)하였다. 묘당(廟堂)에서 공을 북병사(北兵使)로 의의(議擬)하였는데 어떤 사람이 사헌부 관원을 부추겨 상소로 공을 헐뜯게 하였다. 당시에 대신과 재신(宰臣) 들이 공이 동래부에 있을 때 행한 두드러진 치적을 끌어대어 아뢰자 임금이 "친숙한 자가 없는 것은 아니지만 반드시 이 사람처럼 모두가 추천하는 자라야 하는 것은 나라를 위해 사람을 고르기 때문이다."라고 하였다. 판결사와 승지에 임명되었으나 모두 부임하지 않았다.

발탁되어 평안도 병마절도사에 임명되었다. 곧바로 사은 부사(謝恩副使)로 옮겼고, 형조 참판에서 호조 참판으로 옮겼다. 사신은 조정에서 은사(恩賜)하는 전례가 있고 호부(戶部)에서도 상신(常贐 통상적으로 주는 노자(路資))이 많았는데 공이 말하기를 "이는 노자로 준 돈이니

13 덕안릉(德安陵) : 조선 태조 이성계(李成桂)의 고조부인 목조(穆祖)의 부인을 모신 능으로, 함경남도 신흥군(新興郡) 가평면(加平面)에 있다.

14 정성서(定性書) : 송(宋)나라의 정호(程顥)가 23세 때에 장재(張載)의 질문을 받고 인성(人性)에 대해 토론한 편지로, 그의 스승인 주돈이(周敦頤)의 《태극도설(太極圖說)》과 표리 관계를 이룬다는 평가를 받는다. 그 내용은 《근사록(近思錄)》 〈위학(爲學)〉 4장에 보인다.

의리상 한 푼도 집에 들여서는 안 된다."라고 하고 모두 통역관에게 주어 백금(白金)으로 바꾸어 수행(隨行)하게 하였다. 사행길에 다른 자금 없이 백금 덕택에 일을 잘 마치고 돌아올 수 있었다. 얼마 뒤 경상도 관찰사에 임명되었다. 그가 막 경내에 들어갔을 때는 70군(郡)의 장부와 문서가 산더미처럼 쌓여 있었다. 공이 아전 수십 명에게 명하여 나란히 엎드려 내용을 고하게 하고는, 귀로 듣고 입으로 판결하여 잠깐 동안에 다 끝내자 곁에 있던 수령들 중 감탄하며 마음으로 따르지 않는 사람이 없었다. 관찰사로 있은 지 2년 만에 도내가 아주 잘 다스려졌으나 사헌부 관원의 상소[15]로 인하여 대신이 상에게 아뢰어 이 때문에 체직되었다.

정미년(1727)에 경기 관찰사에 임명되었으나 부임하지 않았다. 대사간에 제수되었고 호조 판서에 발탁되었다. 공이 벼슬한 40년 동안 나아가는 것을 어려워하고 물러나는 것을 쉽게 여겨, 관직에 있을 때가 아니라면 서울에 들어간 적이 없고 관직을 그만두면 또한 하루라도 서울에 머문 적이 없으며, 명망과 실적이 뚜렷이 드러나 묘당에서 입을 모아 추천하고 칭찬하였다.

이 당시에 상이 바야흐로 힘을 다해 잘 다스려서 공과 함께 국사를 다스리고자 별유(別諭)로 출사하게 하였다. 공은 입대(入對)하여 맨 먼저 정성격치(定性格致)[16]의 도를 논하고 이어서 앞에 나아가 아뢰기를,

15 사헌부 관원의 상소 : 1725년 4월 집의 송필항(宋必恒)이 올린 상소를 말한다. 그중 권이진이 송시열(宋時烈)의 외손으로서 사람들이 송시열을 무고할 때에 피혐(避嫌)하지 않았고, 순심(巡審)하는 길에 송시열의 사우(祠宇) 앞을 지나치면서 참알(參謁)하지 않았다는 등의 이유로 파직을 청하는 내용이 있다.

16 정성격치(定性格致) : 정성은 절대적 본체라 할 천리(天理) 즉 성(性)에 입각하여

"전하께서 은총으로 신을 발탁하여 호조를 관장하는 일을 맡기시니 이렇게 국고가 텅 비어 버린 때는 비록 관례대로의 수입이라도 실로 마땅히 줄여야 하는데 관례가 아닌 수입이라면 죽더라도 감히 받들어 행하지 못하겠습니다."

하자, 대신이 "말이 너무 경직되지만 너그럽게 용납해 주소서."라고 아뢰니 상도 가상히 여기고 장려하였다.

공은 특별한 대우에 감격하여 오로지 원망을 떠안기로 결심하고 머리카락을 빗질하고 실오라기를 고르듯이 모든 일을 한결같이 하였다. 아전이 혹 전례(前例)를 들어 아뢰면 공은 "전례대로 할 뿐이라면 늙은 아전 한 명이면 충분할 터인데 장차 판서를 쓸 필요가 어디에 있겠는가."라고 하였다. 이에 이른바 친지의 방납(防納)을 미리 받는 공인(貢人)[17]과 여러 관사에서 허위로 보고하는 자를 일체 법으로 다스리자 뇌물이 통하지 못하고 창고는 가득 차서 넘치게 되었다. 그런데 사사로운 청탁을 이루지 못한 자가 떠들썩하게 헐뜯어 대자 이양신(李亮臣)이 뒤따라서 상소하여 배척하였다.[18] 공이 두 번이나 상소하여 떠나기를

외물에 끌리지 않는 것이고, 격치는 격물치지 즉 사물의 이치를 연구해서 지식을 지극하게 하는 것으로, 정신의 수양과 학문하는 방법이다.

17 공인(貢人) : 호조에 물품을 미리 바치고 백성에게 공물을 거두어들일 때 이자까지 쳐서 받던 공물방(貢物房)의 사람을 말한다.

18 이양신(李亮臣)이……배척하였다 : 이양신(1689~1739)은 본관은 연안(延安), 초명은 종신(宗臣), 자는 원량(元亮)이다. 1729년 부수찬으로 있을 때 여러 가지 실정(失政)의 책임과 나주(羅州)에서 발생한 괘서(掛書) 사건을 들어 이광좌(李光佐) 등을 탄핵하였는데, 《영조실록》 5년 2월 28일 기사의 "이양신의 상소는 한 편의 정신이 전적으로 영의정에게 있으며, 양도(兩道)의 도신(道臣)과 이판(吏判), 호판(戶判)에 이르기까지 한 손으로 모조리 잡아서 처치하려고 했다."라는 내용은 이 사실을 두고 하는 말로 보인다.

구하였고 정고(呈告)[19]를 한 것도 세 번이나 되니 상이 마지못해 윤허하고 그 자리를 비워두었다가 10여 일이 지난 뒤에 다시 제수하였다.

당시에 청나라 사신이 국경에 들어오니 하루에 세 번씩이나 패초(牌招)하여 공은 어쩔 수 없이 출사하였다. 처음 공이 호조에 들어갔을 때 호조에 비축된 것은 은전(銀錢)과 베 약간뿐이었는데 3년이 지나 체차될 때는 따로 비축된 베가 5만 필이고 은전도 수만 냥이었으며 이 밖에도 군자금과 국상(國喪)에 쓰이는 비용이 있었다.

기유년(1729)에 지중추부사와 우참찬에 임명되었으나 모두 사양하고 나아가지 않았다.

신해년(1731)에 나라에서 장릉(長陵)을 천봉하는 일[20]로 별유를 내려서 급히 공을 오게 하여, 도중에 공조판서 겸 산릉도감제조에 임명되고 여러 재신과 함께 교하(交河)를 봉심(奉審)하게 하였다. 이에 능의 터를 잡는 논의를 완결 지었으나 한두 세력가가 이를 싫어해 친척 되는 재상을 움직여 상소하여 공을 논핵하자[21] 공은 즉시 상소를 남기고 돌아갔다.

19 정고(呈告) : 정소(呈訴), 정장(呈狀)과 같은 말이다. 소장(訴狀)을 관아(官衙)에 바치는 것으로, 특히 벼슬을 사양하거나 말미를 청할 때 휴가를 신청하는 것을 말한다.

20 장릉(長陵)을 천봉하는 일 : 장릉은 인조와 원비 인열왕후 한씨의 무덤이다. 원래는 파주 운천리의 인현왕후 능 왼쪽에 예장하였는데 그곳은 인조가 생전에 능지(陵地)로 지목했던 곳이었다. 1731년 능에 뱀과 전갈이 무리를 이루고 있다 하여 현재의 경기도 파주시 탄현면 위치로 옮겼다.

21 능의……논핵하자 : 재상이란 판중추부사 민진원(閔鎭遠)을 말하는 것으로 보인다. 민진원이 상소하여 천릉 후보지로 후릉(厚陵)의 방혈(傍穴)을 고려하기를 청하고 교하로 천릉하는 것에 반대하였는데, 상소 가운데 권이진을 지술(地術)에 밝다고 여겨 특별히 산릉 당상으로 차임해 산을 보도록 했으나 그가 경상도 관찰사로 있을 때 정희량(鄭希亮)의 조부 무덤을 옮기게 했다는 소문을 들어 이것이 사실이라면 원릉(園陵)을

계축년(1733)에 평안도 관찰사에 임명되었다. 이에 앞서 관향(管餉)[22] 물자가 대개 출납을 관장하는 자들의 모리(牟利)로 돌아가서 포흠(逋欠)이 나면 그때마다 이웃이나 친족에게 할당하여 징수하니 백성들은 이 때문에 가산이 기울고 관청의 창고 역시 빈 장부뿐이었는데, 공이 엄히 다스려 이러한 폐단을 혁파하였다. 압록강 연안에 사는 백성들이 국경을 넘어 재화를 유통하다가 이따금 납치되는 일이 있기도 하였으나 변방의 수령들은 사달이 생길까 염려하여 사사로이 값을 물고 속환(贖還)하게 하였는데 공이 장계를 올려, 청나라에 자문(咨文)을 보내어 사적인 속환을 할 수 없게 할 것을 청하였다. 또 흩어져 사는 백성들로 하여금 국경에 가까운 자는 진보(鎭堡)로 옮기고 먼 자는 따로 집단을 이루어 우두머리를 뽑고 활과 화살을 갖추게 함으로써 훗날의 폐단을 막게 하였다. 그 외에도 읍진(邑鎭)과 관방(關防)의 편의에 대해 조목조목 진술한 것이 매우 많았다.[23] 조정이

의논해 정하는 날에 참여시키지 말았어야 한다며 논핵하는 내용이 있다.《英祖實錄 7年 5月 18日》

22 관향(管餉) : 국가의 비상시에 군량으로 쓰기 위하여 특별히 관리하던 양곡으로, 1623년(인조1) 북쪽 오랑캐와 남쪽 왜적의 침입에 대비하여 각 지방에 군량을 비축하고, 관향사(管餉使)를 파견하여 이를 관리하였다. 뒤에 이 관향곡은 황해도와 평안도 지방에만 치중하게 되어 1636년에는 평안도 관찰사가 관향사를 겸임하게 되었으며, 흉년이 들었을 경우에는 이를 환곡(還穀)으로 쓰기도 하였다.

23 읍진(邑鎭)과……많았다 : 전부(田賦)를 군읍에 남겨 두었다가 호조에서 필요할 때 내다 팔아 돈이나 베를 서울로 실어 보내던 제도를 없앨 것, 위원군(渭原郡)의 치소를 송현(松峴)으로 옮길 것, 강계부(江界府)의 신광(神光)에 현(縣)을 설치할 것, 만포진(滿浦鎭)을 부로 승격시킬 것 등의 변방에 대한 대책을 올렸다.《星湖全集 卷64 戶曹判書有懷堂權公墓誌銘》

비록 다 따르지는 못하였으나 공이 험하고 먼 지역을 직접 두루 다니면서 나라를 위해 헌신한 것이 모두 이러한 것들이었다. 이해 겨울에 일 때문에 파직되었는데[24] 돌아갈 때가 되어 일상에서 쓰고 남은 은전(銀錢)과 화포(畫布 곱고 가는 베)를 창고에 귀속시키니 그 수가 수만이 넘었다.

공은 일찍이 지제교, 제조, 승문원, 동지경연을 겸직하였으며, 의금부에서는 동지의금부사에서 지의금부사에 올랐고 도총부에서는 부총관에서 도총관으로 전임하였다. 무신년(1728)[25] 분무 원종공신(奮武原從功臣) 1등에 녹훈되었으니, 이는 전후로 겸임한 관직의 대략이다.

공은 무신년(1668, 현종9) 7월 12일 공주(公州) 탄방(炭坊)의 집에서 태어나 갑인년(1734) 11월 6일 무수동(無愁洞) 병사(丙舍)에서 생을 마쳤다. 향년은 67세였다.

공이 어릴 때 아버지 찬성공(贊成公)을 따라 서울에 있었는데 천연두를 심하게 앓아 하루 동안이나 기절해 있었더니 내의원 제조로 있던 어떤 이름난 재신이 자주 약을 보내고 또 말을 전하기를 "이 아이는 하늘이 반드시 까닭 없이 낳지는 않았을 것이오. 신중히 하여 속히 시신을 거두지 말고 회생하기를 기다리시오."라고 하였다. 공의 당시 나이는 11세였다.

안동 권씨(安東權氏)는 고려 태사(太師) 행(幸)의 후손이다. 추밀사(樞密使) 수평(守平), 찬성사(贊成事) 몽암(夢菴) 단(㫜), 시중(侍中)

24 겨울에……파직되었는데 : 변방의 백성이 국경을 넘어간 일로 파직되어 돌아온 사실을 말한다. 《星湖全集 卷64 戶曹判書有懷堂權公墓誌銘》

25 무신년 : 영조 4년 이인좌의 반란이 있었던 해이다.

국재(菊齋) 보(溥)와 본조(本朝)의 대사헌 홍(弘)은 모두 명신(名臣)으로 불린다. 고조부 휘 극관(克寬)은 선공감 감역이고, 백고조부(伯高祖父) 휘 극례(克禮)는 이조 판서이니 명종과 선조 연간의 명신이다. 증조부 휘 득기(得己)는 이조 판서의 아들로 감역공(監役公)의 양자로 들어갔다. 문과에 급제하였으나 광해군의 혼란한 때를 만나 벼슬하지 않고 은거하였다. 박학(博學)하고 행실이 독실하여 사람들이 청고(淸苦)한 수양과 절개를 추앙하였다. 호는 만회(晩悔)이다. 조부 휘 시(諰)는 독실하게 위기지학(爲己之學)에 뜻을 두어 유일(儒逸)로 인조, 효종, 현종 세 조정의 예우를 받았다. 호는 탄옹(炭翁)으로 죽은 뒤 좌참찬을 추증하였다. 양대는 도산서원(道山書院)[26]에서 봉향한다. 아버지 휘 유(惟)는 어려서부터 가정의 교훈을 이어받아 박식하고 행실이 고상하였으며 벼슬은 현감을 지냈다. 여러 번 추증되어 좌찬성에 이르니, 공의 벼슬이 높았기 때문이다. 어머니 은진 송씨(恩津宋氏)는 문정공(文正公) 송시열(宋時烈)의 따님이다.

공은 타고난 자질이 방정하고 엄숙한 데다 공손하고 온화함을 더하여, 여유롭고 편안할 때의 위의(威儀)는 꾸미지 않아도 바라보기만 하면 저절로 공경하고 두려워하게 하였다. 집안사람이나 자식과 조카들이 하고 싶은 말이 있어도 감히 쉽사리 말하지는 못하였으나 말을 하게 되면 온화하게 답하며 아는 것이라면 남김없이 다 말해 주었다. 성품이 확고하여 동요되지 않아서 모든 조치에 만약 옳다고 확신이

26 도산서원(道山書院) : 1693년(숙종19) 공주(公州) 유림들이 뜻을 모아 권득기(權得己)와 그의 아들 권시(權諰)의 학문과 덕행을 추모하기 위해 세웠으며 1711년 사액(賜額)을 받았다.

서면 분육(賁育)[27]이라도 그 뜻을 빼앗을 수 없고, 비방이나 칭찬, 잃고 얻음에 대해서는 개의치 않으니 사람들은 모두 은산철벽(銀山鐵壁)[28]으로 여겼다. 그러므로 그의 위엄을 두려워하는 자는 감히 제멋대로 하지 못하고 덕을 생각하는 자는 잊지 못하였다. 일찍이 "사람이 사람답게 되는 데는 충성하고 효도하는 두 가지 도가 있을 뿐이다. 벼슬이 있으면 직분을 삼가 지켜 군왕을 섬기는 도를 다해야 하고 벼슬이 없으면 돌아와 조상의 묘를 모시며 고로(孤露)의 감회[29]를 지녀야 한다."라고 말하였다.

40세 이후에 선산 아래 집을 짓고서 심한 병이 아니면 아침저녁으로 하는 첨배(瞻拜)를 그친 적이 없었다. 선대의 사당이 이미 조천(祧遷)되고 나서 그 맏집이 가난하여 제사를 지낼 수가 없자 따로 사당을 세우고 제전(祭田)을 마련하여, 제사에 법도가 있고 제수(祭需)에 절도가 있으니 세간에서 모방하여 행하는 자가 많았다.

형의 아들을 자기 자식처럼 여겨 재산을 나누어 살림을 꾸려 가도록 세워 주었고, 가난하여 자립할 수 없는 친족을 범 문정공(范文正公) 의장(義莊)[30]의 규례를 본받아 농토를 떼어 주고 도지를 거두어 별도의

27 분육(賁育) : 전국 시대 제(齊)나라의 용사인 맹분(孟賁)과 주(周)나라의 역사(力士)인 하육(夏育)의 병칭으로, 맹분은 맨손으로 쇠뿔을 뽑았고, 하육은 천균(千鈞)의 무게를 들어 올렸다고 한다.

28 은산철벽(銀山鐵壁) : 은과 철은 뚫기 어렵고 산과 벽은 오르기 어려우므로, 매우 견고하여 꺾거나 허물 수 없는 것을 뜻한다.

29 고로(孤露)의 감회 : 부모가 세상을 떠나 안 계신 것에 대한 슬픔이다.

30 범 문정공(范文正公) 의장(義莊) : 문정은 북송 인종 때의 재상 범중엄(范仲淹)의 시호이다. 의장은 의전(義田)을 말하는 것으로, 송나라 전공보(錢公輔)의 〈의전기(義

창고에 저축하고는, 종질(宗姪)을 시켜 그 일을 주관하여 달수를 계산해서 도와주게 하였으며, 혼사나 상례의 비용을 스스로 마련할 수 없는 자가 있으면 건사하여 때를 놓치지 않도록 하였는데, 멀어진 종족이나 서족(庶族)까지 한 명도 빠뜨리지 않았다.

군왕을 섬기는 데는 속이지 않는 것을 위주로 하여, 아뢸 일이 있으면 사실에 근거하여 직간(直諫)하였고, 임금의 안색을 살펴 할 말을 망설인 적이 없었다. 어떤 이가 지나치게 질박하고 우직하다고 나무라자 공이 "만약 용안(龍顔)을 살핀다면 함부로 다 말하지 못하는 것이 있게 된다."라고 하였다. 그러므로 호조에 있을 때 임금이 명하더라도 명목에 없는 수입이 있으면 거부하여 받들지 않고 들어가 아뢰며 조금도 완곡하게 둘러대지 않으니, 주변의 사람들은 다들 두려워하였으나 공은 흔들리지 않았다. 그동안 고을을 맡아 다스린 것이 여섯 번이고 관찰사가 된 것이 두 번인데, 공적으로 편리하고 백성에게 이로운 일이라면 호족이라도 감히 저지하거나 동요시키지 못하였고, 권세가 있고 요직(要職)에 있는 자의 간섭이나 청탁이 행해지지 못했지만, 다스리는 법으로는 또한 일찍이 모두 예의를 중시하고 문예(文藝)로 교화하지 않은 적이 없었다.

안동 부사로 있을 때 공무에 틈이 나면 반드시 고을의 어진 사대부를 찾아서 의리(義理)를 강마하고 경서(經書)를 토론하였다. 경주 부윤으로 있을 때는 낮에는 문서를 살피고 밤에는 《심경(心經)》을

田記)〉에 "범 문정공이 귀현(貴顯)할 당시에 항상 풍작을 거두는 근교의 비옥한 토지 1000묘(畝)를 마련하여 의전이라고 이름 붙이고는 친족들을 공양하고 구제하는 자본으로 삼았다."라고 하였다. 《古今事文類聚 後集 卷1》

서른 번 읽는 것을 날마다 행하는 규율로 삼았다. 일찍이 스스로를 경계하는 수백 자의 글을 지어 "안자(顔子)가 그만두려 해도 그만둘 수 없었던 까닭[31]은 다만 가득 차 있으면서 빈 듯이 하고 있으면서 없는 듯이 하였기 때문일 뿐이다."라고 하였다. 그러므로 공의 학문은 실제에 힘쓰고 꾸미는 데에 힘쓰지 않으며 내면에 힘쓰고 외면에 힘쓰지 않았다.

항상 자질(子姪)들을 타일러 "오늘날의 세상에서 학문을 한다고 일컫는 자들은 오로지 내면의 수양을 멸시하고 다만 겉으로 꾸미는 것을 숭상하며 일 처리를 법도대로 하지 않는 자가 많은데, 내가 몹시 미워하는 점이다."라고 하였다. 일찍이 '불기(不欺 속이지 않음)'와 '구시(求是 옳은 것을 구함)'를 왼쪽과 오른쪽 방에 편액으로 걸어 놓고 스스로를 매우 엄히 단속하였으며, 자신의 생활은 매우 검약하여 담비 가죽으로 된 옷이 없었고 무늬 있는 방석이 없었다. 책상과 기물은 정교하거나 화려하게 하지 않았고, 좌우에 도서를 두고 한가롭게 휘파람 불며 유유자적하니, 그를 보는 사람들은 그가 재상인 줄을 몰랐다. 약간의 유고가 집에 보관되어 있다.

정부인(貞夫人) 전주 이씨(全州李氏)는 처사 이익하(李翊夏)의 따님이자 왕자(王子) 의창군(義昌君) 이광(李珖)의 7대손이다. 온화하고 인자하며 부지런하고 검소하며 가정에서의 언행이 본받을 만하였

31 안자(顔子)가……까닭 : 안연(顔淵)이 공자의 무궁무진한 도에 깊이 탄식하여 자신의 힘을 다해 노력한 까닭을 말한다. 《논어》 〈자한(子罕)〉에 "우러러볼수록 더욱 높고, 뚫을수록 더욱 견고하며, 바라보면 앞에 있는 듯하더니 홀연히 뒤에 있도다.…… 그만두고자 해도 그만둘 수 없어 이미 나의 재주를 다하니, 내 앞에 우뚝 서 있는 듯하도다. 그리하여 그를 따르고자 하나 어디에서부터 시작해야 할지 모르겠노라."라고 하였다.

다. 을미년(1715) 7월에 생을 마치니 향년이 46세였다.

장남은 형징(泂徵)이고, 둘째는 현감 정징(瀞徵)이다. 손자는 세억(世檍)·세식(世栻)·세구(世構)와 서손(庶孫)은 세집(世集)·세휘(世彙)·세반(世槃)이 있으니 장남 소생이며, 세모(世模)·세정(世楨)·세용(世榕)과 시집간 딸 셋은 차남 소생이다. 세억의 아들은 상희(尙熺)·상점(尙點)·상형(尙衡)이고, 딸 둘은 시집갔다. 세식의 아들은 상성(尙煋), 상규(尙煃)이다. 세구의 아들은 상익(尙爔)[32]이다. 세모의 아들은 상렴(尙廉)이고, 딸 둘은 시집갔다. 세정의 아들은 상경(尙褧)이다.

아, 내가 여덟아홉 살 무렵에 한두 번 멀리서 공의 얼굴을 뵈었는데, 비록 어려서 아는 것은 없었으나 아직까지도 태산교악(泰山喬嶽) 같던 공으로 기억한다. 지금 시장(諡狀)을 지으면서 부끄러운 마음이 없겠는가. 필력이 거칠고 껄끄러워 그분의 만에 하나도 묘사해 내지 못하였다.

다만 생각건대 신하를 알아본 밝은 식견으로는 앞뒤로 내린 공을 칭찬한 성교(聖敎)만 한 것이 없어서, 공이 질박하고 성실하며 공도(公道)를 따르는 것을 칭찬하기도 하고 나라를 위해 충성을 다한 것을 인정하기도 하였다. 호조 판서를 다시 제수할 때에는 "이 사람이 아니면 안 된다."라고 하였고, 또 하교하여 "권이진을 호조 판서로 삼았으니 조정이 적합한 인재를 얻었다."라고 하였으며, 계사(啓辭)에 대한

32 상익(尙爔) : 《해좌집(海左集)》 권24 〈호조판서시공민권공신도비명(戶曹判書諡恭敏權公神道碑銘)〉과 《유회당집(有懷堂集)》 권12 〈시장(諡狀)〉 및 《만가보(萬家譜)》 8책 〈안동 권씨(安東權氏)〉에는 모두 '尙爕'으로 되어 있다.

비답(批答)에서는 "원망을 떠맡아 공무에 힘쓴 것을 취하였다."라고 하였다. 신해년(1731)[33]에 서명(胥命)한 뒤에 인견(引見)할 때에는 "경이 비록 과거에 급제하여 벼슬길에 나선 사람이지만 관작(官爵)을 좋아하지 않는 것이 산림의 처사와 같다는 것을 잘 알고 있다."라고 하였다. 성주(聖主)가 이렇게 대우한 예가 매우 많으니, 이는 성주가 공을 알아본 것이고, 약산(藥山) 오광운(吳光運)[34]이 일찍이 공을 평안도 관찰사로 선발하는 교문(教文)을 지으면서 말하기를 "말이 곧고 맡은 일을 해내는 것이 남보다 뛰어나니 재주와 지혜는 급장유(汲長孺)[35]와 같고, 말은 어눌하지만 말을 하면 세상을 깜짝 놀라게 하니 문학은 주 강후(周絳侯)[36]와 같다."라고 하였으니, 이는 오공이 공을 알아본 것이다.

뒷날의 군자가 공의 덕을 알고 공의 실제를 취하여 특별하게 기록하

33 신해년 : 1731년 장릉(長陵)을 천봉할 때 권이진이 산릉도감 제조(山陵都監提調)로 있었는데, 민진원(閔鎭遠)이 그가 경상도 관찰사로 있을 때 정희량(鄭希亮)의 조부 무덤을 옮기게 했다는 소문을 들어 논핵함으로써 벼슬을 그만둔 때를 말하는 것으로 보인다. 《英祖實錄 7年 5月 18日》

34 오광운(吳光運) : 1689~1745. 본관은 동복(同福), 자는 영백(永伯), 호는 약산, 시호는 충장(忠章)이다.

35 급장유(汲長孺) : 한(漢)나라 급암(汲黯)으로, 장유는 그의 자(字)이다. 급암은 황제 앞에서도 기절(氣節)을 굽히지 않고 강직하게 바른말을 서슴없이 하였기 때문에 무제(武帝)가 그를 꺼리면서도 사직지신(社稷之臣)이라고 일컬었던 인물이다.

36 주 강후(周絳侯) : 강후는 주발(周勃)의 봉호(封號)이다. 유방이 천하를 평정하고 고조(高祖)가 되는 데 일조하였다. 《사기》 〈강후주발세가(絳侯周勃世家)〉에 "주발이 문학을 좋아하지 않았는데, 제생(諸生)이나 유세객들을 불러 놓고는 늘 자기가 동쪽을 향해 앉은 뒤 '빨리 나에게 말을 해 보라.'라고 재촉하였다. 그가 질박하여 문학을 업신여긴 것이 이와 같았다."라고 하였다.

고자 한다면 성주의 하교와 오공의 글에 다 표현되었으니 내가 또 길게 말하여 무엇 하겠는가. 이에 봉상시(奉常寺)에 올려 시호의 은전을 청한다.

자헌대부 행 사헌부 대사헌 청대 권공 시장
資憲大夫行司憲府大司憲淸臺權公諡狀

영조가 즉위하여 훌륭한 법도로 온 천하를 도야하여 초야의 훌륭한 사람을 널리 구해서 일대의 다스리는 법도를 세우시고, 곧 대사간 권공(權公)을 특별히 이조 참의에 제수하고 얼마 뒤 또 부제학(副提學)을 특별히 제수하니 모두 최상의 선발이었다. 경상도에 이러한 임명이 없은 지 거의 60여 년 만에 공이 먼 시골의 관직을 사퇴한 늙은 몸으로 거듭 임금에게 특별히 선발된 것이다. 이는 비록 성군이 표준을 세워 격식에 구애받지 않고 어진 이를 등용하였기 때문이기는 하지만, 또한 평소 공이 명망과 실제가 있어서 은연중에 날로 드러나 자연히 성주의 곁에 있는 자의 귀에 들려 이루어진 것임을 알 수 있다. 아, 아름답구나.

공의 휘는 상일(相一)이고 자는 태중(台仲)이다. 안동 권씨는 모두 고려 태사 행(幸)이 시조가 된다. 씨족의 명망 있는 이로는 휘 대기(大器)라는 분이 있으니 집의(執義)에 추증되었고 호는 인재(忍齋)이다. 휘 우(宇)는 왕자사부이고 승지에 추증되었으며 호는 송소(松巢)이다. 부자가 잇달아 퇴계(退溪)의 문하에서 수업하였고 학문과 행실로 드러났으니 공에게 5대조와 6대조가 된다. 송소공은 서원의 사당에 봉향(奉享)되었다. 이분이 성균관 생원 휘 익린(益隣)을 낳으니 여헌(旅軒) 장 선생(張先生)을 따라 배웠다. 생원이 휘 구(坵)를 낳으니, 역시 성균관 생원이며 문학(文學)이 있었다. 호는 구학재(溝壑齋)이고 좌승지에 추증되었다. 승지가 휘 이칭(以偁)을 낳으니 이조 참판에 추증되었고, 참판이 휘 심(深)을 낳으니, 공의 아버지이다. 이조 판서에 추증되니 공의 벼슬이 높아 3대까지 추증되었기 때문이다. 어머니 증(贈) 정부인 경주 이씨(慶州李氏)는 부사(府使) 이달의(李達意)의 따님이다.

공은 어려서부터 총명하고 영리하며 단아하고 준수하여 약관의 나이에 옛사람이 독서하고 자신을 다스리던 교훈을 모아 〈학지록(學知錄)〉이라 이름하고 밤낮으로 부지런히 힘써 개연히 도를 구하는 뜻을 두었다.

경인년(1710, 숙종36)에 문과에 급제하여 승문원에 뽑혔고 3년 뒤에 어머니 상을 당했다. 어머니가 일찍이 우레를 두려워하였기에 여름에 번갯불이 번쩍이면 그때마다 신주(神主)를 끌어안고 울부짖기를 그치지 않으니 이웃이 그 때문에 감탄하였다. 얼마 뒤 부인 이씨(李氏 계실 여흥 이씨)의 병이 위독해졌다. 공이 예를 행하는 것이 엄격하였으나 아버지의 명으로 잠시 영결하고서 그쳤다. 할머니 권 부인(權夫人)이 이어서 돌아가시니 한 집에 세 분의 상이 있어 예제(禮制)에 장애가 많았으나 고금의 예제를 참고하고 고증하여 조금도 허물이 없었다. 상기(喪期)가 끝나자 부정자(副正字)에서 전례대로 저작(著作)에 올랐다.

무술년(1718)에 전적(典籍)으로 옮겼다. 이로부터 직강(直講), 예조와 병조의 정랑에 제수되었는데 부임하기도 하고 부임하지 않기도 하였다.

정미년(1727, 영조3)에 만경 현령(萬頃縣令)이 되었으며 다음 해에 역모의 변란이 일어났다. 이보다 앞서 마을에 변산(邊山)의 도적이 온다는 말이 떠들썩하자, 공이 감영(監營)에 밀서를 보내어 염탐하도록 하였다. 얼마 뒤 직접 달려가서 방어할 대책을 매우 자세히 논하였고, 돌아와서는 즉시 훼손된 성첩(城堞)을 수리하고 병기를 정비하여 굳게 지키려고 하였다.

당시에 판서공이 관아에 있었는데, 누군가가, 도적에 대한 첩보가 다급하니 판서공을 모시고 다른 장소로 옮기는 것이 어떻겠느냐고 말하였다. 공이 사양하며, 민심이 동요되기 쉽다고 하니 이로 말미암아 온 경내가 안도하고 밥 짓는 연기가 무럭무럭 피어올라 도적의 난을 모르는 듯하였다. 관찰사가 고과(考課)를 최(最)로 매기며[37] "글을 읽고 백성을 다스려 정치가 잘 이루어지고 학문이 진전되었다.〔讀書治民政成學進〕"라고 하였으니, 공이 자신을 수양하고 남을 다스린 것을 이 말로 증거 삼을 수 있다.

기유년(1729)에 판서공의 상을 당하여 관을 모시고 고향으로 돌아가서는, 오직 죽만 마시며 소금이나 채소조차 가까이하지 않았다.

신해년(1731)에 영암 군수(靈巖郡守)에 제수되었으나 상제(喪制)를 아직 마치지 않았다는 이유로 사직하였다. 사헌부 장령에 임명되자 수천 글자로 된 소(疏)를 올려, 명분을 바로잡을 것, 수령을 잘 뽑을 것, 학교를 정비할 것과 과거의 폐단과 당론(黨論)의 재앙을 진술하고, 군왕의 마음을 바르게 하는 요체로 끝을 맺으니, 임금이 명하여 유중(留中)하게 하였다. 겨울에 부름에 응하니 임금이 면유(面諭)하기를 "지난날 상소는 내가 가상하게 여긴다."라고 하였다.

이에 홍문관에서 아뢰기를 "권상일이 시골에서 독서한 지 이미 오래

37 고과(考課)를 최(最)로 매기며 : 관원의 근무 성적을 상, 중, 하로 나누어 고과하는데, 그중 '최'를 매겼다는 말이다. 이조나 병조에서 매년 두 차례 관원의 공과(功過)를 조사하여 벼슬을 올리기도 하고 내리기도 한다.

입니다. 함께 강연(講筵)에 참석하게 하소서."라고 하자 임금이 윤허하였으니, 이는 유림을 초선(抄選)하는 예로 예우한 것이다. 이때는 입춘이 되었을 때라 소를 올려 정원인지(貞元仁智)의 도[38]를 아뢰고, 이어서 아뢰기를,

"전하께서 온화하고 인자하며 너그럽게 포용하시는 점은 모든 왕들보다 훨씬 뛰어나지만 장엄함과 과단성은 정도에 조금 모자랍니다. 이는 성스러운 바탕이 본래 그러할 뿐만 아니라 탕평(蕩平)의 관대한 법을 한번 시행해서 붕당의 과격한 폐단을 바로잡기 위해 어쩔 수 없기는 합니다만, 오늘날의 무너진 기강과 태만한 습속을 만약 두려워하고 삼가며 진작하고 쇄신하지 않는다면 새롭게 고치기는 결단코 어려울 것입니다."

하였다. 이후로 장령, 양산 군수(梁山郡守), 군자감 정에 제수되었으나 모두 부임하지 않았다.

갑인년(1734)에 장령으로서 상소하여 이렇게 아뢰었다.

"전하께서 하늘을 섬기는 데 정성을 다하시지만 재앙과 이변이 연거푸 발생하고, 백성을 어루만지는 데 노심초사하시지만 백성들은 근심하고 원망하며, 부정을 저지르는 관리를 처벌하는 법을 엄하게 시행하시지만 부정을 저지르는 자는 더욱 많아지고, 뇌물 받는 것을 금하는 명을 내리시지만 뇌물은 더욱 횡행합니다. 조정의 신료(臣

38 정원인지(貞元仁智)의 도 : 정원은 《주역》 〈건괘(乾卦)〉의 "원형이정(元亨利貞)"에서 나온 말인데, 오행(五行)에서 정(貞)은 겨울에, 원(元)은 봄에 해당된다. 또 오상(五常)에서 인(仁)은 봄에, 지(智)는 겨울에 해당된다. 이때 절기가 겨울에서 봄으로 변화하는 입춘에 해당되기 때문에 천도(天道)와 인심(人心)을 가지고 치도(治道)를 논하면서 정원과 인지를 언급한 것이다.

僚)들이 동인협공(同寅協恭)[39]하기를 바라시지만 인재의 등용과 관리의 출척(黜陟)에 사정(私情)이 제거되지 않고, 많은 선비가 몸가짐을 단속하고 절조를 지키기를 바라시지만 분수를 넘고 세상을 속이는 풍조가 만연합니다.

예의와 염치는 나라를 다스리면서 지켜야 할 네 가지 원칙〔四維〕[40]인데 분경(奔競)[41]의 폐습은 점점 심해지고, 군신과 부자는 비할 데 없는 큰 윤리인데도 인륜을 범하는 옥사(獄事)는 자주 일어나서, 명분이 어그러지고 풍속이 야박해지면서 온 나라의 위아래가 이익만을 추구하기에까지 이르렀습니다. 이는 아마도 전하의 정성과 실천에 미진한 점이 있어서 끝내 표단영직(表端影直)[42]의 효험을 보지 못하는 것이 아닐까 합니다."

부름을 받고 나아가니 임금이 "사헌부의 이 신하는 바로 문학(文學)

39 동인협공(同寅協恭) : 동료 관원들이 공경히 임금을 섬기면서 다 함께 훌륭한 정사를 이루기 위해 협력한다는 뜻으로, 고요(皐陶)가 순(舜) 임금 앞에서 우(禹)에게 한 말이다. 《書經 皐陶謨》

40 네 가지 원칙 : 국가를 다스리는 데 필요한 네 가지 강령으로, 예(禮), 의(義), 염(廉), 치(恥)를 가리킨다. 《관자(管子)》 〈목민(牧民)〉에 "사유가 펴지지 않으면 나라가 멸망한다."라는 말이 있다.

41 분경(奔競) : 분추경리(奔趨競利)의 준말로, 분주히 권세가의 집을 쫓아다니며 명리(名利)를 다투는 것을 말한다.

42 표단영직(表端影直) : 임금의 몸가짐이 훌륭하면 그 효험이 바로 백성에게 미친다는 뜻이다. 《역대명신주의(歷代名臣奏議)》에 송나라 예부 시랑(禮部侍郎) 원섭(袁燮)이 황제에게 상주하여 "임금이 몸소 행하면 아래 백성의 풍속이 바뀌니, 윗물이 맑으면 아랫물이 맑고 모습이 단정하면 그림자도 곧아서, 그 효험이 본시 이와 같습니다.〔躬行於上而俗移於下, 源淸流潔, 表端影直, 其效固如此也.〕"라고 하였다.

의 선비이니 강연(講筵)에 동참하게 하는 것이 좋겠다."라고 하자, 승정원에서 아뢰기를 "사헌부의 이 신하는 학문과 행의(行誼)로 영남 사람들이 크게 존중하는 사람입니다."라고 하였다. 임금이 "그 사람을 보면 그의 독실함을 알 수 있다. 이미 세상을 등진 사람이 아니라면 어찌 줄곧 벼슬에서 물러나 있게 내버려 두겠는가."라고 하며 만류하는 뜻이 매우 지극하였으나, 공은 두려워하며 며칠 되지 않아 사직하고 돌아갔다.

을묘년(1735)에 군자감 정으로서 울산 부사(蔚山府使)로 나가니, 만경현(萬頃縣)에서 다스리던 대로 다스렸고, 더욱이 학교 일으키는 것을 급선무로 여겨 월봉(月俸)을 내놓아 서원을 수리하고, 제생(諸生)들에게 그 안에서 책을 읽도록 권하였으며, 때때로 함께 강의하고 토론하니 선비들 중에 흥기되는 자가 많았다.

무오년(1738)에 벼슬을 그만두고 고향으로 돌아갔다. 이보다 앞서 공은 상주(尙州)의 농청대(弄淸臺)를 사랑하여 은거하며 학문을 닦을 뜻이 있었다.

경신년(1740)에 집이 비로소 완성되자 자호(自號)를 청대(淸臺)로 하였다. 학문을 강론하고 집을 다스리는 데는 안팎이 질서정연하게 법도가 있었고, 농사에 힘쓰고 씀씀이를 절약하여 터럭만큼이라도 함부로 취하지 않았으며, 사람을 대할 때는 말과 기운이 온화하였고 예의 있고 공손하며 정겹고 진지하였다. 뜻이 같은 사람을 만나면 강설을 게을리하지 않았고, 후생을 만나면 매우 부지런히 도와주고 이끌어 주었으며, 변변치 못하고 어리석은 천인이라면 더욱 어여삐 여기고 측은하게 여겨 늘 쓸데없이 노는 것을 일삼지 말도록 권하였기에 고장에서 감복하고 기뻐하지 않는 이가 없었다.

이로부터 사헌부 장령, 시강원 필선, 종부시 정, 봉상시 정, 군자감 정, 사간원 헌납, 성균관 사성, 사헌부 집의, 사간원 사간 등에 누차 제수되었으나 모두 나아가지 않았고, 집의에 제수되었을 때는 상소하여 동궁을 교양할 방도를 진술하고 이어서 당시의 폐단을 언급하였다. 봉상시 정과 필선만은 잠시 부임했다가 돌아갔다.

병인년(1746)에 통정대부로 자급(資級)이 올라 동부승지에 임명되었다. 부름을 받들어 길을 나섰다가 도중에 사직하고 돌아갔다. 곧이어 형조 참의에 제수되니 이에 마지못해 서울로 가서 상소하여 명을 거둘 것을 청하였다. 임금이 사대(賜對)하여 특별히 승지에 제수하고, 이어서 조용히 문묘에 종사(從祀)된 우리나라 제현(諸賢)의 학문과 언행에 대한 상세한 내용을 물으니 공이 대답하기를,

"김굉필(金宏弼)과 정여창(鄭汝昌)은 참화(慘禍)를 입은 뒤 문적(文籍)이 흩어져 버려, 약간의 언행이 《유선록(儒先錄)》에 남아 있을 뿐입니다. 조광조(趙光祖)와 이언적(李彦迪)에 대해서는 이황(李滉)이 지은 행장이 상세하여 상고할 수 있으나, 두 분이 지은 글이 적어 후학의 한이 됩니다. 이황은 학문을 쌓고 공부가 독실하였으며, 저술이 매우 많아 동방의 집대성(集大成)한 현인(賢人)이라고 할 수 있습니다. 그에게서 배운 문도(門徒)가 매우 많아서, 출사(出仕)하여 세상에 쓰여 업적이 드러난 자도 있고 산림에 머물며 학문을 익혀 후학을 가르친 자도 있습니다만, 모두 문로(門路)가 정대(正大)하여 이단에 흘러들어 간 자가 없으니, 선조(宣祖) 때의 중흥(中興)을 이룬 신하들 중에 그의 문도가 많습니다."

하였다.

야대(夜對)에서 임금이 또 묻기를,

"밤이 되면 생각들로 마음이 어수선하여 편히 잠을 이룰 수 없으니, 이럴 때는 무슨 공부를 해야 하는가?"

하니, 공이 대답하기를,

"전하께서는 다스림에 힘쓰느라 사려(思慮)가 지나쳐, 이 때문에 한밤중에도 잠을 못 이루시니 이러면 옥체가 손상되기 쉽습니다. 모름지기 몸을 편히 하고 눈을 감고 쓸데없는 생각을 물리치신다면 저절로 마음이 가라앉고 한밤중에 자라는 좋은 기운이 맑고 밝게 될 것이니, 이 또한 심신을 보존하고 함양하는 하나의 방법일 것입니다."

하고, 이어 〈야기잠(夜氣箴)〉과 〈숙흥야매잠(夙興夜寐箴)〉을 들어 아뢰었다.

임금이 또 '구방심(求放心)'의 요점을 물으니, 공이 "그 요점은 경(敬)에 있으니 선유가 경을 논한 것이 많습니다. 그러나 신이 일찍이 체험한 바가 있으니, 위험한 경우를 만나게 되면 자연히 두려워하여 다른 생각이 없어집니다. 이것으로 미루어 보면 경이란 오직 두려워함〔畏〕에 가까울 것입니다."라고 대답하였는데, 임금이 훌륭하다고 칭찬하였다.

또 "내가 지은 《심감(心鑑)》을 보았는가?"라고 묻고, 만약 보지 않았으면 금중(禁中)[43]에서 가져다 보고 지적하여 논의할 것이 있거나 밤중에 잠을 잘 자게 할 방법이 있으면 이후에 자세히 진달하라고 하였다. 공이 겸손히 물러나 상소하였다. 그 대략에,

"신이 집에 있을 때 삼가 《어제자성편(御製自省編)》을 읽고서, 삼대

43 금중(禁中) : 《대산집(大山集)》 권50 〈지중추부사청대권공행장(知中樞府事淸臺權公行狀)〉에는 '玉堂春坊'으로 되어 있다.

(三代) 이후에 이런 글이 없었다고 생각하였습니다. 어제 직접 성상의 하교를 받들어, 《심감》을 가져와서 두 번 절하고 소리 높여 읽었습니다. 면계(勉戒)하신 지극한 뜻은 《자성편》과 꼭 같았으나, 심법(心法)[44]이 정미(精微)하고 공부가 착실한 점은 한층 더 진전되어 미진한 점이 없었습니다. 다만 '마음이 담담해서 고요해지면 문득 모든 잡념이 사라진다.〔澹然而靜 則頓無一念〕'라는 말씀에 대해서 따로 느낀 바가 있습니다. 단지 이 한마디 말이 들뜬 생각을 그치게 하고 잠을 잘 이루게 하는 좋은 방법이니, 마음이 명경지수(明鏡止水)같이 한 점 티끌이나 흔들림이 없으면 혈기가 제대로 순환하여, 자연히 잠잘 시각에 자고 깰 시각에 깰 것입니다. 성상께서 이미 이 병통을 알고 계시면서도 오히려 다시 이처럼 잠 못 이루는 때가 있는 것은, 아마도 조존성찰(操存省察)[45]의 공부가 남이 모르는 곳에서 더러 끊어지는 일이 있는 듯합니다."

하니, 임금이 가납(嘉納)하였다.

공은 자질이 맑고 고결하며 풍채는 깨끗하고 밝아 매화처럼 청수하고 학처럼 고결하였다. 일상생활 중에 늘 일삼는 것이 있었으니, 지행(知行)의 공부와 의리(義利)의 분별은 한결같이 퇴계의 가르침을 따르

44 심법(心法) : 일반적으로 서로 주고받는 중요한 심득(心得)의 방법이다. 〈중용장구서(中庸章句序)〉에 "이 책은 공문(孔門)에서 전수한 심법인데, 자사(子思)가 오래되면 착오가 생길까 염려하였기 때문에 책에다 써서 맹자(孟子)에게 전수한 것이다."라고 하였다.

45 조존성찰(操存省察) : 마음을 잡아 보존하고 성찰하는 공부를 말한다. 《맹자》 〈고자 상(告子上)〉에 "잡으면 보존되고 놓으면 없어져 일정한 시간과 방향 없이 움직이는 것이 마음이다."라고 하였다.

고, 더욱이 주자의 "놀라서 마치 두려운 바가 있는 듯이 한다."[46]라는 가르침에 힘을 기울이니 저절로 얼굴이 맑아지고 덕스러운 기운이 등 뒤까지 흘러넘쳤다. 이때에 이르러 임금이 공을 예우한 것이 어느덧 선실(宣室)과 허석(虛席)의 뜻[47]이 있었으니, 공이 더욱 황공하여 몸 둘 바를 몰라 하며 사양하고 돌아왔다.

무진년(1748)에 우부승지에 임명되자 나이가 일흔이라는 구실로 치사(致仕)를 청하면서 덧붙여 면계(勉戒)하는 말을 진달하였다. 얼마 뒤 좌부승지에 올라 말미를 얻어 고향으로 돌아왔다. 출발에 즈음하여 소장(疏章)을 남겨, 재앙을 그치게 하고 마음을 수양하는 방도를 아뢰고 이어서 거듭 치사를 청하였다.

기사년(1749)에 대사간에 제수되었다. 이윽고 임금이 친히 이조가 주의(注擬)한 망단자(望單子)에 공의 이름을 써서 이조 참의를 제수하였다. 이 당시 동궁이 대리청정하고 있었는데, 공이 세 번이나 상서(上書)하고 부임하지 않았다.

경오년(1750)에 장례원 판결사(掌隸院判決事)에 임명되었다.

임신년(1752)에 가선대부 동지의금부사에 올랐다. 얼마 뒤 또 홍문

46 놀라서……한다 : 《회암집(晦庵集)》 권11 〈답호계수(答胡季隨)〉에 "경이란 놀라서 마치 두려운 바가 있는 듯이 한다는 뜻이다.〔敬是悚然, 如有所畏之意.〕"라고 하였다.

47 선실(宣室)과 허석(虛席)의 뜻 : 신하의 학식과 덕을 높이는 군왕의 태도를 말한다. 선실은 한(漢)나라 미앙궁(未央宮)에 속한 정실(正室)로 선실전(宣室殿)을 말하는데, 황제가 재계(齋戒)하던 곳이다. 한 문제(漢文帝)가 이곳에 가의(賈誼)를 불러들여 접견하고는 깍듯이 예우하며 자문을 구했던 고사가 전한다.《漢書 賈誼傳》 허석은 한(漢)나라 진번(陳蕃)이 예장 태수(豫章太守)로 있을 때 그곳의 명사인 서치(徐穉)를 잘 대접하여 서치에게만 앉게 하는 걸상을 두었다가 서치가 돌아가면 그 걸상을 높은 곳에 매달았던 일을 말한다.《後漢書 徐穉列傳》

관 부제학에 특별히 제수되었다.

계유년(1753)에 대사간에 임명되었다.

갑술년(1754)에 한성부 좌윤, 병조 참판에 제수되었다.

을해년(1755)에 또 대사헌에 임명되었으나[48] 모두 나아가지 않았다.

병자년(1756)에 찬수청 당상(纂修廳堂上)으로 부름을 받고는, 상서하여 진학(進學)과 수신(修身)의 도로써 권면하였고 또 거듭 은퇴를 청하였다. 임금이 관찰사에게 명하여 음식이나 옷감을 가지고 찾아보도록 하였다.

무인년(1758)에 공이 여든이 되었는데, 임금이 이조에 유시하기를 "전 참판 권상일을 즉시 정2품 실직(實職)으로 의망(擬望)하여 나의 간절한 뜻을 보이도록 하라."라고 하였다. 이에 자헌대부 지중추부사에 오르고, 기로소(耆老所)에 들어갔다. 얼마 뒤 대사헌에 임명되었다.

기묘년(1759) 5월에 지중추부사에 제수되었다. 7월에 정침(正寢)에서 세상을 마쳤다. 한참 병이 위독하였을 때 서가에 있는 서적을 정리하도록 명하니 정신은 평소와 같았다. 9월 모일에 산동(山東) 과쌍동(果雙洞) 임좌(壬坐) 언덕에 장사하였는데, 모인 사람이 400여 명이었다. 부음이 들리자 임금이 애통해하는 조서를 내려 애도하고 애석해하는 뜻을 보였고 예관(禮官)을 보내어 의례대로 치제하였다.

공이 학문을 하는 방법은 해박함을 일삼지 않고 참으로 알고 실천하는 것에 힘써, 평소에는 날이 밝기 전에 일어나 책을 암송하기도 하고

48 을해년에……임명되었으나 : 《대산집》 권50 〈지중추부사청대권공행장〉과 《영조실록》 31년 2월 4일 기사에는 모두 대사간에 임명된 것으로 나온다. 대사헌에 임명된 것은 이보다 3년 뒤인 1758년이다.

가만히 묵상하기도 하였는데, 병이 심하고 몸이 피곤해도 공이 의관을 제대로 갖추지 않은 것을 사람들은 본 적이 없었다. 어버이를 섬기는 데는 반드시 기쁘게 해 드리는 일을 극진히 하였고, 제사를 받드는 데는 반드시 정성을 다하였으며 옷은 몸을 가리면 되고 음식은 배를 채우면 그만이라고 여겼다. 외직으로 나가서 지방의 수령이 되었을 때는 세상에 드러내고 명예를 추구하는 일을 하지 않으니 선비들은 사모하고 백성들은 기쁜 마음으로 따르며 오래될수록 더욱 잊지 못하였다.

만년에 군왕의 지우(知遇)를 입어 성상의 은총이 더욱 돈독하여 경연하는 자리에서 여러 번 칭찬하는 하교를 내렸으니, 고결함을 일컫기도 하고 독실함을 일컫기도 하며, 독서하는 선비이며 학문하는 사람이라고 일컫기도 하였다. 연로하고 곤궁한 것을 생각하여, 생활을 도와주며 노신(老臣)을 우대할 것을 해당 관서에 명하거나 관찰사에게 명하여 앞뒤로 끊임없이 이어지게 하였다.

벼슬에 나아가는 것을 어렵게 여기고 물러나는 것을 쉽게 여기는 공의 지조는 늙어서 더욱 견고하였으나 임금을 사랑하는 마음은 한결같이 뇌리에서 떠나지 않아 때때로 꿈속에도 드러났다. 문장을 지을 때는 오로지 이치에 맞는 것에 힘썼고, 항상 과거(科擧)가 사람의 마음가짐을 망친다고 하면서, 후생들에게 독서와 농사를 권하며 과거 공부를 가르치지 않았다. 향교의 문회(文會)에서도 반드시 경전의 뜻을 강론하고 과거의 글로 시험하지 않았다.

공의 저술로는 《초학지남(初學指南)》, 《관서록(觀書錄)》, 《근사록집해(近思錄集解)》, 《소대비고(昭代備考)》, 《가범(家範)》, 《역대사초상목(歷代史抄常目)》과 시문(詩文), 잡저(雜著), 일기(日記)가 집안에 소장되어 있다. 그중에 사단칠정(四端七情)에 대한 강론(講論)과 편지글 및 상소에서 염계(濂溪 주돈이(周敦頤))와 정자(程子 정호(程顥)와 정이(程頤))로부터 전해 오는 지결(旨訣)을 취하여 퇴계가 남긴 뜻을 발명(發明)하였으니, 평소에 바른길을 따르고 독실하게 노력하였음을 이를 통해 알 수가 있다.

공의 초취(初娶) 선성 김씨(宣城金氏)는 진사 김가주(金可柱)의 따님인데, 아들이 없었다. 재취(再娶) 여흥 이씨(驪興李氏)는 진사 이만영(李萬英)의 따님으로 외아들 욱(煜)을 두었다. 삼취(三娶) 진성 이씨(眞城李氏)는 통덕랑 이유(李柔)의 따님이자 퇴계 선생의 6대손이다. 모두 정부인에 추증되었다. 측실의 아들로는 흡(熻)과 습(熠)이 있고 딸은 김일동(金一東)과 장지식(張趾栻)에게 시집갔다.

욱은 지행(志行)이 있었으나 일찍 죽고 족질 복인(復仁)을 후사로 삼았다. 딸은 박태경(朴泰慶), 김주동(金柱東),[49] 이정주(李正胄)에게 시집갔다. 공이 별세하자 영조대왕께서 그 손자에게 벼슬을 내리도록 명하여 복인에게 능참봉을 제수하였다. 복인은 외아들 준(遵)을 두었다.

아, 공은 대령(大嶺) 남쪽 사람이니 과거에 급제하여 태평한 시대에 벼슬하였으나 그의 학문은 위기지학(爲己之學)이었고 그의 법은 정좌법(靜坐法)[50]이었으며, 뜻은 요순군민(堯舜君民)[51]에 있지 않은 적이

49 김주동(金柱東) : 《대산집》 권50 〈지중추부사청대권공행장〉에는 '金中柱'로 되어 있다.

50 정좌법(靜坐法) : 승려들이 좌선(坐禪)하는 것처럼 단정히 앉아서 마음을 닦는 수행법을 말하는데, 송유(宋儒) 중에서는 특히 정호와 주희의 스승인 이동(李侗)이 강조하면서 유가의 수련법으로 확립되었다.

51 요순군민(堯舜君民) : 모시는 임금을 요순 같은 성군으로 만들고 그 백성을 요순의

없어서 의리(義理)를 굽혀서라도 업적을 이루려는 행위는 달가워하지 않았다. 공이 이미 남에게 구하는 것이 없었으니 남이 공에게 무엇을 구할 수 있겠는가. 그런데 오직 우리 영조께서 뭇사람 중에서 공을 알아보고 먼 시골에 있는 공을 발탁하니, 그 예우는 산림의 선비이고 지위는 공경(公卿)의 반열이었으며, 애도와 은총이 극진하여 시종 변함없었으니, 영조의 밝음이 아니라면 어떻게 공을 알 수 있으며 공의 어짊이 아니라면 어떻게 영조의 밝음을 빛나게 할 수 있었겠는가. 그동안 성주의 포장(褒奬)은 사관의 기록이 반드시 한둘이 아닐 것이다. 이에 감히 글을 써 바쳐 시호의 은전을 공손히 청한다.

백성들처럼 순박한 사람들로 만드는 것을 말한다. 《맹자》〈만장 상(萬章上)〉에 나오는 말로, 탕(湯)이 사람을 시켜 폐백을 가지고 초빙하자 이윤(伊尹)이 "내 어찌 탕의 폐백을 받으리오. 내 어찌 초야에 묻혀 이대로 요순의 도를 즐기는 것만 하겠는가."라고 하였는데, 탕이 세 번이나 사람을 보내 초빙하자 이윽고 이윤이 생각을 바꾸어 "내가 초야에 묻혀 이대로 요순의 도를 즐기는 것보다 내 차라리 이 임금을 요순과 같은 임금으로 만드는 편이 낫지 않겠으며, 내 차라리 이 백성을 요순의 백성으로 만드는 편이 낫지 않겠으며, 내 자신이 직접 그러한 치세(治世)를 보는 편이 낫지 않겠는가."라고 하였다.

증 좌찬성 행 정헌대부 공조판서 겸 지의금부사 오위도총부 도총관 이공 시장

贈左贊成行正憲大夫工曹判書兼知義禁府事五衛都摠府都摠管李公諡狀

나는 일찍이 상백(常伯) 이공[52]의 행장을 읽고 군신이 제회(際會)[53]한 성대함에 대하여 감탄하지 않은 적이 없었고, 또 우리 선왕이 행한 정책과 법령 하나하나가 모두 효사(孝思)[54]를 미루어 한 것임을 일찍이 탄복하지 않은 적이 없었으니, 이는 영조 무인년(1758, 영조34)에 임금이, 이조가 사정(私情)으로 인재 선발을 공정하게 하지 않는 것을 근심하여, 몸소 정체된 정사를 진작하여 직접 진신안(搢紳案)[55]을 열람해

52 상백(常伯) 이공 : 이태화(李泰和, 1694～1767)를 말한다. 상백은 원래 군주의 좌우에서 백성의 일을 관리하는 대신을 말하는데, 제왕의 근신(近臣)을 일컫는 말로 쓰인다. 《서경》 〈입정(立政)〉에 "왕의 좌우에 있는 신하는 상백과 상임(常任)과 준인(準人)과 철의(綴衣)와 호분(虎賁)이다."라고 하였다. 이태화가 판서를 지냈기에 하는 말이다.

53 제회(際會) : 풍운제회(風雲際會)의 준말로, 명군(明君)과 현신(賢臣)이 서로 만났음을 뜻한다. 《주역》 〈건괘(乾卦) 구오(九五)〉에 "나는 용이 하늘에 있으니, 대인을 만나는 것이 이롭다.〔飛龍在天, 利見大人.〕"라고 하였는데, 〈건괘 문언(文言)〉에서 "같은 소리는 서로 응하고 같은 기운은 서로 구하여……구름은 용을 따르고, 바람은 범을 따른다.〔同聲相應, 同氣相求,……雲從龍, 風從虎.〕"라고 풀이를 한 데서 유래한다.

54 효사(孝思) : 효심이 있어 선왕들의 공을 잘 밝힌 것을 말한다. 무왕(武王)이 성덕(聖德)이 있어 천명을 받아 선인들의 공을 잘 밝힌 것을 아름답게 여겨 지은 시인 《시경》 〈대아(大雅) 하무(下武)〉에 "영원히 효도할 것을 생각하기에, 그 효심이 법이 된다.〔永言孝思, 孝思維則.〕"라는 구절이 있다.

55 진신안(搢紳案) : 관직에 있는 사대부를 적어 넣은 공안(公案)을 말한다.

보고서 공의 이름에 이르러 하교하여 "이 사람은 청선(淸選)[56]에 두기 합당한데 어찌하여 지금까지 낮은 관직에 침체되어 있었는가?"라고 하니, 경연관이 "나이가 이미 많아 아직 살아 있는지 보장하기 어렵습니다."라고 대답하고, 한림 유서오(柳敍五)[57]가 "신은 그가 아직 별 탈 없다는 것을 압니다."라고 하여, 이에 특별히 사헌부 장령을 제수하고 서둘러 역마를 타고 오도록 명하였기 때문이다.

당시에 공이 인천(仁川)의 고향 집에 침체(沈滯)되어 있은 지가 이미 30여 년이었는데 왕명을 듣고 감읍하고는 도성에 들어와 사은숙배하니, 임금이 특별히 불러 보고 말하기를,

"그대는 나와 동갑이 아니던가. 그대가 열여덟에 급제하였을 때 선왕께서 매우 기특하게 여겨 기주관(記注官)의 말의(末擬 말망(末望))에 낙점하셨고, 당시에 나는 늘 그대가 경연에 나오는 모습을 보았었다. 이제 내 나이가 예순다섯이고 그대도 예순다섯이다. 옛일을 추억해 볼 때 어찌 서글프지 않을 수 있겠는가."

하였다. 공이 절하며 머리를 조아리고 눈물을 흘리면서 물러났는데 다음 날 특별히 동부승지를 제수하였고 순서에 따라 좌승지에까지 올랐으며, 그사이에 병조 참지에 임명되었다.

경진년(1760)에 승지로서 어가를 수행하여 기로소(耆老所)에 나가니 특별히 가선대부로 품계를 올려 주었다. 이로부터 한성부 우윤, 동지의금부사, 병조 참판에 여러 번 임명되니, 두 번을 하기도 하고

56 청선(淸選) : 청요직인 사간원, 사헌부, 홍문관 등의 삼사(三司)의 관리로 뽑히는 것을 말한다.

57 유서오(柳敍五) : 1711~? 본관은 진주(晉州), 자는 계상(季常)이다.

세 번을 하기도 하였다.

갑신년(1764)에 특별히 품계가 자헌대부에 올라 지중추부사에 임명되었고, 기로소에 들어갔으며 공조 판서에 임명되었다.

을유년(1765)에 선왕의 옛 신하라는 이유로 특별히 정헌대부로 품계를 올려 주었으니, 장령에서부터 고위 관료에 이르기까지 거친 벼슬이 모두 특별히 제수한 것이었다.

정해년(1767)에 도총관(都摠管)이 되었으며 11월 4일 대수롭지 않은 감기로 생을 마쳤다. 향년은 74세였다. 임금이 매우 애통해하고 애석해하며 직접 제문을 지어서 예관(禮官)을 보내어 제사 지내게 하였으며, 또 교지를 내려 깊고 간절한 뜻을 보이고 따로 부의(賻儀)를 더 내리고 또 시호를 의논하라고 명하였다.

4년 뒤 신묘년(1771)에 임금이 "만약 이태화가 있었다면 올해는 회방연(回榜宴)이 있는 해이다."라고 하며 추모해 마지않았다. 특별히 공의 아들 광덕(光德)을 기용하여 초사(初仕)를 주고, 1년 안에 명하여 6품직으로 올렸으며 이어서 현령을 제수하여 어머니를 모시고 봉양하게 하였다. 뒤에 또 명하여 공을 좌찬성 겸 대제학에 추증하였으니 이는 공이 위태로움에 처했을 때 간절히 간한 것[58]에 대하여 추가로 상을 내린 것이리라.

아, 군신 사이에 살았을 때나 죽은 뒤에나 남다른 예우를 한 경우가 옛날에 어찌 없었겠는가마는 영조와 공처럼 의리로는 군신이고 은혜로

58 위태로움에……것 : 1761년 사도세자가 관서 지방으로 행차하자 홍계희(洪啓禧)가 이를 빌미로 사도세자를 무함하였는데, 이때 이태화가 관을 벗고 머리를 부딪치면서 극력 간하였다.《正祖實錄 13年 10月 7日》

는 부자 같았던 경우는 서책에서도 보기 드물다. 그러나 이것은 다만 영조가 신하를 잘 알아보았기 때문에 그러했을 뿐만이 아니라 실로 선왕 때의 일을 생각했기 때문이다.[59] 《시경》에 "효심으로 길이 사모하여, 밝게 선왕의 일을 이으셨도다.〔永言孝思 昭哉嗣服〕"라고 하였으니, 이는 비록 한 가지 일이지만 시인에게 영조의 효성을 읊게 한다면 또한 "영원하도다."라고 하지 않겠는가.

공의 휘는 태화(泰和)이고 자는 동장(東章)이며 자호는 단암(丹庵)으로, 숙종 20년[60] 갑술년(1694) 1월 18일에 태어났다. 어려서부터 남달리 총명하여 처음 글을 배울 때 한번 보기만 하면 문득 외었다. 나이 열두세 살에 문장이 일찍 성취하였고 열넷에 장난삼아 동당시(東堂試)[61]에 응시하였는데 드디어 급제하였다.

기축년(1709)에 비로소 경학(經學)을 배우기 시작했다.

신묘년(1711)에 대과에 응시하여 급제하였는데 경학을 배운 세월을 계산해 보면 3년이 채 못 된다. 당시 참판공과 지평공[62] 양대가 모두 살아 있어서, 방방(放榜)하는 날 전 부인 홍씨(洪氏)가 현구고례(見舅

59 선왕……때문이다 : 이태화가 18세에 급제하였을 때 숙종이 매우 기특하게 여기고 기주관의 말의(末擬)에 낙점한 일이 있었으므로, 이태화를 통해 선왕을 추억하게 되었음을 말한다.

60 20년 : 대본에는 '二十一年'으로 되어 있다. 숙종 21년은 을해년(1695)이므로 규장각 소장 《국조문과방목(國朝文科榜目)》의 신묘년 방목에 나오는 이태화의 생년에 근거하여 '二十一'을 '二十'으로 바로잡아 번역하였다.

61 동당시(東堂試) : 본래 '동당'은 진(晉)나라의 궁전 이름인데 이곳을 한때 과장(科場)으로 이용하였기 때문에 과거를 뜻하는 말로 쓰인다.

62 참판공과 지평공 : 이태화의 할아버지 이정(李禎)과 친아버지 이몽엽(李夢曅)이다.

姑禮)[63]를 행하니 길하고 경사스러우며 성대한 일로 온 세상이 떠들썩하였다. 승문원에 뽑혀 들어가 정자를 거쳐 박사에 올랐다.

갑오년(1714)에 지평공의 상을 당했다. 복제(服制)를 끝마치고 전적에 올랐다가 예조 좌랑으로 옮겼다.

무술년(1718)에 대동 찰방(大同察訪)에 제수되었으며 임기가 끝나 체직(遞職)되었다.

임인년(1722, 경종2)에 공조 좌랑에 제수되었다. 외직으로 나가서 옥구 현감(沃溝縣監)이 되니, 당시 참판공의 회혼례(回婚禮) 때문에 조정이 논의하여 특별히 옥구 현감을 제수한 것이다.

계묘년(1723)에 증 판서공[64]의 상을 당했다.

을사년(1725)에 과거 옥구 현감 때의 일로 대간(臺諫)의 탄핵을 받아 위원(渭原)에 귀양 갔으나 실로 근거 없는 말 때문이었다.[65]

정미년(1727)에 사면받아 인천의 여묘(廬墓)로 돌아갔다.

신해년(1731)에 박 부인(朴夫人)[66]의 상을 당했다.

63 현구고례(見舅姑禮) : 시부모를 뵙는 예로, 신부가 혼인한 뒤 정식으로 신랑 집의 구성원이 되는 것을 상징하는데, 혼인을 한 뒤 신부가 해를 넘기거나 여러 해가 지나서 시집에 들어가는 경우도 있다.

64 증 판서공 : 양부(養父) 이몽려(李夢呂)를 말한다. 성균관 생원으로서 판서에 추증되었다.

65 과거……때문이었다 : 대간이란 사간(司諫) 박치원(朴致遠)을 말한다. 신임사화(辛壬士禍)에 연루된 인물인 이술지(李述之)의 처가 사화 당시 옥구(沃溝)의 관비(官婢)에 편입(編入)되었는데, 당시 옥구 현감으로 있던 이태화가 노론에 영합하여, 점고(點考)할 때 위협하여 옷을 벗기고 강제로 뜰아래에 무릎을 꿇게 해서 여러 가지로 곤욕을 준 적이 있었다며 이때에 와서 탄핵하였다. 이태화는 이로 인하여 귀양 갔다가 영조 3년 정미환국(丁未換局) 때 풀려났다. 《英祖實錄 1年 4月 19日, 3年 7月 5日》

정묘년(1747)에 친어머니 권 부인(權夫人)의 상을 당했다. 공은 평소 부모님을 모실 때 지극히 효성스러워 혹 편치 않기라도 하면 밤에도 눈을 붙이지 못하며 자신이 대신 죽기를 빌었다. 박 부인의 성품이 천둥을 두려워하였는데 천둥이 치면 아무리 한밤중이라도 의관(衣冠)을 바로 하고 들어가 천둥이 그칠 때까지 곁에서 부축해 드렸다. 앞뒤로 상중에 있으면서 몸에는 상복을 벗지 않고 입으로는 곡읍(哭泣)을 그치지 않았으며, 다섯 달이나 학질을 앓아 숨이 실오라기처럼 가늘어져 곧장 죽을 것 같았으나 끝내 생선과 고기를 가까이하지 않았다.

인천에 있을 때 어머니가 늙었다 하여 직접 나무하고 물 길으며 농사일을 하여 새벽이면 밭에 나가 저물도록 돌아오지 않았다. 어떤 사람이 너무 고생스럽지 않으냐고 물으니, 공은 "모든 일은 마음에 달려 있을 뿐이다. 마음이 편안하면 고되더라도 고되지 않고 마음이 괴로우면 편안해도 편안하지 않다."라고 하였다. 부모님이 모두 돌아가시고 나서는 더할 나위 없는 추위와 굶주림으로 곤궁과 고생이 말이 아니어서 상자에는 옷 한 벌도 없고 부엌에는 밥 짓는 연기가 없어도 태연히 지내면서 다시는 농사일을 하지 않으니, 사람들이 그제야 전날의 농사가 부모님을 위해서였지 생계를 꾸리기 위해서가 아니었다는 것을 알았다.

조상을 받드는 제사는 정결하기에 힘쓰고 풍성하기에 힘쓰지 않아서, 집안사람이 혹 꾸어서라도 제수를 갖추자고 청하면 그때마다 "시냇가의 개구리밥이든 연못의 백지(白芷)든 정성을 다하면 되지 어찌 구차한 짓을 하겠는가."라고 하였다. 형제간에 우애가 있어, 60년을 하루

66 박 부인(朴夫人) : 양어머니 함양 박씨(咸陽朴氏)를 말하는 것으로 보인다.

같이 한 잔의 술이라도 꼭 나누어 마시고 한 가지 반찬이라도 꼭 함께 먹었다. 어머니를 모시는 마음으로 과부가 된 형수를 모셔, 큰일이건 작은 일이건 온화한 안색으로 여쭙고 의논하지 않은 적이 없었다. 처자(妻子)를 다스릴 때는 관대함으로 엄격함을 보완하여 다그치는 말이나 발끈하는 표정을 보인 적 없이 안팎이 질서정연하였다. 자식이나 조카를 가르칠 때는 늘 "효성과 공손이 근본이고 문예(文藝)는 그다음이다."라고 하며 범절을 엄격히 하여 감히 벗어나지 못하게 하였다.

성품이 화려하게 꾸미는 것을 좋아하지 않아서 며느리가 막 시집왔을 때 비단옷을 입고 뵙자 즉시 벗도록 하였다. 부녀들이 비록 어쩌다 남의 집 잔치에 가더라도 감히 비단옷을 걸치지 못하였다. 항상 말하기를 "사대부가 돈이나 곡식에 마음을 둔다면 그 나머지는 볼 것도 못된다."라고 하고, 또 "돈이 10꿰미가 된다면 이는 재화이므로, 우연히 혹 얻더라도 이 마음은 편치 않다."라고 하고, 또 "안빈낙도에는 좋아하고 즐기려는 욕심을 끊고, 음식을 절약하는 것이 으뜸이다."라고 하였으니 이는 공이 집에 있을 때의 언행의 대략이다.

무인년(1758) 이래로 성상의 보살핌이 융숭하고 은혜로운 말씀이 정중하였으니, 집안사람처럼 대한 예우이며 군왕으로서 하는 칭찬이었다. 공이 처음 임금 앞에 나아가 뵙게 되었을 적에 나아가고 물러나며 돌아가는 거동이 모두 범절에 맞으니 임금이 이르기를 "이태화가 조정의 체모에 익숙한 것은 바로 50년 전 당후관(堂後官)[67] 때의 일을 잊지 않았기 때문이니 또한 기특하지 않은가. 인재는 서울에 있는지

67 당후관(堂後官) : 당후는 승정원에서 주서가 거처하는 방을 말한다. 이태화가 젊은 시절 승정원 기주관의 벼슬을 한 적이 있기에 한 말이다.

시골에 있는지로 논할 수 없고 어진지 아닌지에 달려 있을 뿐이다."라고 하였다.

또 일찍이 전지(傳旨)를 불러서 쓰게 할 때 성상의 목소리가 매우 낮았는데도 공이 붓을 멈추지 않고 받들어 쓰니, 임금이 기이하게 여기며 "귀가 남달리 밝구나."라고 하였다. 또 일찍이 삼경(三經)의 수장(首章)을 강(講)하도록 명하였고, 강을 마치고 나서 또 문장의 뜻을 설명하도록 명하더니 포상(褒賞)이 매우 지극하였다. 또 일찍이 시관(試官)으로서 상을 모시고 있을 때 임금이 어진(御眞)을 내걸고는 하교하기를 "지난날 선왕께서 어진을 내어 신하들에게 우러러보도록 명하신 일을 회상해 보건대 그 당시 참석했던 자로는 지금 이태화 한 사람만이 있을 뿐이다."라고 하였다. 또 일찍이 공의 얼굴이 풍만하고 윤택하며 정력이 왕성한 것을 가상히 여기며 하교하기를 "사람이 늙더라도 근력을 저처럼 쓸 수 있다면 무슨 근심이 있겠는가. 이는 시골에 살면서 나물을 먹은 효험[68]이다."라고 하였다. 그동안 비단을 두 번 받았고 찬물(饌物 반찬거리)을 여러 번 받았으며 주상이 직접 쓴 시도 두 번 받았는데 공은 지우(知遇)를 입은 것에 감격하였다.

승정원에 있을 때는 심하게 춥고 덥거나 비가 오더라도 아프다고 핑계를 댄 적이 없었고, 남이 뒤에 하고 내가 앞서 하는 것을 수고롭다고 여긴 적이 없었다. 한성 부윤으로 있을 때는 꾸며 대는 거짓을 파헤쳐 내고 세력을 믿는 자를 반드시 벌주었으며, 문서는 지체되는 안건이

68 나물을 먹은 효험 : 가난을 겪어 본 효험을 말한다. 《소학》〈선행(善行)〉에 "사람이 항상 나물 뿌리를 캐 먹고 살 줄만 알면, 어떤 일이라도 모두 행할 수 있다."라는 송(宋)나라 때 왕혁(汪革)의 말이 있다.

없고 억울하다고 소송하는 일이 없었다. 어느 간사한 백성이 처음에 일리가 없다는 이유로 물리친 안건을 대여섯 달이 지나 문서와 소송이 구름처럼 어지럽게 쌓인 틈을 타 이름을 바꾸어 다시 올리자, 공이 즉시 제사(題辭)에 "이 일은 아무 달 아무 날에 이미 판결하였다."라고 쓰고, 이어서 그 사람에게 장(杖)을 치니, 한성부 아전들이 그의 명철함에 탄복하였고, 동료들은 모두 "총명함은 참으로 미칠 수 없지만 공평하고 사정(私情)이 없는 것은 더욱 보기가 드물다."라고 하였으며, 정승 이후(李𪸘)[69] 공은 임금 앞에서 삼가고 확고하며 한결같은 마음으로 공정하다고 매우 칭찬하기까지 하였다.

의금부에 있을 때는 옥안(獄案)을 가지고 들어오라고 명하였는데 판의금부사가 갑자기 일이 있어 공이 지의금부사로서 대신 들어가게 되었다. 사실을 아직 자세히 살펴보지 못하였음에도 잘못 판결한 옥사(獄事)를 밝혀내어 바로잡은 것이 모두 합당하여, 연신(筵臣)들이 다들 칭찬하였다.

병조에 있을 때는 군호(軍號)를 써서 올린 것이 성상의 마음에 들어, 녹비(鹿皮)를 하사하여 은총을 베풀었다. 공조 판서로 있을 적에는 닷새에 한 번씩 출근하여 일을 보는 것이 나라의 법이지만 이전의 판서들은 공조가 본래 한가한 부서라 하여 법대로 행하는 자가 드물고 출석 명부를 위에 올릴 때에 가서 으레 출석한 것으로 써넣을 뿐이었다. 그런데 공은 닷새를 꼽아 법대로 출근하여 바람과 비, 추위와 더위에도 3년을 한 번도 빠지지 않았으니, 낭료(郎僚)와 조속(曹屬)[70] 들이 매우

69 이후(李𪸘) : 1694~1761. 본관은 연안(延安), 자는 후옥(厚玉), 호는 구옹(癯翁)이다. 1758년 우의정이 되었다.

귀찮고 괴롭게 여겼다. 어떤 이가 그 사실을 가지고 말하자 공이 "비록 사소한 일이지만 군주를 속일 수 있겠는가."라고 하였다.

그 외에 공방(貢房)을 상정(詳定)하는 것[71]과 조리(曹吏)를 교체하는 것과 환방(換房)[72]을 하는 데 새로 규칙을 세우고 일률적으로 실행하여 몰래 뇌물을 주고 은밀히 부탁하는 길을 막아 버리니, 육조의 사람들이 그 편리함을 칭송하지 않는 이가 없었고 참판 이길보(李吉輔)[73] 공도 칭찬하고 감탄하였다. 자제가 과거에 응시하였을 때 조리 중에 글씨를 잘 쓰기로 이름난 자가 있었으나 감히 그를 데리고 들어가지 못하게 막아서 비록 시권(試券)을 백지(白紙)로 내더라도 아랑곳하지 않았다. 평소에 주량이 매우 셌지만 관원이 되어 일을 맡게 되어서는 한 잔으로 그치고 다시는 입술을 적시지 않았다. 이것이 공이 벼슬자리에 있을 때 행적의 대략이다.

70 조속(曹屬) : 육조(六曹)의 장관(長官)에게 속해 있는 관원을 말한다.

71 공방(貢房)을 상정(詳定)하는 것 : 공방은 중앙 관청이나 왕실에 필요한 물품의 상납을 담당하던 공인(貢人)들이 거처하는 곳으로 공물방(貢物房)이라고도 하며, 상정은 나라의 제도나 관아에서 쓰는 물건의 값, 세액, 공물액 따위를 심사하고 결정하여 오랫동안 변경하지 못하게 한 것을 말한다.

72 환방(換房) : 왕명의 출납을 담당하는 승지는 일반적으로 육방(六房)을 나누어 관장하는데 도승지가 이방, 좌승지가 호방, 우승지가 예방, 좌부승지가 병방, 우부승지가 형방, 동부승지가 공방을 맡도록 순차적으로 배정하는 것을 순방이라고 하고 해당 관서 관원과 승지가 상피(相避) 관계가 있거나 국왕의 특지가 있으면 담당 관서를 바꾸기도 하는 것을 환방이라고 한다.

73 참판 이길보(李吉輔) : 1700~1771. 본관은 연안, 자는 계상(季祥)이다. 이길보가 공조 참판으로 있었던 기간은 1762년 5월에서 10월 호조 참판이 될 때까지의 6개월 사이이다.

공이 처음에는 명경(明經)으로 벼슬길에 나갔으나[74] 대단히 총명한 데다 부지런하고 독실하기까지 하여 벼슬한 이래로 손에서 책을 놓은 적이 없었다. 일찍이 대동 찰방(大同察訪)으로 있을 때 관찰사 이조(李肇)[75] 공이, 공이 젊은 강경과(講經科) 출신이라는 이유로 매우 얕보았다가 전(箋)을 올릴 때가 되어 공에게 글을 짓도록 하였는데, 이는 그를 시험한 것이었다. 공이 즉시 지어 보내자 관찰사가 경탄하며 "우리들은 따라잡을 수 없다."라고 하고, 드디어 자신이 지었던 글을 감추고 공이 지은 것을 써서 바쳤다. 일찍이 연당(蓮堂)에서 큰 연회를 열고 운을 내어 율시를 지을 때 공이 먼저 읊으니 관찰사가 감탄하며 "문장이 폭넓고 아름다울 뿐만 아니라 원대한 기상이 더욱 드러난다."라고 하고 드디어 붓을 내려놓았다.

인천에서 묻혀 살 때에도 더욱더 강독(講讀)을 그치지 않아 새벽이면 반드시 일어나 세수하고 의관을 정제한 다음, 책을 펴 소리 높여 읽으며 심오한 곳을 만날 때마다 눈을 감고 묵송하여 서너 번 왼 다음 곰곰이 사색해 본 뒤에야 그쳤다. 당시에는 간혹 아침밥을 배불리 먹지 못하기도 하였는데 밤낮으로 책 읽는 소리가 오히려 여전하였다. 이를 주변 사람들이 안타깝게 여겼으나 공은 말하기를 "배고플 때 책 읽는 맛은 배로 깊다. 정신이 미치는 곳에 더욱 청신함을 느끼겠으니 진지한 공부는 궁하고 힘들 때에 있다는 것을 알겠다."라고 하였다. 제자백가

74 명경(明經)으로 벼슬길에 나갔으나 : 생원시를 거쳐 문과를 치른 경우로, 경서에는 뛰어나지만 문장을 짓는 능력까지 뛰어난지는 미처 알 수 없는 경우임을 말한다.

75 관찰사 이조(李肇) : 1666~1726. 본관은 전주(全州), 자는 자시(子始), 호는 학산(鶴山)이다. 그가 평안도 관찰사로 임명된 때는 1718년(숙종44)이다.

(諸子百家)를 보지 않은 것이 없지만 가장 힘을 들인 것은 《주역》과 《논어》, 《대학장구(大學章句)》 등의 책이었다. 만년에는 자제들을 공부시키는 바탕으로 삼으려 대과와 소과의 과거 문체 거의 1000여 편을 입으로 외었다. 그러나 일찍이 문필가로 자처한 적이 없고 매우 겸손하였으니, 이는 공에게는 사소한 일이라고 하겠지만 곤궁하게 살면서도 운명에 편안하며 독서로 옛일을 상고하여, 뒷날 성주(聖主)에게 등용된 까닭이 아마도 여기에 있지 않았겠는가.

이씨(李氏)는 본래 경주(慶州)의 명망 있는 성씨이다. 조선의 좌의정 정순공(靖順公) 성중(誠中)은 공에게 11대조가 되고, 의정부 사인 영(瑛)은 6대조가 된다. 고조할아버지 휘 만(蔓)[76]은 직장(直長)이고, 증조할아버지 휘 제한(齊漢)은 현감이며, 할아버지 휘 정(禎)은 참판이고 아버지 휘 몽려(夢呂)는 성균관 생원으로 판서에 추증되었다. 어머니 함양 박씨(咸陽朴氏)는 진사 박경원(朴慶遠)의 따님이며 정부인에 추증되었으니 모두 공이 귀해졌기 때문이다.

친아버지 휘 몽엽(夢曅)은 사헌부 지평이고 어머니 안동 권씨(安東權氏)는 좌랑 권준(權埈)의 따님이다. 증 판서공은 공에게 계부(季父)가 되는데 아들이 없어 공을 아들로 삼았다. 원배(元配) 증(贈) 정경부인(貞敬夫人) 풍산 홍씨(豐山洪氏)는 승지 증 판서 홍만기(洪萬紀)의 따님이고, 계배(繼配) 정경부인 남원 윤씨(南原尹氏)는 진사 윤학해(尹學海)의 따님이다. 홍 부인은 아들 하나를 낳으니 이름은 존덕(尊德)으로 공과 같은 해에 세상을 떠났다. 윤 부인도 아들 하나를 낳으니

76 만(蔓) : 《해좌집(海左集)》 권36 〈증좌찬성행공조판서이공시장(贈左贊成行工曹判書李公諡狀)〉에는 '蔓'으로 되어 있다.

바로 현령 광덕(光德)이다. 현령은 아들 둘을 낳으니 횡(鋐)과 갱(鏗)이다.

나는 일찍이 공과 함께 승정원의 관료로서 공경하면서 함께 지낸 지가 몇 해나 된다. 계장(啓狀)이 구름처럼 쌓이고 공경과 재신이 어지러이 모여들었으나 공이 엄연히 제자리에 있는 것을 보고는 함부로 말하거나 웃지도 못하고 승정원의 기록이나 열람할 뿐이었다. 일을 만나서 서리가 혹 달려가 물으면 천천히 대답하였지만 모두 사리에 맞았다. 눈의 광채는 번쩍번쩍 빛나고 몸가짐은 엄격하고 확고하여 범접할 수 없을 듯하였지만 나아가 함께 말을 해 보면 온화하여 화기(和氣)를 손에 잡을 수 있을 것만 같아 나는 진실로 그 덕을 보고서 취했고, 그 뒤 7, 8년 동안 또 공이 사송(詞訟)을 맡고 나서 청탁이 행해지지 않아 조정의 칭송이 자자하던 것을 여러 번 보았다. 영조의 성스러움이 아니었다면 어떻게 공을 등용했겠으며, 공의 재능이 내면에 쌓여 어디에 임용을 하든 적합하지 않았다면 또한 어떻게 만년에 다시 등용되어 판서의 반열에까지 올랐는데도 감히 지적하여 거론하는 사람이 없었겠는가. 훌륭한 시대에 있었던 군신간의 만남을 천고의 기이한 일이 아니라고 말할 수 없어 글을 써서 봉상시(奉常寺)에 바쳐 시호의 은전을 청한다.

증 대광보국숭록대부 의정부 영의정 행 자헌대부 이조판서 겸 지경연의금부춘추관사 세자좌빈객 송와 이공 시장
贈大匡輔國崇祿大夫議政府領議政行資憲大夫吏曹判書兼知經筵義禁府春秋館事世子左賓客松窩李公諡狀

나는 송와(松窩) 이공(李公)의 행장을 읽고 조종(祖宗)의 성대한 시대에는 사대부들이 반드시 자신을 단속하고 지조를 지켜 온 나라 사람이 우러러보는 바가 되고 나서야 조정에 나아갈 수 있었음을 알았다. 그리하여 백성들은 묵묵히 보고 느끼며, 또한 청백리가 귀하고 탐관오리가 부끄러운 것임을 알아서 취하고 버릴 바를 알았으니, 풍속이 어떻게 다듬어지지 않을 수 있으며 조정이 어떻게 맑고 밝지 않을 수 있었겠는가. 아, 오늘날에는 이러한 일이 없게 된 지가 오래이다.

공의 휘는 기(墍)이고 자는 가의(可依)이며 한산 이씨(韓山李氏)이다. 고려 때 가정(稼亭)과 목은(牧隱)이 있어 실로 그 문호를 크게 하였으니, 가정은 휘가 곡(穀)이고 벼슬은 도첨의 찬성사(都僉議贊成事)이며, 시호는 문효공(文孝公)이다. 목은은 휘가 색(穡)이고 특진보국숭록대부(特進輔國崇祿大夫) 한산백(韓山伯)이며, 시호는 문정공(文靖公)이다. 모두 문장과 절의(節義)로 온 천하에 명성이 있었다. 문정공이 휘 종선(種善)을 낳으니 지중추원사(知中樞院事)이고 시호는 양경공(良景公)이다. 양경공이 휘 계전(季甸)을 낳으니 우리 세조(世祖)를 섬겨 좌익 공신(佐翼功臣)에 책훈된 영중추부사(領中樞府事)이고, 세상을 마치자 한성부원군(韓城府院君)에 추증되었다. 시호는 문열공(文烈公)이다. 문열공이 휘 우(堣)를 낳으니 대사성 증 이조 참판으로, 이분이 바로 공의 고조할아버지이다. 증조할아버지 휘 장윤(長潤)은 현감 증 이조 판서이다. 할아버지 휘 질(秩)은 일곱 고을의 수령을 지냈고 한성군(韓城君)에 봉해졌다. 아버지 휘 지란(之蘭)은 증 영의정이다. 어머니 원주 원씨(原州元氏)는 운곡(耘谷) 선생 원천석(元天錫)의 후손이자 생원 원선(元璿)의 따님이다.

공은 8세에 시서(詩書)에 능통하였고 25세에 성균관에 들어갔으며 명종 10년 을묘년(1555)[77]에 명경과에 급제하여 승문원에 예속되었으며 천거로 예문관에 들어가 검열이 되었다. 그사이에 승정원 주서, 시강원 설서가 되었고 자급이 올라 형조, 예조, 병조의 낭관에 임명되었다. 사헌부에서는 지평, 장령, 집의를 지냈고 사간원에서는 정언이 되었으며, 홍문관에 뽑혀 들어가서는 부수찬, 교리, 응교, 전한, 직제학을 두루 거치며 지제교를 겸하였다. 의정부에서는 검상, 사인을 지냈고, 성균관에서는 전적, 사예, 사성, 직강을 지냈다. 외직으로는 강원도 관찰사,[78] 광주 부윤을 지냈으며 그사이 어사에 임명되어 영남의 재해(災害) 상황을 안찰(按察)하였다.

지평으로 있을 때에는 이량(李樑)이 나라를 그르친 죄를 논하였고, 장령으로 있을 때에는 차자로 정사의 폐단을 논하여 "정사에 임하여 대비의 교지가 안에서 내려지고 궁금(宮禁)이 엄하지 못하여 제목(除目)이 내려지기도 전에 여염에서 벌써 먼저 압니다."라고 하니,[79] 임금

77 명종 10년 을묘년 : 대본에는 '明宗九年乙卯'로 되어 있다. 명종 9년은 갑인년이며, 을묘년은 명종 10년이다. 《국조방목》에 근거하여 '九'를 '十'으로 바로잡아 번역하였다.

78 강원도 관찰사 : 대본에는 '佐關東幕'이라고 되어 있다. 《선조실록》 6년 4월 25일 기사에 근거하여 '江原監司'로 바로잡아 번역하였다.

79 지평으로……하니 : 이기(李墍)가 지평이 된 것은 1563년 8월이며, 장령이 된 것은

이 언사가 궁위(宮闈)를 범하였다는 이유로 체차하였다. 여러 해 지나 명종이 승하하자 공이 어버이의 상처럼 예제(禮制)를 지키다 병이 나서 거의 죽을 뻔한 것이 여러 번이었다.

선조가 즉위하여 《명종실록》의 수찬을 명하니, 전날 광주 유수로 있을 때 청렴결백하고 탁월한 치적이 있었다 하여 특별히 통정대부의 자급(資級)으로 올려 주었으나 대간(臺諫)에서 말하는 자가 있어 임금이 가자(加資)를 정지하고 안장을 갖춘 천구마(天廐馬 궁에 있는 마구간의 말)를 하사하였다. 3년이 지나서 발탁되어 승정원 동부승지에 임명되었고 차례에 따라 승진하여 좌승지에 이르렀다.

원주(原州)에 있는 고향 집으로 어머니를 뵈러 갈 때 임금이 제주도에서 공물로 바친 귤을 하사하며 친히 어서(御書)를 내려 돌아가서 늙은 어머니에게 주어 임금의 하사품으로 영광스럽게 해 드리라고 하였으며, 또 강원도 관찰사에게 교서를 내려 "이기가 나를 시중든 지가 오래고 늘 수고하고 애썼다. 여든이 된 노모가 있으니, 경은 음식을 대 주어 우대하는 나의 뜻을 보이라."라고 당부하였다. 명이 내리자 사대부들이 서로 전해 가며 "남다른 예우요, 남다른 예우다."라고 말하였다. 이해 봄에 강원도 관찰사에 임명되었고, 임기가 차서 호조 참의로 옮겼으며 이어서 승지에 임명되었으나 어머니의 병을 사유로 사양하고 나아가지 않았다. 얼마 지나지 않아 상을 당했다.

1564년 6월이다. 이량은 왕족이자 척신으로 명종의 두터운 신임을 받았는데, 이기가 지평일 때 대사헌 김귀영(金貴榮) 등이, 간신이 권력을 잡고서 총애를 믿고 제멋대로 하여 임금의 총명을 현혹시키고 위복(威福)을 마음대로 부린다는 등의 내용으로 상소하였다. 본문의 내용은 장령으로 있을 때가 아니라 지평으로 있을 때인 1564년 2월 10일에 올린 상소 중에 나온다. 제목(除目)은 이조나 병조에서 관리를 제수한 후 만드는 목록. 곧 관리를 제수한 명단을 말한다.《明宗實錄 18年 8月 19日, 19年 2月 10日》

공은 효성이 독실하여 어머니가 늙고 고향에 있어서 해직이 되면 서울에 머물지 않고 돌아가 어머니를 모시며 좌우에서 부지런히 봉양하였다. 상을 당한 이때는 나이 쉰이 넘었는데도 앞서 아버지 상과 똑같이 여묘살이를 하면서 죽을 먹으니 감복하지 않는 사람이 없었다. 복을 마치고 나서 양주 목사(楊州牧使)에 임명되었는데 관직에 있은 지 석 달 만에 그만두고 돌아왔다. 이로부터 판결사, 대사간, 이조 참의, 예조 참의, 병조 참의, 부제학에 임명되었으며 그사이 성절사(聖節使)로 중국에 가기도 하였다.

경기 관찰사로 제수된 것은 특지(特旨) 때문이었는데, 얼마 안 되어 일 때문에 체직되었다가 여러 차례 제수되어 부제학, 동지경연사, 예조 참판, 대사헌을 역임하였다. 당시 조정의 논의가 동서를 표방하고 일어나 서로 공격을 하자 임금이 노하여 대관(臺官)과 홍문관 신료 들을 유배 보냈다. 공이 극력 구원하니, 내쳐서 장흥 부사(長興府使)에 보임하도록 명하였다. 다스린 지 1년 만에 어사가 공의 치적을 올리자 임금이 유서(諭書)를 내려 표리(表裏)를 하사하였다. 체차되어 조정으로 돌아와서는 대사성, 형조·호조·이조의 참판, 부총관에 임명되었다.

임진왜란을 당하여 상황이 다급하여 대가(大駕)가 서쪽으로 파천(播遷)을 가며 호종 행렬이 동파관(東坡館)에 도착하였을 때 특명으로 관동 호소사(關東號召使)[80]에 임명하니, 공이 눈물을 훔치며 하직하고 떠났는데, 종[奴]이 밤에 몰래 자금이 들어 있는 전대를 지고 달아나 버렸다. 서자 경운(慶沄)을 시켜 말을 채찍질하여 간신히 원주에 도착하였

80 관동 호소사(關東號召使) : 강원도 호소사로, 호소사는 전쟁 때 군대나 물품을 모으는 임시 관원을 말한다.

으나 향리가 텅 비어 사람이 없었다. 몸소 영동과 영서 지역을 드나들며 충의(忠義)로 격려하니 이에 모병에 응하는 자들이 모여들었다. 원주와 여주(驪州) 사이에 군대를 주둔시키고 전투에서 빈번히 승리를 거두었는데, 하루는 왜군이 원주의 창고를 탈취할 것이라는 말을 듣고 은밀히 방략을 주어 휘하의 장수에게 명하여 에워싸고 공격하게 한 다음 바람을 따라 불을 놓으니 왜적은 불에 타서 다 죽고 나머지는 달아났다. 이 당시에 각지의 호소사들이 사방으로 나갔는데, 오직 공만이 승첩을 보고하니 임금이 매우 기뻐하며 한 자급을 더 올리도록 명하였다.

다음 해에 서울의 왜적이 물러나자 공이 장차 군사를 해산하고 문서를 올리려고 하니 여러 장수와 병사 들이 떠들썩하게 공을 다투므로 엄격히 억제하였다. 종사관 한준겸(韓浚謙) 등이 "경운의 노고를 기록하지 않을 수 없습니다."라고 말하자 공이 웃으며 "경운이 수고한 것은 제 아비를 위해서일 뿐인데 무슨 공로가 있는가."라고 하였다. 당시에 병란과 기근으로 사람들끼리 서로 잡아먹었는데, 공의 처자들도 떠돌아다니다 거의 죽게 되었다. 이에 앞서 병사들을 위해 군량을 모았는데, 남은 군량이 배 서너 척에 실을 만큼 많았지만 모두 관가에 보내고 한 톨도 사사로이 챙기지 않으니 온 군대가 모두 감탄하였다.

병신년(1596, 선조29)에 대사간으로서 이몽학(李夢鶴)의 옥사[81]를

81 이몽학(李夢鶴)의 옥사 : 이몽학(?~1596)은, 본관은 전주(全州)로, 서얼 출신의 왕족이다. 임진왜란 때 식량을 모으는 임무를 맡은 관리인 모속관(募粟官) 한현(韓絢) 등과 함께 홍산(鴻山) 무량사(無量寺)에서 의병을 가장하여 반란을 도모하였으나 전세가 불리하자 부하에게 피살되었다. 1596년 7월에서 8월 사이에 한현, 김덕령(金德齡), 최담령(崔聃齡) 등의 친국(親鞫)이 있었고, 당시 의병장이던 김덕령이 억울한 누명을 쓰고 죽음을 당하였다.

함께 다스린 노고로 품계가 자헌대부에 오르고 이조 판서에 임명되었다. 이로부터 3, 4년 사이에 예조, 형조의 판서를 거쳤으며, 이조 판서를 세 번 지냈다. 의정부 좌참찬, 지경연사, 지의금부사, 세자 빈객을 여덟 번 거쳤고 정승의 의망에 들었다.

경자년(1600) 4월 17일 정침(正寢)에서 세상을 마치니 향년이 79세였다. 부음이 들리자 임금이 매우 슬퍼하며 조회를 정지하고 시장을 닫게 하였으며, 의례대로 부의(賻儀)를 하고, 청백리로서 특별히 좌찬성을 추증하였으며 정난 원종훈(靖難原從勳)으로서 의정부 영의정을 더 추증하였다. 이해 10월 원주 치소(治所) 서쪽 지향곡(芝香谷) 건좌손향(乾坐巽向)의 언덕에 장사하였다.

공은 집에서는 효성과 우애를 다하였고 나라에는 노고를 바쳐, 아름다운 행실과 탁월한 공적은 사관이 이루 다 기록할 수 없을 만큼 많으나 오직 청렴결백이란 한 가지 절조는 옛사람에게서 찾아보아도 보기 드물 것이다.

광주 부윤으로 있을 때 한 줌의 쌀도 한강을 건너지 못하게 하였다고 사람들이 칭송하였고, 서장관으로 북경에 갔을 때는 비록 서적이나 약물이라도 몸에 지니지 않았다.[82] 장흥(長興)에서 체직되어 돌아올 때 대나무 지팡이를 짚고 뒤따르는 종이 있었는데 공은 그것이 남쪽 고을의 물건이라고 꺼려서 땅에 버리라고 명하였다. 아들 경택(慶澤)이

82 비록……않았다 : 조선 초기부터 사신을 따라가는 사람들이 금은이나 기타 물건을 가지고 가서 몰래 무역을 하여 중국의 비웃음거리가 된 적이 많았으므로 조정에서는 물품이나 몸에 따른 짐은 정해진 근수(斤數) 외에는 지니지 못하게 엄금하였기에 하는 말이다. 《太宗實錄 6年 1月 28日》

연천(漣川)의 수령이 되어 막 부임했을 때 한 말의 쌀을 드려 아침저녁의 끼니를 대비하게 하니 공이 노하여 물리치며 "이것이 비록 전임자가 비축해 둔 것이라고는 하지만 네가 백성을 먼저 보살피지 않고 감히 이것으로 나에게 누를 끼치느냐."라고 하였는데, 정승 유전(柳㙉)이 듣고 감탄하며 "사람의 곧은 절개가 여기까지 이르렀단 말인가."라고 하였다.

같은 해에 과거에 급제한 벗 중에 서쪽 지방의 고을에 수령으로 나간 자가 있었는데, 공이 추울까 염려하여 풀솜〔雪綿〕 몇 근을 보내 주었다. 공이 마침 집을 나가고 없어서 집안사람이 받아 두고 공에게 고하자, 공이 꾸짖으며 "한 쟁반의 음식도 안 되는데 더구나 이 물건이겠느냐."라고 하고, 즉시 사례하는 편지를 써서 돌려보냈다.

일찍이 대사헌으로 있을 때 종루(鍾樓)의 네거리를 지나가다가 말이 너무 지쳐 넘어졌는데, 벽제(辟除)하는 자가 앞을 보지 못하고 달려가면서 소리 높이 외치니 온 시장 사람들이 모두 크게 웃었고, 당시에 길에 엎어진 말을 지목하여 '대사헌의 말'이라고 하였다. 일찍이 참찬〔三宰〕으로 있을 때 말미를 받아 성묘를 가면서 막 난리를 겪은 뒤라는 것을 생각하여 연도의 군읍이 공의 행차를 모르게 하였다. 그런데 유독 여주 목사(驪州牧使) 최립(崔岦)이 평소 공의 청렴한 덕에 감복하고는, 알아내어 고을 경계까지 뒤쫓아 가서 알현하자 물러나서 사람들에게 "오늘 내가 이 삼재(李三宰)[83]가 된 것이 참으로 괴롭구나."라고 하였다.

83 이 삼재(李三宰) : 삼재는 의정부의 좌참찬(左參贊)을 일컫는 말이다. 여기서는 이기 자신을 가리킨다.

공이 조정에 있은 40여 년 동안 높은 벼슬을 거쳐 지위는 이조 판서에 올랐으나 한 이랑의 농지도 늘지 않고 노비 문서에 한 사람도 더 오르지 않았으며, 거친 옷과 밥은 한미한 선비와 다름없었다. 선조 중년에 시론(時論)이 매우 과격하였으나 공은 늘 너그럽고 공평함에 중점을 두니 문충공(文忠公) 이원익(李元翼)이, 공이 나이가 많아 남을 자기편으로 끌어들이는 태도가 있다고 의심하다가, 다투어 논란할 일이 있을 때 공이 주저하지도 않고 두려워하지도 않으며 내쳐서 보임되더라도 뉘우침이 없자, 문충공이 비로소 공에게는 미치기 어렵다며 감복하였다.

평소에 손에서 책을 놓지 않아 공무에서 물러나면 늘 독서를 그치지 않았고, 서로 왕래하며 마음속에 새겨 둔 가장 절친한 벗은 오직 동고(東皐) 이 상국(李相國)[84]이니, 훗날의 사람들이, 공이 자신을 단속하는 매서운 지조가 애초에 모두 독서의 효험과 이택(麗澤)의 보탬[85]에 뿌리를 두고 있다는 것을 더욱 잘 알았다. 뒷날 청백리를 뽑을 때 동고 상국이 으뜸이 되고 공이 다음을 차지하였다.

부인 남양 홍씨(南陽洪氏) 증 정경부인은 병절교위(秉節校尉) 홍계한(洪繼漢)의 따님으로, 2남 4녀를 낳았다. 경택(慶澤)은 군수이고,

84 동고(東皐) 이 상국(李相國) : 이준경(李浚慶, 1499~1572)으로, 본관은 광주(廣州), 자는 원길(元吉), 호는 동고, 시호는 충정공(忠正公)이다. 1552년 청백리의 한 사람으로 선정되었다. 그가 1572년 73세의 나이로 별세했을 때 집에는 쌀 한 섬 없었다고 한다.

85 이택(麗澤)의 보탬 : 벗끼리 서로 도와 학문을 닦고 힘쓰는 이로움을 말한다. 《주역》 〈태괘(兌卦) 상(象)〉에 "두 개의 연못이 나란히 붙어 있는 것이 태괘이니, 군자가 이 괘를 써서 붕우 간에 학문을 강습한다.〔麗澤兌, 君子以, 朋友講習.〕"라고 하였다.

경오(慶澳)는 사직서 영이다. 사위 이응엽(李應燁)과 백희민(白羲民)은 모두 현감이고, 유간(柳澗)은 우참찬이며 조중립(趙中立)은 이조정랑이다. 측실 소생 경운(慶沄)과 경진(慶津)은 모두 절충장군이다. 손자와 증손 이하는 많아서 다 기록하지 못한다.

지금 글을 부탁한 사람은 5대손 전 영장(營將) 이한(栭漢)과 6대손 형덕(馨德)이다. 내가 정승으로서 공의 시호를 청하니,[86] 이는 공의 청렴한 명성과 지조에 감복하여 이를 통해 세상을 가다듬고자 한 것인데, 주상께서 허락하시니 이에 그 전말을 간추려 봉상시(奉常寺)에 올린다.

86 내가……청하니 : 번암은 우의정으로 있던 1789년(정조13) 임진왜란 때 남원(南原)을 지키다 전사한 정기원(鄭期遠)의 시호를 청하면서 아울러 이기에게도 시호의 은전을 내릴 것을 청하였다. 《正祖實錄 13年 閏5月 11日》

증 자헌대부 이조 판서 행 가선대부 사헌부대사헌 겸 홍문관 제학 동지춘추관사 약산 오공 시장

贈資憲大夫吏曹判書行嘉善大夫司憲府大司憲兼弘文館提學同知春秋館事藥山吳公諡狀

동복 오씨(同福吳氏)는 고려 시중(侍中) 문헌공(文獻公) 오대승(吳大陞)의 후손이다. 문헌공이 돌을 쪼아 48개의 등(燈)을 만들고 밤마다 하늘에 예를 올리니 그 뒤로 자손이 번성하였다. 고려에서 조선에 이르기까지 공경이 수없이 서로 이어졌으니, 휘 백령(百齡)이라는 분이 있는데 호는 묵재(默齋)이고 벼슬은 이조 참판 증 영의정으로, 백형 만취공(晩翠公) 억령(億齡)과 함께 나란히 선조 때의 명신이다. 이분이 휘 준(竣)을 낳으니 호는 죽남(竹南)이고 벼슬은 예조 판서, 홍문관과 예문관의 제학을 지냈으니 공에게 4대조가 된다. 증조할아버지 휘 정한(挺漢)은 의금부 도사 증 승지이고, 할아버지 휘 시봉(始鳳)은 일찍 세상을 떠났으며 증 이조 참의이다. 아버지 휘 상순(尙純)은 돈녕부 도정 증 이조 판서이다. 광주 안씨(廣州安氏) 증 정부인 승지 휘 안후열(安後說)의 따님에게 장가들어 숙종 기사년(1689, 숙종15)에 공을 낳았다.

공의 휘는 광운(光運)이고 자는 영백(永伯)이며 호는 약산(藥山)이다. 보통 사람보다 아주 총명하고 영리하여 어려서부터 자신의 뜻을 높이 표방하여 결코 시속을 따르지 않았고, 성품은 또 악을 미워하여 후회하지 않았다. 늘 말하기를,

"우리나라의 당론(黨論)이 200년을 서로 버티어 오면서 점차 무르익어 얽히고설켜서, 그 논쟁이 조정에 가득 찼다. 그러나 진실로 그

근원을 궁구해 보면 바로 《춘추(春秋)》에 의로운 전쟁이 없다[87]는 경우와 같다. 과연 언덕에 올라 우뚝 서서 죄를 죄로 여기고 옳은 것을 옳게 여겨 사심을 개입시키지 않는다면 비록 문왕(文王)의 선비[88]를 기다리지 않아도 된다고 말하더라도 지나치지는 않다."

하였다. 그러므로 만약 옳다면 비록 지향하는 것이 현격히 차이 나더라도 옷깃을 여미며 마음을 다해 따르지 않은 적이 없고, 그르다면 비록 오랜 벗이나 선배라 해도 드러내 놓고 비방하거나 배척하지 않은 적이 없으니, 이는 천만 명 속이라 해도 반드시 가는 용맹함[89]이 몸이 포의(布衣)로 있다 해서 주저하거나 굽히지 않아서였다.

갑오년(1714)에 사마시에 합격하였다.

기해년(1719)에 절일제(節日製)[90]에서 장원급제를 하여 승문원에

87 춘추(春秋)에……없다 : 논쟁하는 어느 쪽도 다 그르다는 말이다. 《맹자》〈진심 하(盡心下)〉에 "《춘추》에 의로운 전쟁이 없으나, 그중에 저것이 이것보다 나은 것은 있다.〔春秋無義戰, 彼善於此則有之矣.〕"라고 하였다.

88 문왕(文王)의 선비 : 성군을 보필하는 훌륭한 인재를 말한다. 《시경》〈대아(大雅) 문왕〉에 "많고 많은 선비여, 문왕이 이들 때문에 편안하도다." 하였다.

89 천만……용맹함 : 자신의 생각이 옳다고 여기면 주저하지 않는 용기를 말한다. 증자가 자양(子襄)에게 "그대는 용기를 좋아하는가? 내 일찍이 선생님께 큰 용기에 대해 들었으니 '스스로 돌이켜서 정직하지 못하면 비록 갈관박(褐寬博)이라도 내 두려워하지 않겠는가. 그러나 스스로 돌이켜서 정직하다면 비록 천만 명이 있더라도 내가 가서 대적할 수 있다.'라고 하셨다."라고 한 말에서 유래하였다. 《孟子 公孫丑上》

90 절일제(節日製) : 일반적으로는 오순절제(五巡節製), 곧 인일제(人日製), 삼일제(三日製), 칠석제(七夕製), 구일제(九日製), 황감제(黃柑製)를 말하는데, 이때 대체로 과거를 시행하였다. 《숙종실록》 45년 9월 2일 기사에 왕세자가 알성(謁聖)하는 예(禮)를 거행한 것을 기려 절일제의 예와 같이 관무재(觀武才)와 시사(試士)를 실시할 것을 논의한 일이 보인다.

예속되었다.

당시 경종(景宗)이 즉위하자마자 사친(私親)을 추숭할 것을 주장하는 이가 있었는데[91] 공이 면전에서 배척하여 "혼탁한 도랑물이 앞에 있는데 그대들이 옷을 걷고서 좇아가니 나는 그대들을 보고 싶지 않다."라고 하였다.

계묘년(1723, 경종3)에 겸 춘추관의 숙종실록 수찬관으로 문신 정시(文臣庭試)에 합격하여 범 가죽을 하사받았다. 저작랑에 오르고 봉상시 직장을 예겸(例兼)하였다가 예조 좌랑이 되었다.

얼마 뒤 시강원 사서로 옮기자 상소하여 성학(聖學)을 면려하기를,

"오늘날 동궁을 권면하고 인도하는 근본은 실로 전하께서 학문을 부지런히 하는 데 달려 있습니다. 어리석은 신이 생각건대 성상께서는 자질이 침잠하여 은나라 고종이 공손하고 침묵한 것에 부합하지만 천지에게도 아쉬움이 있듯이[92] 간혹 사변(思辨)의 공부가 모자란

91 당시……있었는데 : 이 부분에 임인(壬寅)이라는 간지(干支)가 있어야 한다. 《경종실록》 2년 1월 10일 기사를 보면 김일경(金一鏡)이 맨 먼저 희빈(禧嬪) 장씨(張氏)를 숭봉할 것을 건의하였으며, 1월 15일 예조에서 사친을 추보(追報)하는 일에 대해 대신들에게 의논하자, 영중추부사 김우항(金宇杭), 사직(司直) 정형익(鄭亨益), 설서(說書) 송인명(宋寅明) 등이 상소하여 반대하였다. 송인명은 또 문답(問答)하는 형식을 갖춘 《사묘사의(私廟私議)》를 저술하여 반대하였는데, 대략의 내용은 아들이 어머니에게 작위(爵位)를 줄 수 없으니 칭호는 추가할 수 없고, 궁중의 작명(爵命)은 선군(先君)이 한 것이니 후왕(後王)이 마음대로 높이거나 낮출 수 없다는 등이다.

92 천지에게도 아쉬움이 있듯이 : '나무랄 데 없지만 흠을 찾자면'이라는 뜻이다. 《중용장구》 제12장에 "하늘과 땅처럼 위대한 것에 대해서도 사람들은 오히려 치우친 점이 있다고 유감스럽게 생각한다."라는 말이 있다.

듯합니다. 〈열명(說命)〉 수편(首篇)의 '사(思)'라는 한 글자[93]는 응당 성학이 긴요하게 착수해야 할 점입니다."

하였다.

당시에 영조가 동궁에 있으면서 날마다 서연(書筵)을 열었는데, 공이 강론하여 설명하는 것이 분명하며 절실하고, 문장을 통해서 바로잡아 경계할 때면 말이 완곡하면서도 정직하여 동궁이 흠모하였다. 얼마 뒤 체직을 청하는 글을 올리려 하자 동궁이 매우 진지하게 만류하니, 서로 마음 맞은 것이 대개 이때부터 시작되었으리라. 충청 도사에 제수되었으나 부임하지 않았고, 어버이의 봉양을 위해 은산 현감(殷山縣監)으로 나갔다.

을사년(1725, 영조1)에 벼슬을 버리고 고향으로 돌아갔다. 어사(御史)가 표창할 것을 아뢰니 표리(表裏)를 하사하였다.

정미년(1727)에 지평에 임명되자 상소하여 시사(時事)를 논하였는데, 말뜻이 비분강개하며 격렬하고 절실하니 식자(識者)들이 옳게 여겼다. 숙종과 경종의 실록도청 낭청(實錄都廳郎廳)에 임명되고 지제교에 뽑혔으며 병조 좌랑에 임명되었다.

무신년(1728)에 홍문관에 뽑혀 들어가서 수찬, 교리가 되어 동학 교수를 겸임하였다. 임금이 사묘(私廟)에 행차할 때 공이 동료들과 함께 차자(箚子)로 잠저(潛邸)의 구사(丘史 관노(官奴))를 쫓아내어 엄숙해야 할 곳을 난잡하게 하지 못하도록 할 것을 청하였는데, 임금이

93 열명(說命)……글자 : 〈열명〉은 《서경》의 편명으로, 그 수장(首章)의 "나는 덕이 선인(先人)과 같지 못할까 두려워 이 때문에 말하지 않고 공손하고 침묵하여 도를 생각하였다.〔台恐德弗類, 玆故弗言, 恭默思道.〕"에 나오는 '사(思)' 자를 말한다.

즉시 명하여 진문(陣門)을 열고 모두 밖으로 쫓아내니,[94] 호위하는 병사들이 서로 돌아보며 다들 공경하고 탄복하였다. 얼마 뒤 홍문관의 차자에 대한 비답을 조보(朝報)에 내지 말라고 명하자, 공이 《옥당고사(玉堂故事)》[95]를 올리며 아뢰기를,

"사마광(司馬光)은 아침이나 낮에 한 일 중에서 남에게 말할 수 없는 것이 없었으며, 조변(趙抃)은 하루에 한 일을 향을 사르고 하늘에 고했다고 합니다. 더구나 군왕은 한 나라를 집으로 삼고 억조 백성을 자식으로 삼습니다. 어찌 말을 하고 일을 행함에 집안의 자제들에게 말하지 못할 것이 있겠습니까."

하니, 임금이 가납(嘉納)하였다.

일찍이 야대(夜對)를 통해 아뢰기를,

"신이 예전에 동궁을 모심에 전하를 뵐 때마다 늘 요순(堯舜) 같은 임금이 되기를 스스로를 기약하셨습니다. 그런데 즉위하신 4년 사이에 요순은 우선 말할 것도 없고 아래로 한나라나 당나라 때의 현철한 제왕에게도 미치지 못하는 바가 있습니다."

94 임금이 사묘(私廟)에……쫓아내니 : 왕실에서의 사묘는 왕비가 아닌 후궁에게서 태어난 임금의 어머니 신위(神位)를 모신 곳으로, 여기서는 영조의 생모 숙빈(淑嬪) 최씨(崔氏)의 사당을 이른다. 영조가 세자와 함께 숙빈의 묘(廟)를 참배할 때 잠저에서 부리던 구사가 묘 안에서 잠시 뵙고 문안드리려 하였다. 그러자 홍문관에서 예(禮)에 맞지 않게 만나는 것을 동궁에게 보여서는 안 된다고 상차(上箚)하여, 왕이 칭찬하고 곧 명하여 진문 밖으로 몰아내게 하였다. 《英祖實錄 4年 3月 10日, 英祖大王行狀》

95 옥당고사(玉堂故事) : "군왕은 마땅히 광명정대한 체통에 힘써야 한다.〔王者當益懋正大光明之體〕", "이 마음을 유지하는 도는 서책에 있다.〔維持此心之道在於書冊〕"라는 두 가지 소제목을 두고 간언한 글이다. 《藥山漫稿 卷10 玉堂故事》

하니, 임금이 용모를 바로잡고서 이르기를,

"주연(冑筵)에서 강(講)을 권할 때 유신(儒臣)이 나에게 바란 것이 어찌 오늘날과 같겠는가. 나의 학력(學力)이 군건하지 못하여 유신의 바람에 답하지 못하니 부끄럽다."

하였다.

3월에 봉조하(奉朝賀) 최규서(崔奎瑞) 공이 시골에서 급히 달려와 상변하였다.[96] 이 당시는 태평한 세월이 오래되어 위아래가 편안함만을 추구하여, 다만 양역(良役 평민이 부담하는 부역)을 도피한 자들이 소소하게 떠들어 대며 모인 것이라 여겨, 경기의 무관 출신 수령을 파견하여 상변에 대응하게 했을 뿐이었다. 공이 홍문관에서 당직을 마치고 집으로 돌아가다가 여염의 마을이 텅 비었다는 말을 듣고 크게 놀라 걱정하며 수찬 홍경보(洪景輔)[97]에게 "오늘의 변고는 있는 듯도 하고 없는 듯도 하니 나는 그 뿌리가 작지 않다고 여깁니다. 지난해 겨울부터 인심이 소란스러워 밤중에 짐을 지고 달아난 것이 여러 차례입니다. 지금 경성의 사람들은 이미 피난을 하였습니다.[98]"라고 하였다. 봉조하의 상변이 또 때마침 도착하였으나 조정은 한결같이 느긋하

96 봉조하(奉朝賀)……상변하였다 : 광주(廣州)에 있던 최규서가 서울로 올라와 불량한 무리가 박필몽(朴弼夢), 심유현(沈維賢)과 결탁하여 역변(逆變)을 일으켰다. 《英祖實錄 4年 3月 14日》

97 홍경보(洪景輔) : 1692~1745. 본관은 풍산(豐山), 자는 대이(大而), 호는 창애(蒼厓), 시호는 충헌(忠獻)이다.

98 지금……하였습니다 : 남산(南山) 아래 일대에는 가족을 이끌고 피해 도망하는 사부(士夫)들이 많아서 나루터에 길이 막혔는데, 그곳에 살며 나라를 원망하는 부류들이 그 역모를 서로 통해 알고 있었기 때문이다. 《英祖實錄 4年 3月 14日》

기만 하였다. 이어서 홍간(洪簡)[99]과 함께 홍문관 정자 이종성(李宗城)[100]을 만나 말하기를,

"우리나라 백성들은 지극히 어리석어 스스로 거사를 하지 못합니다. 만약 변고가 없다면 그만이지만 있다면 반드시 사대부가 선동하였을 것입니다. 이른바 진정이란 안으로는 조치를 취하고 밖으로는 진정되었음을 보임으로써 인심을 안정시키고 반란을 평정하는 것인데 지금은 아무 조치도 하지 않는 것을 진정시키는 것으로 여기니 이는 안일함에 젖은 것이고 진정시키는 것이 아닙니다."

하자, 이공이 이를 대신에게 말하고 대신은 드디어 공과 함께 구대(求對)하였다.

당시 밤이 이미 깊었으나 어촉(御燭)이 휘황하였고, 임금이 급서(急書)를 어안(御案)에 펴 놓고 한참 동안 세상이 변한 것을 탄식하다가 이어서 묻기를 "홍문관의 신하가 같이 입시한 것은 무엇 때문인가?" 하였다. 대신이 "오광운, 홍경보 두 신하가 대비가 소홀한 것이 크게 우려스럽다고 하니 물어보심이 마땅합니다." 하였다. 이에 공이 나아와 아뢰기를,

99 홍간(洪簡) : 대본에는 '洪簡'으로 되어 있다. 앞뒤로 홍경보(洪景輔)를 말하고 있고, 또 이 기사와 관련된 《영조실록》에서도 홍경보로 기술하고 있다. 한편 조선왕조실록에는 홍간이라는 이름이 단 한 차례 언급되는데 단종 때이고, 홍경보의 자는 대이(大而), 호는 창애(蒼厓)이므로 홍간으로 부르는 근거를 찾기 어렵다.《英祖實錄 4年 3月 15日》

100 이종성(李宗城) : 본관은 경주(慶州), 자는 자고(子固), 호는 오천(梧川)이다. 이항복(李恒福)의 5세손이며, 아버지는 이태좌(李台佐)이다. 이종성의 아버지가 영의정 이광좌(李光佐)의 재종형이기에 대신에게 사태의 중대성을 전달하기에 적절한 인물이라 여겨 말한 것으로 보인다.

"근래의 소란은 남쪽의 왜인(倭人)이나 북쪽의 오랑캐도 아니고 해랑도(海浪島)[101]의 도적도 아닌데 공연히 인심이 흉흉해지며 남녀가 줄지어 떠나고 있습니다. 변서(變書)가 올라오기도 전에 도성 사람들이 어떻게 변란이 있다는 것을 미리 알았겠습니까. 이를 통해 살펴보면 오늘 반역의 변란은 반드시 뿌리가 있습니다. 세도(世道)가 무너지고 변괴가 갖가지로 발생하니 사려로 짐작할 수 있는 바가 아닙니다. 오직 마땅히 그 대비와 방어의 방도를 다해야 할 뿐입니다.

지금 조정이 느긋하고 한가하여 마치 좀도둑이 스스로 일어났다가 사라지는 것같이 여기고 있는데, 가령 오랑캐가 하루아침에 도성에서 일어난다면 오늘날의 조치로 과연 박멸할 수 있겠습니까. 또 역적의 난리는 얼마나 큰 변고입니까. 그런데도 변고의 소식을 올린 지 이틀이나 지나도록 아직 국청(鞫廳)을 설치하지 않았으니 신은 실로 잘 이해하지 못하겠습니다."

하자, 홍공도 이어서 진술하니 임금이 이르기를,

"두 신하가 나라를 근심하는 정성이 가상하다. 친국(親鞫)을 지금 당장 시행하겠다. 방비는 어떻게 하겠는가? 궁성을 과연 호위할 수 있겠는가?"

하였다. 신하들이 모두 과하다고 말하였는데, 공이 아뢰기를,

"신의 소견으로는 궁성의 호위는 과한 줄 모르겠습니다."

하니, 임금이 공의 말을 따랐고, 특별히 공을 문사 낭청(問事郞廳)으로 임명하였다.

국청이 설치되었을 때는 날이 이미 밝았으나 아직 국문하는 요령을

101 해랑도(海浪島) : 중국의 동북쪽에 있는 섬이다. 《順菴集 卷9 答李仲命別紙》

얻지 못하였다. 김중만(金重萬)이라는 자가 상변하였는데, 죄수를 아직 심문하지도 못하였다. 어탑 앞의 신하들이 일어섰다 엎드리는 모습을 멀리서 보고 급히 뛰어 들어가 물어보니, 신하들이 장전(帳殿)을 한밤에 설치하여 옥체가 상할까 두려우므로 우선 파하도록 청하였을 뿐이라고 답하였다. 공이 "나라의 안위는 터럭만큼의 틈도 용납할 수 없을 정도로 다급하니 옥체의 하룻밤 수고는 작은 일이고 종사(宗社) 만년(萬年)의 근심은 큰 것입니다. 바라건대 대신께서는 다시 나와서 임어(臨御)하시도록 청하십시오."라고 하자, 대신이 서둘러 공과 함께 들어가 다시 임어를 청하였다. 임금이 "어젯밤에 자지 못하여 너무 피곤하였다. 이미 우선 파하라 명하였으니 내일 아침을 기다린다고 무엇이 늦겠는가."라고 하였다. 공이 앞에 나아와 아뢰기를,

"일에는 크고 작은 것이 있고 우환에도 가볍고 무거운 것이 있습니다. 어찌 오늘 밤을 헛되이 보내어 기회를 놓쳐 나라의 방비를 늦추었다가 적의 세력이 모이도록 할 수 있겠습니까. 신은 감히 고식적으로 군부를 아끼는 짓을 하지 못하겠습니다."

하니, 임금이 "그대의 말이 옳다."라고 하고, 다시 나와 국청에 임하여 비로소 적의 형편을 알게 되었다.

이에 앞서 신하들이, 구대하는 것은 일을 확대시키는 것이며 호위하는 것은 놀라게 하고 동요시키는 것이라고 여기고 있었는데, 적들이 흰옷을 입고 유입하여 경성을 불 지르려고 모의한다는 김중만의 말을 듣고 나서야 비로소 공의 선견지명에 탄복하였다. 역적이 평정되자 발탁되어 동부승지에 임명되었다. 해은(海恩) 오명항(吳命恒)[102]이 상

102 오명항(吳命恒) : 1673～1728. 본관은 해주, 자는 사상(士常), 호는 모암(慕

에게 아뢰기를 "오광운과 홍경보는 사직을 부지한 공로가 있으니 책훈(策勳)하는 것이 마땅합니다."라고 하였으나 공이 극력 사양하였고 상도 공의 뜻을 살펴 일이 드디어 중지되었다.

공훈을 세운 장수가, 반역자를 따른 안음(安陰) 고현(古縣)의 이민(吏民)들을 도륙하자고 청하자, 공이 나아와 아뢰기를,

"괴수는 섬멸하고 따른 자는 사면하는 것은 성군의 교훈입니다. 온 현의 사람을 모두 죽여 없애는 것은 전국 시대같이 험악하던 때에 맹장(猛將)이나 지수(鷙帥) 들이 하던 행위입니다. 성스러운 임금이며 어진 군왕이고서 언제 이러한 정사를 행한 적이 있었습니까. 송나라 태조도 왕전빈(王全斌)이 죽이기를 즐기는 것을 경계하였는데[103] 마땅히 우리 임금이 요순 같은 군왕이 되기를 바라야지 어찌 송나라 태조도 하지 않던 일을 권할 수 있겠습니까."

하니, 임금이 가납하였다. 또 아뢰기를,

"신하가 반역을 하면 반드시 죽여야 하겠으나 반역을 하지 않았다면 비록 어쩌다 국옥(鞫獄)에 섞여 들어갔더라도 한번 벗어나면 저절로 당연히 평민이 되도록 해야지 어찌 역도인 듯 역도가 아닌 듯 중간에서 있는 경우가 있겠습니까. 신의 생각으로는 별도로 한 책자를 작성하여 죄인들을 열거하여 기록하고 어떤 일을 어떻게 자백했다고 자세히 기록하여, 반역을 범한 자들로 하여금 삼엄한 법망(法網)에서

庵)・영모당(永慕堂), 시호는 충효(忠孝)이다.

103 송나라……경계하였는데 : 건덕(乾德) 3년(965) 왕전빈이 후촉(後蜀)을 토벌할 때 약속을 저버리고 법을 업신여기며 항복한 병사를 마음대로 죽이고 국고를 함부로 열었으며 세력을 믿고 부녀자를 강탈하며 널리 재물을 받아들이니 만민의 원망을 샀다고 한다.《宋史 王全斌列傳》

새어 나가지 못하게 하고, 벗어난 자들은 분명하지 않은 죄과(罪科)에 두지 않는 것이 왕자(王者)의 정치입니다."

하자, 임금이 따랐다. 뒤에 여러 죄수를 죄의 경중을 참작하여 대부분 너그럽게 놓아주자 신하들 중에 간쟁하는 자가 있었는데 그때마다 "사람을 분명하지 않은 죄과에 둘 수 없다. 나는 오광운의 말대로 시행하려 하므로 이와 같이 할 뿐이다."라고 하교하였다.

당시에 조정의 의론이 조정(調停)하고 안정시키고 화합하는 데만 힘쓰므로 공이 상소하여,

"당론을 일삼는 자는 각기 사심을 따르며 각기 이기는 것에 힘써서, 어제의 옳음을 빙자하여 오늘의 잘못을 두둔하기도 하고 저 일의 그릇됨으로 인하여 이 일의 옳음을 덮기도 합니다. 위에 있는 자가 공정하게 듣고 아울러 관찰하며 거울처럼 비어 있고 저울처럼 공평하여, 터럭만큼도 계략으로 농락하지 않고 조금도 꾸며 대지 않아서, 옳은 것을 옳다고 하고 그른 것을 그르다고 하여 치우침이 없게 된 뒤에야 인심을 승복시킬 수 있을 것입니다. 이제 이렇게 시세에 이끌리거나 마지못해 인정에 부합하여 시골의 원수진 사람들이 사사로이 화해하고 원한을 푸는 것처럼 한다면 신의 생각으로는 탕평은 아마도 이룰 날이 없을 듯합니다."

하니, 임금이 절실한 말이라며 칭찬하였다.

또 경연에서 아뢰기를 "전하께서는 너무 지나치게 훤히 살피셔서 넓게 포용하는 대체(大體)가 모자라고 자애로움은 넉넉하나 강건한 도를 놓치는 일이 있으니 신은 '홍의(弘毅)' 두 자를 삼가 바칩니다."라고 하자, 임금이 훌륭하다고 칭찬하며 "마땅히 깊이 반성하겠다."라고 하였다. 회맹할 때[104] 임금이 공을 예방 승지로 차임하였다.[105] 고례(古

例)에 예방은 가자(加資)하게 되어 있으니 임금이 공에게 뜻을 둔 것이었으나 공은 갑작스러운 승진이 혐의스러워 사임하였다.

기유년(1729)에 명을 받들어 영남 지역의 옥사를 조사하고 현(縣)과 도(道)를 통해 상소하여 아뢰면서 몇 명의 영남 인사를 천거하고, 덧붙여 탕평의 참과 거짓을 논하여[106] "바라건대 전하께서는 가짜 탕평의 이름을 두었다가 뒷날 신하들에게 속았다고 후회하는 일이 없게 하소서."라고 하니 임금이 관대한 비답을 하고 유중(留中)하였으며 상현궁(上弦弓)[107]을 하사하여 장려하였다. 공이 돌아와서 복명할 때 박사수

104 회맹할 때 : 회맹은 회맹제(會盟祭) 혹은 회맹례(會盟禮)라고 부르는 의식을 말한다. 공신들 상호 간에 배신하지 않겠다고 천지신명 앞에서 맹서하는 의식으로, 왕이 공신들을 거느리고 시행하는 것이 원칙이다. 회맹할 때는 천지신명을 모신 정사각형의 단을 쌓은 제단인 회맹단(會盟壇)을 쌓는데, 경복궁 북쪽에 있던 북단이 바로 회맹단이다. 이인좌의 난을 평정한 뒤인 1728년 7월 18일 회맹례를 지냈다. 영조 대의 분무공신(奮武功臣)을 끝으로 공신 회맹제는 더 이상 시행되지 않고 사실상 폐지되었다.

105 공을……차임하였다 : 이인좌의 난이 일어난 것은 1728년 3월 15일이며, 반란을 진압하고 이인좌를 참수한 것은 3월 27일이고, 부교리였던 오광운이 동부승지로 발탁된 것은 4월 29일이다.

106 현(縣)과……논하여 : 시골에 있는 신하가 직접 승정원에 소(疏)를 접수시키기 거북할 경우에는 지방의 현이나 도에 소를 접수시켜 대신 올리는데, 지방에 있는 관원이 상소할 경우에는 자신이 거주하는 고을에 상소를 바치면, 고을 수령이 감사에게 상소를 보내고 감사가 승정원으로 올려보냈다. 이러한 과정을 통해 올리는 상소를 '종현도상소(從縣道上疏)', 또는 '현도소(縣道疏)'라고 불렀다. 당시 오광운은 승지로서 영남 안핵어사(嶺南按覈御史)가 되어 역모에 관련된 이도장(李道章)의 옥안(獄案)을 안핵(按覈)하러 경상도에 가 있으면서 상소하여, 유생(儒生) 이재(李栽) 등 22명을 천거하여 조용(調用)할 것을 청하는 한편 붕당에 대한 의견을 진술하였다.

107 상현궁(上弦弓) : 활대에 활줄이 걸려 있는 활 중에서 품질이 매우 우수한 것을 말한다.

(朴師洙)가 임금의 앞에서 벌컥 화를 내어 공박하니[108] 공이 아뢰기를,

"신의 소에서 말한 '가짜 탕평'이란 다른 뜻이 아닙니다. 탕평이란 지극히 공평하여 사사로움이 없는 것을 말하는데, 물아(物我)와 피차(彼此), 원근(遠近)과 친소(親疎), 존비(尊卑)와 귀천(貴賤), 경향(京鄕)과 내외(內外)의 차별 없이 한결같이 아주 공평하고 지극히 바르며 조금도 사사로이 치우침이 없게 된 뒤에야 비로소 탕평이라고 말할 수 있습니다. 이제 박사수는 노론과 소론을 보합하는 것이 탕평이 되는 줄만 알고 이 외에는 탕평의 도를 알지 못합니다. 〈홍범(洪範)〉에서 말하는 탕평[109]이 과연 노론과 소론의 보합이 있을 줄 알고서 이 제목을 준비하여 오늘을 기다린 것이겠습니까. 이는 뒷날 정권이 뒤집힐 우려와 화복(禍福)에 대한 두려움으로 인하여 보합을 하자고 주장한 데 지나지 않으니 어찌 지극한 공정함과 진심 어린 정성에서 나왔겠습니까. 신은 평소 당론을 일삼지 않으며 또한 시휘(時諱)를 두려워하지도 않습니다."

하였다. 이에 공을 공격하는 대신과 중신 들이 많았는데, 임금이 풍원군(豐原君) 조현명(趙顯命)에게 "오광운이 소원한 처지에 있으면서 왕

108 박사수(朴師洙)가……공박하니 : 당시 특진관(特進官)이던 박사수가 주강(晝講)이 끝난 뒤 "오광운의 상소는 탕평의 논의를 거짓으로 꾸며 군주를 속이는 죄로 몰아넣었다."라는 등의 말을 하였는데, 이날 마침 오광운이 복명할 일로 입시하였다가 두 사람이 서로 다투고 따지는 일이 있었다. 《英祖實錄 5年 3月 11日》

109 홍범(洪範)에서 말하는 탕평 : 《서경》 〈홍범〉에 "편벽됨이 없고 편당함이 없으면 왕의 도가 탕탕(蕩蕩)하며, 편당함이 없고 편벽됨이 없으면 왕의 도가 평평(平平)하며, 상도(常道)에 위배됨이 없고 기울어짐이 없으면 왕의 도가 정직(正直)할 것이니, 그 극(極)에 모여 그 극에 돌아올 것이다."라고 한 내용을 말한다.

이 믿고 등용한 자의 과오를 말하였으니, 그가 이름난 사람인 줄 내가 알겠다. 조정이 떠들썩하게 번갈아 공격하는 것이 어찌 매우 잘못된 일이 아니겠는가."라고 하고 연이어 파주 목사(坡州牧使), 광주 부윤(廣州府尹), 승지, 형조 참의를 제수하였으나 모두 나아가지 않았다.

경술년(1730)에 승지에 임명된 것이 일곱 번이나 그때마다 사직하여 체직되었다. 당시에 비변사가 궁방(宮房)의 해도(海島) 절수(折受)[110]를 바로잡으려 하니 임금이 준절히 꾸짖고 이어 내친 뒤 비변사 당상으로 보임하자, 공이 상소하기를,

"오늘날 쓸데없는 말을 하는 선비는 반드시 '일이 내수사(內需司)의 절수와 관련이 있기만 하면 그때마다 엄한 하교를 받게 된다.'라고 할 것이니 그렇게 된다면 성덕에 끼치는 누가 어떠하겠습니까. 비변사 당상과 내수사는 경중(輕重)의 차이가 있다[111]는 하교는 안팎의 경계를 드러내 보이는 것이니 궁중과 부중이 일체라는 뜻[112]이 어디에 있겠습니까."

110 궁방(宮房)의 해도(海島) 절수(折受) : 궁방은 대군(大君)·왕자군(王子君)·공주·옹주(翁主)의 궁가(宮家)를 말하며, 절수는 나라에서 특정 사람에게 농지·산림·천택 등의 일부를 떼어 주는 것을 말한다.

111 경중(輕重)의 차이가 있다 : 《영조실록》 5년 4월 2일 기사에 영조가 "번신(藩臣)은 일의 체모가 경관(京官)과 크게 차이가 있다."라고 한 것을 말하는 듯하다.

112 궁중과……뜻 : 궁중과 부중에 서로 다른 원칙을 적용해서는 안 된다는 말이다. 제갈량(諸葛亮)이 〈출사표(出師表)〉에서 "궁중과 부중은 모두 일체이니, 잘한 사람을 승진시키고 잘못한 사람을 벌주는 것에 차이가 있어서는 안 됩니다. 간사한 짓을 하여 법을 어긴 사람과 충선(忠善)한 행동을 한 사람이 있다면 유사에게 맡겨 상벌을 의논하게 해서 폐하의 공명정대한 다스림을 드러내야 하고, 사정에 치우쳐 궁중과 부중에 법을 달리 적용해서는 안 됩니다." 하였다. 《三國志 諸葛亮傳》

하니, 임금이 온후한 비답을 하였다.

9월에 어머니 상을 당했다.

신해년(1731)에 숙종실록 도청(肅廟實錄都廳)의 노고로 가선대부에 올랐다.

임자년(1732)에 복을 마치고 부총관에 임명되었다.

계축년(1733)에 동지의금부사, 한성부 우윤에 임명되었으나 상소하여 사직하고, 이어 소회를 덧붙여 성상의 의지를 분발할 것, 권력과 기강을 총괄할 것, 명예와 절의를 권면할 것을 아뢰었다.

성상의 의지를 분발할 것의 대략은 이러하다.

"전하께서는 평소 큰일을 이룩할 뜻을 지니고 계시지만 시운(時運)에 막히기도 하고 받들어 보좌할 사람이 없는 데서 지치기도 하여 이럭저럭 태만하여 오늘날까지 왔습니다. 전하의 마음은 반드시 '나라를 다스릴 큰 도는 이제 그만이며 처음의 계획이 어그러졌다. 나의 총명과 나의 과단성으로 비록 억지로 보완한다면 어찌 위란(危亂)에까지야 이르겠는가.'라고 여기실 것입니다. 그러므로 인재에 대해서는 명을 받들고 하교를 받드는 자를 취하고 정사에서는 구차하고 미봉하기를 바라며, 모든 신료가 사심이 횡행하는데도 떨쳐 진작하고 쇄신할 방도는 생각지 않으며, 흉년이 들어 백성이 궁하고 축적해 둔 것이 애통할 지경이라는 것을 모르지 않으나 끝없이 새어 나가는 재정을 크게 막을 대책을 생각지 않으니 전하께서는 어찌 그리도 뜻을 분발하지 않으십니까."

권력과 기강을 총괄할 것의 대략은 이러하다.

"권력이란 무형의 물건입니다. 온 세상이 좇는 바이며 온 세상이 두려워하는 것은 바로 권력이 있는 곳입니다. 위에서 총애를 세우고 아래에서 권력을 불러들여 온갖 방법으로 안배하고 갖가지 계책으로 망라하여 종일 골몰하는 것은, 도당(徒黨)을 위하고 자손을 위하여 쓰러뜨려도 깨지지 않을 계책을 하는 데 지나지 않으며 나라를 위한 것이 아닙니다. 세력이 어찌 돌아가지 않으며 권력이 어찌 중해지지 않겠습니까. 세력이 이미 돌아가고 권력이 이미 무거워지면 이익을 즐기는 자가 어찌 달려가지 않겠으며 외롭고 약한 자들이 어찌 두려워하지 않겠습니까. 사대부의 마음이 다 병들어 위에 있는 자의 위복(威福)이 은연중에 옮겨 가고 나면 인주(人主)가 무엇을 해 보려고 해도 되지 않을 것입니다."

명예와 절의를 권면할 것의 대략은 이러하다.

"근래에 사대부의 명예와 절의는 땅바닥에 떨어져 지위가 높은 자는 태도를 모호하게 해서 몸을 사리며 시속을 따라 세월을 보내고, 아래에 있는 자는 이랬다저랬다 하는 것을 기이한 재주라고 여기며 빌붙는 것을 능사로 여깁니다. 잠깐 사이에 재빨리 안면을 바꾸고 순식간에 종적이 감감해지는 등 기이하고 괴상한 온갖 짓을 구비하고 있으니, 가령 위급한 일이 있다면 이런 자들은 모두 멀리서 적을 바라보기만 해도 항복할 자들입니다. 나라가 잘 다스려져 아무 일이 없다 하더라도 이런 무리를 양성해서 무엇 하겠습니까."

임금이 너그러운 비답을 내리고 가상히 여겨 칭찬하였고 상소문을 유중(留中)하였다. 이에 뭇사람의 분노가 사방에서 일어나고 상신(相臣)이 경연에서 배척하자[113] 공이 다시 상소하여[114] 이렇게 아뢰었다.

113 상신(相臣)이 경연에서 배척하자 : 상신은 좌의정 서명균(徐命均)과 우의정 김흥경(金興慶)을 말한다. 《영조실록》 9년 7월 1일 기사에 따르면 서명균과 김흥경이,

"성곽을 견고히 하고 대오를 엄정하게 해서 호령이 한번 나오기만 하면 뭇입이 부화뇌동하여 참으로 이른바 장군의 명령만 들을 뿐 천자의 조서를 듣지 않는 저러한 자[115]들은, 같이하는 바에는 도척(盜跖)을 백이(伯夷)로 여기고[116] 달리하는 바에는 흰 것을 검다고 하여 황극(皇極)[117]을 따라 회귀하기를 기꺼워하지 않고 반드시 황극을 굽혀서 숙여 따르게 하려고 하니 이렇게 하기를 그만두지 않는다면 어떻게 제멋대로 방자하게 행하고 위복이 아래로 옮겨 가는 데까지 이르지 않겠습니까. 지금 성군이 빛나게 임하시고 기강이 변함없으니, 만약 한 사람을 권신이라고 지적한다면 참으로 불가하겠으나 권력이 한쪽으로 몰렸다고 말한다면 지나친 말이 아닐 것입니다. 이러한 습속을 고치지

오광운의 상소에 있는 "권강(權綱)을 모두 장악하였다."라는 말이나 "적(賊)을 바라보고 투항했다."라는 등의 말은 뜻이 옳지 못하다 하여 추고(推考)하기를 청하였다.

114 공이 다시 상소하여 : 《영조실록》 12년 12월 16일 기사를 보면 오광운의 사직 상소에 나오는 말이다. 《승정원일기》 영조 9년 7월 2일에 나온다.

115 성곽을……자 : 자신에게 직접적인 영향력을 끼치는 사람의 말을 따르는 자를 말한다. 흉노의 침입이 있자 한 문제가 유례(劉禮), 서려(徐厲), 주아부(周亞夫)를 장군으로 삼아 각각 패상(霸上), 극문(棘門), 세류(細柳)에 주둔하면서 흉노를 방비하게 한 후 순시를 나갔는데, 극문과 패상에서는 아무 제재 없이 군영 안으로 들어갔으나 세류영(細柳營)에서는 군기가 엄하여 군문(軍門)의 도위(徒尉)가 "군중에서는 장군의 명령만 듣고 천자의 명을 듣지 않는다."라고 하며 천자가 이르렀는데도 문을 열어 주지 않았던 고사에서 유래한다. 《漢紀 卷8 孝文二》

116 도척(盜跖)을 백이(伯夷)로 여기고 : 도척은 춘추 시대 말기의 유명한 도적으로 중국 전역을 누비며 포악한 짓을 했으며, 백이는 은(殷)나라 사람으로 은나라가 망한 뒤에는 청절(淸節)을 굳게 지켜 수양산에서 고사리를 캐어 먹다 굶어 죽었다.

117 황극(皇極) : 제왕이 천하를 통치하는 준칙인데, 이른바 대중지정(大中至正)의 도리이다. 《서경》 〈홍범〉에 "다섯 번째는 황극이니 크게 표준을 세운다."라고 하였다.

않는다면 요순이라도 다스릴 수 없습니다. 이는 참으로 나라를 제 몸처럼 여기는 대신이라면 마땅히 다 같이 미워해야 하는데 곧 오히려 있는 힘을 다해 신을 공격하는 것은 무엇 때문이겠습니까."

임금이 답하기를,

"아, 구태에 대해 언급하였으니 사람들이 모두 미워하는 것이다. 지난번 경이 상소한 것은 무엇을 구하며 무엇을 바라서였겠는가.[118] 세상이 시끄럽게 떠들어 대는 것이 경과 무슨 상관이 있는가."

하였고, 또 경연관에게 하교하기를,

"이 사람은 장벽(墻壁)이 없으므로 의지할 만하다. 출세에는 뜻을 끊고 이 말로써 고심을 보였다."

하였다.

이 당시에 오원(吳瑗)이 홍문관 부교리로서 공을 비방하고 욕보이니 공이 여러 번 상소하여 해명하자 오원이 마침내 자복하였다.[119] 그러나

118 경이……바라서였겠는가 : 대본에는 '卿疏何求何望'으로 되어 있다. 《영조실록》 12년 12월 16일 기사에는 '卿於世何求何營'으로 되어 있다.

119 오원(吳瑗)이……자복하였다 : 오광운의 상소에 "임금은 있고 신하는 없다.〔有君無臣〕"라고 한 것과 관련하여 1734년 1월 15일 연석에서 홍문관 부수찬 오원이, 오광운은 소인이며 위태롭고 불길하다는 등의 말을 하였다. 이에 오광운이 상소하여 인혐(引嫌)하였는데 오원도 상소하여 "오광운은 임금의 마음을 엿보아 영합하여 임금을 완희(玩戲)에 빠지게 하면서 자신의 사욕을 성취시키기를 도모하는 사람이며, 위복을 부리는 사람이 있다고 여긴다면 직간을 해야 하는데 말을 애매모호하게 하였습니다."라는 등의 말을 하였다. 이에 이달 19일 영조는 남의 말꼬투리를 잡아서 비난하고 남을 지목하여 소인이라 하였다고 꾸짖고 파직하였다. 이해 5월 29일 오원이 다시 부교리가 되어, 오광운이 상소에서 '완희'라는 말을 감히 말할 수 없는 곳에 사용하였다고 한 것을 두고 다시 탄핵하였다.

이로부터 더욱더 벼슬을 달가워하지 않았으니, 연이어 좌윤, 형조 참판과 예조 참판, 안변 부사(安邊府使), 동지의금부사, 부총관, 홍문관 제학, 승문원 제조에 임명되었으나 모두 나아가지 않고 성남(城南)에서 문을 닫고 마치 세상일을 내버릴 듯이 하였다. 그러나 그사이 임금이 《예기》를 진강할 때 〈증자문(曾子問)〉에 이르러 경종의 경연이 이 편에서 그쳤다는 이유로 차마 읽지 못하고 드디어 그만두었다는 말을 경연관을 통해 듣고는, 공이 눈물을 흥건히 흘리며 "요순의 도는 효제(孝悌)일 뿐이다. 우리 군왕은 요순이시다. 요순 같은 군왕은 있으나 요순을 보좌하던 이와 같은 신하가 없어 요순의 다스림을 보지 못하니 이것이 지사(志士)의 한이다."라고 하였다. 그러므로 나라에 아침에 일이 있으면 공은 벌써 한낮에 상소하여, 치세에도 근심하고 현명한 군주의 시대에도 위태롭게 여기는 뜻[120]이 있어 은근하고 간곡한 말을 반복하여 저절로 그만둘 수 없는 점이 있었다.

정사년(1737) 가을에 임금이 붕당의 습속이 고쳐지지 않는 것 때문에 내심 매우 분노하니 백관이 모두 두려워하며 어쩔 줄을 몰랐다. 공이 군함(軍銜)[121]으로서 널리 유시(諭示)할 때[122] 입참(入參)하여 드

120 치세에도……뜻 : 소식(蘇軾)의 〈전표성주의서(田表聖奏議序)〉에 "옛날의 군자는 반드시 치세에도 근심하고 밝은 임금에 대해서도 위태롭게 생각했다."라고 하였다. 《古文眞寶 後集 卷9》

121 군함(軍銜) : 원래 오위(五衛)에 속하는 무관 벼슬을 통틀어 이르는 말인데, 여기서는 군함 체아직(軍銜遞兒職)의 줄임말로, 임시로 증원(增員)되거나 체직되어 다음의 인사를 기다리는 관리들에게 내리는 임시의 군직을 말한다.

122 널리 유시(諭示)할 때 : 《승정원일기》 영조 13년 8월 28일에 공경(公卿) 이하와 시종신(侍從臣) 등에게 유서(諭書)를 내려, 당습(黨習)의 폐단을 지적하고 10일 전에

디어 앞에 나아와 엎드려 아뢰기를,

"예부터 국가의 성쇠를 살피는 자는 반드시 그 기상을 살펴보았으니, 관대하고 편안하면서 화평한 복을 누리지 못하는 자가 있지 않으며 서두르고 허둥대면서 진정하는 공을 잘 이룰 수 있었던 자는 없습니다. 지금 전하의 기가 편안하지 못하면 전하의 마음이 편안할 수 없습니다. 전하가 평정을 얻지 못한 심기(心氣)로 지극히 평정하기 어려운 세도(世道)를 평정하고자 한다면 또한 어렵지 않겠습니까.

천하에 있어서는 안 되는 것이 당론이며 천하에 없을 수 없는 것은 시비입니다. 당론을 깨트리고자 하면서 아울러 시비와 더불어 혼동한다면 혼란스럽고 어지러워 그 폐단이 오히려 전날보다 더 심하게 될 것입니다. 그러나 당론을 일삼는 자는 시비를 핑계 대며 시비를 밝히는 자는 당파의 색목(色目)에 빠지기도 하니, 매우 비슷하여 분변하기 어렵습니다. 전하께서 널리 유시하신 뒤에 다시 이미 지나간 당론을 제기하는 자는 전하의 신하가 아닙니다.

그러나 천지간에 가득 차 있는 것은 일이며 천하에 무사한 시절이란 아직까지 있은 적이 없습니다. 일이 있으면 시비가 있으니, 이미 지나간 논의는 비록 사그라지더라도 장래의 시비를 전혀 없게 할 수 있겠습니까. 당나라 문종(文宗)이 '하북(河北)의 적을 제거하기는 쉬워도 조정의 붕당을 없애기는 어렵다.'라고 했는데,[123] 신이 사

있었던 일에 대해서는 덮어 둘 터이니 지난 습성을 버리고 다 같이 공경하고 협력하라는 등의 말을 하였다.

123 당나라……했는데 : 당나라 문종 때에 우승유(牛僧孺)・이종민(李宗閔)의 당파와 이길보(李吉甫)・이덕유(李德裕) 부자의 당파가 극심하게 대립하는 현상을 보고 문종이 개탄하며 한 말이다. 《新唐書 李宗閔列傳》

서(史書)를 읽다 이 대목에 이르면 문종에 대해 탄식하고 몹시 한스러워하지 않은 적이 없습니다. 황천(皇天)이 인주(人主)에게 준 것이 어떠합니까. 표준(表准)이 마음에 있고 권병(權柄)이 손에 있어서 감동을 주면 화합하고 독려하면 위엄스러우니[124] 도야하여 변화시키는 것을 구하여 무엇인들 얻지 못하겠습니까. 그런데 곧 이런 궁색하고 처절한 말씀을 하셔서 훗날 사람을 슬프게 하십니까.

전하께서 만약 분노해야 할 일에 분노하여 가볍게 발하지 않으며 마땅히 잡아야 할 바를 잡아서 조금도 흔들리거나 고치지 않으셨다면 조정이 이미 안정된 지 오래되었을 것입니다. 어찌 오늘의 대고(大誥)를 할 필요가 있었겠습니까. 옛날에 명덕 마 황후(明德馬皇后)는 좌우를 돌아보며 함께 말한 적이 없으니 사신(史臣)이 그 고원한 식견을 찬탄하였습니다.[125] 신은 삼가 듣건대 얼마 전 대명(待命)하던 여러 신하를, 전하께서 아무개는 오고 아무개는 오지 않았음을 다 알고 계셨다고 합니다. 전하께서는 어디를 통해 알아내셨습니까? 관찰사가 좌우를 시켜 염탐하게 한다 해도 폐단이 있는데 하물며 당당하고 높으신 군왕으로서 그렇게 하셔야 되겠습니까. 이 길이 한번 열려

124 감동을……위엄스러우니 : 《주역》 〈함괘(咸卦) 단(彖)〉의 "성인이 사람의 마음에 감동을 주면 천하가 화평하다."라는 말과 《서경》 〈대우모(大禹謨)〉에 우가 순 임금에게 "아름다움으로 경계하고, 위엄으로 감독하고, 구가로 권면하여 무너지지 않게 하소서."라고 한 말에서 유래한다.

125 옛날에……찬탄하였습니다 : 동진(東晉)의 효무제(孝武帝)가 가까이하고 총애하던 신하인 서막(徐邈)이 예장 태수(豫章太守) 범영(范甯)에게 보낸 편지에 나오는 말이다. 마 황후(馬皇后)는 복파장군(伏波將軍) 마원(馬援)의 딸로, 한나라 명제(明帝)의 왕후이다. 《資治通鑑 卷107 烈宗孝武皇帝中之下》

만에 하나라도 소인이 그 사이에 있다면 폐단이 장차 어떻겠습니까." 하였다. 당시에 윤급(尹汲)과 한익모(韓翼謩) 등이 서명(胥命)하지 않았다 하여 국문을 받았으므로[126] 공이 언급한 것이다. 임금이 모두 가납(嘉納)하고 깊이 생각하겠다고 유시하였다.

대사간에 임명되자 다섯 조목의 상소를 하니, 규모를 세워 다스리는 근본을 정하고, 기교를 버리고 성실로 돌아가며, 사람의 욕심을 막아 풍속을 교화하여 바로잡고, 언로(言路)를 넓혀 도움을 구하며, 성인의 학문에 힘써 황극을 세우는 것 등이었다. 임금이 비답을 내리고 소장(疏章)을 유중(留中)하도록 명하였다. 연이어 형조 참판, 도승지, 호조 참판에 임명되었으나 모두 나아가지 않았다.

무오년(1738)에 아버지 상을 당했다.

경신년(1740)에 복을 마치자 부총관에 임명되었다. 만언소(萬言疏)에서 당화(黨禍)의 원류를 철저히 잘라 낼 것을 진술하였는데 말이 더욱 절실하였다. 또 존호(尊號)와 관련된 일을 논하여 풍형예대(豐亨豫大)[127]로써 경계하니 임금이 특별히 사대(賜對)하고 호피(虎皮)를

126 윤급(尹汲)과……받았으므로 : 1737년 8월 9일 영조가 편당하지 말 것을 대신들에게 하교하였는데, 이를 위해 대명(待命)하라는 명을 내렸으나 윤급과 한익모만은 대명하지 않았던 것으로 보이며, 영조는 이를 방자하다고 여겨 다음 날 의금부로 잡아다 국문하라고 명하였다. 좌의정과 우의정 등이 명을 도로 거두어들일 것을 청하고 대신 이하가 구원하려고 합문(閤門) 밖에 나아가 청대(請對)하였으나, 이를 모두 물리치고 친국(親鞫)하여 윤급과 한익모를 해남현(海南縣)으로 찬배해 위리안치하게 하였다. 《英祖實錄 13年 8月 9日, 10日》

127 풍형예대(豐亨豫大) : 풍(豐)과 예(豫)는 모두 《주역》 64괘의 이름으로, 풍은 성대한 모양을 뜻하고 예는 화락한 모양을 뜻하는데, 천하가 태평하여 백성들이 누리는 것이 극도에 이르는 것을 말한다.

하사하여 은총을 베풀었으며, 이어서 특별히 대사헌을 제수하였다가 얼마 뒤에 체직되었다.

이에 앞서 공이 상중에 있을 때 목호룡(睦虎龍)을 부도(不道)하다고 공초(供招)한 임인년 국안(鞫案)[128]이 왕궁에 소장되어 있다는 것을 처음 듣고서 놀라고 통탄하며 살고 싶지 않은 듯하였다. 이때에 와서 탄식하며 "요직에 있는 자가, 내가 말로 군주를 섬기는 것을 미워하여 비록 나의 온갖 사유를 주워 모았지만 내가 어찌 골수에 깊이 새겨져 있는 것을 다시 우리 군왕의 앞에 말씀드리지 않을 수 있겠는가."라고 하고, 드디어 임인년의 국안을 바로잡고 대고(大誥)를 지어 백대에 밝게 드리울 것을 상소하여 청하였다.[129] 10여 일 뒤에 임금이 대신과 경재(卿宰)에게 자문하여 흉안(凶案)을 불사를 것을 명하고, 공에게 특별히 도승지를 배수하였다. 공은 여덟 번이나 불렀는데도 나아가지 않아, 내쳐져 홍주 목사(洪州牧使)에 보임되었다.

128 임인년 국안(鞫案) : 죄인을 국문한 사실을 기록한 문서이며, 임인년은 1722년(경종2)을 말한다. 이해에 훗날의 영조인 연잉군 이금(李昑)을 세제(世弟)로 책봉하자 정권 기반의 약화를 우려한 소론 측에서 노론 쪽이던 목호룡을 끌어들여, 숙종의 임종 무렵 당시 세자였던 경종을 음해하기 위해 노론 명문가의 자제가 중심이 되어 세자를 폐출시키려는 역모를 하였다는 고변을 하게 하였고 이에 따라 신축옥사로 위리안치되어 있던 노론 사대신이 모두 사사(賜死)되는 등 노론계 인사가 대거 처벌되고 축출된 사건이 있었다. 이 문건을 삼수 역안(三手逆案)이라고 하는데, 그 기록에 목호룡의 글과 공초에 대하여 수십 자 또는 100여 자를 삭제하고 "말이 부도(不道)를 범하였으므로 삭제하였다."라고 주를 달았다.

129 드디어……청하였다 : 오광운이, 목호룡을 엄히 다스리지 않고 곧바로 부도한 말을 써서 흉악한 글과 공초를 금석(金石)에 새겨진 글처럼 여겼으니, 이 옥안은 한때라도 천지 사이에 둘 수 없다는 등의 말로 상소한 것을 말한다. 《英祖實錄 16年 6月 5日》

다음 해 봄에 내직으로 옮겼다. 이에 앞서 일찍이 여러 번 홍문관 대제학의 천거에 들었는데 이때에 와서 임금이 붓으로 권점을 찍고 공의 이름 밑에 "이 사람이 어찌하여 점이 하나인가. 참으로 한심스럽다."라고 하였으니 임금이 공을 아끼고 대우하는 것이 이와 같았다.

공은 염퇴(恬退)를 결심하고 시골에서 한가히 지낸 지가 거의 14년이었는데 이때에 와서 성상의 은총이 더욱 융숭하니 공도 감격하여 스스로 분발하였다. 연이어 대사간, 예조 참판, 비변사 당상, 대사헌, 홍문관 제학, 동지춘추관사, 좌윤, 동지의금부사, 강원도 구관 당상(江原道句管堂上)에 임명되었고, 대사례의주의궤(大射禮儀註儀軌)와 태묘 악장(太廟樂章)을 정리하고[130] 동몽(童蒙)의 강규(講規)를 밝히

130 대사례의주의궤(大射禮儀註儀軌)와……정리하고 : 《영조실록》 19년 3월 28일 기사에 대사례(大射禮)의 의문(儀文)을 강정(講定)하였다는 내용이 있고, 윤4월 7일 기사에 대사례의 의절을 《오례의(五禮儀)》와 《대명회전(大明會典)》 등을 참고하여 정하였다는 내용이 있으며, 윤4월 17일 기사에 참판 오광운과 장악원 정 이연덕(李延德)을 소견(召見)하고, 오광운에게 대사례의 의궤를 찬출(纂出)해서 사국(史局)과 태학(太學)에 간직하게 하라고 명하였다는 등의 내용이 있고 이 외에도 네 차례나 더 대사례의 의절을 정하는 것과 관련한 기사가 있다. 여러 자료를 참고해 보면 1743년 3월 말부터 4월 중순까지 오광운이 예조 참판으로 있을 당시 영조가 조정 대신들과 함께 대사례에 대하여 《오례의》와 《대명회전》 등의 의주를 참고하여 강정해서 의절을 정하고 의궤를 찬출해 내었음을 알 수 있다. 또한 태묘 악장에 대해서는 《영조실록》 19년 윤4월 17일 기사에 태묘 제향(祭享) 때의 악장에 대해서 대신과 예를 아는 유신에게 문의(問議)해 상문(上聞)하게 하도록 명하였는데, 이달 23일 영의정 김재로(金在魯)가 《오례의》의 서례(序例)가 있는 권(卷)과 《태묘의궤(太廟儀軌)》의 악장조(樂章條)를 참조하여 중국 역대의 태묘 악장과 관련된 내용을 상세히 진달하였다. 이후 영조 41년 12월 8일 부제학 서명응(徐命膺) 등과 태묘의 악장에 대해 논하는 기사가 있는 것으로 보아 태묘 악장의 정리는 약 20년에 걸쳐 서서히 이루어졌던 것으로 보인다.

고[131] 어제(御製)를 수집하고 《소학훈의(小學訓義)》를 참고하여 교열하라는 명[132]이 있었는데, 모두 다시는 사양하지 않고 만나는 일마다 더욱 말을 다 하여 꺼리지 않았다.

당시에 사친(私親)을 추존하자는 의론[133]이 성행하였고 성상께서도 여러 번 '효(孝)' 자로 말하니, 공이 내심 우려하여 "제왕은 큰 효도를 행해야지 작은 효도를 해서는 안 됩니다.[134] 삼대(三代)는 법으로 삼을 만하지만 한당(漢唐) 이하는 법으로 삼을 수 없습니다."라고 하여 조정의 신하들이 왕의 비위를 맞추기만 하려는 조짐을 막았다.

계해년(1743) 정초에 성변(星變)이 있어서 임금이 오래도록 신료

131 동몽(童蒙)의 강규(講規)를 밝히고 : 《영조실록》 19년 1월 28일 기사에 예조 판서 오광운의 청에 따라, 예관(禮官)에게 묘당(廟堂)에 나아가 동몽이 강(講)할 서책과 예강 절목(禮講節目)을 의논하여 정하라고 명하였다는 기록이 있다.

132 소학훈의(小學訓義)를……명 : 1744년 1월 25일 홍문관에 찬집을 명하여 2월 17일에는 간인(刊印)하도록 하였다. 《소학훈의》의 본래 이름은 《소학집주(小學集註)》였으나 종래의 《소학집주》 체재에 더하여 훈의를 덧붙였기 때문에 영조와 신료들은 이를 통상 《소학훈의》로 불렀다. 숙종 대에 어제서문을 붙여 간행한 《소학집주》를 저본으로 하여, 《소학》의 본문이나 원주에 나오는 어려운 인명이나 지명, 관직명을 간단히 설명하거나, 《소학》에 수록된 글들의 출처를 제시하며 일부 논란이 될 수 있는 대목에 의문을 제시하여 책의 가독성을 높이고 초학자의 접근성을 높인 체재를 갖추고 있다. 《정호훈, 조선 후기 《小學》 간행의 추이와 그 성격, 韓國史學報 제31호, 2008, 111~143쪽》

133 사친(私親)을 추존하자는 의론 : 사친은 영조의 친어머니인 숙빈(淑嬪) 최씨(崔氏)를 말한다. 《영조실록》 20년 1월 19일 기사에 인빈(仁嬪) 김씨(金氏)와 숙빈 최씨에게 아울러 3대를 추증하고 이묘(二廟)에 고유(告由)하게 하였다는 내용이 있다.

134 제왕은……됩니다 : 자기 어버이만을 사랑하고 자기 자식만을 사랑하는 좁은 범위의 효에서 벗어나 백성들에게 은혜를 베풀고 넉넉히 살게 하는 것이 제왕이 행할 큰 효도라고 할 수 있다. 《禮記 祭義》

(臣僚)들을 접견하지 않으니, 공이 상소하기를,

"위아래가 서로 통하지 못하고 있으니 《역경(易經)》에서 〈비괘(否卦)〉[135]가 됩니다. 이렇게 삼양(三陽)이 교태(交泰)하는 달[136]에 전하는 도리어 〈태괘〉를 바꾸어 〈비괘〉를 이루니, 천지와 상하의 기운이 통하지 않는데 어떻게 성변이 없을 수 있겠습니까. 전하께서는 무릇 불만스러운 일이 있으면 훌훌 털어 버리려고 하지 않고 늘 마음속에 애써 쌓아 두시니 이는 병의 뿌리 중에서도 큰 것입니다."

하자, 임금이 "경의 말이 나의 잠을 깨웠다."라고 하였다. 이로부터 자주 인견하여 면대하는 것을 허락하며 그때마다 "내가 오광운의 말을 생각하여 〈비괘〉를 열고자 한다."라고 하였다.

예조 참판으로 빈대(賓對)에 들어갔을 때 아뢰기를,

"요즈음 사대부의 풍속과 교화가 다 사라져 버려 한 자리라도 나오면 시장 바닥같이 바삐 달려가 뇌물 청탁이 문을 메우니, 인사를 담당한 자는 오직 뇌물 받기에 요긴한지만을 보고서 인재를 선발합니다. 신은 늘 정색하여 조정에 서서 백관을 독려하고 대신을 책망하지만, 대신은 독려하지 못하고 백관은 여전히 사사로운 정을 좇습니다."

135 비괘(否卦) : 비는 상하가 꽉 막혀 서로 통하지 못하는 것을 말하는데, 《주역》 〈비괘 상(象)〉에 "하늘과 땅의 기운이 막혀서 통하지 않는 것이 〈비괘〉의 상이다.〔天地不交, 否.〕"라고 하였다.

136 삼양(三陽)이 교태(交泰)하는 달 : 1년 12개월을 《주역》의 괘(卦)에 배치시키면 정월은 양 3획인 〈태괘(泰卦 ䷊)〉에 해당된다. 태괘 괘사(卦辭)에 "태괘는 음(陰)인 소가 가고 양인 대가 오는 상(象)이니, 길하고 형통하다.〔泰, 小往大來, 吉亨.〕"라고 하였는데, 겨울이 가면 봄이 오고 음이 줄어들면 양이 자라나 형통한 상이 있기 때문에, 예로부터 정월이면 '삼양개태(三陽開泰)' 또는 '삼양교태(三陽交泰)' 등의 단어로 한 해의 시작을 축하하였다.

하니, 대신이 나아가 엎드려 아뢰기를 “신은 예조 참판이 아뢴 ‘다만 사(私) 자가 이미 틀을 이루어 깨트릴 수 없다.’라는 말에 부끄러움을 견딜 수 없습니다.”라고 하니 임금이 “이는 과인의 허물이니, 실로 맹자가 말한 ‘사방 경내가 다스려지지 않는 것’[137]이라고 한 경우이다.”라고 하였다.

대사헌이 되었을 때[138]는 천재지변이 있었는데도 장차 진연(進宴)을 거행하려 하자 공이 상소하기를,

“이렇게 재해(災害)를 만나 근심스럽고 두려운 때에 진연을 행하는 것은 어찌 그만둘 수 있는데도 그만두지 않는 것이 아니겠습니까. 녹명(鹿鳴)의 연회[139]를 특별히 명하여 정지시켜 성덕(聖德)을 밝히십시오. 우리 선대의 왕께서 바람으로 인한 재난 때문에 진연을 파하고 연회에 쓰일 비용을 진휼에 보태게 하였으니[140] 오늘날 마땅히

137 사방……것 : 맹자가 제 선왕(齊宣王)에게 “사경(四境)의 안이 다스려지지 않으면 어찌하시겠습니까?”라고 한 말에서 유래하였다. 《孟子 梁惠王下》

138 대사헌이 되었을 때 : 《승정원일기》에 따르면 오광운이 대사헌에 임명된 것은 1743년 7월 14일이다.

139 녹명(鹿鳴)의 연회 : 임금이 신하를 위해 베푸는 연회를 말한다. 녹명은 《시경》〈소아(小雅)〉의 편명이다.

140 우리……하였으니 : 선대의 왕은 숙종을 말하며 진연은 두 자전(慈殿)인 인조의 계비 장렬왕후(莊烈王后)와 현종의 비 명성왕후(明聖王后)를 위하여 가무와 잡희가 있는 풍정연(豐呈宴)을 거행하려고 하였던 것을 말한다. 《숙종실록》 3년 9월 26일 기사에, 대사헌 윤휴(尹鑴)가 상소하여 재해가 심하므로 진휼할 방도를 말하고 진연을 파할 것을 건의하자, 권대운(權大運)이 진연을 폐하지는 말고 비용을 절약하여 행하자고 건의하니, 진연은 정지하지 말도록 명하고, 토산(土産)의 물건은 또한 외방(外方)에 분정(分定)하지 않고 모두 서울에서 사서 쓰게 한 내용이 있다.

이어받아야 하지 않겠습니까."

하였다. 상소가 들어가자 임금이 인견하고, 왕세자를 돌아보며 교유(敎諭)하기를 "나라에 직신(直臣)이 있으면 흥하고 없으면 망한다. 오늘 특별히 대사헌을 불러 표리(表裏)를 하사하는 것은 너에게 충성을 표창하고 직신을 장려하는 도를 알게 하려는 것이다." 하고, 이어서 손수 쓴 글을 하사하며 "경의 올곧음을 가상히 여기고 경의 충성을 표창하여 특별히 표리 10단(段)을 내리니, 경은 받으라."라고 하였다. 또 그만두지 말고 직무를 보며, 선정(先正) 조광조(趙光祖)처럼 풍헌(風憲)[141]을 진작할 것을 명하였다.

얼마 뒤 대신(臺臣) 조중회(趙重晦)가 상소하여 육상묘(毓祥廟)를 언급하니 임금이 진노하여 합문(閤門)을 닫아 버렸다.[142] 조정의 의론이 흉흉하고 두려워하여 모두 조중회를 죄주기를 청하여 임금의 노여움을 풀려고 하였는데, 공이 홀로 불가하다는 뜻을 견지하여 상소로 극력 간하였다. 비답이 오래도록 내리지 않자 또 상소하기를,

"신기(神器)[143]란 열성조가 창건하여 지켜 온 것이며 삼종(三宗)[144]

141 풍헌(風憲) : 풍교와 헌장이라는 뜻으로, 백관의 비리를 탄핵하고 풍속을 바로잡는 사헌부를 가리킨다.

142 대신(臺臣)……버렸다 : 조중회는 당시 정언(正言)으로, 영조가 사묘(私廟)인 육상묘에 자주 전배하는 것의 부당함을 상소로 아뢰자 영조가 진노하여 동궁에게 전위하려고 하면서 그의 처벌을 논의하였다.《英祖實錄 19年 11月 28日, 29日》

143 신기(神器) : 왕위를 계승하는 데 수반되는 보물 즉 옥새(玉璽)와 보정(寶鼎) 따위로, 왕위를 뜻한다.

144 삼종(三宗) : 효종, 현종, 숙종의 혈속을 지칭하는데, 인조의 맏아들 소현세자의 계통이 아닌 소현세자의 아우 효종의 계통으로 이어지는 왕통을 말한다.

이 부탁(付托)한 것인데 전하께서는 어찌하여 신기를 장난으로 여기십니까. 내일은 바로 건인(建寅)의 날[145]입니다. 삼양이 교태하고 만물이 소생하니 이는 바로 우리 전하께서 하늘을 본받고 때에 맞추어 뉘우치고 바꿀 큰 기회입니다. 오늘 억조 백성의 목숨이 산 것도 아니고 죽은 것도 아니며, 종묘사직의 형세가 보존되는 것도 아니고 망한 것도 아닙니다. 사는 것도 내일에 달려 있고 죽는 것도 내일에 달려 있으며, 사직을 보존하는 것도 내일에 달려 있고 망하는 것도 내일에 달려 있으니, 만약 내일을 놓친다면 신은, 명군(明君)이 망국의 군주가 되고 신들이 나라를 망하게 한 대부가 되는 것을 견디지 못하겠습니다."

하자, 임금이 크게 감동하여 즉시 조서를 내려 뉘우치는 뜻을 보였다.

갑자년(1744) 가을에 임금이 기로소(耆老所)에 들어갔을 때 지평 박성원(朴聖源)이 논계(論啓)하였는데 그 말이 매우 방자하였다. 임금이 몹시 노하여 박성원을 외딴섬에 유배하였다. 대각(臺閣)이 모두 두려워하여 국문을 청하는 자도 있고 위리안치를 청하는 자도 있었는데, 공이 상소하여 힘써 구원하니 대신 중에 감탄하는 자가 있었다.[146]

145 내일은……날 : 건인은 하력(夏曆) 정월을 의미한다. 《淮南子 天文訓》 내일이면 해가 바뀌어 1월 1일이 된다는 말이다.

146 임금이 기로소(耆老所)에……있었다 : 《영조실록》 20년 8월 29일 기사에, 영조가 기로소에 들어간 것을 두고 박성원이, 왕이 기로소에 들어간 예를 들면서 태조와 숙종이 행했던 규범을 따를 것이지 신하들이 권한다고 하여 쉰하나의 나이에 거행하는 것은 부당하다는 등의 말을 하였다. 대신들이 사태를 무마를 하는 과정에서 송인명(宋寅明)이 죽이지 말고 유배를 보내자고 청하여, 박성원을 남해현(南海縣)으로 귀양 보냈다. 집의(執義) 권현(權賢)은 박성원을 구원하려고 청대를 요구했다가 연석에 나가서는 오히려 천극(栫棘)을 더해야 한다는 말을 하였다. 이에 오광운은 박성원이 은산

겨울에 개성 유수로 부임하였다.

을축년(1745) 7월에 연석에 나가기 위해 서울에 들어왔다가 21일 경미한 병으로 약현(藥峴) 옛집에서 세상을 마치니, 수가 57세였다. 죽음에 임하여 사사로운 일은 언급하지 않고 나라의 은혜에 보답하지 못한 것을 한으로 여겼다. 부음이 들리자 임금이 매우 슬퍼하며 손으로 세 번이나 책상을 치고 즉시 애통하게 여기는 윤음을 내리기를 "사직(社稷)에 공이 있어 상훈(賞勳)을 내렸어야 하는데, 하지 않았다."라고 하고, 특별히 이조 판서를 추증하였으며 그 외의 부의(賻儀)는 모두 일상적인 규정을 벗어났다. 계복(啓覆)하는 날에 친히 개성의 문서를 열람하여 보고 탄식하며 "그 이름은 보고 그 사람은 보지 못하니 어찌 슬픈 감회를 견딜 수 있겠는가."라고 하였다. 그 뒤에도 합문을 닫아 버리게 되었을 때[147] 하교하기를 "만약 오광운이 있다면 어찌 내가 이러한 일을 하도록 했겠는가."라고 하였다. 고양군(高陽郡) 다정리(多井

현감(殷山縣監)이었을 때 청렴하고 근면하게 다스렸으며 학문을 좋아하고 노모가 있음을 들어 관대히 처리할 것을 청하는 내용의 상소를 하였다.

147 합문을……때 : 1755년 초에 발생한 나주 괘서(羅州掛書) 사건 및 시권(試券) 사건으로 남인과 소론 강경파 계열이 복주되고 역모에 대한 옥안(獄案)을 마무리한 뒤, 남인들에 의해 끊임없이 제기되었던 경종의 죽음에 대한 사실을 밝혀 영조가 왕세제(王世弟)로 책봉되어 왕위에 올라 집권한 것이 정당하였음을 후세에 천명하기 위하여 《천의소감(闡義昭鑑)》을 편찬하였다. 그 과정에서 노론이 신축, 임인, 무신, 을해년에 이르기까지 여러 역적의 행적을 기록함으로써 반노론 세력 토벌의 정당성을 확보하려고 하자, 탕평파에 대한 노론의 지나친 단죄에 대한 불만을 드러내어 합문을 닫아 버리고 조회를 하지 않았던 일을 말한다. 《英祖實錄 31年 9月 21日》《조윤선, 조선 후기 영조 31년 乙亥獄事의 추이와 정치적 의미, 韓國史學報 제37호, 2009, 233~263쪽》《陶谷集 卷10 領議政洪公神道碑銘》

里) 임좌(壬坐)의 언덕에 장사 지냈다.

공은, 가정생활에 엄격하게 법도가 있어 비록 자식과 조카라도 감히 사사로운 일을 요구하지 못하였고, 부모를 섬기는 데 사랑과 공경이 모두 지극하였다. 부모가 돌아가신 뒤 새벽에 반드시 사당에 배례(拜禮)를 하여 심한 병이 아니면 중지하지 않았다. 남이 한 가지라도 재주가 있는 것을 보면 장려하여 발탁하기를 미치지 못할 것처럼 하였고, 옳지 않은 점이 있는 것을 보면 비록 늘 친밀하게 지내는 자라도 쫓아내고 거절하여 조금도 용서하지 않았다. 조정에 있을 때는 명예와 절개를 스스로 가다듬어 항상 이렇게 말하였다.

"권세가 돌아가는 곳에 붙는 자는 소인이고 배척하는 자는 군자이며, 환관, 궁첩(宮妾)과 통하는 자는 소인이고 환관과 궁첩의 이름을 모르는 자는 군자이며, 정궁(正宮)을 폐하고 왕비를 세울 때 간쟁하는 것은 충성이고 간쟁하는 않는 것은 불충이며, 국본(國本 세자)이 흔들릴 때 간쟁하는 것은 충성이고 간쟁하지 않는 것은 불충이며, 이를 찬성하는 자는 흉악한 사람이고 찬성하는 자와 무리 짓는 자는 흉악한 무리가 된다. 그다음으로 사친(私親)을 지나치게 높이는 것, 봉선(封禪)을 하는 것, 존호(尊號)를 올리는 것, 전쟁의 단서가 되는 것, 궁액(宮掖)과 외척(外戚)에게 은총을 남용하는 것, 토목(土木)을 일으키는 것, 사냥을 즐기는 것을 간하는 자는 곧으며 간하지 않는 자는 아첨하는 자이다.

태평한 시대의 사고는 대략 여기에 다 들어 있으니, 비록 여기에서 벗어나는 것이 있더라도 비슷한 일을 만나기만 하면 그 나머지를 미루어 짐작할 수 있다. 그러므로 무릇 상소하여 진언하고 경연에서 아뢸 때 간곡하게 권하여 그만두지 않아, 위로 어려운 일을 요구하는 것은 반드시 요순으로 하며[148] 아래로 자신을 대하는 것은 반드시 제일의(第一義)[149]로 해야 한다."

그 문장은 또 의사를 전달하기에 충분하였다. 그러므로 인주(人主)의 뜻을 감동시켜 돌릴 수 있었으니, 주소(奏疏)가 나올 때마다 전송(傳誦)하지 않는 사람이 없었다. 그러나 당시의 정치에 대해 지적하거나 존귀하고 군왕과 친근한 자들을 꾸짖을 때면 이따금 말이 준절한 데 가까워 조금도 두둔하지 않았으므로, 비록 위로는 밝은 군주의 지우(知遇)를 입어 은혜와 예우가 세상에 다시없을 정도였으나 권세가에게 미움을 받았으니, 재신의 반열에 있은 지 20년이나 되었지만 지위가 더 오르지 못한 것은 아마도 이 때문이 아니겠는가.

공은 문장을 지을 때 육경(六經)에 뿌리를 두고 제자백가를 참조하였으며 성색(聲色)[150]에 얽매이지 않고 오직 정신이 통하는 것을 위주로 하였기에 우뚝이 일가를 이루었고, 각 문체(文體)에 모두 뛰어나니 근대에 그와 같은 사람을 찾아보아도 필적할 이가 드물다. 경학의 학설

148 위로……하며 : 위로 임금에게는 요순과 같은 성군이 되기를 바랐다는 말이다. 《맹자》〈이루 상(離婁上)〉의 "자기 임금에게 하기 어려운 일을 하도록 요구하는 것을 공손하다고 한다.〔責難於君謂之恭〕"라는 구절에 대한 범조우(范祖禹)의 주에 "신하가 하기 어려운 일을 군주에게 요구하여 그의 군주를 요순과 같은 임금이 되게 하는 것은 임금을 크게 높이는 것이다."라고 하였다.

149 제일의(第一義) : 가장 근본이 되는 의의, 또는 가장 중요한 도리라는 뜻으로, 경(敬)을 뜻한다. 주희(朱熹)의 "경이라는 글자에 대한 공부야말로 성문(聖門)의 제일의이니, 처음부터 끝까지 철저하게 해서 잠시라도 중단하는 일이 있게 해서는 안 될 것이다."라는 말에서 유래하였다. 《朱子語類 卷12 持守》

150 성색(聲色) : 시문(詩文)이 표현하는 바의 의경(意境)이나 격조(格調), 혹은 사물이나 사람의 마음을 감동시키는 색채나 풍격을 말한다.

과 역사 비평과 시와 문장 수십 권의 저술이 집에 보관되어 있다.

부인 안동 권씨(安東權氏)는 참봉 휘 권경(權巠)의 따님이자 대제학 하계(霞溪) 휘 권유(權愈)의 손녀이다. 두 아들을 낳으니 맏아들 대관(大觀)은 문과에 장원하여 병조 좌랑을 지냈으나 스물넷에 요절하였고, 둘째 아들 대성(大成)은 공이 세상을 마친 지 1년이 못 되어 이어서 요절하였다. 뒤에 족자(族子) 숙(璹)이 대관의 뒤를 이었는데, 영조가 명하여 벼슬을 내려 이제 군수를 하고 있다. 숙이 세 아들을 낳으니 장남은 원진(元鎭)으로 일찍 요절하였고, 형진(亨鎭)과 혁진(赫鎭)이 있다.

영조 31년 을해년(1755)에 모반과 관련한 옥사가 있었는데,[151] 임금이, 공이 전날의 상소에서 "겉으로는 김일경(金一鏡)의 낯가죽을 쓰고 속으로는 목호룡(睦虎龍)의 꼬리를 감춘다."[152]라고 한 말이 미리 앎으

151 영조……있었는데 : 《영조실록》 31년 2월 11일 기사를 보면 전라도 나주에서 윤취상(尹就商)의 아들 윤지(尹志)의 흉서(凶書) 사건을 기록하고 있는데, 윤지는 1722년 임인무옥(壬寅誣獄)을 일으킨 김일경(金一鏡)의 옥사에 연좌되어 1724년 나주로 귀양 갔었다. 이때에 와서 노론을 제거할 목적으로 아들 윤광철(尹光哲)과 나주 목사 이하징(李夏徵), 이효식(李孝植) 등과 모의하여 나라를 비방하는 글을 나주 객사에 붙였다. 붙잡혀 서울로 압송되어 박찬신(朴纘新), 김윤(金潤), 조동정(趙東鼎), 조동하(趙東夏) 등과 같이 사형당하였으며, 이광사(李匡師), 윤득구(尹得九) 등은 귀양 갔다. 이를 을해옥사(乙亥獄事)라고도 한다.

152 겉으로는……감춘다 : 김일경은 소론의 거두(巨頭)로, 1722년 노론의 목호룡을 매수해 목호룡 자신이 백망(白望), 정인중(鄭麟重) 등과 모의해 경종의 시해와 이이명의 추대 음모에 가담했다고 고변하게 하였다. 이에 옥사가 일어나서 유배 중이던 건저사대신(建儲四大臣)인 이이명(李頤命)·김창집(金昌集)·이건명(李健命)·조태채(趙泰采) 등이 사사되고, 노론 수백 명이 살해되거나 추방되었다. 1724년 영조가 즉위하자 노론의 재집권으로 유배되었다가 청주의 유생 송재후(宋載厚)의 상소를 발단으로

로 올 일을 시초점과 거북점같이 내다보았다며 그지없이 추모하면서 특별히 제사 지내게 하였다. 금상 무신년(1788, 정조12)에 구갑(舊甲)이 다시 돌아온 것에 감회가 있어[153] 특별히 윤음을 내리고 여러 훈신(勳臣)의 옛 업적을 추서(追敍)하도록 하면서 "한마디 말로 절충(折衝)한 자로는 고 참판 오광운과 고 대사헌 홍경보가 있다. 두 신하의 충성은 원훈(元勳)에 못지않으므로 특별히 아름다운 시호를 내려 그 충성을 빛낸다."라고 하였다. 선왕과 금상이 옛 신하를 잊지 않아 은혜가 저승까지 미쳤으니 신하들을 감읍시키고 후대를 격려하고 권면하기에 충분하다. 아, 아름답구나. 이에 글을 써서 봉상시(奉常寺)에 바친다.

신임사화가 무고(誣告)였다는 노론의 집중적인 탄핵을 받고 목호룡과 함께 투옥되어 친국을 받았다. 그러나 공모자들의 이름을 끝까지 밝히지 않고 참형을 당하였다. 목호룡은 옥중에서 급사하였고, 죽은 뒤 당고개(唐古介)에서 효수되었다.

153 무신년에……있어 : 무신년의 구갑은 1728년 이인좌(李麟佐)의 난이 있었던 해를 말한다. 경종의 갑작스러운 죽음으로 자신들의 정치적 지위를 위협받게 된 과격 소론 측이 갑술환국 이후 정권에서 배제된 남인들을 포섭해 영조와 노론의 제거를 계획하여, 경종의 사인에 대한 의혹과 영조는 숙종의 친아들이 아니라는 것을 내세워 영조를 폐하고 소현세자의 증손인 밀풍군(密豐君) 이탄(李坦)을 왕으로 추대하고자 하였다. 그러나 1727년 정미환국으로 온건 소론이 다시 기용되자, 동조자를 확대하기가 어려웠고 모의가 노출되어 봉조하(奉朝賀) 최규서(崔奎瑞)가 고변을 하면서 난의 평정에 소론 정권이 앞장섰다. 주모자의 대부분이 소론이었기 때문에 그 처지가 약화되었고 영조 즉위 초부터 주창되어 온 탕평책의 실시는 명분을 더욱 굳힐 수 있었으며, 이를 바탕으로 왕권의 강화와 정국의 안정을 도모할 수 있게 되었다.

번암집

제43권

시장 諡狀

증 자헌대부 이조 판서 광안군 행 통훈대부 홍문관 교리 탄수 이공 시장

贈資憲大夫吏曹判書廣安君行通訓大夫弘文館校理灘叟李公諡狀

탄수(灘叟) 이공(李公)은 휘가 연경(延慶)이고 자가 장길(長吉)이니, 《기묘당적(己卯黨籍)》[1]에 실린 인물이다. 영조 12년(1736)에 대신이 기묘 제현(己卯諸賢)에게 모두 관직을 추증하고 시호를 내릴 것을 상에게 아뢰었는데 상이 이를 허락하였다. 이에 공을 자헌대부 이조 판서에 추증하니 법에 따라 마땅히 시호를 내려야 하였으나 자손의 힘이 미치지 못하여 아직도 받지 못하였으므로 사림이 한스럽게 여겼다.

이제 그의 9세손 구회(九會)가 퇴도(退陶 이황(李滉)) 노선생이 지은 묘갈문(墓碣文) 한 통을 가지고 와서 나에게 보여 주며 "문헌이 흩어지고 없어져 버려 이 글이 아니면 선조께서 행한 일을 증명할 길이 없습니다. 밝히고 드러내는 공의 글 한 편을 얻어, 이를 바탕으로 봉상시(奉常寺)에 청하고 싶습니다."라고 하였다. 내가 가만히 생각건대 노선생은 일찍이 남을 위해 묘도문(墓道文)을 지은 적이 없고 오직 도덕과 언행이 평소 추앙을 받는 자라야 비로소 글 짓는 것을 허락하였으며, 또한 글 내용은 반드시 정중하였다. 이 글을 보면 천년 뒤에라도 공의 행적을

1 기묘당적(己卯黨籍) : 김정국(金正國)이 1519년(중종14) 기묘사화 때에 화를 당한 조광조(趙光祖), 김정(金淨), 정광필(鄭光弼), 안당(安塘) 등 기묘명현(己卯名賢)의 약전(略傳)을 실은 것이다. 안당의 손자 안로(安璐)가 《기묘당적》의 미비점을 보완하여 《기묘록보유(己卯錄補遺)》를 편찬하였다. 이연경의 사적은 《대동야승(大東野乘)》에 수록된 《기묘록보유》 〈추록(追錄)〉에 수록되어 있다.

알 수 있을 것이다. 더구나 선생의 말은 천하의 법이 되고 문장은 천하의 모범이 되니 후생 말학이 어찌 감히 그 사이에 한 글자라도 더하거나 뺄 수 있겠는가. 그래서 곧 선생의 묘갈문에 근거하여 글을 쓴다.

공은 본관이 광주(廣州)이니 시조는 집(集)이다. 고려 말에 과거에 급제하였으며 뜻과 절개가 있었으나 신돈(辛旽)이 원수처럼 미워하여 영해(嶺海)로 가서 화를 피했다가 신돈이 주살되고 나서야 나왔다. 벼슬은 판전교시사(判典校寺事)를 지냈다. 고조부 휘 인손(仁孫)은 우의정을 지냈고 시호는 충희(忠僖)이다. 증조부 휘 극감(克堪)은 형조판서를 지냈고 광성군(廣城君)에 봉해졌다. 조부 휘 세좌(世佐)는 문과에 갑과(甲科)로 급제하여 판중추부사를 지냈으며 광양군(廣陽君)에 봉해졌다. 아버지 휘 수원(守元)은 충청 도사(忠淸都事)를 지냈으며 병조 참의에 추증되었다. 어머니 숙부인(淑夫人) 남양 방씨(南陽房氏)는 사용(司勇) 방의문(房毅文)의 따님이다. 남양 방씨는 방현령(房玄齡)의 후손으로 우리나라에 왔다[2]고 한다. 성화(成化) 갑진년(1484, 성종15)에 공을 낳았다.

공은 어려서부터 훌륭한 몸가짐을 지녀 식견 있는 이들은 그가 큰 그릇이 될 것을 알았다. 홍치(弘治) 계해년(1503, 연산군9)에 광양군이 뜻밖의 참소를 받아 북쪽 맨 끝 지방으로 귀양 가고 자제들도 모두 뿔뿔이 유배 갔다. 공이 홀로 광양군을 모시고 가서 갖은 고난을 다

2 방현령(房玄齡)의……왔다 : 방현령은 당나라의 개국 공신이자 재상으로, 자는 교(喬)이다. 방현령의 둘째 아들이자 당 태종의 부마도위인 방준(房俊)이 643년 고구려 보장왕의 주청(奏請)으로 당나라 팔학사 중 한 사람으로서 고구려에 와서 당성(唐城), 즉 현재의 경기도 화성시 서신면에 정착하면서 남양 방씨의 기원이 되었다.

겪으면서도 뜻을 굳게 지키고 조금도 게을리하지 않으니, 광양군이 칭찬하고 감탄하였다.

이듬해에 사면되어 돌아오고 얼마 뒤 다시 영남 지방으로 귀양을 가게 되었다. 공이 또 모시고 가다가 중도에서 해도(海島)로 유배되었다. 이 당시 연산주(燕山主)는 사리에 어둡고 매우 포악하여 어진 선비들이 거의 다 죽음을 당하였는데, 광양군부터 숙부들까지도 모두 화를 당하니,[3] 공이 무너지는 듯한 슬픔으로 여위어 뼈만 남았다. 북쪽에서 급보가 왔다는 소식을 들을 때마다, 곧 몸을 단정하고 깨끗이 하여 기다리며 "죽더라도 허둥지둥하며 법도를 잃을 수는 없다."라고 하였다.

병인년(1506, 중종1)에 중종이 즉위하고 나서 석방되어 돌아와 충주(忠州)에 머물렀다. 3년이 지나도록 조부와 숙부들을 안장하지 못하였으므로 공은 그대로 흰옷을 입으며, 마음과 힘을 다하여 상사를 잘 마무리하였다.

정묘년(1507)에 사마시(司馬試)에 합격하였다. 억울하게 죽은 사람의 자손이라는 이유로 선릉 참봉(宣陵參奉)에 임명되었는데, 직무를 한결같이 예법대로 행하였으므로 당시 사람들이 선릉에 본받을 만한 유사(有司)가 한 명 있다고 일컬었다. 얼마 되지 않아 사직하였다. 더욱 뜻을 가다듬어 글을 읽고 조광조(趙光祖) 공 등 당시의 명사들과 잘 어울렸으며, 도의(道義)를 강론하며 과거 공부는 대수롭지 않게

3 광양군부터……당하니 : 《대동야승》에 수록된 《기묘록보유》 〈추록 이연경전(李延慶傳)〉에 이연경의 조부와 삼촌들이 모두 화를 당하고 공도 귀양을 간 사실에 대한 주에서, 연산군의 어머니인 폐비 윤씨(尹氏)가 자결할 때에 공의 조부인 광양군 이세좌(李世佐)가 형방 승지로서 왕명을 받들고 왕래하였기 때문이라고 그 원인을 설명하고 있다.

여겼다.

갑술년(1514)에 어머니를 모시고 비로소 충주에 거처를 정하였다.

무인년(1518)에 도가 있다고 천거되어[4] 사지(司紙)에 임명되었다가 공조와 형조의 좌랑으로 이임하였다.

기묘년(1519) 봄에 천과(薦科)[5]에 급제하여 사헌부 지평이 되었다가, 홍문관교리 지제교 겸 경연시독관 춘추관기주관으로 옮겼다. 사헌부에 있을 때는 정직하며 공평하고 성실하였고, 강관(講官)이 되어서는 성의로 임금의 마음을 감동시키기에 힘썼고 장구(章句)의 말에만 얽매이지는 않았다.

어느 날 야대(夜對)를 할 때[6]에 동료가 아뢰기를 "오늘날 태평성대를 이루려면 반드시 당대의 제일인자를 발탁하여 정승으로 삼아야 합니다."라고 하자, 공이 나아가 "이는 조광조를 말하는 것입니다. 조광조는 참으로 어진 사람입니다. 그러나 오늘날 사람을 쓸 경우 반드시 경력이

4 도가 있다고 천거되어 : 공이 천거되었던 천목(薦目)이 이러하다는 말이다. 천목이란 관원으로 추천받을 때 필요한 조건을 말하는데, 예컨대 치적, 학식, 재능, 품행 등이 있다. 공은 "학행과 간국이 있고 재식과 재기가 있으며, 효행이 있고 지조가 있다.〔有學行幹局, 有才識才器, 有孝行志操.〕"라는 것으로 천거되었다. 《송재집(松齋集)》에는 '有學行幹局 有才識才器 有學行有志操'로, 《대동야승》에는 '有學行幹局 有才識才器 有孝行志操'로 글자의 출입이 있으나 《송재집》은 '學行'이 반복되고 있는 것으로 보아 《대동야승》의 내용이 믿을 만하다.

5 천과(薦科) : 중종 때에 실시한 현량과(賢良科)를 말한다. 기묘년인 1519년 4월 120명의 후보자를 근정전(勤政殿)에 모아서 시험을 치르고 김식(金湜), 박훈(朴薰) 등 28명을 뽑았다.

6 어느……때 : 1746년 4월 4일 석강(夕講)에서 원경하(元景夏)가 이연경(李延慶)에게 관직의 추증과 시호를 내릴 것을 청하면서 이전의 일을 상기하는 말에 나온다.

많고 인망이 흡족한 뒤에야 대임(大任)을 줄 수 있습니다."라고 아뢰었는데, 조광조가 그 말을 듣고서 달려가 공을 보고 눈물을 흘리며 고마워하였다.

당시에 중종이 바야흐로 선왕의 다스림을 회복하는 데 뜻을 두고 있어서 조광조를 얻고는 이를 위임하여 그 책임을 지웠다. 조광조는 성군을 만난 것에 감격하여 뜻을 같이하는 사람들과 힘을 합하고 마음을 같이하여, 위로는 임금을 보좌하고 아래로는 백성을 교화함으로써 태평성대가 거의 이룩될 것 같았고, 공은 또한 이와 같이 선을 아뢰고 간언을 하면서 충성스럽고 솔직하며 간절하고 정성스럽게 말하였으니, 모든 사람들의 의론이 일치하여 지극히 훌륭한 정치를 기약할 만하다고 여겼다. 그러나 대부분의 사람들이 유유상종을 면하지 못한데다, 탁류(濁類)를 배척하고 청류(淸類)를 들어 올리는 즈음에 시의(時議)에 받아들여지지 못한 구신(舊臣)들이 대단히 유감을 품고 분노하였다.

이해 가을에 양사(兩司)가 부당하게 정국 공신(靖國功臣)에 녹훈된 자를 삭탈(削奪)할 것을 청하자, 이로 인하여 심정(沈貞), 남곤(南袞), 홍경주(洪景舟) 등이 밤에 신무문(神武門)을 두드리며 변고를 아뢰기를 "조광조가 그를 따르는 무리와 함께 장차 사직을 위태롭게 하려고 합니다."라고 하며 사람들을 체포하여 옥에 가득 가두었고, 모조리 귀양 보내며 주살이 뒤따랐다.

남곤은 또 잇달아 귀양 보낼 사람의 성명을 기록하여 올렸는데 공의 이름을 맨 앞에 두었다. 임금이 붓으로 공의 이름을 지워 버리면서 "이연경은 그 사람됨을 내가 알고 있다. 귀양 보내지 말고 관직만 삭탈하라."라고 하였다. 이에 공은 고향으로 돌아가서 산수 속에서 한가롭게 지내며 담담하게 낚시질하며 즐겼다.

가정(嘉靖) 겨울[7]에 우연히 말질(末疾 손발이 마비되는 증세)에 걸렸다가 12월 9일 목욕하고 옷을 갈아입고서 정침(正寢)에서 세상을 마쳤다. 향년은 65세였다. 이듬해 2월 20일에 고을 남쪽 불정(佛頂) 계좌정향(癸坐丁向) 선영(先塋)에 안장하였다.

공은 자질이 뛰어나고 학문이 깊으며 식견이 뛰어나서 행동거지가 자연스럽게 법도에 맞았다. 부모 봉양에는 반드시 정성을 다하고 사당을 참배할 때는 반드시 삼갔으며, 상중에는 슬픔을 다하고 제사에는 공경을 다하였다. 인륜에 돈독하였으며 자신의 마음을 미루어 궁핍한 사람을 도와주었고, 아우들과 우애가 있어 가르치고 깨우쳐 주는 것을 기뻐하여 밤낮으로 해도 싫어하지 않았다. 얼굴빛은 온화하고 말은 부드러우며 흉금은 시원스러워, 사람들은 공을 가까이하는 것을 즐거워하였고, 추한 마음과 간사한 생각이 절로 사라지게 하였다.

학문은 세속을 벗어나 고명한 경지에 마음을 두어 사서(四書)를 도에 들어가는 문으로 삼았다. 일찍이 "배우는 자는 반드시 세속적인 잡념을 씻어서 마음자리가 맑고 밝게 한 뒤에야 도에 들어가는 길을 얻어, 속인(俗人)이나 금수(禽獸) 같은 지경에서 벗어날 수 있을 것이다."라고 하고, 또 "지(知)와 행(行)은 진실로 서로 필요하다. 그러나 지는 먼저 힘써야 하고, 지를 기르는 것은 또한 마음을 맑게 하고 욕심을 버리는 데 달려 있다."라고 하였다.

생각건대 이와 같이 지행(志行)이 높고 학식이 통달하였으므로, 쇠

7 가정(嘉靖) 겨울 : 《퇴계집》에는 '嘉靖戊申冬'으로 되어 있다. 무신은 1548년(명종3)이다. 《退溪集 卷47 有明朝鮮國……李公墓碣銘》

퇴한 세파(世波) 속에서도 우뚝하게 스스로 서서 시종 변함없었고, 기묘사화 때 온전히 지조를 지킨 사람이 될 수 있었던 것이다. 덕의(德義)가 드러나자 사방에서 소문을 듣고 사모하여 그 문하에 출입하며, 선인(善人)이 되고 지향해야 할 바를 알게 된 선비가 부지기수였다.

아아, 이는 노선생의 글이다.[8] 이 외에 증거로 삼고 믿을 만한 것으로 선배들의 유집과 필록(筆錄)이 있으니, 권충재(權冲齋)[9]의 〈교유록(交遊錄)〉에 이르기를,

"탄수(灘叟) 선생은 예(禮)로 스스로를 가다듬었고 늘 성현을 사모하였다. 기묘년(1519)의 사화 뒤로 충주에 은거하니 고장 사람들이 그의 덕을 높여 존경하고 우러렀다."

하였고, 필록(筆錄)에,

"정미년(1547)에 충재와 회재(晦齋 이언적(李彦迪)) 두 선생이 모두 서쪽 변방 지역으로 귀양을 갔는데, 같은 날 충주 금탄(金灘)의 역참에 도착하였다. 당시 조정의 논의가 흉흉하여 두 공도 감히 서로 만나 보지 못하였는데 이탄수 선생은 그분들이 왔다는 것을 듣고는 급히 와서 방문하였으며, 대화가 시사(時事)에 미치자 분개하며 눈물을 흘렸다."

하였으며, 이음애(李陰厓)[10]의 행장(行狀)에 이르기를,

8 이는 노선생의 글이다 : 노선생은 퇴계 이황을 말하며, 앞의 글은 《퇴계집》 권47 〈유명조선국……이공묘갈명(有明朝鮮國……李公墓碣銘)〉에 나온다.

9 권충재(權冲齋) : 권벌(權橃, 1478~1548)로, 본관은 안동(安東), 자는 중허(仲虛), 호는 충재·훤정(萱亭)·송정(松亭), 시호는 충정(忠定)이다.

10 이음애(李陰厓) : 이자(李耔, 1480~1533)로, 본관은 한산(韓山), 자는 차야(次野), 호는 음애·몽옹(夢翁)·계옹(溪翁)이다. 이색(李穡)의 후손으로 중종 때 우참

"이탄수 선생과 사는 곳이 멀지 않아 바람이 맑고 달이 밝으면 문득 배를 타고 서로 찾아가서 도의를 궁리하고 연구하며 기탄없이 흉금을 털어놓으니 즐거워 근심을 잊었다."

하였고, 동고(東皐) 이 상국(李相國)[11]의 행록(行錄)에 이르기를,

"공은 일찍이 종형(從兄) 탄수 선생을 스승으로 삼아 정암(靜菴 조광조)의 성리학의 서론(緖論)을 들어 학문에 연원이 있다."

하였고, 《정암집(靜菴集)》에는 이르기를,

"선생이 탄수의 손을 잡고 눈물을 흘리며 '종남(終南)[12]이 죽은 뒤로는 한스럽게도 허물을 듣지 못했다.'라고 하였더니, 탄수가 '공은 병통은 달리 없고 기량(器量)이 너그럽고 크지 못한 듯합니다.'라고 하니, 선생이 '바로 나의 병통을 맞혔다.'라고 하였다."

하였고, 소재(穌齋) 노 상국(盧相國)[13]의 유집(遺集)에,

"내가 일찍이 종일 모시고 있어 보니 공의 언행은 선현(先賢)의 가르

찬을 지냈으며 기묘사화에 걸려서 파직된 뒤에 음성(陰城), 충주 등지에 살면서 학문을 강마하였다.

11 이 상국(李相國) : 영의정을 지낸 이준경(李浚慶, 1499~1572)을 말한다. 명종·선조 때의 정승으로, 본관은 광주(廣州), 자는 원길(原吉), 호는 동고·남당(南堂)·홍련거사(紅蓮居士)·연방노인(蓮坊老人)이고, 시호는 충정(忠正)이다. 조부가 이세좌(李世佐)로 이연경과 사촌 간이다.

12 종남(終南) : 종남부수(終南副守)에 봉해진 정종의 현손 이창수(李昌壽)를 말한다. 호는 치재(恥齋)이다. 《중종실록》 12년 5월 22일 기사에 "종실(宗室)인 종남부수 이창수……"라는 내용의 졸기(卒記)가 있다.

13 노 상국(盧相國) : 선조 때 영의정을 지낸 노수신(盧守愼, 1515~1590)을 말한다. 본관은 광주(光州), 자는 과회(寡悔), 호는 소재·이재(伊齋)·암실(暗室)·십청정(十青亭), 시호는 문간(文簡)이다.

침과 과거의 자취에 얽매이지 않으나 저절로 조리가 있고 법도에 맞는다는 것을 알았다."

하였다.

독서는 《소학(小學)》과 사서(四書)에 뿌리를 두었는데 일을 논할 때면 늘 시비를 잘 분석하였고 반드시 물정을 상세히 잘 알았다. 상례와 제례에 문공(文公 주자(朱子))의 《가례(家禮)》를 주장하였고 의기(義起)[14]하여 실정에 맞게 일을 행하는 경우가 많아 저절로 그 속에 예가 있었다. 늙어서까지 이를 견지하여 예문(禮文)에서 훌쩍 벗어나 자유자재하였으니 참으로 일대의 유종(儒宗)이라고 이를 만하다.

아, 공이 행한 일에 대하여 온전한 것으로는 퇴도(退陶)의 글을 살펴볼 만하고 흩어져 나오는 것으로는 여러 선생이 실기(實紀)에서 한 말을 증거로 할 만하다. 더구나 소재는 공의 사위이다. 이와 같이 일상생활 속에서 직접 가르침을 받으며 도를 즐겼으니, 덕을 이루고 도가 높아 사람들이 자연히 감복하여 마지않게 한 것이 아니라면 어떻게 이러할 수 있겠는가.

공은 먼저 이성수(伊城守) 이지(李墀)의 따님에게 장가들었다. 뒤에 현감 이연원(李延源)의 따님에게 장가들어 아들 하나를 낳았으나 요절하였고 딸이 셋인데, 맏딸은 호가 소재인 노수신(盧守愼)에게 시집갔으니 지위는 영의정이다. 둘째 딸은 심건(沈鍵)에게 시집갔으니

14 의기(義起) : 예문에 없더라도 이치를 참작하여 새로운 예를 만드는 것을 말한다. 《예기》 〈예운(禮運)〉에 "예라는 것은 의의 실질이니, 의에 맞추어서 맞으면 예는 비록 선왕 때에 없는 것일지라도 의로써 새로 만들 수 있다.〔禮也者, 義之實也, 協諸義而協, 則禮雖先王未之有, 可以義起.〕"라고 한 데서 온 말이다.

승문원 정자이다. 막내딸은 강유선(康惟善)에게 시집갔으니 성균관 생원이다. 모두 공에게 배워 이름난 사람이 되었다. 아우의 아들 호약(好約)을 후사로 삼았으며 벼슬은 의빈부 경력이다.

정자의 아들 심희수(沈喜壽)는 호가 일송(一松)이고 지위는 좌의정인데, 외손 중에서 현달(顯達)한 자이다.

아, 군자가 세상을 떠나면 시호를 내리는 것은 오래된 예이다. 더구나 덕을 숭상하라는 선대왕(先大王)의 말씀이 해와 별처럼 밝게 드러나니 이제 감히 선인들의 말과 지난날의 서적 속에서 글을 모아 사실대로 유사에게 올린다.

증 효충장의적의협력선무 공신 숭정대부 의정부좌찬성 겸 판의금부사 세자이사 지경연춘추관성균관사 내성군 행 가선대부 행 승정원 좌승지 정공 시장

贈效忠仗義迪毅協力宣武功臣崇政大夫議政府左贊成兼判義禁府事世子貳師知經筵春秋館成均館事萊城君行嘉善大夫行承政院左承旨鄭公諡狀

선조(宣祖)의 치세 때 하늘이 반드시 우리나라를 부지하려고 하였기에 오랫동안 정기를 기르고 영재를 모아 기다렸다. 왜란(倭亂)이 일어나자 어질고 지혜로운 선비들이 구름과 안개처럼 무성히 일어나, 있는 힘을 다해 사직을 지킨 자도 있고 몸 바쳐 직분을 다한 자도 있어서 혁혁하게 청사(靑史)에 빛을 드리운 것을 이루 다 헤아릴 수 없다. 그러나 자기 한 몸으로 처음에는 있는 힘을 다 바치고 마지막에는 목숨을 바쳐, 하늘이 기대한 뜻을 저버리지 않은 자는 아마도 오직 내성군(萊城君) 정기원(鄭期遠) 공이리라.

공이 세상을 떠난 지 200여 년 만에 내가 정승으로서 상에게 아뢰기를, "옛 충신 정기원은 조정의 추보(追報)[15]로는 좌찬성의 추증이 있었고, 《삼강행실(三綱行實)》의 서적이 있으며,[16] 사림의 숭봉(崇奉)으

15 추보(追報) : 이미 죽은 사람에게 명예나 관직 등을 회복하거나 관직을 추증하고 시호를 내리는 것, 또는 생전의 업적에 대하여 자손을 등용하거나 토지를 하사하는 등의 여러 가지 방식으로 나라가 보답하는 것을 말한다.

16 삼강행실(三綱行實)의 서적이 있으며 : 《삼강행실도(三綱行實圖)》의 속편인 《동국신속삼강행실도(東國新續三綱行實圖)》 중 <충신도>에 정기원이 행 호군(行護軍)의

로는 남원(南原)에서 행하는 제향(祭享)이 있습니다. 오직 미처 행하지 못한 일로는 시호를 하사하는 것이니 감히 이를 청합니다." 하니, 상께서 "그런가?"라고 하시고, 해당 관청에 명하여 의논하게 함으로써 충성에 보답하고 절의(節義)를 장려하는 은전(恩典)이 이제야 유감이 없게 되었다.

공의 자는 사중(士重)이고 본관은 동래(東萊)이다. 젊어서부터 호방하여 얽매임이 없었고, 조금 자라서는 생각을 바꾸어 독서하여 24세에 성균관에 들어갔다. 27세에 대비과(大比科 일종의 식년시(式年試))에 급제하여 뽑혀서 승문원에 들어갔다가 얼마 뒤 또 승정원 주서로 옮겼다. 당시에 선조가 막 즉위하여 조강(朝講), 주강(晝講), 석강(夕講)을 그치지 않았는데, 공이 늘 기주관(記注官)으로서 모시니 임금이 눈여겨보았다. 얼마 지나지 않아 품계를 뛰어넘어 6품을 제수하도록 명하니 사헌부 감찰에서 호조·형조·예조의 좌랑으로 전임되었다.

기축년(1589, 선조22)에 사간원 정언에 임명되었다.

3년이 지나 사은사(謝恩使)의 서장관이 되어 명나라에 갔다.[17] 당시는 만력(萬曆) 임진년(1592)으로, 때마침 사관(使館)에 있을 때 왜적

직함으로 수록되어 있는 것을 말한다. 이 책은 임진왜란 뒤 광해군 때 홍문관 부제학 이성(李惺) 등이 편찬한 것으로, 임진왜란 때 공을 세운 관원과 의병장, 양반과 서민, 노비를 가리지 않고 수록한 것이 특징이다.

17 사은사(謝恩使)의……갔다 : 1591년 일본이 우리나라를 위협하여 명나라로 쳐들어가려 한다는 사정을 알리기 위해 진주사(陳奏使) 한응인(韓應寅)을 파견하였는데, 만력 연간에 오랫동안 정사를 살피지 않고 조정에 나오지 않던 신종황제(神宗皇帝)가 우리나라 사신이 가자 직접 인견(引見)하고 위문을 하니, 전에 없던 융숭한 대우였다. 이에 조정에서는 다시 신점(申點)을 파견하여 이 일에 감사하고 겸하여 적정(敵情)을 알릴 목적으로 그해 10월 다시 사은사를 파견하게 되었다.

이 대거 침범하여 우리의 종묘사직이 파천(播遷)하였다는 소식을 듣게 되었다. 공은 통곡을 하고 나서 상사(上使) 신점(申點)[18]의 손을 잡고 울며 말하기를 "우리나라는 힘이 약하여 나라의 보전을 꾀할 수 없습니다. 큰 나라를 끌어들이지 않고 어디를 믿겠습니까. 더구나 대부가 국경을 나가면 스스로 독단할 수 있는 의리[19]가 있는 경우이겠습니까." 라고 하였다.

이에 정문(呈文)[20]의 초안을 작성하여 오문(午門)[21] 밖으로 갔다. 각로(閣老)[22]들이 궁으로 들어가기를 기다렸다가 무릎을 꿇은 채 나아가

18 신점(申點) : 1530~? 본관은 평산(平山), 자는 성여(聖與)이다. 1592년 사은사로 연경(燕京)에 체류하다 왜란이 일어나자 병부 상서 석성(石星)의 도움을 받아 병부와 예부에 계속 상주(上奏)하여 위급함을 호소하였는데, 그 결과 명군의 파견이 있게 되었다. 선무 공신(宣武功臣) 2등에 녹훈되고, 평성부원군(平星府院君)에 봉해졌다.

19 대부가……의리 : 사신이 외국에 나가서 상황의 추이에 따라 조정에 보고하지 않고 스스로 판단하여 일을 처리할 수 있는 의리를 말한다. 《춘추》에 따르면 장공(莊公) 19년에 노나라 공녀를 진(陳)나라의 잉첩(媵妾)으로 보낼 때, 노나라 대부 공자(公子) 결(結)이 제 환공(齊桓公)과 송 환공(宋桓公)이 위(衛)나라 견(甄) 땅에서 회합한다는 말을 듣고 임의로 그들과 맹약하였다. 이 일을 두고 전(傳)에서 "대부가 국경을 나가서 사직을 평안히 하고 나라를 이롭게 할 수 있으면 전임(專任)해도 된다."라고 한 뜻을 가져왔다. 《春秋公羊傳注疏 卷8 莊公19》

20 정문(呈文) : 하급 관아에서 상급 관아에 올리는 공문의 일종인데, 여기서는 명나라에 파견된 우리나라 사신이 일이 있어 명나라의 해당 부서에 보낸 글을 말한다.

21 오문(午門) : 명나라 영락(永樂) 18년(1420)에 건립된 것으로, 오늘날 북경 자금성(紫禁城)의 정문(正門)인 오조문(午朝門)을 말한다. 명나라 조정의 신하들이 이곳에서 대기하며 조회에 참석하거나 분부를 받곤 하였는데, 단문(端門)이라고도 한다.

22 각로(閣老) : 명·청 때 한림(翰林)에서 고칙(誥勅)을 관장하는 학사를 일컫던 말이다.

드디어 머리를 조아리니, 머리가 부서져 피가 홍건히 흘렀는데, 이를 보던 명나라 조정의 사람들이 모두 혀를 차며 "신포서(申包胥)[23]가 다시 났다."라고 하였다. 상서(尙書) 석성(石星)[24]이 의롭게 여겨 황제에게 아뢰어, 우선 참장(參將) 곽몽징(郭夢徵)과 대변조(戴弁朝),[25] 유격장군(游擊將軍) 사유(史儒)를 보내어 군대를 거느리고 가서 나라를 지키게 하고, 국왕에게 백금 2만 냥을 하사하여 호군(犒軍)을 위한 자금으로 쓰게 하였다.

공이 일을 마치고 돌아올 때 통주(通州)[26]에 와서 우리나라 사신 정곤수(鄭崑壽)를 만났는데, 군대를 청하러 온 것이었다. 용만(龍灣 의주(義州))의 행재소(行在所)에서 복명하자 병조 좌랑과 정랑에 임명되었다.

이듬해에 안악 현감(安岳縣監)에 제수하였다. 당시에 명나라가 대

23 신포서(申包胥) : 춘추 시대 초(楚)나라의 대부이다. 오(吳)나라 군대가 초나라의 수도 영(郢)을 침입하여 왕이 피난하는 국난이 있자, 진(秦)나라에 가서 구원병을 요청하였다. 진나라가 구원을 허락하지 않자 그가 대궐의 뜰에서 밤낮으로 울음을 그치지 않고 이레 동안 음식을 먹지 않자, 진나라 애공(哀公)이 그 정성에 감격하여 구원병을 보내 오나라를 물리쳤다. 《春秋左氏傳 定公4年》

24 석성(石星) : 명나라의 병부 상서로, 자는 공진(拱辰), 호는 동천(東泉)이다. 명나라 신종(神宗) 때 호부와 공부를 거쳐 병부 상서를 역임하였다. 임진왜란 때 명나라 군대가 울산과 남원 전투에서 잇따라 패배하자 사임하였으며, 전력 손실을 이유로 탄핵당하고 옥사하였다.

25 대변조(戴弁朝) : 《국조보감(國朝寶鑑)》 권31 〈선조조(宣祖朝) 8 임진(壬辰) 25년〉 및 《선조실록》 25년 6월 16일, 17일 기사에 '戴朝弁'으로 되어 있다.

26 통주(通州) : 중국 북경의 동남쪽에 위치한 지역으로, 조선의 사신이 북경으로 들어가는 길목이었다.

대적으로 출병하여 왜군을 격파하고 경성(京城)을 회복하였다. 그런데 거가(車駕)가 서울로 미처 돌아오기도 전에 명나라 장수가 계속해서 오니, 서쪽 지역의 백성들이 물자 공급에 지쳐 있었다. 공이 형편에 맞게 무마하고 지성으로 일을 행하니 백성들이 그 덕을 보았다.

을미년(1595) 봄에 사헌부 장령에 임명되어 지제교에 뽑혔다. 또 사간원 헌납에 임명되었고, 얼마 뒤 홍문관에 뽑혀 들어갔으며 이어 수찬에 임명되었다. 시강원 문학, 사간원 사간, 종부시 정(宗簿寺正)으로 옮겼다가 드디어 통정대부로 자급이 올라 동부승지에서 우부승지로 승진하였다.

이 당시에 왜병이 남해에 주둔하면서 말로는 화의가 이루어지면 철수하여 돌아갈 수 있다고 하니, 이에 천자가 사신을 보내어 풍신수길(豐臣秀吉)을 왕으로 봉해서 견제하려고 하였다. 풍신수길이 오만하여 봉하는 것을 받지 않자 나라 안이 매우 흉흉하고 두려워하여 어떻게 계책을 세워야 할지 몰랐다.

좌의정 김응남(金應南)이 상에게 아뢰어, 공을 명나라에 파견하여 알리자고 청하니, 상이 그 말을 따랐다. 그리고 독단으로 책임지고 일하게 할 뜻으로 부사(副使)를 파견하지 않았으니, 당시는 병신년(1596) 11월이었다. 공이 밤낮으로 달려가 국세(國勢)가 위태롭고 급박한 것을 명나라 조정에 하소연하였다. 그러나 이때에 와서 석 상서는 도리어 화의(和議)를 주장하며 다시 출병해서 구원하려고 하지 않았다. 공은 정문을 작성하여 문무의 병권을 관장한 신하들에게 두루 올리고, 또 오문 밖에 서서 임진년에 한 것과 마찬가지로 머리를 부수어 피를 흘리니 감탄하지 않는 사람이 없었다.

황제가 듣고 가련하게 여겨 대장 마귀(麻貴), 총병(摠兵) 양원(楊

元)·유정(劉綎)·동일원(董一元) 등에게 명하여 강회(江淮)[27]와 요동의 병사 수만 명을 거느리고 토벌하게 하고, 또 국왕에게 표리(表裏) 2단과 백금 2만 냥을 하사하였다. 공이 요동으로 돌아와서 양원의 군대가 지체하며 머물 뜻이 있는 것을 보고 군문(軍門)에 나아가 눈물을 흘리며 "우리나라가 오늘이 있는 것은 모두 황제의 신령스러움 덕분입니다. 이제 우리나라 조정이 아침에 저녁 일을 꾀할 수 없을 만큼 다급한데 공이 천자의 명을 받들고서 만약 정벌을 늦춘다면 제때에 구원할 수 없을까 염려됩니다."라고 하니, 양원이 그 말에 감동하여 즉시 출병하여 전진하였다. 임금이 공의 사적(事績)을 가상히 여겨 책훈(策勳)할 것을 명하고 가선대부 상호군에 승진시켜 배수하였다.

양원의 군대가 뒤따라 도착하였고, 장차 출병하여 호남의 남원부를 지키려고 하니, 조정이 공을 접반사(接伴使)로 삼았다. 남원은 왜적의 요충지라서 조정에서는 접반사의 임무를 사지(死地)라고 여겨 교묘히 피하는 자가 많았다. 그런데 공은 명을 듣자마자 주저 없이 "군주가 치욕을 당하면 신하는 죽는 것이 의리이다. 내가 어찌 위험을 피하여 편안함을 도모할 수 있겠는가."라고 하고, 기색을 조금도 낯빛에 드러내지 않았고, 남원에 도착해서는 손발이 닳도록 성을 수리하고 해자(垓子)를 파서 죽음으로 지킬 계획이었다. 양원은 요동의 장수라서 북방의 오랑캐를 막을 줄은 알지만 남방의 오랑캐를 막을 방도를 모르면서, 하찮은 무리들이 감히 자기와 맞서지 못하리라 여기고, 날마다 방자하게 술 마시고 풍악을 벌이니, 공이 근심하여 여러 번 방어할 대책을

27 강회(江淮) : 장강(長江)과 회하(淮河) 일대를 일컫는 말로, 지금의 중국 강소성(江蘇省)과 안휘성(安徽省) 지역에 해당한다.

마련하도록 말하였으나 양원은 듣지 않았다.

7월에 한산도(閑山島)의 수군이 궤멸되고 통제사(統制使) 원균(元均)이 도주하다가 죽자, 왜적이 승세를 타고 바다와 육지를 통해 끊임없이 이어서 남원 지역으로 진격하였다. 순찰사(巡察使)와 조도사(調度使)는 모두 도피하고 성안에는 양원 휘하의 3000명과 병마사(兵馬使) 이복남(李福男)이 거느린 수백 명뿐이었다. 양원이 공에게 "왜적의 공세가 매우 급하고 공은 서생(書生)이라 궁마(弓馬)에 익숙하지 않으니 먼저 떠나서 흉악한 예봉을 피하는 것이 어떻겠소?"라고 하자, 공이 "노야(老爺)는 어찌 이러한 말을 하십니까. 이 성이 무너지면 적은 반드시 승승장구할 것이니 경성(京城)을 보전할 수 있겠습니까. 저는 죽더라도 감히 떠나지 않겠습니다."라고 하였다.

당시에 서숙(庶叔) 정기생(鄭己生)이 군중에 있었는데 공이 글을 써서 정기생에게 주며 아버지에게 영결을 고하기를,

"왜적이 이미 남원의 경내를 범하여 10리 밖까지 들어왔으니 이 성은 당장 포위될 것입니다. 자식은 이미 나라를 위해 몸을 바쳤습니다. 자식을 생각지 마십시오. 정기생이 함께 위험한 곳으로 들어갈 수 없으므로 장계에 딸려 올려보내니, 전달될지는 잘 모르겠습니다."

하고, 또 차고 있던 칼을 풀어 정기생에게 주며 "제가 죽은 뒤 죽은 곳을 알 수 없을 것입니다. 이 칼은 저의 정기가 깃들었으니 이것으로 장사 지내 주십시오."라고 하였다.

편지를 보낸 지 사흘 만에 왜적이 밤에 북을 치고 함성을 지르면서 진격하여 개미 떼처럼 성벽에 붙어 들어오니 성이 마침내 함락되었다. 양원은 포위를 뚫고 달아났고, 공은 일이 틀린 줄을 알고 의관을 정제한 다음 북쪽으로 네 번 절하고서 마침내 죽으니, 정유년(1597) 8월

16일 새벽이었다. 당시 나이는 서른아홉이었다. 양원이 서울로 돌아와 눈물을 흘리며 임금에게 고하기를 "남원이 포위되자 피하여 떠나지 않은 백성이 없었는데 정기원만이 떠나지 않았습니다. 제가 매우 간곡히 떠나기를 권하였으나 끝내 떠나가지 않았으니 참으로 의로운 자입니다."라고 하자, 선조가 듣고서 슬퍼하며 예조 판서를 추증하고 그 집안에 곡식을 내린 뒤에 또 좌찬성을 추증하였다. 또 명하여 선무 원공(元功)에 녹훈(錄勳)하고, 효충장의선무 공신(效忠仗義宣武功臣)을 추증하였으며, 승진시켜 내성군(萊城君)에 봉하고, 관원을 보내 예법대로 제사 지내게 하였다. 뒤에 또 명하여 그의 일을《삼강행실도(三綱行實圖)》에 수록하고, 그의 집 문을 정표(旌表)하며, 남원에 충렬사(忠烈祠)를 세워 제사 지내도록 하였다.

정씨는 나라 안의 으뜸가는 가문이다. 목(穆)은 고려에 벼슬하여 관직이 좌복야(左僕射)에 이르렀다. 난종(蘭宗)은 우리 세조의 조정에서 벼슬하여 관직은 좌참찬에 이르렀고 동래군(東萊君)에 봉해지고 시호는 익혜공(翼惠公)이니 공에게 5대조이다. 증조부 한룡(漢龍)은 현령이고 좌승지에 추증되었다. 조부는 순복(純福)이니 사직서 영이고 이조 참판에 추증되었다. 아버지 상신(象信)은 빙고 별좌(氷庫別坐)이고 영의정 내산부원군(萊山府院君)에 추증되었다. 어머니는 국성(國姓)인 이씨(李氏)이고 영천부정(永川副正) 이경(李璟)의 따님이다.

부인 정경부인(貞敬夫人) 청송 심씨(靑松沈氏)는 관찰사 심전(沈銓)의 따님으로 2남 4녀를 낳았다. 맏아들 지심(之諶)은 군수이고 둘째 아들 지우(之羽)는 도승지이다. 사위는 참판 김시국(金蓍國), 좌랑 신이우(申易于), 참봉 이남(李枏), 승문원 정자 민진흥(閔震興)이다. 현손 두서(斗瑞)는 나이 열여덟에 숙종이 특별히 침랑(寢郎)을 제수하였으니 이는 공의 충성을 생각한 때문이다.

7세손 전 정언(正言) 택동(宅東)이 멀리 영남에 있으면서 아우 태동(台東)과 아들 지묵(持默)을 시켜, 공이 남원성에서 정기생에게 주었던 편지의 진적(眞蹟)을 옷소매에 넣어 와서 나에게 보여 주었다. 나는 바로 공에게 시호를 하사하도록 청한 자이므로 손을 씻고 받들어 읽어 보았는데, 얼마나 장렬하던지, 충성스러운 마음과 의로운 용기가 생생하게 한 장의 종이에 깃들어 있어 마치 귀신이 곁에서 우는 듯하였다.

옛날에 장 수양(張睢陽)이 남팔(南八)을 돌아보며 말한 것[28]은 불의에 굽히지 말라는 경계에 지나지 않아도 충신열사(忠臣烈士)의 눈물은 천고에 마르지 않았다. 더구나 공이 부자간에 영결을 고하던 즈음은 조만간 생사가 판가름 날 때였는데도 필세(筆勢)의 흐름이 한가롭고 느긋하여 칼날이 들이닥치는 황급한 기미가 보이지 않는다. 충효의 큰 절개에다 학문의 힘을 겸하고 있어, 죽음 앞에서도 여유롭지 않다면 어떻게 이렇듯 고금에 우뚝할 수 있겠는가. 나는 이 글이 전해져 마땅히 천지와 더불어 사라지지 않으리라는 것을 안다. 평소 지은 화려하고 풍부한 문장과 정묘(精妙)한 필법 같은 것은 공에게는 단지 여사(餘事)일 뿐이다. 여러 번 반복하여 읽고 나서 대략 시종을 서술하여 예조에 바친다.

28 옛날에……것 : 장 수양은 수양성을 지키던 장순(張巡)을, 남팔은 장수 남제운(南霽雲)을 말하는데, 모두 당나라 안사(安史)의 난리 때에 충절을 지킨 신하이다. 난적(亂賊)이 수양성을 포위한 뒤 장순에게 항복을 권하였으나 장순은 굽히지 않았고, 남제운은 응답조차 하지 않았다. 그러자 장순이 남제운에게 "남팔아, 남자가 죽으면 죽었지 불의(不義)에 굽힐 수 없다."라고 하자, 남제운이 "장차 큰일을 하려 하였습니다. 공이 저를 알아주니 감히 죽지 않을 수 있겠습니까."라고 하였던 일이 있다. 수양성이 함락된 뒤 장순과 남제운 등 36명은 난적의 손에 죽었다. 《新唐書 南霽雲列傳》

증 자헌대부 이조 판서 행 통훈대부 집현전 교리 구공 시장
贈資憲大夫吏曹判書行通訓大夫集賢殿校理具公諡狀

공의 휘는 인문(人文)이고 자는 장숙(章叔)이며 성은 구씨(具氏)이니, 고려 판사재감사(判司宰監事) 현좌(賢佐)의 아들이다. 판사공은 고려에 벼슬하다가 우리 태조가 천명을 받았을 때 해미(海美)의 봉생산(鳳生山)[29]으로 돌아가 은거하였다. 임종 때 "고려 모 벼슬 구모의 묘"라고 손수 써서 비석에 새기게 하고 "이 산을 벗어나서 나를 묻지 마라."라고 당부하였다. 부인 숙인(淑人) 김씨(金氏)는 고려 판삼사사(判三司事) 김린(金藺)의 따님이다. 영락(永樂) 기축년(1409, 태종9)에 봉생산 아래에서 공을 낳았다.

공은 선조의 후광을 받고 태어나 성대하게 선대의 업적을 잘 이어받았다. 일찍이 태허(太虛) 최항(崔恒), 취금(醉琴) 박팽년(朴彭年)과 도의(道義)로 교유하니 온 세상 사람들이 모두 떠받들고 존중하였다. 세종 병오년(1426, 세종8)에 생원시에 합격하였다. 신유년(1441)에 문과에 응시하였다. 당시에 임금이 지극히 훌륭한 정치를 행하고자 집현전을 갓 설치하고서 일대의 문학과 재주가 있는 선비를 선발하였는데 공이 맨 먼저 발탁되니, 경연(經筵)을 출입하면서 도운 것이 매우 많았다.

29 해미(海美)의 봉생산(鳳生山) : 1872년(고종9) 간행된 지방지도의 〈해미현지도〉에 해미현(海美縣) 관아 서남쪽의 일도면(一道面)에 있는 산 이름으로, 오늘날 충남 서산군(瑞山郡) 해미면(海美面)에 위치한다.

문종이 일찍이 밤에 집현전의 신하를 불러 술을 하사하였는데 당시에 날씨가 몹시 추웠다. 문종이 명하여 담비 이불을 하사하고 침전(寢殿) 곁에서 모시고 자게 하니, 세상에 드문 은혜요 영예였다.

을해년(1455, 세조1)에 세조가 선양을 받을 때 공이 성삼문(成三問)과 출처(出處)에 대해 의논하였는데, 성공(成公)이 "나는 종사(從仕)하려고 하오."라고 하자, 공이 "나는 마땅히 자폐(自廢)[30]하겠소."라고 하였다. 얼마 지나지 않아 세조의 뜻을 거슬러 지방으로 나가 보성 군수(寶城郡守)에 보임되니 드디어 벼슬을 버리고 봉생(鳳生)의 선영 아래로 돌아가 은거하며 청맹(靑盲)이라 핑계하고 문밖을 나가지 않으며, 가족에게 "시절이 밝아지면 내 눈이 비로소 뜨일 것이다."라고 하였다.

하루는 성공이 홍주(洪州)에서 공을 찾아왔다. 밤에 이불을 나란히 덮고서 성공이 취기에 맡겨 시 한 구절을 썼다. 그 시에 "맹세컨대 마음속의 철로 소매 속 철퇴를 만들리라.〔誓將心裏鐵 鑄得袖中椎〕"라고 하였는데, 공이 깊이 신음하며 답하지 않았다. 성공이 "죽는 것이 두려우시오?"라고 묻자, 공이 "천상(天象)과 인사(人事)를 내가 익숙히 관찰해 보았소. 한번 죽는 것은 아깝지 않지만 결국 만약 일에는 보탬이 없고 우리 임금께 재앙을 끼치게 된다면 불충한 귀신이 되지 않겠소."라고 답하니, 성공이 급히 "내가 취했소."라고 하였다.

사육신(死六臣)의 일이 발생하자 공이 하늘을 우러러 탄식하며 "인(仁)을 구하여 인을 얻었으니[31] 또한 어찌 탓하랴."라고 하였다. 이로부

30 자폐(自廢) : 스스로 폐인(廢人)으로 처세한다는 말이다. 구인문은 평생 눈 뜬 봉사 행세를 하였다.

31 인(仁)을……얻었으니 : 성삼문이 세조 밑에서 벼슬하지 않고 단종을 위해 절개를

터 더욱 단단히 병을 핑계 대고서 발걸음이 뜰에 미치는 경우가 드물었다. 그 당시 온천욕을 하면 혹시 병이 나을 수도 있다고 핑계 대고서 홀로 어린 종을 데리고 나가 달포가 지나서야 돌아왔는데 안색이 몹시 초췌하고 슬픔을 숨기지 못하였다. 가족들은 잠자코 그가 영월(寧越)에 가서 단종을 뵈었으리라 추측하였으나 공은 끝내 스스로 말하지 않았으니, 이는 권절(權節), 최덕지(崔德之) 등 제공(諸公)의 기록에서 이렇게 말하였을 따름이다.

단종이 세상을 떠나자 공은 산에 들어가 통곡하며 다시는 문밖의 일에 대하여 묻지 않았다. 천순(天順) 임오년(1462) 6월 16일에 세상을 마치니 향년이 54세였다. 뒷날 사람이 그가 거처하던 곳을 두문동(杜門洞)이라 하니 공은 이에 판사공의 아들로서 부끄럽지 않게 된 것이다. 아, 공이 한 일을 공은 말하고 싶어 하지 않았고, 뒷날의 사람은 공의 일을 말하고 싶어도 감히 말하지 못한 점이 있다.

5세손 대사헌 의강(義剛)이 공의 사적이 오래되면 오래될수록 사라져 버릴까 우려하여 사사로이 기록해서 후손들에게 전하며 말하기를,

> "공이 자폐한 10년 동안 눈이 있어도 없는 것처럼 자처하여 집 뜰을 거닐 때도 반드시 도움을 받았고, 몸소 위태로운 기미를 무릅쓰고 굳이 막아 지키고 있는 중에 구주(舊主 단종)를 만나 보았으니, 형편

지킨 것을 빗대어 이른 말이다. 위(衛)나라가 아버지인 출공(出公) 괴외(蒯聵)와 아들 첩(輒)이 왕위 쟁탈로 어수선할 때 공자의 제자 염유(冉有)가, 공자가 헌공(獻公)의 적손(嫡孫)인 출공을 도울지 궁금해하였다. 그러자 자공(子貢)이 공자의 의사를 타진해 보겠다며 백이(伯夷)와 숙제(叔齊)에 대해 묻자, 공자가 "인을 구하여 인을 얻었으니, 어찌 후회하였겠는가."라고 대답하였는데, 자공이 이 말을 통해 공자가 출공을 돕지 않을 것을 알았다. 《論語 述而》

을 헤아려 처신한 밝은 지혜는 성공(成公) 같은 현자들도 미치지 못하는 점이 있다."

하였으니, 아, 이 말은 실로 천하의 공변된 의론이다. 대헌공(大憲公)은 알고서도 말하지 않는 것이 불인(不仁)이 되는 것[32]을 면하였다고 할 수 있으리라.

성상 15년 신해년(1791, 정조15) 봄에 현륭원(顯隆園)을 참알(參謁)하면서 어가가 육신사(六臣祠)를 지날 때 측은한 감회가 일어, 직접 제문을 짓고 관원을 파견하여 치제(致祭)하게 하였다. 얼마 뒤 각신(閣臣)에게 명하여, 충절을 지켰으나 사적이 흩어져 기록에 빠진 장릉(莊陵 단종)의 신하들을 기록하여 올리라고 하였다. 마침 조정의 신하 중 글을 올려 사육신의 사당에 그의 선조를 배향하도록 청하는 이가 있자,[33] 임금이 같은 때에 순절한 11명을 아울러 거론하고, 이어 공의 이름을 언급하여 "이들은 성과 이름이 생육신처럼 사람들의 눈과 귀에 전해지고 있는 자들로, 모두 다 배향하기에 합당하다. 그러나 근엄한

32 알고서도……것 : 남의 훌륭한 행적을 알고 있으면서도 국가 혹은 시대가 그 일에 대하여 논의하는 것을 꺼린다 하여 모르는 듯이 덮어 두는 것은 어질지 못한 처사라는 것이다. 명나라 송렴(宋濂)이 〈여씨채사목록서(呂氏采史目錄序)〉에서, 여복(呂復)이 오랑캐인 금나라나 원나라의 역사를 기록으로 남긴 것을, 사마광(司馬光)이 《자치통감(資治通鑑)》을 저술하고 난 뒤 국휘(國諱)에 해당되는 것을 따로 〈목록(目錄)〉이란 명목으로 남긴 기록에 견주면서 "남이 공이 있는데도 모르는 것은 지혜롭지 못하고, 알고서도 말하지 않는 것은 어질지 못한 것이다."라고 하여, 중국을 침략한 이민족의 역사를 기록으로 남긴 것에 대하여 칭찬하였다. 《文憲集 卷5》

33 마침……있자 : 조정의 신하란 사성(司成) 성종인(成種仁)을 말하며, 그의 선조란 성희(成熺)를 말한다. 당질(堂姪)인 성삼문 등 사육신이 상왕인 단종의 복위를 도모한 일에 연루되어 김해(金海)로 유배되었다가 돌아와서 죽었다. 《正祖實錄 15年 2月 27日》

체통을 따르려고 하다 보니 일률적으로 신중히 하는 방향으로 귀결되었다."라고 하였다. 정승 채제공이 아뢰기를,

"절개를 지키다 죽은 여러 신하를 기리고 숭상하며 영예롭게 드러낸 것은 또한 유감이 없다고 말할 만합니다. 그리고 구인문의 드높은 충절은 죽음으로 단종을 섬긴 신하들에 비해 모자람이 없습니다. 지난날 조정 신하의 상소에 대한 비답에서 특별히 그의 이름을 거론하였으니 이보다 큰 영예가 없습니다. 다만 추증의 은전을 받지 못하였으니 홀로 소외되었다는 한탄이 없지 않은 듯합니다."

하였다. 이에 주상이 특별히 공을 이조 판서 양관 대제학(兩館大提學)에 추증하니, 애영(哀榮)의 은전이 갖추어졌다.[34] 이 어찌 구씨 한 가문의 영광일 뿐이겠는가. 곧 백대에 교화를 세울 수 있으니 아름답고 성대하다.

공은 본관이 능주(綾州)이다. 비조(鼻祖) 존유(存裕)는 고려 벽상삼한삼중대광(壁上三韓三重大匡)이고 그 아들 민첨(民瞻)은 동평장사(同平章事)를 지냈으며, 그 아들 인(珚)은 문과에 급제하여 판관을 지냈다. 그 아들 의문(宜文)은 장원으로 급제하여 소윤(少尹)을 지냈으니, 이분이 4대조이다. 증조부 핵(核)은 총제(總制)이고 조부 서진(瑞珍)은 지영주사(知寧州事)이다.

공은 영동 김씨(永同金氏) 예빈시 소윤(禮賓寺少尹) 김량(金諒)의 따님에게 장가들어 1남 1녀를 낳았다. 아들 효근(孝勤)은 현감이고,

34 애영(哀榮)의 은전이 갖추어졌다 : 원래는 생전에는 영예를 누리고 살며 사후엔 애도를 받는다는 말이지만, 여기서는 죽은 뒤에 애도와 영예가 갖추어졌다는 뜻으로 쓰였다.

사위 여효보(呂孝輔)는 군수이다.

효근이 2남 2녀를 두니 아들 희(喜)는 현감이고 필(弼)은 별좌이다. 사위는 견양부정(甄陽副正) 이진(李縉)과 송옹(宋雍)이다. 증손 이하는 다 기록하지 않는다.

공의 아름다운 행실과 사적은 참으로 이에 그치지 않는다. 그런데 공의 제사를 받든 5세손 흥문(興門)이 임진왜란 때 목숨을 바쳐 어버이는 온전하게 보전하였지만, 집에 보관되어 있던 것이 깡그리 불에 타버려 증거로 삼을 문헌이 없었다. 11세손 승지 수국(壽國)이 권절, 최덕지 두 공이 기록한 것에 근거하고, 대헌공이 사사로이 기록해 둔 것을 상고하여 가장(家狀) 1본(本)을 지어 상자 속에 보관해 두었다. 품계를 추증하라는 명이 내리자 13세손인 전 참의 수온(修溫)이 종손(宗孫) 수인(修仁)과 함께 내 집에 와서 시호를 청하는 글을 부탁하니, 내가 정승으로서 상에게 아뢴 자이기 때문이다.

가만히 생각건대 당시 그 일을 만나 분발하여 살신성인(殺身成仁)한 것과 죽을 때까지 숨어 지내며 자취를 지우고 절개를 온전히 한 것은, 그 도는 달라도 마음은 똑같다. 공이 성공(成公)과 묻고 대답한 것을 보고서 매우 슬프게 탄식하며 왈칵 눈물을 흘리지 않을 자가 있겠는가. 삼가 위와 같이 채집하여 받들어 봉상시(奉常寺)에 바친다.

증 자헌대부 이조판서 겸 지경연의금부사 홍문관대제학 예문관대제학 지춘추관성균관사 오위도총부도총관 행 통정대부 성균관 대사성 지제교 추연 우공 시장

贈資憲大夫吏曹判書兼知經筵義禁府事弘文館大提學藝文館大提學知春秋館成均館事五衛都摠府都摠管行通政大夫成均館大司成知製敎秋淵禹公諡狀

내가 일찍이 문충공(文忠公) 유성룡(柳成龍)이 지은 〈추연우공일록(秋淵禹公日錄)〉[35]을 보니 "나는 경선(景善)과 동년생(同年生)으로, 퇴도(退陶) 선생의 문하에서 유학하여 뜻을 같이하는 벗이었다. 뒤에 한성(漢城) 낙선방(樂善坊)에 가서 거의 반년이나 함께 거처하며 독서하였으니 우정이 매우 돈독하였다. 그 뒤에 또 조정에 같이 있었으니 대각(臺閣)에 있으면서 언론과 처사가 의논하지 않아도 대체로 서로 부절처럼 합하였다. 경선은 바로 우공(禹公)의 자이다."라고 하였다. 아, 임진왜란을 당하여 왕실에 힘을 쏟고 한 손으로 하늘을 떠받친 이는, 생각건대 문충공이 바로 그러한 사람이다. 이 당시에 우공 같은 이는 의병을 규합하고 거느려 항오(行伍) 사이에서 있는 힘을 다하여 나라가 있는 줄만 알고 자신이 있는 줄은 몰랐다. 뜻과 도가 같다면 천 리 밖에서도 오히려 또한 감응하는데, 더구나 나이와 스승이 같고

35 추연우공일록(秋淵禹公日錄) : 우성전(禹性傳)의 《계갑일록(癸甲日錄)》에는 〈제우경선일기후(題禹景善日記後) 2수〉로, 유성룡의 《서애집(西厓集)》에는 〈서우경선일록후(書禹景善日錄後)〉로 실려 있다. 글자와 내용에 출입은 있으나 대략적인 내용은 같다.

조정에 같이 있었으며, 또 더불어 마음을 함께한 사람이겠는가. 의논하지 않고도 부절처럼 합한 것은 대각에서의 언론뿐만이 아니니, 문충공의 저술에서 어찌 고찰해 보지 않겠는가.

공의 휘는 성전(性傳)이고 추연(秋淵)은 그 호이며 세계(世系)는 단양(丹陽)에서 나왔다. 인열(仁烈)이라는 분이 있으니 본조(本朝)에 들어와 좌의정을 지냈고 시호는 정평(靖平)이다. 재전(再傳)하여 효강(孝剛)에 와서 공조 참판, 보문각 제학을 지냈다. 제학이 기(圻)를 낳으니 평양 판관(平壤判官)을 지냈으며 공의 4대조이다. 증조부 수(樹)는 연안 부사(延安府使)이고, 조부 성윤(成允)은 승사랑(承仕郎)이다. 생부 언겸(彦謙)은 의빈부 경력으로 좌승지에 추증되었다. 어머니 연안 김씨(延安金氏)는 김석린(金石璘)의 따님이다. 숙부 사옹원 봉사 준겸(俊謙)이 후사가 없어 공을 아들로 삼았다.

승사공(承仕公)이 형인 별좌(別坐) 성훈(成勳)과 함께 한훤당(寒暄堂) 김 선생(金先生)의 문하에서 같이 배워 문학으로 이름났다. 경력공이 서봉(西峯) 유공(柳公)[36]을 사사하여 그 집안 명성을 잇더니, 공에 이르러 또 대현(大賢)의 문하에서 유학하였으니 학문의 연원이 넉넉히 유래가 있다고 하겠다. 공은 약관의 나이에 퇴계의 문하에서 직접 가르침을 받으면서 어렵고 의심스러운 점에 대하여 강론한 것이 편지 상자에 가득하니 선생이 매우 칭찬하고 인정하였다.

36 서봉(西峯) 유공(柳公) : 유우(柳藕, 1473~1537)로, 본관은 진주(晉州), 자는 양청(養淸), 호는 서봉이다. 의정부 사인 유자빈(柳自濱)의 아들이다. 한훤당 김굉필(金宏弼)의 문인으로, 연산군 때 사화가 일어나 그 피해가 김굉필에게 미치자 심상(心喪) 3년을 하였다. 《寒岡集 卷15 寒暄堂金先生師友門人錄》

신유년(1561, 명종16)에 성균관 진사가 되었다.

갑자년(1564)에 성균관의 제생을 인솔하여 궁궐 문 앞에서 호소하여 요승(妖僧) 보우(普雨)[37]의 목을 벨 것을 청하였다.

무진년(1568, 선조1)에 문과에 급제하여 뽑혀서 예문관에 들어가 검열, 봉교가 되었다. 얼마 뒤 홍문관으로 승진하였다. 의정부에 들어가 사인이 된 것이 아홉 번이니, 이는 일대의 높은 명망을 지닌 자로 공보다 나은 자가 없었기 때문이다.

병자년(1576)에 어버이 봉양에 편하도록 지방으로 나가 수원 부사가 되었다. 처음 수원에 도착하니 소송 문서가 수천 건이나 쌓여 있었다. 아전을 시켜 고하게 하고, 고하는 말을 다 듣고 나서 제사(題辭)를 한 자도 쓰지 않고 묶어서 불태우게 하니 소송을 건 자는 실색을 하고 아전들은 깜짝 놀랐다. 이에 소송 문서의 수만큼 종이를 잘라 각각 소송한 자의 이름을 쓰고 소송에 따라 제사를 쓰니, 제사를 쓴 것이 무릇 수천 건이었는데 하나도 착오가 없었다. 이는 수원이 다스리기 어려운 곳이라 소문이 났고, 수령을 떠보는 계책인 줄 공이 알고서 짐짓 이렇게 누른 것인데 아전과 백성 들이 귀신같다고 여기고 감히 속이지 못하였다. 여러 달 만에 다스림과 교화가 아주 잘 행해졌다.

당시에 정인홍(鄭仁弘)이 정언이 되어, 직책은 조정 밖의 고을에 있으면서 몸은 경성(京城)에 머무르고 있다며 공을 탄핵하였다. 이에

37 보우(普雨) : ?~1565. 호는 허응(虛應), 법명은 보우, 가계는 미상이다. 명종의 모후(母后)인 문정왕후(文定王后)가 섭정(攝政)할 때 봉은사 주지로 있으면서, 문정왕후의 총애를 받아 승과(僧科)를 부흥하고 도첩(度牒)을 주어 불교를 부흥시켰다. 이러한 그의 행적은 유생들과 많은 마찰을 빚어 문정대비가 죽자 제주도에 유배되었다가 제주 목사 변협(邊協)에 의해 죽음을 당했다.

앞서 공이, 정인홍이 길사(吉士)가 아니라는 것을 많은 사람이 모인 자리에서 꺼리지 않고 공공연히 말하였기에 정인홍이 대단히 원망을 품고 있었다. 체차되어 조정으로 돌아오자 고을 사람들이 비석을 세워 기렸다. 다시 사헌부와 사간원에 들어가 지제교를 겸하였다. 그사이에 또 지방으로 나가서 강화부(江華府)를 다스렸다. 얼마 되지 않아 부름을 받고 돌아왔다.

계미년(1583)부터 조정이 점차 분당(分黨)의 조짐이 있으니 공은 선비들을 부지하는 것을 자기의 임무로 삼았다.

갑신년(1584)에 연안부(延安府)에 보임될 것을 구하였으니 이는 조정에 있는 것이 편치 않았기 때문이다.

을유년(1585)에 생모의 상을 당하였다. 삼년상을 마치자 다시 홍문관에 들어가 전한(典翰)에 임명되었다. 당시에 좌의정 정철(鄭澈)이 강계(江界)에 안치되어 있었는데 대각(臺閣)에서 형벌을 더할 것을 청하려 하였고, 홍문관의 관원들도 차자(箚子)를 올리려고 하면서 부제학 김수(金睟)가 와서 공과 의논하였다. 그런데 공이 "사람의 죄를 굳이 너무 심하게 따질 것 없습니다."라고 하며 의금부 관원을 만류하여 보내지 않았다. 대사간 홍여순(洪汝諄)이, 정철에게 빌붙는다고 여겨 공을 아울러 탄핵하고 관직을 삭탈시키니, 이에 공은 수원의 시골집으로 물러났다.

이듬해 임진년(1592)에 섬오랑캐가 창궐하니 임금이 서쪽으로 행차하고 도성을 잃었다. 공은 당시 막 죄로 인해 관직이 삭탈되어 어가를 호종할 수 없게 되자 이에 앞장서서 의병을 일으켜 추의군(秋義軍)이라 이름을 내걸었다. 공이 베푼 사랑이 백성들의 피부까지 파고들어 있어서 수원의 백성들은 공이 의병을 불러 모집한다는 것을 듣고는 메아리처럼 응하지 않는 자가 없으니 군세(軍勢)를 크게 떨쳤다. 이에 도성의 이례(吏隷)들과 경기의 사민(士民)들 중 왜적을 피해 달려오는 자들이 날마다 줄을 이었다. 장수 최흘(崔屹)을 보내어 권율(權慄)을 샛길에서 맞이하여, 독성(禿城)[38]에 들어가 이에 힘입어 세력을 떨쳤으며, 군대를 이끌고 김포(金浦)로 옮겨 가서 주둔하여 바닷물을 끓여 소금을 만들고 이를 바탕으로 군량을 대니, 떠돌아다니던 백성들은 그 덕에 살게 되었고 체부(體府)는 이를 취하여 법으로 삼았다.

권율이 독성에서 행주(幸州)로 옮길 때 왜적의 세력이 매우 확장되어 있었기에 공이 군대를 나누어 지원하러 가면서 스스로 수군을 이끌고 적의 귀로를 막았다. 또 창의사(倡義使) 김천일(金千鎰)과 함께 강화를 장악하여 남북을 통하도록 하니, 조정이 듣고 가상히 여겨 특별히 대사성으로 벼슬을 올리고 인장을 주어 포상하였다. 이어서 명하여 추의사(秋義使)로 삼고 경기 지역을 다시 회복하는 책임을 맡기니, 공은 명을 듣고 감격하여 눈물을 흘리면서 죽을 때까지 신임에 보답하기로 맹세하였다. 드디어 용산(龍山)의 왜적을 공격해서 창고의 곡식을 빼앗아 차지하여 근왕(勤王)하는 제군(諸軍)에 군량을 대었다.

이에 앞서 행조(行朝)[39]가 바다를 건너 평양의 왜적을 치도록 명하였으나 길이 막혀 듣지 못하다가 한참 뒤에야 알게 되었다. 그래서 수로

38 독성(禿城) : 독성산성(禿城山城)을 말한다. 경기도 오산시 지곶동에 있는 백제 때의 석축산성으로, 도성으로 들어가는 전략상의 요충지인데, 1593년 7월 권율이 근왕병(勤王兵) 2만을 이끌고 북상하다가 이 성에 진을 치고 왜적을 물리쳤다.

39 행조(行朝) : 행재소(行在所)의 조정을 말한다. 임금이 머무르는 곳이 일정하지 않을 때, 장소에 따라 임시로 막사(幕舍)를 새로 지어서 머물기도 하고 그 지방의 관청이나 부호의 집을 빌려 머무르기도 하는데, 임진왜란 때는 의주(義州)에 있었다.

를 따라 행군하다가 풍덕(豐德)의 바다 어귀에 도착했을 때 명나라 장수가 마침 이미 평양성을 눌러 이기니 왜적이 북쪽으로 달아나 경성을 향하였다. 공은 드디어 해로를 버리고 육지로 가서 퇴각하는 왜적을 습격하였고, 장수 윤선정(尹先正) 등을 보내어 경기 연안의 남은 무리를 습격하였으며, 다시 용산의 수군 김천일・이빈(李薲)과 함께 성원(聲援)하였다.

날마다 삼강(三江)[40]에서 교전하여 적의 소굴을 다 불태우고 이어서 숭례문 밖에 주둔하였으니, 이는 그곳이 지세가 높아 성 안팎을 관망하기에 편하기 때문인데, 사람들이 그 지역을 우수현(禹守峴)이라고 일컬었다. 나무 방패 300개를 만들어 명나라 장수 송 시랑(宋侍郎) 군문(軍門)[41]에게 바쳐 성을 공격하는 도구를 지원하였다. 또 경기 관찰사 성영(成泳)과 함께 밤낮으로 배를 만들어 명나라 군대가 남쪽으로 건너가기를 기다렸다가 배다리를 불태워 왜적이 건널 수 없게 하였으니, 훗날 경성을 수복하는 데 실로 공의 힘이 있었던 것이다.

이 당시에 명나라 장수가 대체로 느슨하고 방종하기 일쑤였기에 공

40 삼강(三江) : 한강(漢江), 용산강(龍山江), 서강(西江)을 합쳐 부르는 말이다. 남산(南山) 남쪽 일대 노량(鷺梁)까지를 한강, 그 서쪽 마포(麻浦)까지를 용산강, 양화도(楊花渡) 일대를 서강이라고 하였다.

41 송 시랑(宋侍郎) 군문(軍門) : 시랑은 청나라 때 각 부(部)의 부장(副長)에 해당하고 군문은 청나라 때 제독(提督)의 존칭이니, 임진왜란이 일어나자 병부 좌시랑(兵部左侍郎)으로 경략 비왜 군무(經略備倭軍務)에 임명되었던 송응창(宋應昌, 1536~1606)을 말한다. 명나라 절강성(浙江省) 인화(仁和) 사람으로, 자는 시상(時祥), 호는 동강(桐岡)이다. 1592년 임진왜란이 일어나자 명나라 군대를 이끌고 조선에 출정하여 평양을 탈환하고, 개성, 강원 등 4도(道)를 수복한 공으로 우도 어사(右都御史)가 되었다. 당시 명나라 원군 중 유일하게 왜적을 크게 무찌른 자이다.

은 마음속으로 못마땅하게 여겨 한탄하였다. 이에 김천일과 함께 왜적을 추격하여 남쪽으로 내려가서는 이른 곳마다 많은 왜적의 목을 베었다. 의령(宜寧)의 경계에 이르자 피로로 심하게 아프다가 드디어 군중(軍中)에서 세상을 마치니, 곧 계사년(1593) 7월 19일이었다. 향년은 52세였다. 수원 읍치의 서쪽 양천(良川) 신좌(申坐)의 언덕에 안장하였다. 정인홍이 앙갚음하여 평양성으로 진격하지 않고 지체했다고 모함하여 관직을 추탈하였는데 오음(梧陰) 윤두수(尹斗壽)가 그 원통함을 밝혀 주어 추탈하라는 명을 취소하고, 명하여 조카 영길(永吉)을 공의 후사로 세우게 하였다.

영길이 원남(元男)을 낳으니 의금부 경력이다. 원남이 종석(宗錫)을 낳으니 통덕랑이다. 종석은 아들이 둘이니 통덕랑인 지적(之績)과 광적(光績)이다. 지적은 아들이 둘이니 익상(益相)과 광적의 양자가 되고 수질(壽秩)로 첨지중추부사가 된 택상(宅相)이다. 택상은 아들이 둘이니 정태(鼎台)와 정서(鼎瑞)이다. 정서는 아들 하나로 하영(夏永)이다.

아, 공은 타고난 자질이 뛰어나고 남달랐다. 또 어진 스승과 벗을 얻어 교훈을 따르며 깊고 정밀하게 찾고 사색하였는데, 강석(講席)에서 논변한 것으로는 〈역설(易說)〉 140여 조(條), 〈이기(理氣)〉 2조, 〈학(學)〉 19조, 〈예(禮)〉 28조가 있다. 모두 의심스럽고 잘 모르는 것을 강론을 통해 결정하여 후학들에게 은택을 끼쳤다.

이 선생(李先生 이황(李滉))이 도성에 들어가면 대체로 공의 집을 숙소로 정하였기에 당시의 선비들이 추대하여 영수(領袖)로 삼았다. 그러나 말이 지나치게 꼿꼿하여, 남의 좋지 못한 점을 보면 자기가 더럽혀진 듯이 여기니 이 때문에 시기하는 자가 많았다. 승지 강서(姜

緖)는 미친 체하며 자신의 진면목을 숨기며 산 사람인데, 세상 사람들이 인물을 잘 알아본다고 일컬었다. 일찍이 만취하여 맨발로 들어가서 공의 두 눈을 계속 문질렀는데, 공이 왜 그러느냐고 묻자 "네 눈이 너무 높아 문질러서 낮추려고 한다."라고 하였다. 문충공(文忠公) 유성룡(柳成龍)이 지은 《계갑일록》의 후서(後敍)에서,

"한 세상 눈이 높아 남을 인정하는 경우가 드물었다. 뜻이 맞지 않는 자와는 비록 얼굴을 마주하더라도 함께 말하지 않았고, 이따금 문을 닫아걸고 사람을 거절하기도 했다. 이 때문에 당시 사람들에게 원망을 많이 사서 곤궁하고 불우하게 지내면서도 끝내 죽을 때까지 변치 않았다."

하였다.[42]

아, 이 선생이 공을 대우한 것을 살펴보면 그의 단전(單傳)[43]의 학문을 알 수 있고, 유 문충공이 공을 슬퍼한 이유를 살펴보면 정직한 성품을 타고났음을 알 수 있으니, 이것으로 공의 평생을 다 말하였다고 할 수 있다. 더구나 이러한 성품을 발휘하여 의리를 지키고 뒤집어지는 나라를 부지하는 데 쓴 것이 천지 사이에 우뚝하고도 빛나는 경우이랴.

부인 증(贈) 정부인(貞夫人) 양천 허씨(陽川許氏)는 초당(草堂) 허

42 유성룡(柳成龍)이……하였다 : 《계갑일록》은 우성전의 저서이다. 책 말미에 유성룡이 지은 〈제우경선일기후(題禹景善日記後)〉가 두 수 실려 있는데, 윗글의 내용은 그중 제2수에 나오는 내용이다.

43 단전(單傳) : 원래는 불가 선종(禪宗)에서 불법을 전하는 방법으로 문자와 언어를 쓰지 않고 마음으로 전하여 본성을 깨달아 부처가 되는 것을 말한다. 여기서는 다른 학파의 학설을 섞어 배우지 않고 오직 퇴계를 스승으로 모시고 학문을 전수받았음을 말한다.

엽(許曄)의 따님이다. 공보다 8년 뒤에 세상을 마쳐 공과 합장하였다.

아, 공이 세상을 떠난 지 수백 년이 지났는데 자손이 미약하여 아직까지 추증을 하지 못하였다. 금상 12년(1788, 정조12)에 경기 유생들이 연로(輦路 임금의 행차)를 통해 상언하니 주상이 특별히 판중추부사 벼슬을 하사하면서 이르기를,

"우성전은 학행(學行)과 절의(節義)가 모두 탁월하였으나 아직도 추증의 영광이 베풀어지지 못했으니 참으로 흠이 되는 일이다. 3품에게 시호를 내린 전례가 없으나, 품계를 올려 증직하는 것이야 누가 안 된다고 하겠는가. 특별히 증직의 은전을 베풀어 백성들의 소망을 위로하도록 하라."

하고, 이어 이조 참판에 추증하였다.

2년 뒤에 또 조정에 있는 신하의 상소를 계기로 묘당에서 의견을 갖추어 아뢰어 추증하고 시호를 내릴 것을 청하였다. 임금이 허락하고 또 이조 판서로 추증하니, 이에 법에 따라 마땅히 시호를 내려야 한다. 도학을 높이고 절의를 밝히는 것은 사림의 영광일 뿐만 아니라 군왕의 말씀이 밝게 드러나고 빠뜨린 전례를 거행하는 것이기도 하다. 이 어찌 사적(事蹟)이 역사책에 빛나는 자가 아니겠는가. 이제 공의 7대손 하영(夏永)의 부탁을 계기로 정신이 흐리다는 것도 잊고 실제의 사적을 차례대로 찬술(撰述)하여 봉상시(奉常寺)에 바친다.

증 의정부 좌찬성 행 함경북도 병마수군절도사 김공 시장
贈議政府左贊成行咸鏡北道兵馬水軍節度使金公諡狀

인조 14년 병자년(1636)에 건로(建虜)[44]가 대대적으로 군대를 일으켜 우리나라를 침략하여 압록강을 건넌 지 사흘 만에 선봉(先鋒)이 도성에 육박하자 임금이 급히 남한산성으로 출행(出幸)하였다. 당시에 절도사(節度使)들이 모두 두려워하고 겁내면서 위축되어 감히 기침도 한 번 하지 못하고 있었는데, 오직 호남 병마절도사 김공(金公)이 변란의 소식을 듣고 눈물을 훔치며 즉시 부하 군대를 출병시켰다. 북을 두드리며 전진하여 수원(水原) 광교산(光敎山) 아래까지 왔을 때 적과 만나 종일 힘을 다해 싸워 두 명의 장수를 죽이니 오랑캐가 대적하지 못하였다. 죽은 자가 이루 헤아릴 수 없자 적이 드디어 달아나서 감히 공의 영루(營壘)에 가까이 가지 못했다. 아, 병자년 호란(胡亂) 때 광교에서 있었던 한 번의 승첩이 아니라면 나라가 무엇으로 빛을 내겠는가. 공은 만 명의 장부(丈夫) 중에 특출한 사람이며 그 업적은 백대에 빛난다고 말할 만하다.

공의 휘는 준룡(俊龍)이고 자는 수부(秀夫)이며 본관은 원성(原城)이다. 어려서부터 기개가 당당하여 종조 숙부 두암(斗巖) 상공(相公)[45]

44 건로(建虜) : 건주(建州)의 오랑캐, 즉 청나라를 말한다. 건주는 만주(滿洲) 길림(吉林) 지역의 옛 이름이다.

45 두암(斗巖) 상공(相公) : 좌의정을 지낸 김응남(金應南, 1546~1598)을 말한다. 본관은 원주(原州), 자는 중숙(重叔), 호는 두암, 시호는 충정(忠靖)이다. 1595년(선조28) 좌의정이 되어 영의정 유성룡과 함께 임진왜란 후의 혼란한 정국을 안정시켰다.

이 기대하고 칭찬하였다. 장성해서는 무장으로 입신하여 밖으로 지방에서는 연수(連帥)[46]로, 안으로 조정에서는 아장(亞將)으로서 단속을 엄하게 하고 상벌을 분명히 하였다. 반드시 법도를 신중하게 지키고 권세에 아첨하지 않았으며, 사사로운 욕심을 좇지 않았기 때문에 사람들이 죽을힘을 다해 싸웠다.

선조 무신년(1608, 선조41)에 무과에 급제하여 선전관(宣傳官)이 되었다. 얼마 뒤 승진하여 훈련원 주부가 되었다. 뒤에 법성 수군만호(法聖水軍萬戶)와 마량 첨절제사(馬梁僉節制使)가 되었다가 유능하다 하여 절충장군(折衝將軍)으로 품계가 올라서 인동 도호부사(仁同都護府使)가 되었다.

2년 만에 영천 군수(榮川郡守)로 옮겼다. 영천군에 과거에 급제하여 요로(要路)에 있는 자가 있었는데, 적신(賊臣) 이이첨(李爾瞻)[47]의 앞잡이인 혈당(血黨)이었고, 그 아우는 더더욱 방자한 기세로 사람을 능멸하였다. 공이 그를 잡아들여 엄하게 장(杖)을 치자 온 경내가 통쾌하다 하였고, 간당(奸黨)들은 갖은 방법으로 그의 흠을 들추어내려 하였으나 끝내 잡아내지 못하였다.

광해군이 폐위되고 나서 인조가 팔도에 어사를 파견하여 모든 군현의 불법 사실과 귀양 가거나 금고 된 자 중에 착오가 있는지를 살피도록 하였는데, 공에게는 특별히 경내를 잘 다스렸다는 것으로 표리(表裏)

46 연수(連帥) : 원래는 주(周)나라 때 제후들의 우두머리를 가리키는 말인데, 후대에는 안찰사, 절도사 등을 지칭하는 말로 쓰였다. 조선에서는 병마절도사를 지칭한다.

47 이이첨(李爾瞻) : 1560~1623. 본관은 광주(廣州), 자는 득여(得輿), 호는 관송(觀松)이다.

를 하사하였다.

이듬해에 함경북도 병마우후로 옮겼고 얼마 뒤 회령 도호부사(會寧都護府使)로 옮겼는데, 또한 잘 다스렸다 하여 표리를 하사받았다. 인동과 회령에서 모두 비를 세워 백성들이 공을 추모해 마지않았다.

인조 6년(1628)에 황해도 병마절도사가 되었다가 얼마 뒤 체직되었다. 겨울에 중화 도호부사(中和都護府使)가 되었다가 1년 뒤에 경상좌도 절도사가 되었다.

3년이 지나 함경북도 병마절도사로 이임되었는데, 절충장군의 품계로 함경북도 병마절도사에 임명된 것은 전례에 없던 일이었으니 조정이 그를 중시한 것이 이와 같았다. 모친상을 당하였고, 상을 마치자 장단 부사(長湍府使)에서 전라도 병마절도사로 전임하였으니 바로 병자년(1636)이었다.

공이 광교산(光教山) 아래를 방어할 때, 청나라가 호남의 군대가 남한산성에 가까이 와서 성세를 이루고 있는 것을 우려하였고, 또한 공이 정예병을 내어 유격병을 격파하여 많은 적의 목을 베는 것을 우려하였다. 그래서 몽고군과 공유덕(孔有德), 경중명(耿仲明)[48]의 군사 수만 명이 합세하여 일거에 공의 군대를 짓밟아 버리려고 하였다.

그들이 좌우로 진영을 벌리고 곧바로 전진하니 때는 정축년(1637) 1월 6일이었다. 아침에 안개가 자욱이 끼었는데 깃대가 끊임없이 줄지

48 공유덕(孔有德), 경중명(耿仲明) : 원래 요동 출신의 명나라 장수였으나, 누르하치가 요동을 장악하자 가도(椵島)로 들어가서 모문룡(毛文龍)에게 의탁했다가 명나라를 배신하고 후금에 항복한 인물들이다. 병자호란 때 청 태종(淸太宗)은 청병(淸兵) 7만 8000명 이외에 이들 명나라 반군이 이끄는 한병(漢兵) 2만 명과 몽고병 3만 명 도합 12만 8000명의 원정군을 구성하여 조선을 침입하였다.

었고 오랑캐 기마대가 사방에서 나는 듯이 다가오니 형세는 마치 비바람이 몰아치는 듯하였다. 공이 꼼짝도 않고 화살과 돌이 쏟아지는 곳에 서서 검(劍)을 뽑아 무리에게 맹세하며 죽기로 싸울 뜻을 보이자 군사들이 모두 결사적으로 싸웠다. 오랑캐들이 진격하기도 하고 퇴각하기도 하다가 저녁때가 되자 날랜 기병으로 아군의 후방에 있는 고개를 몰래 넘어가 상봉(上峯)을 먼저 점거하고는 화살을 비 오듯 쏘아 대기 시작했다. 공이 급히 용사 수백 명을 출병시켜 상봉을 앞다투어 오르게 하면서 "충신이 나라를 위해 간뇌도지(肝腦塗地)할 때는 바로 지금이다."라고 하였다.

오랑캐 중에 철갑을 입고 푸른 말을 탄 자가 높은 봉우리에 서서 대장기를 세우고 손으로 작은 기를 잡고 쉼 없이 흔들어 대니, 오랑캐 병사들이 그 깃발만 보고 귀신같이 모였다 흩어졌다. 공이 그를 가리키며 "저놈을 죽이지 않으면 적들이 물러나지 않을 것이다."라고 하고, 더욱 급하게 전투를 독려하여 여러 포(砲)를 일제히 쏘아 대었다. 그러자 철갑을 두른 자가 좌우의 추장들과 함께 선 채로 탄환에 맞아 여러 명이 한꺼번에 거꾸러졌고, 수많은 오랑캐들이 즐비하게 쓰러져 죽으니 피가 초목을 적셨다. 밤 2경이 되자 오랑캐가 산 아래 몇 리까지 물러나 쌓인 시체를 불태우는데, 구릉같이 높은 시체 더미가 서너 곳이나 되었고 울부짖는 소리는 산을 진동하여 밤새도록 그치지 않았다.

공이 승전을 아뢰고, 북을 치고 나팔을 불어 부장(部將)들을 불러 영(領)을 내리기를 "내일이면 오랑캐가 반드시 대거 들이닥칠 터인데 탄환이 이미 다 떨어져 버렸으니 장차 어찌해야겠는가. 진(陣)을 옮겨 군사들을 쉬게 하고 나서 다시 싸움을 도모하는 것만 못하다."라고 하였다. 이에 숲의 나무에 횃불을 나열하여 군사들이 있는 것처럼 해

두고 몰래 군대를 밤사이에 이동하였다. 아침이 되어 청나라 군대가 들이닥쳤으나 보루들이 텅 비어 있자 크게 놀라며 신출귀몰하다고 여겼다. 이때 전사한 청나라 장수 백양고라(白羊高羅)[49]는 전투를 잘하고 전공을 많이 세워 선한(先汗)[50]이 사위로 삼은 인물이라고 한다.

그런데 군대가 몰래 행군을 할 때 우리 병사들이 도중에 갑자기 야습을 당하자 길에서 대부분 도망가 버렸다. 공과 휘하의 장수 및 병사들은 수원산성(水原山城)으로 가서 남쪽으로 내려가 다시 병사를 수습하여 훗날을 꾀하려 하였는데, 전라도 관찰사[51]가, 절도사가 공이 있는 것을 시기하여 반대되는 말로 아뢰니, 공이 죄를 받게 되었다. 대신(大臣) 이성구(李聖求) 공과 최명길(崔鳴吉) 공이 전투에서 승리한 상황에 대하여 극구 아뢰었기에 관찰사는 귀양을 가고 공은 죄에서 벗어날 수 있었다.

49 백양고라(白羊高羅) : 1618년(광해군10) 요동을 함락한 자로, 남한산성의 전투에서 병력 2000명을 광교산 동쪽 일대에 배치하여 남한산성과의 연락을 차단하고 주력 5000명을 이끌고 총공격을 감행했다. 그러나 그가 아군에 의해 전사함으로써 청군은 순식간에 전열이 와해되고 조선군은 이 틈을 타서 일제히 반격을 가하여 청군을 대파하였다. 이 싸움은 병자호란 중에 청군과 싸운 최대의 전투이자 최초의 대승으로 기록된다.

50 선한(先汗) : 청 태조 누르하치를 가리킨다. 병자호란은 누르하치가 죽고 태종(太宗) 황태극(皇太極)이 등극한 지 10년째 되는 해에 발생하였다.

51 전라도 관찰사 : 이시방(李時昉)을 말한다. 1636년 나주 목사로 나갔다가 전라도 관찰사로 승진했다. 이때 조정에서는 남도의 군사를 동원해 평안도를 방어할 것을 요청하였으나 이시방은 양서(兩西)의 백성을 모아 대처하도록 하고 남도민은 군량미 조달에 활용할 것을 주장하였다. 또 호란이 일어날 조짐이 뚜렷해지자 입암산성(笠巖山城)을 수축해 만일의 사태에 대비하였다. 그러나 그해 12월 병자호란이 일어나자, 즉시 군사를 동원해 남한산성의 위급을 구원하지 않았다는 죄로 정산(定山)에 유배되었다.

호란이 끝나고 나서 어영청 중군에 임명되었으나 집 안에서 지내며 몇 년 동안이나 집 밖을 나가지 않았다. 손님들이 와서 문병을 하면 다시는 소생하지 못할 것이라고 내비치니 공을 걱정하는 자가 있었다. 그런데 이명(李溟) 공은 아들에게 은밀히 말하기를 "아무개가 어찌 중국(中國 명나라)을 공격하는 것을 도울 사람이겠는가. 그의 병은 낫지 않을 것이다."라고 하였다. 이 당시 임경업(林慶業)과 유림(柳琳)이 모두 가도(椵島)와 금주(錦州)의 전투[52]에 내몰려 있었으니, 공의 마음을 아는 자는 오직 이명이었던 것이다.

인조 18년(1640)에 김해 도호부사(金海都護府使)에 제수되었다. 1년이 지나 경상도 절도사에 제수되었는데, 이 직임은 두 번째로 맡은 것으로, 군민(軍民)들이 모두 길에서 손뼉을 치며 환영하였다. 이듬해에 병이 심해지자 상소를 올려 절도사의 직책을 사직하고 수레에 병든 몸을 싣고 10여 리를 가다가 객관(客館)에서 세상을 마치니, 향년이 57세였다. 이때 큰 별이 남방에 떨어졌는데, 대신 김류(金瑬) 공과 원두표(元斗杓) 공이 조당(朝堂)에 막 앉았다가 공의 부음을 듣고는 깜짝 놀라며 "남방에 별이 떨어지더니 과연 훌륭한 장수가 떠났구나. 이는 천명이다."라고 하였다. 임금이 특별히 명하여 삼로(三路)[53]에서 상

52 가도(椵島)와 금주(錦州)의 전투 : 가도는 평안북도 철산(鐵山) 앞바다에 있는 섬으로, 명청 교체기에 중국과 조선의 외교 관계상 매우 중대한 의미를 지닌 곳이다. 1637년 청나라가 가도에 주둔한 명나라 군사를 공격하기 위하여 조선에 병력을 요청하자, 조정은 임경업을 수군장(水軍將)으로 출전하게 하였다. 금주는 오늘날 중국 요령성(遼寧省) 서부 요동만(遼東灣)에 있는 땅으로, 지금의 성경(盛京) 지방에 해당한다. 청나라가 조선에 병사를 요청해 오자 1641년 조정에서는 이시영(李時英), 임경업, 유림에게 군사 5000명을 이끌고 금주로 출정하도록 하였다.

여를 호송하게 하고 유사(有司)에게 의례에 따라 부의(賻儀)를 보내게 하였으며, 제문(祭文)을 내려 "장성(長城)처럼 의지하였노라."라고 말하기까지 하였다.

고조부 말손(末孫)은 벼슬이 절도사로 병조 판서에 추증되었으며 송당(松堂) 박영(朴英)과 명성이 나란하였다. 당시에 대성(臺省)에 발탁하려는 논의가 있었으나 기묘 제현(己卯諸賢)[54]이 잘못되면서 실현되지 못하고 말았다. 증조부 안우(安祐)는 좌찬성에 추증되었다. 조부 영(瑛)은 전설사 별좌를 지냈고 이조 참판에 추증되었다. 아버지 두남(斗南)은 선조(宣祖) 때의 이름난 사람으로 백성을 잘 다스린 공적이 뛰어나 귀하게 되었다. 관직은 동지중추부사로 마쳤고 호조 판서에 추증되었다. 어머니 정부인 김해 김씨(金海金氏)는 담양 도호부사(潭陽都護府使) 김희필(金希弼)의 따님이다. 공은 만력 14년(1586) 12월 23일에 태어나 숭정 15년(1642) 11월 5일에 세상을 마쳐 양천현(陽川縣) 남산면(南山面) 병향(丙向)의 언덕에 안장되니 선영(先塋)이었다.

공은 이름난 조상의 집안 가르침을 이어받아 가정에서는 효도와 우애로 사람의 도리를 다하여, 일찍이 정부인의 상중에 있을 때는 몸이 상하여 거의 목숨을 잃을 뻔하였다. 관리로서는 지방의 고을을 두루

53 삼로(三路) : 일반적으로는 경상도, 전라도, 충청도를 가리키는데, 여기서는 경상도에서 장지인 당시 경기 양천(楊川)으로 가기 위해 거쳐야 하는 경상도, 충청도, 경기의 세 도를 말하는 것으로 보인다.

54 기묘 제현(己卯諸賢) : 1519년(중종14) 남곤(南袞), 심정(沈貞)을 위시한 훈구 대신 일파에 의해 참화를 입은 조광조(趙光祖), 김정(金淨), 김식(金湜) 등 신진 학자이자 정치가들을 말한다. 기묘 명현(己卯名賢)이라고도 하는데, 이들은 우리나라 정통 성리학의 계승자로 일컬어지고 있다.

다스리면서 한 자 한 치의 논밭이나 노비도 늘리지 않아, 상이 나서 고향으로 돌아올 때 남의 도움을 받아 상사(喪事)를 치러야 하였으니 어질게 여기지 않는 자가 없었다.

평성(平城) 신경진(申景禛)과 능성(綾城) 구굉(具宏)이 늘 광교산에서 승리할 수 있었던 정황에 대해 물으면 공은 그저 "당시에 군주가 치욕을 당하였는데 군대를 거느린 신하가 성 아래서 죽지 않은 것은 죄이다. 다른 것은 오히려 말해 무엇 하겠는가."라고 하며 우울해하면서 끝내 아무 말도 하지 않았다. 평성이 집안사람에게 탄식하며 "유림(柳琳)은 늘 김화(金化)의 공로를 말하는데[55] 김 절도사는 광교의 일에 대해 답을 하지 않는다. 인품이 참으로 다른 바가 있어서 그러하리라."라고 하였다.

부인 임씨(林氏)는 본관이 순창(淳昌)이며 군자감 주부 임계(林繼)의 따님이다. 공보다 16년 뒤에 세상을 마치니 수(壽)가 76세였다. 남산에 합장하였다. 4남 1녀가 있다. 경문(敬文)은 사재감 첨정을 지냈으며, 수직(壽職)으로 품계가 올랐다. 한문(漢文)은 황해도 병사를 지냈다. 인문(仁文)은 사복시 판관을 지냈고 영의정에 추증되었다. 현문(炫文)은 병조 정랑을 지냈다. 사위는 정상(鄭相)이다. 측실에 또 3남 3녀가 있으니 아들은 내문(乃文)과 전문(全文)과 회문(會文)이고, 딸은 모두 시집갔다.

55 유림(柳琳)은……말하는데 : 유림(1581~1643)의 본관은 진주, 자는 여온(汝溫), 시호는 충장(忠壯)이다. 병자호란 때 평안도 병사로 있으면서 강원도 김화에 나가 싸워 청병(淸兵)을 물리쳤다. 뒤에 청나라 사람이 "너희 나라에는 오직 김화에서 싸우던 장수 한 사람이 있을 뿐이다."라고 말했다 한다. 《大東野乘 續雜錄4》

경문은 3남 1녀를 두었는데, 아들은 춘장(春章), 진원(振遠), 형원(亨遠)이며, 사위는 참봉 이온(李薀)이다. 한문은 1남 2녀를 두었는데, 석(碩)은 의금부 도사이고 사위는 이진성(李震晟), 윤수손(尹首孫)이다. 인문의 외동아들은 덕원(德遠)이니 의정부 우의정을 지냈다. 현문은 1남 1녀를 두었는데, 홍원(弘遠)은 진사이고 사위 윤해(尹楷)도 진사이다. 정상은 2남 1녀를 두었다.

진원의 외동아들 몽협(夢協)은 함흥 판관을 지냈다. 형원은 딸이 둘인데 시집갔다. 석은 2남 2녀를 두었는데 몽상(夢商)은 생원이고 몽량(夢良)은 병사(兵使)이며, 딸은 모두 시집갔다. 덕원은 1남 2녀를 두었는데 몽양(夢陽)은 대사간이고, 딸은 모두 시집갔다. 홍원은 2남 1녀를 두었는데 몽서(夢瑞)는 황주 목사(黃州牧使)이고 몽정(夢禎)은 진사로 호조 참판에 추증되었으며, 딸은 시집갔다.

현손인 정윤(廷潤)은 승지이고 조윤(朝潤)은 우윤이다. 나머지는 다 기록할 수 없다.

영조대왕이 온천으로 행차할 때 광교산을 지나가자 병자년(1636)에 공이 승첩했던 것을 생각하여 자손이 누구인지 물었으나 시종한 신하 중에 대답하는 자가 없었다. 금상 전하께서 현륭원(顯隆園)을 배알하고 돌아올 때 조정 신하 중에 광교산의 옛 공적을 상소한 자가 있었다. 임금이 탄식하고 특별히 명하여 시호를 내리니 빛나는 시대에 미처 받지 못한 공에 대한 전례(典禮)가 이에 행해지게 되었다. 공의 6세손 세광(世光)이 나에게 글을 부탁하기에 드디어 공의 충성스럽고 장렬한 자취를 특별히 써서 봉상시(奉常寺)에서 채택할 것에 대비한다.

증 대광보국숭록대부 의정부영의정 겸 영경연홍문관예문관춘추관관상감사 행 숭록대부 행 공조판서 겸 판의금부사 오위도총부도총관 지훈련원사 유공 시장

贈大匡輔國崇祿大夫議政府領議政兼領經筵弘文館藝文館春秋館觀象監事行崇祿大夫行工曹判書兼判義禁府事五衛都摠府都摠管知訓鍊院事柳公諡狀

거룩하다. 우리 효종대왕(孝宗大王)이 신주(神州)[56]가 적의 수중에 떨어진 것을 비통하게 여기고, 한 하늘을 같이 이고 있는 것을 매우 부끄럽게 여겨, 연계(燕薊)[57]에 위무를 빛내며 천하에 의리의 함성을 떨치리라 생각하고, 아침에도 저녁에도 북을 치고 진격할 것을 생각하였다. 당시에 정익공(貞翼公) 이완(李浣)과 유혁연(柳赫然) 공 같은 이가 있어 곰 같고 범 같은 용맹스러운 간성(干城)의 재주로서 군신간에 뜻이 잘 통하였으니, 임금은 신하를 용이 구름을 얻은 것처럼 여겼고 신하는 임금을 물고기가 물을 만난 것처럼 여겼다. 10년 사이에 어원(御苑)의 깊은 곳이 아니면 이궁(離宮)의 별당에서 치밀하게 계획했던 일에 대해서는 비록 집안사람이나 부자지간이라도 들어 아는 것이 없었다.

56 신주(神州) : '적현신주(赤縣神州)'의 준로 중국의 미칭으로 쓰이는데, 여기서는 명나라를 말한다. 《사기》 〈맹자순경열전(孟子荀卿列傳)〉에 "중국을 적현신주라고 하는데 적현신주의 안에 구주(九州)가 있으니, 하우(夏禹)가 만든 구주가 바로 그것이다."라고 한 데서 유래한다.

57 연계(燕薊) : 유계(幽薊)라고도 한다. 계(薊)는 춘추 시대 연(燕)나라의 도읍지로, 지금의 북경을 포함한 하북성(河北省) 일대를 가리킨다.

감영과 병영에 장마를 대비하고 관방(關防)에 성을 쌓은 노고같이 특별히 겉으로 드러나는 사소한 행적은 글로 써도 괜찮고 쓰지 않아도 괜찮다. 그러나 필경 유공(柳公)의 죽음은 시운(時運)이 그렇게 만든 것이지 숙종의 뜻이 아니었다. 친히 제문(祭文)을 짓고 제사를 내린 것을 보건대 뉘우침을 밝게 드러냈으니 성의(聖意)를 알 수 있다.

금상 전하에 이르러서는 슬픈 감회의 윤음으로 뜻을 보이고, 또 대신이 아뢴 말로 인하여 시호의 은전을 명하니, 충신과 지사 들이 흐르는 눈물을 거두고 하례하며 "우리 성상께서 오늘 행하신 일은 숙종보다 빛나니 또한 아름답지 않은가."라고 하였다.

유공의 자는 회이(晦爾)이고 본관은 문화(文化)이니 고려 대승(大丞) 거달(車達)의 후손이다. 중세에 밀직사(密直使) 휘 언침(彦琛)이 공로로 진주(晉州)를 식읍(食邑)으로 받으니, 드디어 적(籍)을 옮겨 진주 유씨(晉州柳氏)가 되었다. 시호가 정평(靖平)인 태학사(太學士) 휘 구(玽)는 고려가 망하자 시골로 자취를 숨기고서 세상을 마쳤다.

이분이 보문각 직제학 휘 겸(謙)을 낳으니 비로소 우리 조정을 섬겼다. 이어서 부자가 청백리(淸白吏)에 녹선되었다. 3대를 거쳐 휘 진동(辰仝)이라는 분은 호가 죽당(竹堂)이고 벼슬은 판서를 지냈다. 일찍이 홍문관의 장관으로서 상소하여 기묘년(1519, 중종14)의 제현(諸賢)을 신구(伸救)하고 《소학》의 가르침을 회복할 것을 청하니, 중종이 가상히 여겨 받아들였다. 퇴계(退溪) 이 선생(李先生)이 그 상소를 칭찬하여 일양(一陽)[58]이라고 하였으니, 이분이 공에게 4대조가 된다.

58 일양(一陽) : 《주역》 복괘(復卦)를 말하는 것으로, 복괘는 여섯 효가 모두 음인 곤괘(坤卦)에서 양효(陽爻) 하나가 회복하여 다섯 음효(陰爻)의 맨 아래에 양효가 하

증조부 휘 용(溶)은 부사(府使)이고 판서에 추증되었다. 일찍이 우봉현령(牛峯縣令)으로서 사나운 도적 임꺽정(林巨正)을 체포하여 죽이니 지략이 있고 용맹하다는 것으로 이름났다. 조부 휘 형(珩)은 삼도통제사(三道統制使)로, 선조 때 임진왜란을 만나 등에 '진충보국(盡忠報國)' 네 글자를 새겼다. 이 충무공(李忠武公)의 명량(鳴梁) 해전에서 해남현감(海南縣監)으로서 선봉이 되어, 몸에 세 발의 탄환과 다섯 발의 화살을 맞고도 죽지 않고, 마침내 특별한 공로를 세워 충무공과 나란히 충렬사에 제향되었다. 뒤에 영의정, 진산부원군(晉山府院君)을 추증하니, 금상이 대신의 말을 따라 특별히 시호를 내리도록 명한 것이다.

부친 휘 효걸(孝傑)은 황해도 절도사로 진양군(晉陽君)에 봉해졌다. 인조 갑자년(1624, 인조2) 이괄(李适)의 난에 장인 의춘군(宜春君) 남이흥(南以興)[59] 공과 함께 힘껏 싸워 안현(鞍峴)의 승첩[60]을 아뢰었고, 세상을 마친 뒤 우찬성에 추증되었다. 어머니 증 정경부인 의령 남씨(宜寧南氏)는 바로 의춘군의 따님이다. 만력 병진년(1616, 광해군8)에 공을 낳았다.

공은 어려서부터 남보다 뛰어나고 준걸하여 의춘군이 기특하게 여기고 사랑하였다. 해미(海美)의 시골집에 있을 때 사람들이 왕래하는

나 있는 상이다. 여기서는 선비들의 신원을 통해 유학의 도가 회복될 기미가 보이는 것을 비유한 것이다.

59 남이흥(南以興) : 1576~1627. 본관은 의령(宜寧), 자는 사호(士豪), 호는 성은(城隱)이며, 시호는 충장(忠壯)이다.

60 안현(鞍峴)의 승첩 : 안현은 길마재, 즉 서울의 무악재를 말한다. 서울 북쪽의 좁고 높은 고개로서 군사적 요충지였다. 이괄이 도성까지 쳐들어왔을 때, 관군이 안현으로 반란군을 유인하여 싸워서 크게 승리함으로써 이괄의 난을 평정할 수 있었다.

길 가운데 큰 나무가 있고, 나무 아래에는 단이 있었는데 공이 늘 그 위에 앉아 나무하는 아이들을 군령을 내리듯 지휘하였다. 한 아이가 마침 명을 어기자 낫으로 장차 군율을 행하려고 하였는데 촌 노인이 보고는 깜짝 놀라 낫을 빼앗고 나서야 그만두었다. 독서를 좋아하여 책을 읽다가 〈이광전(李廣傳)〉에 이르러 곧 "이광(李廣)은 정불식(程不識)[61]에게 훨씬 못 미친다. 용병(用兵)은 절제(節制)하는 데 달려 있는데 다만 좋은 물과 풀이 있는 곳으로 간 것[62]은 무엇 때문인가."라고 말하니 장로(長老)들이 더욱 기특하게 여겼다. 무후(武侯)의 〈출사표(出師表)〉와 〈악무목전(岳武穆傳)〉[63]을 유독 좋아하여 일찍이 "여섯 번 기산(祁山)을 나간 것이 내 조부가 명량 해전에서 여섯 번 출전한 것과 어찌 그리도 비슷한가. 네 글자를 등에 새긴 것도 내 조부의 일이

61 정불식(程不識) : 한 무제(漢武帝) 때 이광과 함께 변군(邊郡)의 태수로서 흉노를 쳤는데, 그때 부곡(部曲), 항오(行伍), 진영(陣營)을 바르게 하고, 군대의 장부〔軍簿〕를 아주 분명하게 기재하였다고 한다. 《史記 李將軍列傳》《漢書 李廣傳》

62 좋은……것 : 한 무제 때 이광은 운중(雲中)에, 정불식은 안문(雁門)에 주둔한 적이 있다. 이때 이광은 군대의 대오나 진영도 없이 좋은 물과 풀이 있는 곳으로 가서 쉬니 사람마다 편하게 여긴 반면 정불식은 부곡과 항오를 정비하고 병영에 조두를 치고 군대의 문서 기록을 매우 명확하게 하니 군대가 휴식할 수 없었는데, 정불식이 "이광의 군대는 매우 간편하고 쉽게 운영하고 있지만 오랑캐가 갑자기 쳐들어오면 대적할 수가 없다. 우리 군대는 비록 번거롭지만 오랑캐가 우리를 침범하지 못한다."라고 말하였다. 《資治通鑑 卷17 漢紀》

63 악무목전(岳武穆傳) : 무목은 송나라 장수 악비(岳飛)의 시호이며, 〈악무목전〉은 《송사(宋史)》 〈악비열전(岳飛列傳)〉을 말한다. 악비는 뛰어난 군사 전략가이자 애국지사로서 금(金)나라에 대항하는 데 앞장섰으나, 당시 화의(和議)를 주도하던 간신 진회(秦檜)의 모함을 받고 살해되었다. 뒤에 신원되어 효종(孝宗) 때 시호가 내려졌고, 영종(寧宗) 때 악왕(鄂王)에 추봉(追封)되었다.

다.[64]"라고 하며 아침저녁으로 읊조렸고, 여러 번 반복해서 읊으며 눈물을 흘렸으니 충의는 아마도 타고난 것이리라.

정묘년(1627)에 의춘군이 평안도의 절도영(節度營)에서 순절하였고 찬성공(贊成公 부친 유효걸)이 이해에 세상을 떠났다. 공의 당시 나이는 열둘이었는데, 심묵(深墨)과 애훼(哀毁)[65]를 이미 예대로 다 해내니 남 부인이 공의 등을 어루만지고 울며 말하기를,

"내 아버지와 남편은 함께 갑자년(1624)의 공훈으로 임금과 함께 맹약하였다. 이제 내 아버지가 성인(成仁)[66]한 해에 내 남편이 충성을 다하다 죽지 못하였다면 내가 어떻게 살겠느냐. 내 아버지의 원수를 갚고 내 남편의 일을 계승하는 것은 오직 너에게 달려 있으니 너는 힘써야 한다."

하였다. 그러고는 병이 심해지니 공이 형제들과 함께 번갈아 가며 허벅

64 여섯 번 기산(祁山)을……일이다 : 기산은 중국 감숙성(甘肅省) 서화현(西和縣) 서북쪽에 있는 산 이름으로, 제갈량이 소열황제, 즉 유비가 죽은 뒤 위(魏)나라를 정벌하기 위해 여섯 차례나 이곳으로 출전하였으나, 매번 군량이 떨어져 싸움에 이기지 못하고 퇴각하였다고 한다. 등에 네 글자를 새긴 것은 악비의 일로, 송 고종이 금나라와의 전투에서 많은 공을 세운 악비를 칭찬하여 '정충악비(精忠岳飛)' 네 글자를 직접 써서 깃발을 만들어 주자, 악비가 나라의 은혜에 보답하고 빼앗긴 국토를 회복하겠다는 의지로 자신의 등에 '정충보국(精忠報國)'이라는 네 글자를 새겼다고 한다.

65 심묵(深墨)과 애훼(哀毁) : 심묵은 자식이 부모의 죽음을 몹시 슬퍼한 나머지 몸이 수척해지고 얼굴이 검어진 것을 뜻하고, 애훼는 애훼골립(哀毁骨立)의 준말로, 부모의 죽음을 슬퍼한 나머지 몸이 뼈만 앙상하게 남을 정도로 쇠약해진 모습을 뜻하니, 모두 부모의 죽음을 애통해하는 모습이다.

66 성인(成仁) : 살신성인(殺身成仁)의 준말로, 나라를 위해 목숨을 바친 것을 말한다.

지 살을 베고 피와 섞어 약을 드리자 드디어 병이 나았다.

우애가 아주 도타워 형제가 긴 이불을 덮고 같이 잠자고 큰 그릇으로 함께 밥을 먹었다. 병자년(1636)에 남한산성이 포위되어 위급하다는 소식을 듣고 형제가 소매를 걷고 일어나 앞다투어 달려갔다. 양성(陽城)에 이르러 성이 함락되었다는 소식이 있자 집으로 돌아왔고, 형제가 뜰 뒤의 배나무를 끌어안고서 북쪽을 바라보며 하염없이 곡하니 이웃 사람들이 감탄하였다. 지금까지도 전하여 그 나무를 '유공수(柳公樹)'라고 한다.

정축년(1637)에 세자와 대군이 인질로 심양(瀋陽)에 가게 되자 공은 서둘러 채비하여 성에 들어갔다. 임금이 모화관(慕華館)에서 전별(餞別)하고 사대부와 백성 들이 연이어 이별의 말을 하였는데, 공이 시를 짓기를 "서쪽 교외 가랑비는 군신의 눈물이요, 북쪽 궁궐 어린 구름은 부자의 정이구나.〔西郊細雨君臣淚 北闕凝雲父子情〕"라고 하자 눈물을 훔치며 전해 가며 외우지 않는 자가 없었다. 공이 연이어 소과와 대과에 합격하자 문장이 뛰어나다는 칭송이 크게 떠들썩하였다.

이 당시에 인조가 서쪽 변방에 경보(警報)가 많은 것을 유념하여 여러 번 조정에서 탄식하자 연양(延陽) 이시백(李時白), 능성(綾城) 구인후(具仁垕), 평천(平川) 신경진(申景禛), 능천(綾川) 구인기(具仁墍), 완풍(完豐) 이서(李曙)가 입을 모아 공을 천거하고 칭찬하였다. 장차 벼슬의 차례를 밟지 않고 등용하여 전례대로 훈련도감 초관(訓鍊都監哨官)에 붙이려고 하였는데 갑신년(1644)에 무과에 급제하자 관서의 방어 지역에 부임하게 되었다. 회포를 읊은 시에,

드센 바람 새벽같이 짙은 눈 몰고 오니 獰風驅雪曉來深
추위는 장군의 몸져누운 이불에 파고든다 寒透將軍病臥衾

이른 새벽 애써 일어나 활 당기고 앉으니　　平明强起彈弓坐
오히려 크게 음산[67]을 사냥할 마음 생기네　　猶有陰山大獵心

하였으니, 이는 병자년(1636)과 정축년(1637) 이후로 북쪽의 오랑캐를 원수같이 여겨, 이렇듯 충의(忠義)에서 우러나는 분개심과 호걸스럽고 장쾌한 말을 하게 되었던 것이다.

을유년(1645)에 인평대군(麟坪大君)이 사명(使命)을 받들어 북쪽으로 갈 때[68] 문무를 겸비한 자 한 명을 데리고 가기를 청하니, 능천이 공을 천거하는 것으로 응답하였다. 공이 어머니의 병을 이유로 사양하고 능천을 만나 말하기를 "무신이 어찌 왕실의 의친(懿親)과 장수, 막하의 관계를 맺을 수 있겠습니까."라고 하니, 능천이 감탄하며 "내가 미처 생각지 못했소."라고 하였다. 6월에 남 부인의 상을 당하자 죽을 먹으며 앞의 상같이 예를 다하였다. 복을 마치고 나서 도총부 도사에서 지방으로 나가 덕산 현감(德山縣監)이 되었으니, 이는 조정이 해안의 경보를 근심하여 특별히 보냈던 것이다.

공이 가서는 은혜와 위엄으로 다스리자 백성들이 이에 안정되니 임금이 표리(表裏)를 하사하여 가상하게 여겼다. 조정으로 돌아오니 백

67 음산(陰山) : 흉노족의 땅에 있던 산으로, 사시사철 눈과 얼음으로 덮여 있다고 한다. 현재 내몽고 자치구(內蒙古自治區) 남쪽으로부터 동북쪽으로 내흥안령(內興安嶺)까지 뻗어 있는 음산산맥(陰山山脈)을 가리키는데, 일반적으로 북방 변경의 산을 뜻하는 말로 쓰인다.

68 인평대군(麟坪大君)이……때 : 사명이란 청나라 세조(世祖)의 등극에 축하의 뜻을 전하는 것을 말한다. 청 태종(淸太宗)의 아홉 번째 아들 복림(福臨) 즉 순제(順帝)가 1644년 10월 등극하자, 조선 조정은 1645년 2월 인평대군 이요(李㴭)를 사은 겸 진하사(謝恩兼進賀使)로 삼아 파견하였다.

성들이 비석을 세워 공덕을 사모했다.

무자년(1648)에 체직되어 도총부 경력에 임명되었고 훈련원부정 겸내승(訓鍊院副正兼內乘)으로 이임하였다.

기축년(1649)에 임금이 명하여 조정이 문무의 재능을 모두 갖추고 임무를 감당할 만한 장수를 천거하도록 하였는데, 이때에 공이 인선(人選)에 들었다. 조정이 곧바로 곤수(閫帥)의 직임을 줄 것을 청하였으나 인조가 "우선 장수의 교양을 쌓도록 하라."라고 하였다. 효종이 등극하자 철장목마(鐵杖木馬)[69]와 나라의 안위에 견고한 뜻을 두었는데, 오직 이 정익(李貞翼)[70] 한 사람만이 일찍이 조정에서 탄식하며 "누가 나와 마음을 함께하여 우리 일을 이룰 수 있겠는가."라고 하였다. 정승 정태화(鄭太和) 등이 함께 아뢰기를 "유혁연이라야만 합니다."라고 하니, 이에 임금이 심려(心膂)[71]를 이 정익과 공에게 맡겼는데, 공과 이 정익

69 철장목마(鐵杖木馬) : 쇠로 만든 지팡이와 나무로 만든 말로, 효종이 청나라를 정벌할 뜻을 다졌다는 말이다. 송 효종(宋孝宗)이 전정(殿庭)에 목마를 세워 기사(騎射)를 익히고, 늘 철장으로 힘을 단련하면서 나라를 부흥시키는 데 뜻을 두었다 한다. 《宋子大全隨箚 卷6》

70 이 정익(李貞翼) : 이완(李浣, 1602~1674)으로, 본관은 경주(慶州), 자는 징지(澄之), 호는 매죽헌(梅竹軒), 시호는 정익이다. 1649년 효종이 즉위한 후 우변포도대장을 시작으로 어영대장, 훈련대장 등 요직에 임명되어 군기(軍紀)를 확립하고 북벌과 관련된 대책을 효종에게 건의하였다.

71 심려(心膂) : 가슴과 등골이라는 뜻으로, 임금의 신임을 얻은 중신(重臣)을 말하는데, 여기서는 효종이 유혁연을 신임하고 중대한 임무를 맡겼다는 말이다. 《서경》 〈군아(君牙)〉에 "지금 너를 명하노니, 너는 나를 도와서 나의 팔과 다리, 가슴과 등골이 되어 네 할아버지 아버지가 옛날 하던 일을 이어 그대 할아버지 아버지에게 욕됨이 없도록 하라.〔今命爾, 予翼作股肱心膂, 纘乃舊服, 無忝祖考.〕"라고 한 말에서 유래한다.

은 손발처럼 서로가 잘 맞았다.

신묘년(1651, 효종2)에 훈련원 정으로서 승진하여 만포 절제사(滿浦節制使)에 임명되었다.

이듬해에 선천 부사(宣川府使)로 이임하였는데 일찍이 범 사냥을 하였는데, 손으로 쳐 죽였다.

당시 청나라에 포로가 되었다가 역관이 된 정명수(鄭明壽)[72]라는 자가 있었는데, 마치 우리나라에는 인물이 없는 듯이 꾸짖으며 협박하였다. 그런데 선천을 지날 때는 머리를 숙이고 입을 다물고 "범을 잡은 장군이 여기에 있다."라고 하였다.

계사년(1653)에 승진하여 황해도 절도사에 임명되었다. 성과 참호를 순시할 때 장수들을 돌아보며 "이것은 내 조부 의정공(議政公)[73]이 만들기 시작하였고, 종조부 원수공(元帥公)[74]이 준공한 곳이다. 내가 어찌 마음을 다하지 않을 수 있겠는가."라고 말하고, 이에 녹봉을 덜어 개수하니 모든 성의 담장이 모두 새롭게 되었다.

72 정명수(鄭明壽) : 평안도 은산(殷山) 출신의 천례(賤隷)로 강홍립(姜弘立)의 군대를 따라갔다가 후금(後金)의 포로가 되었는데, 병자호란 때 역관으로 입국해 청나라의 조선 침략에 앞잡이 노릇을 하였고 청나라 세력을 등에 업고 영중추부사에까지 올랐다.

73 의정공(議政公) : 임진왜란에 공로를 세워 충렬사에 제향되고 영의정에 추증된 유형(柳珩, 1566~1615)을 말한다. 본관은 진주, 자는 사온(士溫), 호는 석담(石潭), 시호는 충경(忠景)이다. 용병(用兵)에 능하였고, 특히 통제영(統制營)의 기계 설비와 회령, 경성의 축성 등 적을 방어하기 위한 군사 시설의 확립에 주력하였다. 황해도 병마절도사로 재임 중에 죽었다.

74 원수공(元帥公) : 병마절도사를 지낸 적이 있는 유림(柳琳, 1581~1643)을 말한다. 자는 여온(汝溫), 시호는 충장(忠壯)이다. 1619년 황해도 병마절도사가 되어 해주성(海州城)을 쌓는 등 군비를 충실히 하였다.

그곳에 있은 지 1년 만에 풍토병에 걸려 몇 차례나 목숨이 위태로웠는데, 임금이 듣고는 정승에게 명하여 내지(內地)로 의망(擬望)하게 하니 마침내 수원 부사(水原府使)로 옮겼다.

갑오년(1654)에 특별히 동부승지에 임명되었다. 상소를 올리자 비답을 내리고 극진히 권장하며 면려하였다. 경연에 나왔을 때 상이 하교하기를 "군신간에는 서로 마음을 아는 것이 귀하다."라고 하였고, 그 외에 사흘간 은밀히 하신 말씀에 대해서는 들어서 전하는 자가 없다. 차례대로 승진하여 좌승지에 이르렀고 행수 선전관(行首宣傳官)을 겸하였다.

을미년(1655)에 충청도 절제사에 임명되었다. 공이 '안흥(安興)은 삼남(三南)의 바다 요충지이고 지형이 돌출되어 있으면서 견고하며, 삼면이 모두 조수가 있고 동쪽으로 실처럼 좁은 길이 열려 있다. 적이 만약 배에 타고 있으면 조수가 물러나 배가 좌초할 것이 우려되고, 육지에서 싸울 때는 반드시 조수가 닥치면 오래 버티기 어렵다. 진(鎭)을 설치하여 강화와 서로 의지하도록 하는 것이 마땅하다.'라고 생각해서, 장계로 성을 쌓을 것을 청하였고 백성을 번거롭게 하지 않고도 성을 해영(海營)처럼 두텁고 완전하게 하였다.

1년이 지나 특별히 가선대부로 승진하여 삼도통제사에 임명되었다. 한결같이 조부 의정공이 남긴 법도에 따라 다스려, 성과 못을 보수하고 선박을 새롭게 고치며, 뇌물을 끊고 포세(浦稅)를 덜어 주니 군민(軍民)들이 집집마다 노래를 불렀다. 축축하고 더운 독기로 공이 풍토병에 걸린 것을 임금이 염려하여 어의와 진귀한 약제를 끊이지 않고 대었으니 우리 조정에서 변방의 장수에게 아직까지 없던 은혜와 예우였다.

병신년(1656)에 어영대장(御營大將)에 임명되니 공의 나이 마흔하나였고 과거에 급제한 지 겨우 12년 만이었다. 서울로 오는 도중에 공조 참판에 임명되고 주사 당상(籌司堂上)과 포도대장(捕盜大將)을 겸임하였다. 공이 나이가 젊은데 은혜가 넘친다는 이유로 상소하여 면직을 청하자, 임금이 물과 물고기[75]를 끌어와 비유하였다. 입대(入對)하였을 때 하교하기를 "곤외(閫外)의 일은 장군이 주관하라. 이제부터 군국(軍國)의 임무는 모두 경에게 맡기겠다. 일이 중하고 또 큰일과 관계되는 것은 아뢰고 그 나머지는 오직 경이 결단하라. 우뚝 솟은 장성(長城)과도 같으니 나라의 안위를 경에게 맡길 뿐이다."라고 하니 공이 감격하여 눈물을 흘리고 드디어 다시는 사양하지 않았다.

이로부터 병조·형조·공조의 참판, 한성부 좌윤을 거쳤다. 이 당시에 이 정익은 훈련도감을 관장하였고 공은 어영청을 관장하였는데, 두 사람이 함께 군을 담당하여 흡사 두 개의 수레바퀴가 굴러가고 두 개의 날개가 나는 것 같았다. 자의(紫衣)[76]를 시켜 부르는 일이 늘 불시에 있었는데, 정익공이 사람을 보내어 공을 탐문해 보면 공은 이미 조복을 입고 미리 기다리고 있었으며, 공이 정익공을 탐문해도 또한 그러하였다.

공이 일찍이 깊은 밤에 앉아 있는데 멀리 한 번의 포 소리가 들렸다. 급히 일어나 군복을 입고 손에 검을 쥐고는 나는 듯이 걸어 궁궐 담장 밖에 이르렀다. 동쪽에서부터 서쪽으로 가며 궁문을 만날 때마다 크건 작건 간에 상관 없이 곧장 문판을 등지고서 자물쇠와 빗장의 허실을

75 물과 물고기 : 물고기가 물을 만난 것처럼 군주와 신하가 서로 의기투합한 것을 비유하여 이르는 말이다.

76 자의(紫衣) : 액정서(掖庭署)에 딸린 서리나 하례(下隸)를 지칭한다.

점검하였다. 정문인 돈화문(敦化門)에 다다랐을 때 또 어떤 사람이 서쪽에서 동쪽으로 어둠 속에서 문을 등지고 있었다. 공이 놀라며 "너는 누구냐?"라고 하며 가까이 다가가서 보니 곧 이 정익이었으니, 그들의 충성심은 이처럼 의논하지 않아도 같았다.

이전에는 장신(將臣 각 군문(軍門)의 대장)이 서로를 염탐하니 인심이 안정되지 못했는데, 공은 정익공과 절실히 서로 경계하며 숙위(宿衛)를 삼가고 군대를 정비할 뿐이었다. 이렇게 행한 지 수십 년에 밖으로는 적의 침입이 없고 안으로는 간사한 싹을 끊으니 조정이 이를 의지하였다. 그러나 이 정익은 몸가짐을 신중하게 하는 데 힘쓰고 공은 과감하고 과단성 있는 것을 숭상하니 이 정익이 매번 이를 우려하였다.

공이 조치한 것 중에서 남의 이목에 드러나는 것만을 말하자면 다음과 같다. 어영청에는 본래 마병(馬兵)이 없었는데, 일찍이 공이 해영(海營)에 있을 때 해서(海西) 지역의 활과 말이 굳세고 강한 것을 알고 600의 정예 기마대를 설치하였는데 체직되어 서울로 올라오자 이들로 대궐 주위를 위엄 있게 호위하였다. 군보(軍保)에 명하여 개 가죽을 바치게 하고 호조가 산 수달〔山獺〕을 사서 추위를 막을 도구를 만들게 하였으며, 번(番)을 서는 병사들이 병들어도 치료할 의약이 없는 것을 걱정하여 처음으로 의료(醫料)를 두어 치료하게 하였다.

진(秦)·한(漢) 때 유새(楡塞)의 고사[77]를 모방하여 서북쪽의 길이

77 유새(楡塞)의 고사 : 진(秦)나라 때 몽염(蒙恬)이 흉노족을 막기 위하여 지금의 내몽고 자치구 지역에 관(關)을 설치하였는데, 유림새(楡林塞)라고도 한다. 이 지역에 느릅나무가 많이 자생함으로 인해 붙여진 이름으로, 흔히 변경 지방을 가리키는 말로 쓰인다. 《漢書 韓安國傳》

좁고 험한 고개에 느릅나무와 버드나무를 많이 심어, 보병이 숲에 들어가 버리면 기마병이 장악할 수 없도록 하였고, 팔도에서 무명 거두는 것을 풍흉에 따라 번갈아 가며 가감하여 군민이 편하게 하였다. 동과 철을 채굴하여 창과 검, 포(砲)를 연마하고 제조하여 양영(兩營 금위영과 어영청)에 쌓아 둔 뒤 각 도에 나누어 공급하여 쓰임에 대비하였다. 5층으로 된 화차(火車)[78]를 만들었는데, 마치 박〔匏〕에 생황의 관이 세워져 있는 것처럼 포가 늘어서 있으며, 몰고 가서 화공(火攻)을 하는 도구로 삼았다. 화살촉을 짧게 하여 쏘기 편하게 하였고, 활깍지를 터서 혀를 설치하여[79] 성을 지키는 데 대비하였다.

관무청(勸武廳)을 설치하여 사대부 자제들을 고무하였고, 무군장(無軍將 군사가 없는 장수)을 두어 갑작스레 군사를 나누어 거느릴 일에 대비

78 5층으로 된 화차(火車) : 평지에서 화약을 이용하여 적을 공격하기에 유리한 수레로, 1678년(숙종4) 유혁연이 훈련도감에서 만들게 한 뒤 이듬해 9월에 노량(露梁)에서 대규모의 열무(閱武)를 한 기록이 있다. 화차 한 대가 5층으로 되어 있으며, 층마다 10매(枚)의 화총(火銃)을 설치하여 전진하고 후퇴하며 어울려 싸우는데, 50매의 화총을 한꺼번에 쏘게 되어 있다. 열무 뒤 숙종은 군기시와 훈련도감에 명하여 더 만들게 하였다. 《肅宗實錄 5年 9月 11日》

79 활깍지를……설치하여 : 효종이 심양(瀋陽)에 있는 동안 활 쏘는 법을 익히고 돌아와서 깍지〔角環〕를 혀〔舌〕가 없는 것으로 개량하여 사용하게 했는데, 1680년 김석주(金錫胄)와 유혁연이 깍지에 혀가 있는 것이 없는 것보다 더 잘 관통되므로 혀가 있는 것으로 고치기를 청하였다. 숙종은 이 건의에 대하여 선조(先朝)가 명한 것이라 신중히 고쳐야 하므로 혀가 있는 것도 모두 허용하도록 명하였다. 깍지는 활을 쏠 때에 시위를 잡아당기기 위하여 엄지손가락의 아랫마디에 끼는 뿔로 만든 기구로, 혀〔舌〕가 없다는 것은 그 모양이 반지처럼 둥근 고리 모양으로 된 것을 말하며, 혀가 있다는 것은 고리 모양의 한쪽 귀퉁이를 혀 모양으로 길쭉하게 빼낸 것을 말한다. 《承政院日記 肅宗 5年 12月 5日》《野堂遺稿 卷2 遺事》

하였다. 가도(椵島)는 요동(遼東)의 배들이 모이는 곳인데, 선사포(宣沙浦)의 진(鎭)을 옮겨 가도에 두도록 청하였다. 조정에서 강화에 돌로 된 성을 쌓을 것을 의논하자 갯벌의 진흙으로 대신하고 도랑을 파서 참호(塹壕)로 삼도록 청하니, 비용은 덜면서도 견고하게 되었다. 송도(松都)의 천마산(天摩山)은 서북방의 요충지에 자리하고 있어 강화, 남한산성과 기각지세(掎角之勢)를 이룰 수 있었다. 효종이 일찍이 성을 설치할 뜻이 있었으나 이루지 못하였는데, 숙종 병진년(1676, 숙종2)에 공이 건의하여 별도의 부대 5000명으로 성을 쌓을 것을 청하였다. 착공한 지 45일 만에 일이 마무리되었는데, 성 둘레는 30리이다. 대개 공이 일찍이 과혁(裹革)[80]으로 스스로를 기약하여, 국사를 맡아 나라가 있는 줄만 알고 몸을 돌보지 않았던 것이 이와 같았다. 그러나 마침내 뜻밖의 재앙이 오히려 이를 바탕으로 해서 빌미가 될 줄 누가 알았겠는가.

기해년(1659)에 효종이 승하하니 공은 부르짖고 통곡하며 살고 싶어 하지 않았고, 물과 미음도 입에 넣지 않아 한결같이 친상을 당한 것같이 하였다. 정익공의 손을 부여잡고 울부짖으며,

"제갈 무후(諸葛武侯)가 선주(先主)의 은혜를 입어, 죽을 때까지 몸과 마음을 다 바치겠다고 마음먹고 여섯 번이나 기산(祁山)을 나갔으니,[81] 곧 죽음을 바칠 뜻이었을 것입니다. 대행 대왕이 우리 두

80 과혁(裹革) : 말가죽으로 시신을 감싼다는 말로, 전장에서 나라를 위해 장렬하게 싸우다가 전사한 뒤 말가죽에 싸여 돌아오는 것을 말한다. 후한(後漢)의 마원(馬援)이, 흉노족이 북쪽 변방에 침입했을 당시 "남아(男兒)는 마땅히 전쟁터에서 죽기를 구하여 말가죽에 시신을 감싼 뒤 돌아와 장례를 치를 뿐이다."라고 한 데서 나왔다. 《後漢書 馬援列傳》

81 제갈……나갔으니 : 무후는 촉한(蜀漢)의 승상 제갈량(諸葛亮)의 시호이다. 촉한

미천한 신하를 대우한 것이 어찌 선주가 무후를 대우한 것만 못하겠습니까. 그런데 여섯 번 기산을 나간 것은 말할 것도 없고 어찌 한 가지 일이라도 보답한 적이 있었습니까."

하였고, 슬픔으로 몸이 여위어 뼈만 남아 조석(朝夕)도 넘기지 못할 것만 같았다.

당시에 어떤 대신이 이를 염려하여 두세 번 편지를 보내어 슬픔을 절제하고 때에 맞게 변통할 것을 권하였으나, 오열하며 차마 음식을 먹지 못하였다. 현종이 듣고는 근심하여 의원을 보내면서 약제를 가지고 가게 하여 몸을 보양(補養)하는 데 힘쓰도록 권하였다.

경자년(1660, 현종1)에 훈련원 도정(訓鍊院都正)과 부총관(副摠管)을 겸임하였다.

임인년(1662)에 현종이 어영청에서 관할하는 해서 지역의 정예 기마병을 열무(閱武)하면서 장신(將臣)에게 명하여 활을 쏘게 하였는데, 공이 말에 뛰어올라 과녁에 연이어 세 발을 맞혀 가의대부의 품계로 진급하였다.

을사년(1665)에 온천 행차를 할 때 특명으로 자헌대부에 발탁되었다.

병오년(1666)에 정헌대부(正憲大夫)에 올라 공조판서 겸 지훈련원사에 임명되었다.

무신년(1668)에 훈련대장에 임명되었다.

의 소열제(昭烈帝) 유비(劉備)가 죽은 뒤에 제갈량이 촉한을 부지하는 데 몸과 마음을 다 바쳐서 충성을 다하였으며, 위(魏)나라를 정벌하기 위하여 성도(成都)에서 기산으로 여섯 번 출정하였다. 제갈량의 〈후출사표(後出師表)〉에 "모든 일이 이와 같아서 앞으로 어떻게 될지 알기가 어렵습니다. 신으로서는 심신을 다 바쳐 애써서, 죽은 뒤에야 그만둘 것입니다."라고 하였다. 《蜀鑑 卷3 漢諸葛忠武侯北伐》《自治通鑑 卷72 魏記4》

기유년(1669)에 삼전(三殿)을 호종하여 온천으로 행차할 때 맨 뒤에 있던 마포(馬砲)가 탄환을 쏘았다는 이유로 대간(臺諫)의 평의(評議)를 당하였으나, 임금이 뜻밖의 일인 것을 잘 알고 있어서 잠시 파면하였다가 금방 유임(留任)하였으며, 연이어 한성 판윤과 공조, 형조의 판서에 제수하였다.

공이 오랫동안 중임(重任)을 맡아 근심과 두려움이 병이 되니 거처하는 곳에 '야당(野堂)'이라고 편액을 걸었는데, 이는 배 진공(裴晉公)이 녹야당(綠野堂)으로 물러났던 뜻[82]을 따른 것이었다. 그러나 현종이 처음이나 끝이나 15년을 하루같이 의지하니 공 또한 자신의 몸을 자기 것으로 여길 수 없었다. 숙종이 보위를 이었을 때 선대의 조정이 대우한 대로 대우하였고, 남전(南殿)[83]의 일을 감동(監董)한 공로로 숭록대부(崇祿大夫)에 올랐다.

공이 병을 이유로 면직을 청했으나 성상이 비답하기를 "나라가 믿는 것은 오직 경 한 사람뿐이다."라고 하고, 내의(內醫)에게 명하여 간병하게 하였으며, 대내(大內)의 주방에서 잇달아 음식을 전하도록 하였다. 또 북영(北營)에서 앞이 툭 트인 곳으로 거처를 옮겨 심회(心懷)를

82 배……뜻 : 배 진공은 회서(淮西)를 평정하고 진국공(晉國公)에 봉해진 당나라의 명재상 배도(裴度)를 가리킨다. 녹야당은 배도가 지은 별장으로, 벼슬에서 물러나 낙양(洛陽) 남쪽의 오교(午橋)에 꽃나무 1만 그루를 심고는 그 중앙에 여름에 더위를 식힐 누대와 겨울에 따뜻하게 지낼 집을 짓고, 녹야당이라 이름을 붙인 뒤에 백거이(白居易), 유우석(劉禹錫) 등 문인들과 모여 시주(詩酒)로 소일하였다. 《新唐書 裴度列傳》

83 남전(南殿) : 남별전(南別殿)을 말한다. 조선 세조의 영정과 인조의 생부 원종(元宗)의 영정을 봉안하던 건물로, 1677년에 이건(移建)하여 태조의 영정을 봉안하고 영희전(永禧殿)이라 고쳤다.

펴서 병을 치료하도록 허락하였다. 공이 학꽁치[細魚]를 먹고 싶어 한다는 말을 임금이 듣고서 세 편(編)을 봉하여 하사하며 자의(紫衣)를 시켜 말씀을 전하게 하니, 공이 감격하여 눈물을 흘리며 감히 다시는 아프다는 말을 하지 못하였다.

병진년(1676)에 요승(妖僧)의 옥사[84]가 있자 특별히 판의금부사에 제수하여 다스리게 하였다.

기미년(1679) 봄에 이유정(李有湞)이 강화에 투서하여[85] 먼저 유 대장(柳大將)을 죽이겠다는 말을 하자 임금이 놀라고 근심하여 하교하기를 "훈련대장의 집 담장이 허술하니 마땅히 별도로 긴 회랑을 설치하여 방비하도록 하라."라고 하였다. 또 공이 출입할 때 병사들의 호위를

84 요승(妖僧)의 옥사 : 요승은 속명이 처경(處瓊)으로, 평해군(平海郡)의 아전 손도(孫燾)의 아들이다. 자칭 신승(神僧)이라 하며 간음(奸淫)을 자행하고, 사대부 집의 여종 묘향(妙香)과 짜고 소현세자(昭顯世子)의 유복자(遺腹子)라고 자칭하는 등 혹세무민을 자행하였다. 숙종이 일의 중대성을 감안하여 시원임 대신과 육경, 삼사가 회동하여 진위를 추핵(推覈)하도록 하고, 유혁연에게 추문(推問)을 맡겼다. 그 결과 처경은 당고개에서 처형되었고, 묘향은 형신(刑訊)을 받다 죽었으며, 처경과 사귀거나 만난 자는 모두 유배 감으로써 수사가 종결되었다.《肅宗實錄 2年 11月 1日》《承政院日記 肅宗 2年 11月 2日》《燃藜室記述 卷33 僧人處瓊之獄》

85 이유정(李有湞)이 강화에 투서하여 : 1679년 3월 각 도(道)의 승군(僧軍)을 징발하여 강화도에 돈대(墩臺)를 쌓았는데, 이때 사대부 이유정이, 축성장(築城將)인 이우(李禑)에게 인조반정은 종통의 차례를 잃었으므로 소현세자의 손자인 임창군(臨昌君) 이혼(李焜)을 옹립하자는 내용의 글을 보냈다. 이에 국청을 열어 이유정을 붙잡아 추문하고, 그해 4월 29일 이유정은 복주되었다. 그런데 이 사건은 송시열의 제자인 송상민(宋尙敏)이 덕원으로 유배된 스승의 원통함을 풀고자 예론(禮論)을 제기하여 장문(長文)의 봉서를 올린 사건과 우연히 맞물려 남인들이, 이유정을 사주한 자가 송시열이라는 주장을 함으로써, 송시열과 송준길이 화를 입었다. 이유정과 관련된 내용은《숙종실록》5년 4월 26일부터 8월 3일 사이의 기사에 보인다.

성대하게 하도록 명하여 배도(裴度)의 고사[86]처럼 하였으나 공이 극력 사양하였다.

당시에 임금이 나라의 모든 정치를 영의정 허적(許積)에게 맡겨 그의 뜻을 따랐는데, 허적의 서자 허견(許堅)이 패역한 짓을 마음대로 저지르니[87] 나라 사람이 눈을 흘겼다. 생각건대 허적은 늙어 정신이 혼미하여 허견이 역적 종친인 이정(李楨), 이남(李柟)[88]과 반역을 도모하는 것을 살피지 못해 경신년(1680)의 옥사[89]가 크게 일어났는데 무고(誣告)가 공에게까지 미쳤다.

아, 공은 30년 동안 군대를 거느린 자이다. 아무리 밤낮으로 삼가고

86 배도(裴度)의 고사 : 배도는 당나라 헌종(憲宗) 대의 승상(丞相)이다. 원화(元和) 9년(814) 회서 절도사(淮西節度使) 오소양(吳少陽)이 죽은 뒤 그 아들 오원제(吳元濟)가 반란을 일으키자 조정에서 배도를 회서 선위초토처치사(淮西宣慰招討處置使)에 임명하여 회서 지역을 평정하도록 명하였는데, 길을 떠날 때 헌종이 친히 전송하며 부절과 통천어대(通天御帶)와 위졸(衛卒) 300명을 하사하였다. 《新唐書 裴度列傳》

87 허견(許堅)이……저지르니 : 허견은 허적의 서자로, 부친의 세력을 믿고 황해도에서 수천 그루의 재목을 도벌하여 집을 짓는다든가 남의 처를 약탈하는 행위를 하여 비난을 받았다.

88 이정(李楨), 이남(李柟) : 인평대군(麟坪大君)의 아들 복창군(福昌君)과 복선군(福善君)을 말한다. 1680년 경신환국(庚申換局) 때 남인 허견 등의 추대를 받아 역모를 꾀한다는 무고를 받고, 복평군(福平君) 이연(李㮒)과 함께 역모 죄로 유배되고 사사(賜死)되었다.

89 경신년의 옥사 : 남인의 영수 허적(許積)이, 조부가 시호를 받는 일로 잔치를 열면서 궁중에서 쓰는 기름 먹인 장막〔帷幄〕을 함부로 가져다 쓴 일로, 숙종이 남인을 꺼리던 찰나, 김석주(金錫胄)와 김익훈(金益勳) 등이 허적의 서자(庶子) 허견이 종실(宗室)인 복창군 이정(李楨), 복선군 이남(李柟), 복평군 이연(李㮒)과 역모한다고 고변(告變)하여 옥사가 일어남으로써, 복창군 세 형제와 허적 등이 사사되었다. 이와 관련된 내용은 《숙종실록》 5년 4월 26일부터 6년 9월 14일 사이의 기사에 보인다.

두려워하며 한결같은 마음으로 나라에 몸을 바쳤더라도 입곡(笠轂)[90]의 위망(威望)이 남다르고 경쟁하고 빼앗는 정권의 변화를 예측할 길이 없으니, 공이 재앙을 벗어나지 못할 줄은 지혜로운 자가 아니라도 짐작할 수 있었다. 이 얼마나 참혹한 일인가.

공이 빠짐없이 진술하니 하는 말마다 근거가 있었고 일마다 터무니없는 것으로 밝혀졌다. 마지막에는 또 집안이 대대로 충절을 이어 왔음을 위아래로 반복하여 들었는데, 그 진술이 격렬하고 비분강개하여 옥관들이 모두 "이 진술을 보고도 슬퍼하지 않는다면 사람 마음이 아니다."라고 하였다. 영의정 김수항(金壽恒) 공은 아뢰기를,

"삼대의 조정에서 은혜를 받은 것이 하늘처럼 끝이 없습니다. 하찮고 천한 서자와 함께 흉악한 역적질을 꾸며 댔다는 것은 보통의 인정으로 헤아려 보건대 반드시 그럴 리는 없을 듯하고, 죄상이 미처 드러나지도 않았는데 옥중에서 죽게 되면 조정 안팎의 무사(武士)들의 마음이 반드시 흩어질 것이니, 마땅히 참작하여 처리해야 합니다."

하고, 좌의정 정지화(鄭知和) 공과 판중추부사 권대운(權大運) 공은 모두 "마땅히 참작하여 처분해야 합니다."라고 아뢰었다. 형방 승지 윤계(尹堦) 공은 아뢰기를,

"역적모의에 동참하였다는 것이 두드러지게 밝혀진 바가 없고 삼대에 걸친 조정의 노장(老將)이 오래도록 옥에 있다가 죽게 될까 염려

90 입곡(笠轂) : 장수가 타는 병거(兵車)로, 장수의 지위를 비유한다. 《춘추좌씨전(春秋左氏傳)》 선공(宣公) 4년에 "또 한 대의 화살을 쏘니, 수레의 끌채를 지나 입곡에 꽂혔다.〔又射汰輈, 以貫笠轂.〕"라고 했는데, 그 주에 "병거에는 일산〔蓋〕이 없으므로, 지위 높은 자가 타면 옆에서 사람이 입(笠)을 들고 호위한다."라고 하였다.

스럽습니다."
하였다.[91] 임금도 죄 없음을 살피고는 영해(寧海)에 편관(編管)[92]하라고 명하였다. 그런데 또 흉악한 죄수가 무고의 공초를 함으로써 대정(大靜)으로 이배(移配)되었다가 추옥(秋獄)이 다시 일어나자 모함하여 얽어 넣는 것이 더욱 긴박하였다.[93]

큰 옥사에는 반드시 장신(將臣)을 끌어들여 죄안(罪案)을 이루니, 죄가 없으면서도 죽은 것은 옛날부터 그러하였다. 임금이 처음에는 유배를 풀어 주라고 명하였다가 대신(臺臣)들 중 고집하여 주장하는 자가 있자 마침내 9월 5일 후명(後命)을 받으니[94] 수(壽)가 65세였다.

91 영의정……하였다 : 숙종이 김수항 등 대신을 인견한 자리에서 나온 말이다.《肅宗實錄 6年 4月 19日》《承政院日記 肅宗 6年 4月 19日》

92 편관(編管) : 죄를 지은 사람이 변방의 고을에 귀양 가면, 편호(編戶)로서 그 지방 수령이 관장하는 것을 말한다.

93 흉악한……긴박하였다 : 흉악한 죄수는 정원로(鄭元老)를 말하는 것으로 보인다. 1680년 4월 17일 정원로가 공초하여, 강만철(姜萬鐵)이 유혁연의 심복 한여신(韓如信)에게 '군악(軍樂) 등의 물건을 얻어서 둔소(屯所)의 소용으로 할 것'을 청하자, 한여신이 "대장(大將)에게 말하여 구해 주겠다."라고 말했다고 하였고, 19일 의금부에서 유혁연을, 죽음을 감하여 정배(定配)할 것을 청하는 계사를 올려, 대정으로 유배되었다. 그러나 이 뒤에도 삼사(三司)가 계속 역적에게 적용하는 나랏법을 바르게 시행할 것을 청하였는데, 윤8월에 정원로가 다시 "허견이 이남에게 자신의 아버지가 갑병(甲兵)을 매복시킨다는 말을 유혁연에게 했더니, 유혁연이 '내가 살아 있는 동안에는 김석주(金錫胄)가 반드시 계책을 이루지는 못할 것이다.'라고 하였다."라고 함으로써 유혁연이 사전에 일을 알고 있었다는 것으로 죄에 끌어들였다. 정원로와 강만철은 역모에 가담했다가 역모를 고변하여 보사 공신(保社功臣)에 책록되었다.《肅宗實錄 6年 閏8月 11日》

94 9월……받으니 : 후명은 유배한 죄인에게 사약(賜藥)을 내려 죽이라는 명령을 말한다. 유혁연이 후명을 받은 날짜가《승정원일기》에는 숙종 6년 9월 6일,《숙종실록》에는 6년 9월 5일로 기록되어 있다.

아, 공을 끌어 댄 거짓 자백이 무릇 세 가지인데, 첫째는 가까운 종친(宗親)과 혼인하였다는 것이며, 둘째는 이천(伊川)의 둔군(屯軍)을 단속했다는 것이며, 셋째는 허적과 친밀하였다는 것이다.

공의 사위 심숙(沈璛)에게 아들이 있으니, 이름은 심좌한(沈佐漢)이다. 당시 인평대군(麟坪大君)의 아들 복녕군(福寧君) 이욱(李栯)이 요절하자 그 아우 이정과 이남 등이, 선왕이 혼인을 하사한 명이 있다고 말하면서 심숙의 아들을 복녕군의 딸과 혼인하도록 강요하였다. 공이 크게 놀라며 "나는 원융(元戎)[95]이다. 비록 외손이라고는 하지만 어찌 가까운 종친과 혼인을 맺을 수 있겠는가. 아무리 선왕의 명이 있다 해도 결단코 감히 따를 수 없다."라고 하였다. 그러나 심숙이 끝내 듣지 않자, 공이 화를 내며 "외조부가 무슨 상관이 있느냐고 말하지 마라. 나는 감히 말하건대 잘 모르겠지만 아마 재앙이 닥칠 것이다."라고 하였다. 그러고는 손부(孫婦)의 심부름꾼이 와서 안부를 여쭈어도 거절하고 받아들이지 않았으며 보낸 음식 또한 그와 같이 하였다. 얼마 지나지 않아 홍수(紅袖)의 옥사[96]가 있었는데 임금이 신하들에게 묻자 공이 "나라 법은 의친(懿親)이라고 해서 용서할 수 없으니 어서 마땅히 법률에 따라 처단하소서."라고 하였다. 이로부터 이정과 이남의 원한이 뼈에 사무쳐 공을 만나기만 하면 피하고 보지 않았는데, 가까운 종친과 혼인하였다는 것을 공의 죄로 삼는 것이 옳겠는가.

95 원융(元戎) : 각 군영의 대장(大將), 주장(主將)을 말하는데, 유혁연이 훈련대장이었기에 이렇게 말한 것이다.

96 홍수(紅袖)의 옥사 : 홍수는 궁녀를 가리키는 말로, 1675년 복창군 이정과 복평군 이연이 내전에 수시로 출입하면서 궁녀들과 불륜 관계를 맺어 오다가 귀양 간 사건을 말한다.

이천의 군대를 단속하는 것은 원래 효종의 교령(敎令)이니 가령 공이 이 일을 주장했더라도 굳이 죽을죄가 되는 것은 아니다. 더구나 이 일은 허적이 주관하였고, 허적이 허견의 처남을 별장(別將)으로 차견(差遣)하여 대장의 전령(傳令)을 얻으려고 하였다. 그러나 공은 이 일이 체찰사(體察使) 소관이니 자신이 관여할 일이 아니라고 여겨 완고히 고집하여 따르지 않았다. 허적이, 이미 임금께 아뢰어 재가(裁可)를 거쳤으니 제첩(題牒 제사(題辭)와 첩보(牒報))을 내어 주라고 요구하였고 보면 공은 상의 명을 따르지 않을 수 없었던 것이다.[97] 제첩은 또 주둔군을 단속하는 일과 관련된 것이 아니니, 이천에 주둔한 군대를 단속한 것을 공의 죄로 삼는 것이 옳겠는가.

허적은 국정을 담당한 수상(首相)이고, 공은 훈련도감과 무기고를 관장하고 있었다. 허적이 도제조가 되니 그 형편으로 보아 공적인 일을 함께 주선하지 않을 수 없었다. 패륜한 아들 허견이 아버지의 수결(手決)을 위조하여 훈련도감의 인삼을 징발하고, 무기고에서 경대(鏡臺)를 요구한 것에 대하여, 공이 공적인 자리에서 대놓고 허적에게 따졌는데 허적은 실로 모르고 있었다. 또 일찍이 사람이 많이 모인 자리에서

97 더구나……것이다 : 허견의 처남은 강만송(姜萬松)을 말한다. 당시 조정에서는 유혁연이 훈련대장으로서 이천 주둔군의 훈련을 방치하였으며, 그 병권을 군사에 경험이 없는 강만송에게 준 것을 문제 삼아 조사하였다. 이 사실에 대한 유혁연의 공사(供辭)를 보면, 유혁연이 산성(山城)을 주관할 적에 강만송이 절목(節目)을 가지고 와 내보이면서 허적의 뜻이라며 제급(題給)을 청하였고, 유혁연은 둔군(屯軍)의 작대(作隊)는 체찰사 소관이라 줄 수 없다고 거절하였는데, 그 뒤 허적이 "나는 작대하는 사목에 대해 익숙하지 않고 산성은 그대가 주관하는 것이니 절목을 제급하라."라고 하기에, 과연 상의하여 제급하였다는 말이 있다. 《肅宗實錄 6年 4月 16日》

공이 큰소리로 "오늘날의 세상에는 사헌부가 없다. 만일 있다면 허견의 어미가 어찌 사헌부의 형(刑)을 받지 않겠는가."라고 하였으니, 허견이 공에게 이를 간 것이 사람의 마음을 써늘하게 하기에 충분하다.

대장 신여철(申汝哲)[98]이, 공이 허적과 주고받은 말을 친히 듣고서 공을 위해 두려워하며 "후환을 어떻게 하겠는가."라고 경계하였다. 천마성(天摩城)의 약속[99] 같은 경우는, 영의정이 함께 가서 성을 쌓은 뒤에 사찰과 망루를 자세히 살피고자 하였는데, 이는 국가를 위한 일이고 사사로운 일이 아닌데 허적과 친밀하다는 것을 공의 죄로 삼는 것이 옳겠는가.

이 세 가지 죄로 공을 죽게 하였으나 공은 실로 한 가지도 그 비슷한 일이 없었고 보면 아, 공은 애매모호한 죄로 죽은 것이다. 공이 평소 암송하며 사모한 글이 악 무목(岳武穆)의 전기(傳記) 속에 있는데, 필경 '막수유(莫須有)' 세 글자를 직접 당하였으니,[100] 이는 천명이지 굳이

98 신여철(申汝哲) : 1634~1701. 본관은 평산(平山), 자는 계명(季明), 호는 지족당(知足堂), 시호는 장무(莊武)이다. 1680년 경신대출척 때 총융사(摠戎使)가 되어 서인 편에서 활동하였으며, 1694년 갑술옥사 때 판의금부사로 장희재(張希載) 등을 처벌하였다. 당쟁이 격화되던 시기에 병권(兵權)의 요직을 거치면서 서인 편에서 큰 정치적 역할을 하였다.

99 천마성(天摩城)의 약속 : 송도에 있는 천마산에 성을 완공한 뒤 점검하러 갔던 일을 말하는 것으로 보인다.

100 막수유(莫須有)……당하였으니 : 막수유는 '그럴 리가 없지만 있을 수 있는 일'이라는 뜻으로 남을 억울하게 죄로 몰아갈 때 쓰는 말이다. 송(宋)의 간신인 진회(秦檜)가 금(金)과의 화의(和議)에 반대하는 악비(岳飛)를 죽이기 위하여 악비의 아들 악운(岳雲)이 악비의 장수 장헌(張憲)에게 편지를 보내 국론(國論)을 어기고 대역을 꾀했다는 누명을 씌웠는데, 이에 대하여 한세충(韓世忠)이 그 부당함을 따지자 진회가 "악운이

사람을 탓할 것이 아니다.

공이 후명을 받고 자식과 조카 들을 돌아보며 말하기를,

"수십 년을 장수가 되어 목숨을 보전하는 것이 어찌 쉽겠느냐. 성주(聖主)께서는 지극히 어질고 밝으시니 유죄인지 무죄인지는 한결같이 조화(造化)를 따를 뿐이다. 다만 연산(燕山)에 뼈를 묻지 못하고[101] 역적 허견의 옥송에 끌려들어 가서 불충으로 죽게 되니 어떻게 돌아가서 내 할아버지와 아버지를 뵙겠느냐. 내가 죽으면 서인(庶人)을 장사 지내는 예로 묻고, 너희들은 나를 경계 삼지 말고 나라를 향한 충성을 더욱 돈독히 하며, 서울을 떠나지 말고 나라를 방위해라. 충신의 집 효자가 된다면 죽어도 한이 없겠다."

하고, 한 마디도 사사로운 일에 대해 언급하지 않았다. 이날 도성의 남녀와 여러 군영의 장교들 중 달려가 눈물을 훔치지 않는 자가 없었다.

10년이 지나 임금이 마음으로 크게 뉘우쳐 영의정으로 추증하고, 승지 박진규(朴鎭圭)에게 치제(致祭)하도록 명하고 직접 글을 지어 이같이 말하였다.

"생각건대 경은 세 조정을 섬겨 위망(威望)이 평소 드러났으며 과인

장헌에게 편지한 것은 분명하지 않다. 그러니 그럴 리야 없겠지만 있을 수 있는 일이다.〔飛子雲與張憲書雖不明, 其事體莫須有.〕"라고 얼버무렸다.《宋史 岳飛列傳》여기서는 악비의 경우처럼 유혁연을 죽이려는 자들이 그가 하지 않은 일을 억지로 꾸며서 역모 죄에 얽어 넣었다는 말이다.

101 연산(燕山)에……못하고 : 북벌을 감행하여 전장에서 죽지 못했다는 말이다. 연산은 연연산(燕然山)을 말하는데, 후한(後漢)의 두헌(竇憲)이 북선우(北單于)와 전투를 벌여, 1만 3000급(級)을 베고 20여만 명을 포로로 잡는 등 대승을 거둔 뒤 연연산에 올라 반고(班固)에게 글을 짓게 하여 기념비를 세웠던 고사를 가져왔다.《後漢書 竇融列傳 竇憲》

에 이르러 충성과 부지런함이 더욱 돈독하였다. 나라를 생각하는 순수한 정성은 고인(古人)에게도 부끄럽지 않으니 또한 하늘과 땅의 신령에게 물어볼 수 있다. 그런데 나의 밝지 못함으로 인하여 무고의 옥이 갑자기 일어나, 정충(精忠)을 다 피력하지 못했으니 원통함이 지하에 맺혔다. 나라 사람이 슬퍼하고 길가는 사람도 탄식하였으니, 만약 대속(代贖)할 수 있다면 사람마다 그 몸을 백번이라도 바쳤으리라.[102] 아, 경은 실로 나를 저버리지 않았건만 내가 오직 경을 저버렸다. 세월이 지날수록 슬픔이 더욱 새로우니 그지없는 내 마음 어찌 끝이 있겠는가."

또 자손을 녹용(錄用)하라고 명하였다. 아, 공의 죽음이 이때에 와서 영화로워졌으니 무슨 서운함이 있겠는가. 갑술년(1694)에도 여전히 삭직(削職)된 채로 둔 것[103]은 상의 뜻이 아님을 알기에 어렵지 않다.

임진년(1712)에 지위와 이름을 다시 회복할 때 영의정 서종태(徐宗泰) 공과 판중추부사 이유(李濡) 공이 헌의(獻議)하여,

"고발된 것이 이미 드러난 자취가 없으며 옥사를 조사하여 처리할

102 만약……바쳤으리라 : 훌륭한 사람이 죽는 것을 몹시 애석해하는 말이다. 《시경》 〈진풍(秦風) 황조(黃鳥)〉에 "저 푸른 하늘이여, 우리 좋은 사람을 죽이도다. 만약 대속할 수 있다면 사람마다 그 몸을 백번이라도 바치리라.〔彼蒼者天, 殲我良人. 如可贖兮, 人百其身.〕"라는 말에서 유래하였다.

103 갑술년에도……것 : 1689년 경신년 옥사를 신원하면서 유혁연에게 영의정을 추증하는 등의 후속 조치가 있었으나, 1694년 복구한 관작을 추탈하라는 지평 최중태(崔重泰)와 이광저(李光著)의 논계(論啓)가 있은 이후로 숙종 말년까지 복관을 환수하라는 논계와 상소가 있었으므로 숙종 때에는 복관되지 못한 사실을 말한다. 《肅宗實錄 15年 11月 1日, 20年 8月 19日》

때의 의론에도 부생(傅生)의 논의[104]가 있었으니 억울함을 풀어 주는 것이 안 될 것이 없을 듯합니다."

하고, 판의금부사 조태채(趙泰采) 공과 지중추부사 김석연(金錫衍) 공이 아뢰기를,

"귀한 종친과 혼인했다는 것은 외손은 성이 다른 손자이며, 주둔한 군대를 단속한 것은 본래 해야 할 일로 역모와 상관이 없으니, 어찌 천하에 원통하지 않겠습니까."

하며, 윤지인(尹趾仁) 공과 오명항(吳命恒) 공이 아뢰기를,

"임용한 신하가 잘못도 없이 죄에 빠졌으니 나라의 명맥을 상한 것이 어떠하겠습니까."

하고, 재야의 대신 윤지완(尹趾完) 공이 아뢰기를,

"신여철은 그의 원통함에 대하여 깊이 마음 아파하였으나 감히 말을 꺼내지 못하였고, 나홍좌(羅弘佐) 등은 모두 함께 호소하고자 하였으나 외람스러운 일이라 하지 못하였습니다."

하였으니,[105] 이러한 말들에서 공변된 의론을 볼 수 있다. 임금이 살펴보고 전교하기를,

"윤 영부사(尹領府事 윤지완)의 의론이 지극히 명백하다. 예전대로

104 부생(傅生)의 논의 : 사형에 처할 죄인에게 의의(疑義)가 있을 때 그 죄를 경감하여 목숨을 살려 주는 것을 말한다. 《한서(漢書)》 〈형법지(刑法志)〉에 "간악한 관리들이 기회를 잡아 장사하여 죄인을 살리고자 하면 살리는 쪽으로 의론을 붙이고, 죽이고자 하면 사형 죄에 해당하는 안건에 비유한다.〔姦吏因緣爲市, 所欲活則傅生議, 所欲陷則予死比.〕"라고 하였다.

105 윤지완(尹趾完)……하였으니 : 의정부에서 유혁연의 복관 문제를 다룰 때 윤지완이 한 말이다. 《肅宗實錄 38年 7月 8日》

작위를 회복하는 것이 옳다."

하자, 대각(臺閣)에서 드디어 감히 다시는 간쟁하지 못했다.[106]

옛사람이 "충신은 반드시 효자의 집에서 구한다."[107]라고 하였는데 공의 효우와 지극한 행실은 타고난 것이었다. 그리고 이를 미루어 나라를 향한 해를 꿰뚫을 만한 지극한 충성을 바쳐 잠시라도 해이한 적이 없어서, 평소의 일상생활에서조차 한 번도 대궐을 등지고 앉은 적이 없었고, 북극성을 향해 돌았으니[108] 옛날에 이른바 말위군자(韎韋君子)[109]에 거의 가깝다고 하겠다.

성 동쪽 초가는 말을 돌리지 못할 정도로 문이 좁았고 짧은 처마와 작은 난간은 서너 명의 손님도 들어가기 어려웠다. 군영의 장교가 안부를 여쭐 때 마루에서 받지 않고 계단에서 받으니, 드디어 무장가(武將家)의 법도가 되었다. 일찍이 "흉노가 멸하지 않았는데 어떻게 집을

106 대각(臺閣)에서……못했다 : 1712년에서 1713년 사이 유혁연과 이원정(李元禎)을 복관할 수 없다는 내용의 논계(論啓)와 상소가 끊이지 않았으나, 숙종이, 이들이 원통하게 죽은 것을 알았으니 복관하는 것이 옳다고 한 뒤로, 명을 환수하라는 논의에 대해 이를 허락하지 않음으로써 유혁연의 신원에 대한 논란에 종지부를 찍었다. 《肅宗實錄 38年 7月 14日, 39年 8月 27日》

107 충신은……구한다 : 《효경(孝經)》 광양명장(廣揚名章)에 "어버이를 효도로 섬기기 때문에 충성을 임금에게 옮길 수 있나니, 그러므로 충신은 반드시 효자의 가문에서 구하는 것이다."라는 공자의 말이 실려 있다.

108 북극성을 향해 돌았으니 : 뭇별이 북극성을 중심으로 돌듯이 언제나 임금을 향한 마음을 지니고 있었다는 말이다. 《논어》 〈위정(爲政)〉에 "임금이 덕정을 펴게 되면, 가만히 제자리를 지키고 있는 북극성 주위로 뭇별이 향해 오는 것처럼 될 것이다."라는 말에서 유래한다.

109 말위군자(韎韋君子) : 무관이면서 군자의 인품을 갖춘 자를 말한다. 말위는 붉은색 가죽옷이라는 뜻으로 장수의 군복을 가리킨다.

짓겠으며 상장(上將)의 녹이 두터운데 무엇 하러 농토를 가지겠는가.” 라고 하였다. 공이 세상을 버린 지 1년도 못 되어 자손은 배를 주리고 추위에 떨며 고달픈 생활을 면치 못하였다.

그 외에 선을 즐기고 악을 미워한 마음과 문장을 짓고 글씨를 쓰는 재주 같은 것은 공에게는 오히려 그다지 중요하지 않고, 무엇보다도 고심하며 순수한 정성을 지녔던 분이 원통함을 머금고 아픔을 삼켰던 것은 지극히 큰 그 의(義)와 지극히 비밀스러운 그 일일 것이다. 덕을 함께하고 마음을 함께하며 아침저녁으로 상의하던 사람이었으니, 효종이 집안사람으로 여긴 자이며 이 정익이 형제같이 여긴 이라는 것을 그 누가 모르겠는가. 뒷날 논평하는 자들이 이 사실로 검증해 보면 아마 공의 본말을 얻을 수 있으리라.

금상 20년(1796, 정조20)에 우의정 윤시동(尹蓍東) 공이, 공의 조부 고(故) 통제사 유형(柳珩)과 사촌동생 고 훈련원 도정 유병연(柳炳然)[110]이 양대에 걸쳐 충성을 바쳐 충의(忠義)가 우뚝하다며 임금에게 아뢰고, 이어 시호를 추증할 것을 청하였다.

임금의 교지에 이렇게 말하였다.

“유씨 가문은 어찌 그리도 충신과 명장이 많은가. 충무(忠武)와 정익(貞翼)은 집안 명성이 비슷하니 지난 역사에도 드문 일이다. 충무의 후예는 여러 번 거두어 등용하였으나 정익공의 집안과 이 집안은

110 유병연(柳炳然) : 1625~1681. 자는 문숙(文叔), 시호는 충의(忠毅)이다. 할아버지는 통제사 유형이고, 아버지는 익위(翊衛) 유충걸(柳忠傑)이다. 유혁연이 국문을 당할 때에 국구(國舅)와 중신의 집에 가서 울면서 애걸하며, 유혁연을 충신(忠臣)이라고 했다는 이유로 사헌부가 사판(仕版)에서 삭제할 것을 청한 적이 있다. 《肅宗實錄 6年 6月 16日》

지난해[111]에 유상두(柳相斗) 한 사람만을 장용영에 부직하여 녹을 주고, 최근에 이득형(李得馨) 한 사람만을 선전관청(宣傳官廳)에 월천(越薦)하였으니[112] 의례가 물건에 미치지 못하는 것[113]과 무엇이 다르겠는가. 겸연쩍기만 하다.

이러한 즈음에 경이 하는 말을 들으니 실로 내 뜻에 합한다. 대체로 고(故) 통수(統帥) 증 영의정 유형과 그 손자 고 도정(都正) 증 판서 유병연은 곧 충무공 이순신(李舜臣), 정익공 이완(李浣)이 천거하여 자신을 대신하게 하기도 하고 장수의 재목으로 추천하기도 하였던 자들이다. 그 사람이 명장인지는 천거하는 자를 보면 알 수 있다. 더군다나 오직 한결같고 순수한 마음으로 나라에 보답한 충성은 조손(祖孫)이 똑같이 그러하였으니 시호를 내리는 은전(恩典)을 우리나라의 두 무목(武穆)[114]에게 시행하지 않고 누구에게 먼저 하겠

111 지난해 : 대본에는 '前年'으로 되어 있다. 《홍재전서(弘齋全書)》 권45 〈우의정윤시동청고통제사유형고훈련도정유병연증시연주비〔右議政尹蓍東請故統制使柳珩故訓鍊都正柳炳然贈諡筵奏批〕〉에는 '年前'으로 되어 있다.

112 이득형(李得馨)……월천(越薦)하였으니 : 《정조실록》 20년 7월 22일 기사에, 이완(李浣), 이순신, 이억기(李億祺) 자손에 대한 관직 의망을 논의하는 자리에서 정조가, 이완의 봉사손 이득형을 그날 안으로 남행(南行) 선천(宣薦)에 월천하고, 이후로 이 계파의 사람들은 충무공 이순신, 의민공(毅愍公) 이억기 집안의 예에 따라 선전관청에 월천하고 우선적으로 권점을 더하라고 하는 내용이 나온다.

113 의례가……것 : 공적(功績)에 비해 국가의 예우가 걸맞지 못함을 말한다. 주공(周公)이 성왕(成王)에게 "향례는 예의가 많으니 예의가 물건에 미치지 못하면 향례를 행하지 않았다고 한다."라고 한 말을 가져왔다. 《書經 洛誥》

114 우리나라의 두 무목(武穆) : 무목은 송나라의 충성스러운 장수였던 악비(岳飛)의 시호이다. 영조 때의 노론 인물인 이재(李縡)가 "중국에는 천고에 한 사람의 무목만이 있었는데 우리나라에는 한 집안에 두 무목이 있다."라고 한 말에서 유래하며, 유형과

는가. 특별히 모두 추증하고 시호를 내리라.

그리고 고 지중추부사 겸 총융사 유림(柳琳)이 명나라를 위해 금주(錦州)의 전투에서 절의를 온전히 한 것을 두고 저들이 지금까지도 찬탄하고 있다. 유효걸(柳孝傑)[115]은 유형의 아들로 강홍립(姜弘立)의 부름에 굴하지 않았고, 그 서제(庶弟) 유지걸(柳智傑)은 나이 스물도 되지 않았는데 서둘러 상투를 틀고서 대신 가기를 자청하여 심하(深河)에서 목숨을 바쳤다.[116] 유효걸의 아들 중 또 고 훈련대장 증 영의정 유혁연이 있어 유병연과 함께 모두 정익의 천거를 받아 중요한 정사에 모두 참여하였는데, 서로 호흡이 잘 맞는 것을 두고 사람들이 마치 오른손과 왼손 같다고 비유하였다.

지난번에 무사들을 시험하는 일 때문에 태평교(太平橋)를 지날 때 길이 옛 장수의 집터로 나 있어 한참 동안이나 탄식했었다. 지금 그 집안사람을 거두어 등용하는 날에 어찌 누구는 해 주고 누구는 해 주지 않을 수 있겠는가.

유병연을 가리킨다.

115 유효걸(柳孝傑) : 1594~1627. 본관은 진주(晉州), 자는 성백(誠伯), 시호는 장의(莊毅)이다. 1618년 무과에 급제하여 1622년 황해 병사에 임명되었다. 이괄(李适)이 반란을 일으키자 좌협장(左協將)으로 출전하여 전공으로 진무 공신(振武功臣) 2등에 책록되고 진양군(晉陽君)에 봉해졌으며, 경기 수군절도사에 이르렀고, 좌찬성에 추증되었다.

116 유지걸(柳智傑)은……바쳤다 : 유지걸은, 1618년 명나라의 요청으로 강홍립이 도원수가 되어 후금(後金)을 정벌하러 떠날 때에 18세의 나이로 형 유효걸을 대신하여 종군하였다. 이듬해 봄에 심하의 싸움에서 강홍립이 군대를 다 데리고 투항하자 그 휘하에 있던 자들은 모두 적의 포로가 되었지만, 유지걸은 항복하기를 원하지 않고 백기(白旗) 아래에 몸을 던져 죽었다. 《正祖實錄 20年 8月 9日, 9月 15日》

유지걸에게 정려(旌閭)한 일이 없다면 경은 경연에서 물러난 뒤 상세히 문적(文蹟)을 살펴, 정려하고 추증하는 사이에 마땅히 시행해야 할 전례에 대하여 의견 일치를 보아 초기(草記)하라. 고 훈련대장 유혁연의 봉사손 유상두(柳相斗)는 근래에 수령으로서 일에 연좌되어 파직되었는데 해당 조(曹)가 서용하여 별군직(別軍職)에 차출하게 함으로써 조정이 절의를 숭상하고 공로에 보훈하는 뜻을 보이는 것이 타당하겠다."

며칠 있다가 우의정이 또 아뢰기를 "경연에서 물러나 들어 보니 유림과 유혁연은 아직 추증하거나 시호를 내리지 않았다고 합니다. 두 신하는 모두 품계가 정경(正卿)이고, 또 장수의 직임을 거쳤으니 시호를 내리는 은전은 법에 합당합니다."라고 하니[117] 임금이 윤허하였다.

아, 공이 세상을 떠난 지 이제 100여 년이 되었다.[118] 경신년(1680)에 맺힌 지극한 원통함에 대하여 나라 사람이 함께 슬퍼하고 불쌍히 여겼으니, 백대 전이나 천년 뒤에도 공론이 사라지지 않을 것이다. 그러나 시원스럽게 서로 뜻이 맞았던 군신간의 만남과 정벌에 대한 솟구치는 마음은 당시에도 오직 아는 자만이 알았는데 훗날의 사람들이 어찌 다 알 수 있겠는가. 이제 공의 조부와 아우가 오직 한결같고 순수한 마음으로 나라에 보답한 양대에 걸친 충성에 대해 동시에 표창하라는 명철한 하교로 인하여 공의 종조부와 공에게까지 아울러 표창이 미치

117 우의정이……하니 : 《정조실록》 20년 8월 9일 기사에 우의정 윤시동이 유지걸 등 유씨 집안과 이순신 집안에 시호를 내리는 문제를 정조에게 아뢰는 내용이 있다.

118 공이……되었다 : 유혁연은 1680년 세상을 떠났으며, 윤시동이 유씨 집과 이순신 집안에 시호를 내리는 문제를 아뢴 정조 20년은 1796년이므로, 116년이 지난 때이다.

게 되었고, 공에게는 정중함을 더하였다. '절혜(節惠)'라는 두 글자는 참으로 역사책에 빛나기에 충분하다. 그러나 두 글자만으로는 공의 모든 것을 포괄할 수 없는 점은 더더욱 영웅의 가슴 가득한 눈물을 금치 못하게 한다. 아, 슬프다.

공의 전 부인 전주 이씨(全州李氏)는 현감 이억(李檍)의 따님이고, 계실(繼室)인 전의 이씨(全義李氏)는 학생 이여기(李汝杞)의 따님이다. 둘 다 정경부인에 추증되었고 모두 공의 묘에 함께 합장하였다.

외아들 성명(星明)은 음직으로 부사(府使)가 되었고, 외동딸은 심숙(沈璛)에게 시집갔다. 서자는 성상(星相), 성화(星華), 성원(星遠)인데 모두 무과에 급제하여 첨사(僉使)이다. 손자는 언장(彦章)과 진사인 태장(泰章), 천장(天章), 봉장(鳳章), 문과에 급제하여 현감을 지낸 득장(得章)이다. 증손은 중기(重基)이다. 현손은 국진(國鎭), 방진(邦鎭)이 관직에 있다. 5대손은 전 수사(水使) 심원(心源)이다. 6대손은 전 군수 상두(相斗)이다. 서현손으로는 참봉 경진(敬鎭)이 있다.

이에 가장(家狀)에서 발췌하여 글을 써서 예조에 바친다.

대광보국숭록대부 의정부우의정 겸 영경연사 감춘추관사 한공 시장

大匡輔國崇祿大夫議政府右議政兼領經筵事監春秋館事韓公諡狀

고(故) 의정부 우의정 한흥일(韓興一) 공은 자가 진보(振甫)이고 자호는 유시(柳市)이며 그 선조는 청주(淸州) 사람이다. 시조 란(蘭)은 고려 태조 때 벼슬하였고 관직은 태위(太尉)이다. 자손이 대대로 높은 벼슬을 하여 드디어 나라 안의 큰 가문이 되었다. 휘 상경(尙敬)이라는 분은 우리 조정에서 개국 공신에 책훈(策勳)되었고 벼슬은 영의정에 이르렀으며 시호는 문간(文簡)이다. 휘 혜(惠)라는 분은 관찰사를 지냈다. 휘 계희(繼禧)라는 분은 좌찬성을 지냈다.

2대를 내려와 휘 승원(承元)은 군수를 지냈고 좌찬성에 추증되니 공에게 고조부가 된다. 증조부 휘 여필(汝弼)은 군수를 지냈고 영의정에 추증되었다. 조부 휘 효윤(孝胤)은 예학(禮學)으로 저명하였으나 벼슬이 경성 판관(鏡城判官)에 그치니 사류(士類)들이 애석하게 여겼다. 뒤에 영의정에 추증되었다.

영의정이 아들 둘을 낳으니 맏아들은 백겸(百謙)이다. 일찍이 습정(習靜) 민순(閔純)[119]의 문하에서 따라 배워 의리지학(義理之學 성리학)에 침잠하였고, 덕을 닦아 행실이 고상하여 유일(遺逸)[120]로서 호조

119 민순(閔純) : 1519～1591. 본관은 여흥(驪興), 자는 경초(景初), 호는 행촌(杏村)・행촌(幸村)・습정이다.

120 유일(遺逸) : 학식과 인품을 갖추고 있으면서 초야에 묻혀 있는 숨은 선비를 가리키는데, 조선조에서는 이러한 선비를 천거하여 벼슬에 임명하기도 했다.

참의를 지냈다. 영의정에 추증되니 세상에서 구암(久菴) 선생이라 일컫는다. 칠봉서원(七峯書院)에서 향사(享祀)하였다. 둘째 아들 준겸(浚謙)은 서평부원군(西平府院君)에 봉해져 장수와 재상을 일임(一任)하여 나라의 안위를 지고 있었으니, 국구(國舅)라는 이름을 빙자해서 그런 것이 아니었다. 공은 구암의 아들로 어려서부터 서평공의 눈에 드니, 사람들이 사현(謝玄)이 숙부 사안(謝安)에게 소중히 여겨진 것[121]에 비견된다고 하였다.

일찍이 복부에 종기를 앓았는데 10년이 넘어서야 비로소 병이 나았다. 이러한 이유로 공은, 서생이 과정(課程)에 따른 각고의 노력을 하는 것처럼 학업에 매진하지는 않았지만 기량(器量)과 덕업(德業)이 날로 진보하였고 몸가짐이 매우 뛰어나니, 사람들은 그가 재상의 그릇이라는 것을 알았다. 광해군의 무도한 때를 만나서는 벼슬에 나아가는 것을 달가워하지 않고 서호(西湖)에 은거한 구암공을 모시며 농사지어 봉양하였다. 구암공이 세상을 떠나자 관을 모시고 원주(原州)로 돌아가서 상복을 입고 여묘살이를 하면서 예법대로 하여 허물이 없었다.

계해년(1623, 인조1)에 인조가 즉위하니 이조에서 맨 먼저 공을 천거하여 와서 별제(瓦署別提)로 삼았다. 겨울에 황감시(黃柑試)에서 장원으로 급제하였다.

이듬해 갑자년(1624)에 전시(殿試)에 응시하여 승문원에 예속되었고 천거로 예문관에 들어가서 검열(檢閱)에 임명되었으며 세자시강원

121 사현(謝玄)이……것 : 사안은 동진(東晉)의 명재상이고, 사현은 그 조카로 나랏일을 다스릴 능력과 총명함이 있었다. 《진서(晉書)》 〈사안열전(謝安列傳) 사현(謝玄)〉에 "사현은 어려서부터 영민하여 종형 사랑(謝朗)과 함께 숙부인 사안에게 매우 소중하게 여겨졌다."라는 말이 있다.

설서(世子侍講院說書)를 겸하였다. 전적(典籍)으로 승진하였고 감찰(監察)로 옮겼다. 지방으로 나가 부안현(扶安縣)을 다스렸으니 어머니를 봉양하는 데 편리했기 때문이다.

4년이 지나자 잘 다스린다는 명성이 자자하였다. 홍문관의 선발에 들어 부수찬으로 불려서 돌아와 지제교를 겸하였다. 그사이 암행(暗行)의 명을 받들어 영남 지역을 살폈다. 이조에 들어가 좌랑이 되어 인재 등용을 한 번도 사사로이 하지 않으니 당시의 의론이 아름답게 여겼다. 거듭 정언, 헌납, 수찬, 교리로 옮겼다.

신미년(1631)에 모친상을 당했다. 상을 마치고 다시 이조정랑 겸 문학(吏曹正郎兼文學)에 임명되었다. 검상(檢詳), 사인(舍人)으로 전임하였다. 얼마 뒤 승진하여 사간원집의 겸 보덕(司諫院執義兼輔德)에 올랐다. 명을 받들어 호남 지역의 농지를 측량하였다. 그사이에 또 원수(元帥)의 막부(幕府)에 종사하였다.[122]

을해년(1635) 겨울에 인열왕후(仁烈王后)가 승하하자 산릉도감 도청(山陵都監都廳)의 공로로 종부시 정(宗簿寺正)을 거쳐 통정대부의 자급을 가자하여 승정원 동부승지에 임명되었다. 공조, 형조, 병조, 이조의 참의를 거치면서 승문원 부제조를 겸직하였으니 최상의 선발이었다.

무인년(1638)에 완산 부윤(完山府尹)의 자리가 비자 강력히 청하여

122 원수(元帥)의 막부(幕府)에 종사하였다 : 1630년(인조8) 당시 총융사(摠戎使)는 이서(李曙)로, 한홍일은 그의 종사관(從事官)으로 있었다. 이해 4월 가도(椵島)에 주둔한 명나라 장수 유흥치(劉興治)가 난을 일으키자 조선에서 이서를 총융사로 삼아 토벌을 위한 정서군(征西軍)이 출정한 일이 있다. 《仁祖實錄 8年 4月 21日, 5月 19日》

외직으로 나갔다. 당시는 청나라가 군대를 철수하여 돌아간 뒤라 군현(郡縣)의 사정을 귀 기울여 들어 보니 백성들이 피폐해져 설 수 없는 지경이었다. 공이 세금을 덜고 폐해를 고쳐 신음하는 백성들을 일어나게 한 뒤에 기름진 들을 정비하고 관개(灌漑)에 매우 힘써 백성을 이롭게 하니, 칭송하는 노랫소리가 일어나 소신신(召信臣)[123]에 견주기까지 하였다. 임기가 차자 백성들이 또 1년 동안 더 머물러 주기를 바랐다.

임오년(1642)에 이조, 병조, 형조의 참의에 제수되고 겸직은 이전과 같았다. 공은 자신이 왕비의 가까운 친척이라는 이유로 요직을 오래 차지하는 것을 좋아하지 않아 강원도 관찰사가 되기를 원하였다.

이듬해 계미년(1643)에 승진하여 세자시강원 빈객(世子侍講院賓客)에 임명되고 예조 참판으로서 심양(瀋陽)에 갔다.

당시에 효종이 대군으로서 질관(質館)[124]에 머물고 있었는데 공이 어려운 처지를 주선하여 충성과 노고가 모두 지극하였다. 이에 효종이 공을 집안사람처럼 믿었고 또한 공의 재주가 크게 쓸 만하다는 것을 알았다. 돌아와서는 다시 이조, 형조의 참판과 대사간이 되었고 지춘추관사, 동지의금부사, 부총관을 겸임하였다. 얼마 뒤 경기 관찰사에 임명되었다가 일 때문에 파직되었다.

123 소신신(召信臣) : 한나라 원제(元帝)·성제(成帝) 때 사람으로, 남양 태수(南陽太守)가 되어 농사를 권장하고 관개 시설을 확충하는 등 선정을 베풀어 백성들이 소보(召父)라 일컬었다. 《漢書 循吏傳 召信臣》

124 질관(質館) : 사신이 중국에 갔을 때 임시로 머무는 곳이 관사(館舍)인데, 질관은 인질이 머무는 관사라는 뜻이니 병자호란 뒤 조선의 세자와 대군이 머무르던 숙소를 말하는 것으로 보인다. 효종은 인조의 둘째 아들로 봉림대군에 봉해졌고 병자호란 뒤 소현세자와 함께 심양에 인질로 있었다.

무자년(1648)에 이조 참판으로서 발탁되어 공조 판서에 임명되었고 얼마 뒤 예조로 옮겼다.

기축년(1649)에 대사헌에 제수되었고 다시 형조와 예조로 옮겼다. 얼마 뒤 병조 판서에 임명되었다.

이듬해에 이조 판서가 되어 지경연사와 세자시강원 우빈객을 겸임하였다.

공은 사람됨이 평탄하고 온화하였다. 평소에 기쁨과 노여움을 대뜸 남에게 전가하지 않았고, 형조 판서에 있을 때도 일찍이 사정(私情)을 따라 죄가 가벼운 사람에게 무거운 형벌을 적용하거나 무거운 사람에게 가벼운 형벌을 적용한 적이 없었다. 벗들과 있을 때 만약 잘못을 보게 되면 그때마다 그냥 두지 않고 바로잡으려고 애썼다. 이조와 병조에 있을 때는 더욱 스스로 힘써 털끝만큼의 사사로움도 끼어들지 못하도록 하여, 권세 있는 자의 친속일지라도 오직 그가 적임자인지만 보고 봐주지 않아 한결같이 공정하게 공무를 행한 것이 이와 같았다.

신묘년(1651, 효종2)에 자전(慈殿)[125]을 시약(侍藥)한 노고로 약원제조(藥院提調)로서 정헌대부의 품계를 더하였다. 이윽고 정승의 지위에 올라 우의정이 되었다. 당시 새로 정승에 임명된 자는 관례에 따라 북경에 갔으니 공이 갈 차례였다. 친척들은 공이 병에 걸린 것을 염려하였으나 공은 "이것은 신하의 직분이다. 병으로 사양하는 것이 어찌 마땅한 일이겠는가."라고 하였다. 드디어 병든 몸을 이끌고 가서 사명(使命)을 전하였고, 돌아와 임금을 뵌 지 달포 만에 심한 병이 났다.

125 자전(慈殿) : 인조의 계비(繼妃) 장렬왕후(莊烈王后) 조씨(趙氏)로, 한원부원군(漢原府院君) 조창원(趙昌遠)의 딸이다.

임금이 내의(內醫)를 보내어 공의 집에 머무르면서 병을 치료하게 하고, 또 따로 지위가 높은 자를 보내어 병세를 살피도록 하였으며, 약물(藥物)을 끊임없이 보냈다. 당시에 날씨가 몹시 추우니 어침(御寢)의 담요를 거두어 하사하였다. 부음이 들리자 매우 슬퍼하며 사흘간 조회를 보지 않았고 삼전(三殿)[126]은 따로 부수(賻襚)[127]를 하사하니, 남다른 예우였다.

공은 만력(萬曆) 정해년(1587, 선조20)에 태어나 신묘년(1651)에 세상을 마치니 수(壽)가 65세였다. 이듬해 2월에 원주(原州) 남면(南面) 노림산(蘆林山) 묘향(向卯)의 언덕에 예장하였다. 뒤에 가마촌(佳麻村) 선영 서쪽 기슭 유좌(酉坐)의 언덕으로 이장하여 증 정경부인 오씨(吳氏)와 합장하였다.

공은 평소 고집스럽고 괴팍한 일을 부끄러워하고 순박하기에 힘썼다. 집에 있을 때의 행실은 극진하여 선조의 제사에는 반드시 직접 제수 장만하는 것을 살폈으며, 종족에게 후하게 대하여 추치(騶直)[128]라도 문에 들어오면 즉시 나누어 주어 남겨 두는 법이 없었다. 남을 위해 일을 꾀할 때는 진심을 다하고야 마니 왕실의 외척(外戚)으로 요직을 두루 역임하였음에도 시기하고 질투하는 자가 없었다. 생각건대 입각(入閣)한 날이 얼마 되지도 않았는데 하늘이 수명을 더 주지

126 삼전(三殿) : 대전(大殿), 대비전(大妃殿), 중궁전(中宮殿)으로, 효종, 대비 조씨, 인선왕후(仁宣王后)를 말한다.

127 부수(賻襚) : 부의(賻儀)로 주는 수의(襚衣)를 말한다.

128 추치(騶直) : 관원이 녹봉 이외에 마부의 급료조(給料條)로 받는 금곡(金穀)이나 포백(布帛)을 말한다.

않아 내면에 깊이 쌓인 경륜을 다 시행해 볼 수 없었으니 안타깝다.

어머니 정경부인 함창 김씨(咸昌金氏)는 병절교위(秉節校尉) 김정준(金廷俊)의 따님이다.

처음에 공이 좌참찬 만취(晩翠) 오억령(吳億齡) 공의 따님에게 장가드니, 만취공이 공에게 매우 기대하여 늘 "이 사람이 위의(威儀) 있는 봉황의 자질을 지녔기에 자를 진보(振甫)라고 하였으니, 이는 훌륭한 모범을 떨치라는 말뜻을 취한 것이리라."라고 하였다. 오 부인이 세상을 떠나고 다시 완산 이씨(完山李氏) 이진현(李晉賢)의 따님에게 장가들었다. 부인은 정축년(1637, 인조15)에 강화에서 죽음으로 절개를 지키니 조정이 정려(旌閭)하였다. 세 번째로 종실의 뛰어난 인물인 순강도정(順康都正) 이선린(李善麟)의 따님에게 장가들어 외아들 기명(器明)을 낳았다. 측실의 아들은 두명(斗明)이다.

오 부인이 살았을 때 공이 서평부원군의 손자 이명(以明)을 후사로 삼았으나 이명이 자식을 낳지 못하고 요절하니, 재종(再從) 석명(錫明)의 아들 후상(後相)을 아들로 삼았다. 후상의 벼슬은 부정(副正)이다.

부정은 4남 4녀를 낳으니, 종범(宗範)과 진사 종석(宗奭), 종집(宗集)과 종익(宗翼)이다. 사위는 부윤 정제태(鄭齊泰), 첨지중추부사 이붕징(李鵬徵), 참판 채팽윤(蔡彭胤), 김상증(金象曾)이다. 종범은 아우 종익의 아들 세장(世章)을 후사로 삼았다. 세장은 아들이 셋이니, 광적(光迪)은 진사이고 광식(光植)은 전 교리이며 광절(光哲)이 있다. 광적은 아들이 둘이니 치영(致永)과 전(前) 정언 치응(致應)이다.

기명이 아들이 없어 삼종(三從)인 진사 좌명(佐明)의 아들 처상(處相)을 아들로 삼았으며, 처상은 직장(直長)이다. 처상이 아들 둘을 낳으니 종우(宗祐)와 진사 종옥(宗玉)이다. 지파로서 현손의 항렬에 있는 자는 다 기록하지 않는다.

나는 공보다 뒤에 태어나 진중한 공의 위의를 뵙지는 못하였지만 공이 조정에서 행한 일에 대해서 듣고 우러러 사모한 지 오래되었다. 이에 글을 지어 시호의 은전을 청한다.

증 자헌대부 병조 판서 행 수충갈성양무 공신 가의대부 평안도 병마절도사 전양군 이공 시장

贈資憲大夫兵曹判書行輸忠竭誠揚武功臣嘉義大夫平安道兵馬節度使全陽君李公諡狀

영조 4년 무신년(1728)에 흉역(凶逆) 심유현(沈維賢)[129]이 종실의 근친이라는 이름을 빙자하여 흉악한 말로 속이고 암암리에 인심을 현혹하자 폐족(廢族) 중 하늘을 업신여기는 자가 효경(梟獍)처럼 부르짖고 외치며 방자하게도 백성들에게 반란하도록 협박하였다. 그들이 호서 절도사[130]를 죽이고 흉악한 예봉이 경기를 핍박하자, 임금이 몹시 진노하여 병조 판서 오명항(吳命恒)을 도순무사(都巡撫使)에 임명하고, 가서 토벌하도록 하면서 "마군장군(馬軍將軍)은 경이 스스로 뽑으라."라고 하교하였다.

이 당시에 전라도 수군절도사였던 이익필(李益馝) 공은 미처 부임하

129 심유현(沈維賢) : ?~1728. 청은부원군(青恩府院君) 심호(沈浩)의 아들이자, 경종(景宗)의 전비(前妃) 단의왕후(端懿王后)의 동생이다. 본관은 청송(青松)이다. 1728년에 담양 부사(潭陽府使)로 재직하던 중 태인 현감(泰仁縣監) 박필현(朴弼顯)과 결탁하여 모반을 일으켰는데 모반이 실패로 돌아가면서 관련자들과 함께 체포되어 국문(鞫問)을 받고 처형되었다. 누이가 왕후였기 때문에 가족들에게까지 죄가 연좌되지는 않았다.

130 호서 절도사 : 당시 충청도 병마절도사였던 이봉상(李鳳祥, 1676~1728)을 말한다. 본관은 덕수(德水), 자는 의숙(儀叔), 시호는 충민(忠愍)이다. 이순신의 5대손이다. 1728년 작은아버지 이홍무(李弘茂)와 함께 반란군에게 붙잡혀 죽었다. 충청 감영에 들어온 이인좌가 항복을 권하였지만 충무가(忠武家)의 충의를 내세워 끝내 굽히지 않았다.

지도 않았는데 오명항이 드디어 마군 우별장(馬軍右別將)으로 삼았다. 공이 충의(忠義)로 인하여 일어나는 분한 마음에 눈물을 닦으며 효기(驍騎)를 거느리고 먼저 달려가서 안성(安城)에서 적을 만나 섬멸하였다. 또 죽산(竹山)에서 적을 만나 산 채로 역적의 괴수 이인좌(李麟佐)를 포박하여 서울로 보냈다. 멀리 영남으로 달려가 난리를 겪은 군읍(郡邑)을 진정하고 어루만져 나라가 이에 평정되니, 군대가 출동한 지 30여 일 만이었다. 군대를 정돈하여 돌아오니 임금이 공의 공적을 가상히 여겨 수충갈성양무 공신(輸忠竭誠揚武功臣)으로 책록(策錄)하고 가선대부(嘉善大夫)로 올렸으며, 전라도 병마절도사를 제수하고 전양군(全陽君)에 봉하였다.

회맹을 마치고 나서 단서 철권(丹書鐵券)[131]을 하사하고, 또 군신이 서로 경계하는 글을 하사하였다. 이윽고 또 도상(圖像)[132]과 논밭과 노비를 하사하였다. 이로부터 부총관, 평안도 병마절도사, 회령 부사(會寧府使), 금위영 중군, 춘천 부사(春川府使)에 임명되었는데 부임하기도 하고 부임하지 않기도 하였다. 퇴직하여 달성(達城)의 하목정(霞鶩亭)[133]에서 쉬며 꽃을 가꾸고 대나무를 심었으며 술을 권하고 시

131 단서 철권(丹書鐵券) : 쇳조각에 지워지지 않게 붉은 글씨를 써서 공신(功臣)에게 주어 그 자손이 죄를 지어도 죄를 면하도록 하던 일종의 증서를 말하는데, 한 고조(漢高祖) 유방(劉邦)이 제후를 분봉하면서 나누어 주었던 증표에서 유래하였다. 《漢書 高帝本紀》

132 도상(圖像) : 공신의 화상(畫像)을 말한다. 한 선제(漢宣帝) 때 곽광(霍光), 소무(蘇武) 등 공신 11인의 초상화를 그려 기린각(麒麟閣)에 봉안하여 그들의 공적을 기린 고사에서 유래하였다. 《漢書 蘇建傳》

133 하목정(霞鶩亭) : 대구광역시 달성군 하빈면(河濱面) 하산리(霞山里)에 있는 누

를 읊으며 문밖의 일에 대해서는 묻지 않았다. 78세인 신미년(1751) 8월 17일 세상을 마쳤다. 부고를 듣고 임금이 몹시 슬퍼하며 명하여 자헌대부(資憲大夫) 병조판서 겸 지의금부훈련원사에 추증하고 부의를 의례대로 하였다. 개령현(開寧縣)[134] 금오산(金烏山) 신좌(辛坐)의 언덕에 예장(禮葬)하였다.

공의 자는 문원(聞遠)이고 본관은 전의(全義)이다. 그의 증조부는 광해군이 정사를 어지럽히는 때를 만나 관직을 버리고 향리로 돌아가니, 오늘날 영남 달성의 입향조(入鄕祖)가 된다.[135] 젊어서 시서(詩書)를 익히고 과거 공부를 하였다. 숙종 계미년(1703, 숙종29)에 무예로 벼슬길에 나가라는 권유를 받았으며 이윽고 급제하고는 청탁을 일삼지 않고 고향으로 돌아와 병서(兵書) 연마에 힘썼다.

8년 지나 무신겸선전관(武臣兼宣傳官)에 제수되었다. 얼마 뒤 비변사 낭청을 겸하였고 여러 번 옮겨 주부(主簿), 도사(都事), 첨정(僉正)

각으로, 임진왜란 때 의병장이던 낙포(洛浦) 이종문(李宗文)이 1604년(선조37) 건립하였다. 인조가 왕위에 오르기 전 머문 적이 있어 이종문의 아들 이지영(李之英)에게 인조가 직접 당호를 하사하였다. 이익필은 이인좌의 난을 평정한 뒤 관직에서 물러나 고향 하목정으로 돌아와 만년을 보내다 이곳에서 생을 마쳤다. 영조가 불천위를 내려 지금까지 그 제사를 지내고 있다.

134 개령현(開寧縣) : 조선 시대에는 경상도 상주목(尙州牧)에 속한 곳으로, 오늘날 경상북도 김천시 개령면을 말한다.

135 그의……된다 : 증조부는 이필(李佖)을 말한다. 종전 세거지(世居地)이던 경기 부평(富平)을 떠나 처음에는 경북 성주(星州)로 이거(移居)하였다가, 다시 어머니 파평 윤씨의 고향인 오늘날 대구광역시 달성군 하빈면 하산리로 이거하였다. 당시 파평 윤씨는 하빈과 고령(高靈)의 다산(茶山) 등지에 많은 토지를 소유하고 있던 사족(士族)이었다.

이 되었다. 지방으로 나가 평해 군수(平海郡守), 죽산 부사(竹山府使), 전주 영장(全州營將), 선천 부사(宣川府使)가 되었다. 선천부에 의검정(倚劍亭)[136]이 있는데, 공이 일찍이 정자에 올라 시를 짓기를 "어느 때나 드넓은 사막 오랑캐 무찔러, 춤추고 노래하며 장안으로 들어갈까.〔何時壓大漠 歌舞入長安〕"라고 하였는데, 오명항 공이 접반사(接伴使)로서 선천부에 들렀다가 감탄하여 칭찬하기를 "기상이 볼만하다."라고 하였다.

영조 을사년(1725)에 내금위장(內禁衛將)을 거쳐 강계 부사(江界府使)에 임명되었고, 부임하기도 전에 대흥 중군(大興中軍)에 임명되었다.

정미년(1727)에 여주 목사(驪州牧使)가 되었다.

무신년(1728)에 승진하여 호남좌도 수군절도사에 임명되었다. 순무사(巡撫使)에 예속되어 막 출정하려고 할 때, 허리에 차고 있던 것을 벗어 어머니에게 주며 "군신간의 의리는 무겁고 모자간의 은혜는 가볍습니다. 만일 돌아오지 못하면 이것으로 저의 얼굴을 대신하십시오."라고 하였다. 공이 이미 출발하였는데 임금이 유지(諭旨)를 내려 좌별장(左別將) 이수량(李遂良)[137]을 보내게 하자, 공이 주저 없이 순무사

136 의검정(倚劍亭) : 《광여도(廣輿圖)》의 〈평안북도 선천부〉를 살펴보면 관아 왼쪽에 검산성(劍山城)이 있고 객사 뒤에 의검정과 향교가 나란히 위치하고 있다. 서도(西道)의 명승이라 불렸고, 관아 근처에 있어 중국을 내왕하는 사신들이 즐겨 들렀던 곳이다.

137 이수량(李遂良) : 1673~1735. 자는 선보(善甫), 본관은 전주(全州)이다. 이인좌의 난 때 당시 마병 별장(馬兵別將)으로 출정하여 진위현에서는 김성옥(金聲玉)을, 청룡산에서는 주장 박종원(朴宗元)의 목을 베었고 설동린(薛同麟)을 사로잡은 뒤에, 죽산에서 이인좌를 사로잡는 데 공을 세웠다. 이에 분무 공신(奮武功臣) 3등에 녹훈되어 가선대부(嘉善大夫)에 올라 완춘군(完春君)에 봉하여졌다.

에게 말하기를,

"이수량이 충성스럽고 의로우며 용감한 사람이기는 하나 전투를 앞두고 장수를 바꾸는 것은 병가(兵家)의 금기를 범하는 것이 아니겠습니까."

하니, 순무사가 급히 장계하여 공을 남기고 보내지 않았다.

밤에 진위현(振威縣)[138]을 지키고 있는데 검객이 진에 잠입하였다. 당시는 칠흑 같은 밤이라 적을 분간할 수 없었기에 군중이 갑자기 놀라고 당황하여 어찌할 줄 몰랐다. 공이 급히 일어나 순무사의 막사로 들어가 "군졸을 원앙대(鴛鴦隊)[139]로 정돈하여 서게 하십시오. 대열 밖에 있는 자가 적입니다."라고 하였다. 순무사가 그의 말을 따르고, 검객 10조(曹)를 체포하여 목을 베어 군중에 돌리니 종사관 조현명(趙顯命)이 종사관 박문수(朴文秀)에게 기뻐하며 "이와 같은 장수가 있으니 군대는 근심할 것이 없습니다."라고 하였다.

안성(安城)에 도착하니 날이 저물어 어둡고 비도 내려 적이 주둔한 곳을 알 수 없었다. 다음 날 아침에 적의 책모를 알아내어 비로소 그들이 청룡곡(靑龍谷)에 있음을 알고는 순무사가 군대를 지휘하여 길을 나누어 진격하였다. 공이 앞장서서 말에 오르자 수하의 군사들이 모두 비바람처럼 날쌔게 진격하여 적들은 싸우지도 않고 궤멸되었다.

다음 날 이긴 기세를 타고 죽산(竹山)의 적을 추격하였는데 앞에 노루목〔獐項〕이라는 고개가 있었다. 골짜기가 깊고 어두워 복병이 있

138 진위현(振威縣) : 오늘날 경기도 평택시 진위면의 옛 지명이다.

139 원앙대(鴛鴦隊) : 원앙은 한 쌍을 상징하는 것으로 행군할 때 2열 종대로 편성하는 작대(作隊)의 명칭이다.

을까 의심스러워 경계의 포를 쏘니 군사들이 걸음을 멈추고는 몹시 의구심을 가졌다. 공이 말을 채찍질하여 고개 마루에 오르자 바람이 불어와 깃발이 펄럭였다. 고개에서 수십 보 거리에 적의 주둔지가 있었는데 갑자기 관군이 온 것을 보고는 지연하는 기세가 있었다. 공이 좌별장과 함께 날쌘 기마병을 날개처럼 벌려서 급히 추격하니 투구와 갑옷이 햇살에 빛났다. 적들이 감히 그 예봉을 꺾지 못하고 썰물처럼 무너져 물러나니, 이에 안성과 죽산의 대첩(大捷)을 아뢰었다.

순무사가 공이 의검정에서 지은 시를 외며 "장군이 오늘 승첩을 거둘 줄 내가 참으로 미리 알았소."라고 하였다. 이날 행수 선전관(行首宣傳官)에 임명되었다. 이윽고 영남 하도(嶺南下道)에서 적이 일어났다[140]는 급한 경보가 왔다. 박 종사관이 직접 가서 토벌하겠다고 청하자, 공이 나아가 "박 종사관이 군중에 있기에 사람들이 사력을 다하게 할 수 있으니 이분은 군중에 없어서는 안 되는 사람입니다."라고 하니 순무사가 그 말을 따랐다. 그러나 여전히 영남의 적이 근심되어 적을 평정하는 데 난이(難易)한 점을 조용히 묻자 공이 말하기를,

"적이 겉으로는 매우 허세를 부리지만 안으로는 실지로 꾀가 없고, 어리석은 백성을 술과 음식으로 꼬드겨 떼를 지어 모여서 머물러 있습니다. 대체로 오합지졸이란 많으면 놀라기 쉽고 오래되면 흩어지기 쉽습니다. 더구나 운봉 영장(雲峯營將) 손명대(孫命大)가 팔량

140 영남……일어났다 : 정온(鄭蘊)의 4대손인 정희량(鄭希亮)이 조묘(祧廟)의 천장(遷葬)을 구실로 민정(民丁)을 모집해, 이인좌의 동생 이웅보(李熊輔)와 더불어 안음(安陰) 고현창(古縣倉)에서 일어나 안음 현감과 거창 현감을 장악하고 합천의 정희량 인척인 조성좌(曺聖佐) 일족의 도움으로 합천, 함양 등 4개 군현을 장악하였다.

령(八良嶺)을 막아 끊고,[141] 경상좌도의 충의지사들이 의(義)를 부르짖으며 의병을 일으키는 소리가 곳곳마다 있어 관군과 서로 호응하고 있습니다. 그들의 형세는 물러나도 고개를 넘어 호남의 적[142]과 합할 수 없고, 나아가도 좌도로는 한 걸음도 엿볼 수 없어 오직 놀라 흩어져 그치게 되어 있습니다. 무슨 근심할 것이 있겠습니까."

하였다. 얼마 지나지 않아 과연 공의 말이 들어맞았다.

군대를 정돈하여 돌아올 때 임금이 숭례문까지 나왔고 승지를 보내어 맞이하고 위로하였으며 의례대로 역적의 수급(首級)을 받았다. 출정한 여러 장수를 선정전(宣政殿)에서 소견하면서 임금이 손수 큰 잔에 술을 따라 도순무사에게 주며 "이익필, 이수량과 나누어 마시도록 하라."라고 하였으니, 임금이 공을 대우한 것이 이와 같았다.

공은 인품이 침착하고 굳세며 식견이 매우 깊었다. 처음 벼슬하여 비변사 낭청이 되었을 때 영의정 서종태(徐宗泰) 공이 입으로 조정의 정책〔廟謨〕 12조(條)를 전해 주며 묘당의 재신들에게 아뢰고 이해(利害)와 가부(可否)에 대한 언질을 받게 하였는데, 실마리가 얽혀 있어 한 번 듣고서 이해할 수 있는 것이 아니었다. 그러나 공은 언뜻 듣고는 물러나서 부서마다 돌아가며 다 보고하고는 돌아와 영의정에게 아뢰었는데 순서가 하나도 어긋나지 않았다. 서공이 매우 놀라고 감탄하며

141 운봉……끊고 : 운봉 영장 손명대가 안음의 적변을 듣고는 미처 감사, 병사에게 보고하지 못하고 급히 속읍의 군사를 동원하여 먼저 팔량령을 점거하니, 적이 이 때문에 팔량령을 넘지 못하고 하루를 머물다가 거창으로 돌아갔던 사실을 말한다. 《英祖實錄 4年 3月 28日》

142 호남의 적 : 이인좌의 난에 가담한 호남 지역 인물로는 태인 현감 박필현(朴弼顯), 담양 부사 심유현(沈維賢), 나주의 부호(富豪) 나만치(羅晩致) 등이 있다.

곁에서 그를 모시고 있던 자제를 돌아보면서 “너희들은 이렇게 할 수 있겠느냐?”라고 하였다.

청나라 사신 목극등(穆克登)[143]이 일찍이 일 때문에 의주(義州)에 머물렀는데 마침 청나라에서 온 서신 한 통이 관서의 감영에 전달되자 접반사는 사정이 있는지를 의심하여 조정에 급히 장계하였다. 임금이 명하여 뜯어보니 곧 목극등의 집에서 보낸 편지였다. 재신들이 일이 생길까 염려하여 어찌할 줄을 모르자 공이 계책을 아뢰어 마침내 무사할 수 있었다.

관직에 있으면서 항상 “관리 된 자가 행해야 할 중요한 점은 청렴과 근면뿐이다.”라고 말하였다. 그러므로 그동안 백성을 다스릴 때 훌륭한 공적이 밝게 드러났다. 평해(平海)에 있을 때는 심한 흉년을 만나자 형편에 맞게 구휼하여 살려 내니 백성들이 들에서 죽어 나가는 곤경에 처하지 않았다. 안찰사와 어사가 서로 이어서 이 사실을 조정에 아뢰자 표리(表裏)를 하사하였으며, 통정대부(通政大夫)의 자급에 올랐다. 죽산에 있을 때는 백성과 아전이 모두 떠받들었고 그가 떠나자 업적을 비석에 새겨 기렸다. 호남 병마절도사는 반란이 일어난 뒤 맡은 자리라서 더욱 마음을 다해 역도들을 이 잡듯 철저히 찾아내고 군액(軍額)을 정리하였으며 처음으로 말[馬]을 모집하였다. 수없이 많은 활과 화살, 총탄을 만들었고, 따로 비축한 곡식이 2000섬이나 되고, 따로 쌓아 둔 베도 1000필이나 되었다. 성을 개축하여 위세를 장대하게 하였고 적상루(赤裳樓)를 지어 요새의 방어를 엄하게 하였으니 이 모두는 장마를

143 목극등(穆克登) : 청나라 오라총관(烏喇摠管)으로서 1712년 조선에 와서 양국의 국경을 정하는 백두산정계비(白頭山定界碑)를 세웠다.

대비한 것이었다. 임기를 마치고 돌아갔다가 뒷날 어사의 서계(書啓)[144] 때문에 문책을 받아 고령(高靈)에 유배되었다. 옛 안찰사가 그의 원통함을 알고 상소로 매우 자세히 사정을 폭로하자 이에 임금이 용서하라고 명하였다.[145]

모친상을 당했을 때는 나이가 이미 일흔이었다. 예전에 생부(生父)의 병을 시중들 때 손가락에 피를 내어 입에 흘려 넣었는데, 이때에 와서는 늙어 상복을 입은 채로는 몸을 제대로 가누지 못하면서도 예를 행하는 데 게으름이 없으니 사람들이 이를 아름답게 여겼다. 복(服)을 마치고 나서 가의대부(嘉義大夫)로 승진하였다. 공이 더욱 늙자 임금이 공신들의 화상(畫像)을 고쳐 그리게 하였는데, 이때에 정승 조현명(趙顯命)이 공의 초상화에 글을 쓰기를 "10년마다의 얼굴, 몇 폭의 그림이여. 검고 윤기 있던 머리카락 새하얗게 되었는가, 두텁고 기름진 얼굴 주름이 졌는가. 모습은 때로 바뀌어도, 바뀌지 않는 것은 가슴속에 있도다. 한 조각 웅대한 마음, 여전히 갑옷 입은 장군이로다."라고

144 어사의 서계(書啓) : 어사는 황정(黃晸)을 말한다. 이익필이 전라 병사로 있을 때 두어 동(同)의 무명을 사용(私用)하였던 일, 화살대〔箭竹〕를 몰래 팔고, 자취를 숨기기 위해 대밭을 불태웠다는 등의 내용으로 황정이 서계를 올림으로써 이익필은 고령에 유배되었다. 《英祖實錄 7年 3月 13日, 9年 7月 28日》

145 옛……명하였다 : 옛 안찰사란 호남 지역에 감진 어사(監賑御史)로 파견된 적이 있는 이광덕(李匡德)을 말한다. 어사 황정이, 화살대를 몰래 팔고, 자취를 숨기기 위해 대밭을 불태웠다는 혐의를 이익필에게 두었으나 이광덕이 상소하여 그 일이 호남에 있을 때 자신이 한 일임을 밝혔다. 그런데도 이익필은 10년의 금고(禁錮) 처분을 당하였는데, 영조 9년에 와서 박문수가 이익필에 대한 처분이 억울함을 밝히고, 무장(武將)들이 적극적인 변호를 함으로써 금고를 풀게 되었다. 《英祖實錄 7年 3月 27日·6月 6日, 9年 7月 28日》

하였다. 세상을 마치기 하루 전날 밤 큰 별이 땅에 떨어져 집을 울리니 소리가 10리까지 들렸다. 의원이 곁에 있다가 놀라며 "공의 기운이 흩어져 버렸으니 약을 써서 무엇 하랴."라고 하였다.

공이 세상을 떠난 지 5년 뒤 영조가 훈구(勳舊)의 신하들이 쇠락한 것을 슬퍼하여 한두 신하를 편전에서 소견하고, 술과 음식을 하사하여 즐기며 예관을 큰 재〔大嶺〕 밖으로 보내어 특별히 공을 제사 지내게 하니, 군신간에 마음이 맞아 시종 한결같았던 것이 이와 같다. 아, 성대하구나.

공은 고려 개국 공신 태사(太師) 탁(棹)과 우리 조정의 호조 전서(戶曹典書) 구직(丘直)의 후손이다. 4대조 종문(宗文)은 성균관 생원으로, 만력(萬曆) 임진년(1592, 선조25)에 의병을 일으켜 왜적을 토벌함으로써 원종훈(原從勳)에 기록되었고 벼슬은 현감을 지냈으며 좌승지에 추증되었다. 증조부 지영(之英)은 문과에 급제하였고 함길도 병마평사(咸吉道兵馬評事)를 지냈으며 사간(司諫)에 추증되었으니, 바로 광해군 때 벼슬을 버리고 영남으로 돌아갔던 분이다. 조부 구(球)는 문과에 급제하고 길주 목사(吉州牧使)를 지냈으며 대사간(大司諫)에 추증되었다.

아버지 진주(震柱)는 재주와 덕행이 있었으나 일찍 세상을 떠났다. 순충보조 공신(純忠補祚功臣) 자헌대부 호조 판서 전흥군(全興君)에 추증되었다. 어머니 정부인 옥산 장씨(玉山張氏)는 여헌(旅軒) 선생의 손녀이자 정랑(正郎) 장벽(張鏼)의 따님이다. 생부 시격(時格)은 벼슬이 군수이다. 생모 숙부인 연안 이씨(延安李氏)는 함경도 관찰사 이창정(李昌庭)의 손녀이자 통덕랑 이엄(李襝)의 따님이다. 부인 증 정부인 해주 정씨(海州鄭氏)는 통덕랑 정억(鄭檍)의 따님이다. 딸 셋을 낳으니, 맏딸은 정낙신(丁樂愼)에게 시집갔고 둘째 딸은 생원 이헌복(李憲復)에게 시집갔으며 막내딸은 김제행(金霽行)에게 시집갔다.

당제(堂弟) 익집(益䎘)의 아들 직양(直養)을 아들로 삼았으며, 직양이 아들 둘을 낳으니 정오(鼎五)는 사마시에 합격하였고 둘째 아들은 경오(敬五)이다. 정낙신의 양자는 정지현(鄭志賢)이다. 이헌복은 아들이 여섯이니 이홍명(李弘明)·이홍저(李弘著)·이홍백(李弘白)·이홍진(李弘晉)·이홍득(李弘得)·이홍욱(李弘昱)이고, 딸 둘은 모두 시집갔다. 김제행은 아들이 셋이니 김시흡(金始翕)·김시전(金始全)·김시여(金始畬)이고, 딸 셋은 모두 시집갔다.

공이 종족을 대할 때 은혜와 의리를 두루 지극히 하여 공에게 의지하여 끼니를 잇는 집이 대여섯이나 되었고, 가난하여 시집가거나 장가가지 못하는 이에게 재물을 반드시 넉넉하게 대 주어 시기를 놓치지 않게 하였다. 그러나 이러한 일들은 공에게는 다만 소소한 일이다. 장 부인(張夫人)이 법도가 근엄하여 공이 지위가 높고 또 늙었지만 때로 꾸짖어 아이를 대하는 것과 다름없었는데, 공은 즉시 머리를 숙여 공손히 받아들이고, 혹 즐겁게 웃도록 하여 마음을 기쁘게 해 드리기에 힘썼다.

양친이 돌아가시고 나서 누군가 어버이에 대해 언급하면 그때마다 목메는 것을 견디지 못하였으니, 옛사람이 "충신을 효자의 집에서 구한다."[146]라고 한 말이 맞는다고 해야 하지 않겠는가. 아, 올해는 무신년(1728)의 주갑(周甲)[147]이다. 우리 성상께서 국에서나 담장에서도 요

146 충신을……구한다 : 264쪽 주107 참조.

147 무신년의 주갑(周甲) : 무신년은 1728년 이인좌의 난이 일어난 해를 지칭하며, 60돌이 되는 해는 1788년(정조12)이다.

(堯) 임금을 보는 듯한 효심[148]이 있어 서글피 옛날이 생각나서 나라에 큰 공로를 세운 이에게 제사를 내리고, 또 순서대로 여러 훈신에게 은혜를 끼쳐 아들을 임용하기도 하고 쌀과 고기를 내리기도 하셨다.

또 그들의 자식과 손자를 소접(召接)하여 집안사람이나 부자지간처럼 예우하였고, 특별히 친히 지은 한 편의 글을 내려 옛 공적을 기리고 남은 자손에게 자랑거리를 주어 남김없이 마음을 드러냈으니, 실로 천고의 성대한 일이었다. 공의 손자 정오(鼎五)가 당시에 마침 상중이라 홀로 성대한 모임에 직접 참석할 수 없었다. 슬프고 한스러움을 풀 길이 없어 옷소매에 공의 가장(家狀) 한 통을 들고 천 리 떨어진 서울로 들어와서 눈물을 흘리며 나에게 말하기를,

"저의 할아버지는 무신년의 대려훈신(帶礪勳臣)[149]입니다. 오늘날 묘소의 나무가 벌써 한 아름이나 되었지만 아직도 시호의 은전을 청하지 못했으니 이는 후손의 죄입니다. 이제 구갑(舊甲)을 만나니 만약 우리 할아버지를 빛낼 수 있다면 제가 성대한 모임에 참석하지 못한 것을 평생의 한으로 여기지는 않을 것입니다. 바라건대 공께서는 헤아려 주십시오."

148 국에서나……효심 : 선왕을 그리워하고 사모하는 효성을 말한다. 요 임금이 죽은 뒤에 순(舜) 임금이 3년 동안 지극히 앙모한 나머지 앉으면 담장에서도 요 임금을 보고 먹을 때면 국그릇에서도 요 임금을 보았다는 말에서 나왔다. 《後漢書 李固列傳》

149 대려훈신(帶礪勳臣) : 임금이 자손 대대로 변치 않고 대우하기를 맹세한 훈신으로, 한 고조(漢高祖)가 공신을 봉작(封爵)한 서사(誓辭)에 "황하가 띠처럼 가늘어지고 태산이 숫돌처럼 닳아 없어질 때까지 국가는 영원히 보전되어서 공신의 후손에게 복록이 미칠 것이다.〔使黃河如帶, 泰山如礪, 國以永存, 爰及苗裔.〕"라고 한 데서 온 말이다. 《史記 高祖功臣侯者年表》

하였다. 내가 일어나 대답하기를,

"삼가 살피건대 나라의 법에 '친공신(親功臣)은 비록 벼슬이 낮더라도 시호를 준다.'[150]라고 하였습니다. 더구나 공의 훈업(勳業)과 증질(贈秩)이 모두 옛적에 말한, 시호를 내려야 하는 분이겠습니까. 이는 국가의 전례로 보아 시행하지 않을 수 없는 경우입니다. 제가 어찌 감히 사양하겠습니까."

하고, 문장이 거칠고 서투르다는 것을 헤아리지 않고 공이 남긴 공적을 찬술하면서 무신년의 일에 대해 특별히 반복해서 기록하여 봉상시에 바친다.

150 친공신(親功臣)은……준다 : 친공신은 공신인 조상으로부터 물려받지 않고 자신이 세운 공훈으로 공신 위호(位號)를 받은 공신을 말한다. 《經國大典 吏典 贈諡》

번암집

제44권

신도비 神道碑

가선대부 평안도관찰사 겸 병마수군절도사 순찰사 평양부윤 관향사 연릉군 이공 신도비명

嘉善大夫平安道觀察使兼兵馬水軍節度使巡察使平壤府尹管餉使延陵君李公神道碑銘

생각해 보면 숙종대왕이 왕위에 있던 47년 동안, 덕망(德望)이 있다고 일컬어진 명공경(名公卿)들이 없지는 않았다. 그러나 산악(山嶽)의 정기를 응집하고 종정(鍾鼎) 같은 국량을 타고난 동시에 왕상(王祥)과 강시(姜詩)의 행실[1]을 갖추고 희문(希文)과 군실(君實)의 여망[2]을 등

1 왕상(王祥)과 강시(姜詩)의 행실 : 지극하고 탁월한 효행을 말한 것으로, 모두 효자로 이름난 인물들이다. 왕상은 진(晉)나라 임치(臨淄) 사람으로, 자는 휴징(休徵)이다. 모친을 일찍 여읜 뒤에 계모를 지극한 효성으로 모셨는데, 겨울에 물고기를 먹고 싶어 하는 계모를 위해 얼음을 깨고 물에 들어가려 하자 얼음이 저절로 깨지면서 잉어가 뛰어나왔고, 또 계모가 참새구이를 먹고 싶어 하자 집으로 참새가 저절로 날아들었다고 한다. 강시는 후한(後漢) 때의 사람으로, 어머니가 강물 마시기를 좋아하고 생선회를 좋아하므로 매일 멀리 있는 강으로 가 물을 길어오고 물고기를 잡아와 봉양하였는데, 이러한 정성으로 집 근처에 강물 맛과 똑같은 샘물이 솟아오르고 거기서 매일 아침 잉어 두 마리가 튀어나왔다고 한다. 《晉書 王祥列傳》《後漢書 列女傳 姜詩妻》

2 희문(希文)과 군실(君實)의 여망 : 송(宋)나라 명신 범중엄(范仲淹)과 사마광(司馬光)이 구가했던 여망이란 말로, 희문과 군실은 각각 범중엄과 사마광의 자(字)이다. 이는 남인이 정권에서 퇴출당하고 인현왕후가 폐위되었던 기사환국(己巳換局)의 소용돌이에서 죽음을 불사하고 직언을 감행하였던 이만원의 강직한 면모를 염두에 둔 표현이다. 범중엄은 시호가 문정(文正)으로, 송나라 인종(仁宗) 때에 간관(諫官)으로서 곽 황후(郭皇后)의 폐립 문제를 놓고 찬성파인 재상 여이간(呂夷簡)과 극렬하게 대립하여 지방으로 좌천되기도 하는 등, 시류와 권력에 굴하지 않는 직언과 강직함을 보여 준 인물이다. 사마광은 호가 오수(迂叟)이고 시호는 문정(文正)으로, 신종

에 짐으로써, 살아 있을 때는 조야(朝野)가 경의를 표하고 죽은 뒤에는 온 나라가 애통해하면서 5, 6십 년이 지난 지금까지 부녀자와 어린아이와 천민(賤民) 들조차도 생전의 일들을 즐겨 이야기하며 하나같이 한 목소리로 추앙하지 않는 이가 없는 한편, 포부를 크게 펼쳐 백성들에게 은택을 끼치지 못한 점에 대하여는 탄식과 통분을 표하지 않는 이가 없는 경우는 관찰사 이우당(二憂堂) 이공(李公)이 유일하니, 아아, 훌륭하도다.

공의 휘(諱)는 만원(萬元), 자(字)는 백춘(伯春)이다. 젊어서 부친을 여의고 스스로 문장을 짓는 데에 힘썼다.

숙종 무오년(1678, 숙종4)에 문과에 급제하여 승문원(承文院)으로 분관(分館)[3]되었다.

기미년(1679)에 천거로 한림(翰林)에 제수되었다.

경신년(1680)에 전적(典籍)으로 승진하였다.

신유년(1681)에 대동 찰방(大同察訪)에 제수되었다. 당시는 호차(胡差)[4]의 왕래가 빈번한 상황이었는데, 공이 꼿꼿한 몸가짐으로 정도(正道)를 지키자 오랑캐들도 조심하고 두려워하여 감히 무례한 행동을

(神宗)이 왕안석(王安石)을 발탁하여 신법(新法)을 단행하게 하자, 이에 반대하여 새로 임명된 추밀 부사(樞密副使)에서 사퇴하고 지방으로 나갔다. 《宋史 范仲淹列傳, 司馬光列傳》

3 분관(分館) : 문과에 급제한 사람 가운데 실직(實職)에 제수된 자를 제외한 모두를 삼관(三館), 즉 승문원, 성균관, 교서관에 나누어 배속시켜 실무를 익히게 하는 것을 말하는데, 나이가 젊고 총명한 급제자는 일차적으로 승문원에 배정하였다.

4 호차(胡差) : 청(淸)나라의 사신을 말한다. 호(胡)라고 한 것은 화이론(華夷論)에 따라 청나라를 오랑캐로 낮추어 본 것이다.

하지 못하였다.

기사년(1689)에 상이 대대적인 출척(黜陟)[5]을 단행하면서 공을 정언(正言)으로 기용하고 얼마 뒤에 지평(持平)으로 개차(改差)하였다. 공이 상소하여 아뢰기를 "임금은 마땅히 시비를 분별하고 취사를 신중히 해야 하며, 마음에 들어 기용한 자의 말만을 따라서는 안 됩니다."라고 하고, 중간에 고장(故將) 유혁연(柳赫然)이 원통하게 죽은 실상[6]을 언급하다가, 말미에 또 아뢰기를 "조지겸(趙持謙)과 한태동(韓泰東)은 공의(公議)를 지키고 간악한 모략을 막았으니[7] 포상을 베풀어야 마땅합니다."라고 하니, 상이 우악한 비답으로 채택하여 시행하였다. 홍문관에 선발되어 들어가 부교리에 제수되고 동학교수(東學敎授)를 겸관하다가 곧 헌납(獻納)으로 자리를 옮겼다.

얼마 지나지 않아 곤전(坤殿 인현왕후(仁顯王后))이 손위(遜位)할 적

5 대대적인 출척(黜陟) : 기사환국(己巳換局)을 가리킨다.

6 고장(故將)……실상 : 유혁연이 1680년 경신대출척 당시 허적(許積)과 역모를 모의하였다는 죄목으로 경상도 영해(寧海)에 유배된 뒤 대정(大靜)으로 위리안치되었다가 사사(賜死)된 것을 말한다. 유혁연의 본관은 진주(晉州), 자는 회이(晦爾), 호는 야당(野堂)이다. 무신 집안에서 생장하여 1644년(인조22) 무과에 급제한 뒤 효종(孝宗)의 신망을 받아 북벌 계획에 적극 참여하였다. 이후 훈련대장(訓鍊大將), 형조 판서, 공조 판서 등을 역임하다가 1680년 경신대출척에 연루되어 사사되고, 1689년 기사환국 이후에 신원되어 영의정에 추증되었다.

7 조지겸(趙持謙)과……막았으니 : 1682년 서인 김익훈(金益勳)이, 남인 허새(許璽)와 허영(許瑛) 등이 역모를 꾸민다고 고변하여 남인들을 축출하려 하였는데, 이것이 결국 조작으로 밝혀지자 같은 서인의 소장파였던 조지겸과 한태동이 이를 강하게 비판하다가 이듬해 파직된 일을 말한다. 이 일은 서인이 노론과 소론으로 분열되는 한 계기가 되었다. 《肅宗實錄 8年 10月 21日·27日, 11月 10日, 9年 2月 2日·閏6月 26日》

에[8] 상이 언관(言官)들을 형벌로 대하였다. 이에 공이 대부인(大夫人)[9]에게 하직 인사를 올리고 말하기를 "나라에 비상한 변고가 일어났으니, 죽음으로써 직분을 다하고자 합니다."라고 하니, 대부인이 말하기를 "늙은 어머니는 염려할 것이 없다. 네 말이 옳다."라고 하였다. 이에 공이 서둘러 수레를 몰고 입대하여 상을 위해 눈물을 흘리며 아뢰기를,

> "성명(聖明)한 시대에 이런 일이 일어날 줄은 생각지도 못했습니다. 전하께서는 전대의 역사를 두루 살펴보셨으니, 만약 공도보(孔道輔)와 여이간(呂夷簡) 중에 신하를 구하고자 하신다면 누구를 택하시겠습니까?[10]"

8 얼마……적에 : 1689년 인현왕후가 폐위되고 희빈(禧嬪) 장씨(張氏)가 중전에 오른 일을 말한다. 오랫동안 왕자를 생산하지 못하여 숙종의 총애를 잃고 있던 인현왕후는 희빈 장씨가 왕자 이윤(李昀)을 출산하자 결국 기사환국이 시작된 지 4개월 만에 투기죄(妬忌罪)를 지었다는 명목으로 궁중에서 쫓겨나 폐서인(廢庶人)이 되었다. 《肅宗實錄 15年 4月 21日, 23日》

9 대부인(大夫人) : 이만원의 어머니 정부인(貞夫人) 삭녕 최씨(朔寧崔氏)를 가리킨다. 한(漢)나라 때 열후(列侯)의 어머니를 칭하던 말이었는데, 후세에는 관리의 어머니를 경칭하는 말로 쓰였다.

10 공도보(孔道輔)와……택하시겠습니까 : 중궁의 폐위를 반대하는 충신을 원하는지 중궁의 폐위를 찬성하는 간신을 원하는지 선택하라는 뜻을 담고 있다. 공도보와 여이간은 모두 송 진종(宋眞宗)과 송 인종(宋仁宗) 때의 재상들로 1033년에 인종(仁宗)의 후비(后妃) 곽 황후(郭皇后)가 인종의 얼굴에 상처를 입힌 일을 어떻게 처리할지를 두고 대립하였는데, 이때 여이간은 과거 자신의 파면을 종용했던 곽 황후를 제거하기 위해 폐위를 적극적으로 주장하였고, 공도보는 범중엄(范仲淹) 등과 함께 폐위의 부당성을 적극 간하다가 파출되었다. 결국 인종은 여이간의 의견을 받아들여 곽 황후를 폐위하였으나 이듬해 이를 후회하여 곽 황후를 복위시키고 공도보를 다시 불러들였다. 《宋史 后妃列傳, 孔道輔列傳》

하니, 상이 이르기를,

"그 말이 무엄하다. 창읍왕(昌邑王)[11]은 임금이었는데도 종묘와 사직을 위하여 폐위되었다."

하였다. 이에 공이 아뢰기를,

"신은 공도보가 되고자 합니다. 창읍왕의 일이 무슨 상관이겠습니까."

하자, 상이 진노하여,

"내가 공도보를 어찌 모르겠는가. 창읍왕은 임금이었지만 종묘와 사직을 위해 생각해 볼 때 폐위되지 않을 수 없었다."

하고는, 손으로 어상(御床)을 밀쳤는데, 요란한 소리를 내며 엎어진 어상이 공을 치는 바람에 사모(紗帽)가 바닥에 떨어지기까지 하였는데도, 공은 눈 하나 꿈쩍 않은 채 자리에서 일어나 엎어진 어상을 주웠다. 상이 몹시 노하며 이르기를 "어서 나가라. 어서 나가라."라고 하고는 파직을 명하였다가 얼마 지나지 않아 극변(極邊)에 원찬할 것을 명하였다. 이에 의주(義州)로 귀양 갔는데, 곧 대간(臺諫)의 계사(啓辭)에서 구제하고 변호하여 명이 거두어졌다.

그러나 공은 조정에 있는 것이 편안치 못하여 이내 말미를 청하고 호서(湖西)로 가 성묘하였는데, 조정에 돌아와서는 백성들의 고통을 조목조목 진달하고, 또 아뢰기를 "이상(李翔)[12]이 호우(湖右 충청도(忠淸道))에 집을 두고서 내키는 대로 행동하고 백성들의 전답을 빼앗았습니

11 창읍왕(昌邑王) : 한 무제(漢武帝)의 손자인 유하(劉賀)의 봉호(封號)이다. 한 소제(漢昭帝)가 죽은 뒤 후사가 없자 곽광(霍光) 등에 의해 황제의 지위에 올랐으나, 음란한 행동만 일삼다가 즉위한 지 27일 만에 폐위되었다. 《漢書 霍光傳》

12 이상(李翔) : 1620~1690. 자는 운거(雲擧)·숙우(叔羽), 호는 타우(打愚)이다.

다. 청컨대 도신(道臣)으로 하여금 조사하여 추급하도록 하소서."라고 하니, 상이 모두 그대로 시행토록 하였다. 부교리를 거쳐 이조 낭관으로 이배(移拜)되었다. 이때 양사(兩司)가 상신(相臣) 민정중(閔鼎重)을 중형(重刑)으로 다스릴 것을 청하여 날마다 연속해서 아뢰었는데,[13] 공이 말하기를 "이 사람은 모후(母后 명성왕후(明聖王后))의 숙부(叔父)이다. 대각(臺閣)의 신하를 주의(注擬)할 때[14] 반드시 준론을 주장하는 자를 버리고 완론(緩論)을 주장하는 자를 취할 것이다."라고 하면서 의리(義理)로써 풍간하니, 마침내 그 계사를 멈출 수 있었다.

얼마 후 암행 어사가 되어 북관(北關)을 염찰(廉察)하였는데, 복명(復命)해서는 변방에서 힘써야 할 일과 백성들이 겪는 고통을 20조목에 걸쳐 아뢰고, 입대(入對)해서는 상을 마주하여 변방 방어의 사의(事宜)를 매우 자세히 아뢰었다. 이에 상이 허심탄회하게 받아들이고 감탄하기를 "임금의 명을 받들고 출사(出使)하기를 이처럼 하는 신하를

13 양사(兩司)가……아뢰었는데 : 1689년 송시열(宋時烈), 김석주(金錫胄), 김수항(金壽恒) 등 서인의 주요 인물들이 축출되자 민정중도 그 일파로 지목되어 관직을 삭탈당하고 위리안치(圍籬安置) 처분을 받았는데, 남인들은 이에 그치지 않고 삼사(三司)를 동원하여 1년이 넘도록 지속적으로 민정중의 사형을 주장하였다. 《肅宗實錄 15年 7月 19日・8月 2日・9月 18日・10月 4日・11月 18日, 16年 7月 13日・25日》 결국 이러한 집요한 요청은 이듬해인 1690년 8월 20일이 되어서야 멈추게 된다. 《肅宗實錄 16年 8月 20日》 민정중의 자는 대수(大受), 호는 노봉(老峯), 본관은 여흥(驪興)으로 민유중(閔維重)의 형이자 인현왕후의 백부이며 송시열의 문인이다. 1649년 문과에 급제하고 여러 요직을 거쳐 우의정과 좌의정에 올랐다. 1689년 기사환국으로 남인이 집권하자 노론의 중진들과 함께 관직을 삭탈당하고 벽동(碧潼)에 유배되어 그곳에서 죽었다.

14 대각(臺閣)의……때 : 1689년 당시 이만원이 이조 좌랑(吏曹佐郎)의 신분이었으므로 이런 말을 한 것이다.

어찌 많이 얻을 수 있겠는가."라고 하니, 이로부터 더더욱 공을 예우하였다. 이조 낭관으로서 한학교수(漢學敎授)를 겸관하고, 얼마 지나지 않아 특별히 동부승지에 제수되었다가 좌부승지에 올랐다. 공이 말하기를 "장리(贓吏) 조태래(趙泰來)를 팽아(烹阿)의 법[15]으로 다스려야 합니다."라고 하니, 상이 옳게 여겼다. 얼마 후 특별히 궁중에서 보관하고 있던 초모(貂帽)를 하사하였는데, 이는 특별한 은전이었다.

경오년(1690)에 공조 참의로서 광주 부윤(廣州府尹)에 제수되었는데, 겨우 수개월 만에 온 경내가 크게 다스려졌다. 내직으로 들어와 이조 참의가 되고 승문원 부제조를 겸관하였다. 그동안 전조(銓曹)의 자리에 가장 오래 있었는데, 인재를 등용할 때 시론(時論)을 따르지 않아 불만을 가진 자들이 많았으나 아랑곳하지 않았다. 이때 우담(愚潭) 정시한(丁時翰)[16] 선생이 상소하여 기사년(1689)의 일[17]을 논하자 상이 진노하여 삭직(削職)을 명하였는데, 공이 상소하여 구원하기를 "지난해에 전하께서 하신 일이 끝내 경상(經常)과 어긋나니, 사람들의 말이 지금까지 그치지 않는 것은 오직 상에게 충성을 바치고자 해서일 뿐입니다."라고 하니, 상이 공으로 인해 우악한 비답을 내렸다.

15 팽아(烹阿)의 법 : 탐관(貪官)을 처벌하는 극형을 말한다. 전국 시대 제 위왕(齊威王)이, 아(阿) 지방의 대부가 실제 정사는 형편없는데 왕의 측근에게 뇌물을 주어 헛된 명성을 기도하였다는 사실을 알고 그를 삶아 죽였다는 고사에서 나온 말이다. 《史記 田敬仲完世家》

16 우담(愚潭) 정시한(丁時翰) : 1625~1707. 본관은 나주(羅州), 자는 군익(君翊), 호는 우담이다.

17 기사년의 일 : 기사년(1689)에 인현왕후가 폐위되고 희빈 장씨가 왕비로 책봉된 일을 말한다.

신미년(1691)에 대사간에 제수되고 우승지로 이배(移拜)되었다가, 어머니를 봉양하기 위해 외직을 청하여 수원 부사(水原府使)가 되었다. 이때 장희재(張希載)[18]가 척리(戚里)로서 대장(大將)의 직임을 차지하고 있었으므로 으레 그를 찾아가 인사를 해야 했으나, 공은 그 일을 치욕으로 여겨 하지 않았다. 장희재는 공의 뜻을 굽힐 수 없다고 판단하고서, 친한 벗들과의 모임에 참석하러 가는 공을 엿본 후 예상치 못하게 그 자리에 끼어 들어가 마치 우연히 만난 것처럼 하였다. 이로 인해 찾아와 인사하는 일을 면하게 해 주었다. 공이 부사(府使)에 부임하였을 때, 청인(淸人)들이 백두산(白頭山)을 보고 싶다고 공공연하게 말하면서 우리 국경에서 길을 빌리려 하였다. 조정이 이를 우려하여 공을 천거하여 접반사(接伴使)로 삼았는데, 청인들은 끝내 오지 않았고 공 또한 원래의 직임을 계속 맡게 되었다.

임신년(1692)에 소명(召命)을 받아 대사성에 제수되고 비변사 부제조(備邊司副提調)를 겸관하였으니, 이는 더할 나위 없이 훌륭한 선발이었다. 공은 학정(學政)이 해이해지는 것을 염려하여 강경(講經)을 열어 과시(課試)를 실시하고 읍양(揖讓)하는 예를 숭상함으로써 제생들을 면려하였다.

계유년(1693)에 발탁되어 평안도 관찰사에 제수되고 연릉군(延陵君)에 습봉(襲封)되었다. 공은 타고난 품성이 웅대하여 사람을 구제하

18 장희재(張希載) : ?~1701. 본관은 인동(仁同)이며 희빈 장씨의 오빠이다. 희빈 장씨가 숙종의 총애를 받게 되자 금군 별장(禁軍別將)이 되었고, 이어 1692년 총융사(摠戎使)가 되었다. 1694년 희빈 장씨와 함께 복위된 인현왕후를 해하려고 음모를 꾸미다가 발각되어 제주도에 유배되었다가, 1701년 소환되어 사사(賜死)되었다.

고 남에게 은택을 베풀고자 하는 뜻을 언제나 가슴에 품고 있었으며, 자기에게 이익이 되는 일은 바라지 않았다. 이때에 이르러 큰 흉년이 들어 서도(西道) 백성들이 기근에 허덕이자, 감영(監營)에 저축되어 있던 수백 수천 금을 내어 물자를 구입하고는 뱃길로 실어 와 수많은 이들의 목숨을 살렸는데 정작 자신을 받드는 일에는 매우 검소하였다. 그리하여 부임한 지 1년 만에 백성들로부터 성신(誠信)함을 인정받게 되었고, 임무를 마치고 돌아갈 때가 되어서는 백성들이 생사당(生祠堂)을 세우고 공의 유상(遺像)을 걸어 제사를 지내 주었다.

갑술년(1694)에 정국(政局)이 바뀌자,[19] 당인(黨人)들이 모종의 일로 중상(中傷)하여 공을 광주(光州)로 찬배시켰다. 이에 상신(相臣) 박세채(朴世采)[20]가 아뢰기를 "공이 기사년의 변고를 당할 때 수립한 행적이 탁월하니, 청컨대 방면해 주소서."라고 하고 옥당(玉堂)의 이징명(李徵明)[21]도 잇달아 아뢰었는데, 이내 이를 저지하는 자가 있어 감등(減等) 처분에 그쳤다. 이후에 이정겸(李廷謙)[22]의 상소로 인하여 풀어 주라고 명하였으나 공은 서울에 있는 것이 즐겁지 못하여 공주(公州)의 부용강(芙蓉江 금강(錦江)) 언저리에 집을 짓고서 그 당의 편액을 '이우(二憂)'라고 하고 그 서실의 이름을 '육영(育英)'이라고 하고는 인사(人士)들을 맞아들여 훈도하고 성취시켜 그렇게 생을 마칠 계획을

19 갑술년에 정국(政局)이 바뀌자 : 갑술환국(甲戌換局)을 말한다.

20 박세채(朴世采) : 1631~1695. 본관은 반남(潘南), 자는 화숙(和叔), 호는 현석(玄石)·남계(南溪)이다.

21 이징명(李徵明) : 1648~1699. 본관은 전의(全義), 자는 백상(伯祥)이다.

22 이정겸(李廷謙) : 1648~1709. 본관은 전의, 자는 경익(景益)이다.

하였다.

을해년(1695)에 함경도 관찰사에 제수되었다가 곧바로 체직되었다. 이로부터 10년 동안 한성부 우윤(漢城府右尹), 충주 목사(忠州牧使), 홍주 목사(洪州牧使), 충청도 관찰사, 공조 참판에 제수되었으나 모두 나아가지 않았다. 다만 정축년(1697)에 상주 목사(尙州牧使)에 부임하고 병술년(1706)에 안동 부사(安東府使)에 부임하였는데, 모두 잠깐 다스리다가 곧바로 사직하는 데에 그쳤다.

공은 재물을 가벼이 여기고 베풀기 좋아하는 천성을 타고났다. 그리하여 눈앞에 천금(千金)이 있어도 곤궁한 벗과 친족 들에게 몽땅 나누어 주기를 마치 티끌을 대하듯이 하였다. 공이 부임한 곳들은 모두 큰 도회지였으나, 임지(任地)에 도착해서는 객들을 관아에 불러들여 그들의 뜻에 모두 부응한 까닭에 관주(官廚)에 하나도 저장된 것이 없었다. 그러나 자신에 대해서는 엄격히 단속하여 토지와 노비를 한 치도 늘리지 않았다. 공이 평안도 관찰사에서 체직되어 돌아올 때에 비장(裨將) 한 사람이 나와 말하기를 "지금 떠나시는 길에 평안도 물건이 털끝만큼도 없긴 하지만, 유독 공이 타고 있는 말만큼은 관영(官營)에서 사들인 것입니다."라고 하였다. 이에 공이 즉시 말안장을 풀고 관영의 장부에 기록하게 하니, 선(善)을 좋아하고 간언(諫言)을 이르게 함이 이와 같았다.

기축년(1709) 4월에 병으로 몸져누워 11일에 문의현(文義縣) 선영 아래의 우사(寓舍)에서 졸하니, 공이 태어난 효종 신묘년(1651, 효종2)으로부터 59년을 살았다. 9월에 진잠현(鎭岑縣) 남쪽에 장사 지내고, 28년 후인 병진년(1736, 영조12)에 문의현 후곡(後谷) 손좌(巽坐)의 언덕에 개장(改葬)하였다.

공은 평상시에는 몸가짐이 무겁고 위엄이 있어 함부로 범접할 수 없는 사람 같았지만, 사람들을 대할 때면 온유(溫柔)한 태도로 가없는 도량(度量)을 보여 주었다. 효성이 독실하여 젖먹이를 보살피듯, 갓난아이가 부모를 따르듯 대부인을 모셨다. 그리하여 병간호를 할 적마다 깊은 밤에도 잠 한숨 자지 않고 부지런히 시중을 들었는데, 대부인이 이를 걱정하여 그만두게 하면 공은 애써 말을 듣는 것처럼 하면서도 기필코 창벽(窓壁) 너머에서 귀를 대고서는 밤을 샐지라도 잠든 것을 확인하고서야 물러났다. 모친상을 당해서는 공의 나이가 이미 52세였음에도 몸을 상하게 할 정도로 몹시 슬퍼하였고, 고례(古禮)를 지키기를 게을리하지 않아 무더운 날씨에도 잠시도 상복을 벗지 않았으니, 이에 감탄하지 않는 사람이 없었다. 외조모 구씨(具氏)를 대부인처럼 모셔서 생전엔 영화롭게 봉양하고 사후엔 염장(殮葬)을 치러 주었는데, 그때마다 반드시 정성과 예법을 극진히 하였다. 제부(諸父)와 제고(諸姑)를 부모처럼 모셨다. 평안도 관찰사에 재직하던 시절 계부(季父) 연산공(連山公)이 술에 잔뜩 취하여 공을 데리고 들어오도록 하였다. 그러자 공은 날이 저물도록 오로지 공손한 태도로 계단에서 부복(俯伏)하니, 연산공이 비로소 술이 깨어 이렇게 된 이유를 알고는 급히 계단을 내려가 공의 손을 잡고 일어나게 하였다.

네 형제와의 우애가 매우 돈독하였다. 자식들을 가르칠 때는 반드시 새벽에 일어나 의관을 정제하고 엄숙히 좌우에서 모시도록 하여, 묻는 말이 없으면 감히 말을 꺼내지 못하게 하였으니, 가정이 엄숙하고 경건하여 법도가 있었다. 종형제들을 동기간과 똑같이 대하였는데, 종형제들 역시 공을 아버지처럼 모셨다. 식객의 숫자가 늘 수십 인 아래로 떨어진 적이 없었으나, 어떤 일이 생길 때마다 반드시 선한 일을 하도록 권면하였다. 초야에 은거하며 살 적에는 어질다는 명성이 나라에 가득하였다. 그리하여 친소(親疎)와 원근(遠近), 아는 자 모르는 자 할 것 없이 위급한 일이 있으면 다들 공이 사는 집의 문을 바라보며 호소하였는데, 그때마다 공은 반드시 그들을 위하여 방편으로 일을 조처해 주되 겉으로 드러난 안색이나 말로써만 마지못해 해 주는 것이 아니라 한결같이 성심을 다해 처리해 주었다. 이에 여항의 평범한 서민들조차 입을 모아 칭송하기를 "평안한 시절에 정승이 되고 혼란한 세상에 원수(元帥)가 될 사람은, 이 어른이 아니면 누구이겠는가."라고 하였다.

부고(訃告)가 부용강에 이르렀는데, 그곳의 강시(江市)는 호남(湖南)과 호서(湖西) 사이의 한 큰 도회지로 이날 강시에 모여든 사람들의 곡소리가 마치 우레 같았으며, 모두 시전을 파하고 돌아갔다. 발인하는 날에는 거리로 나와 통곡하는 이들이 끝없이 이어졌고, 장례할 때가 되자 여러 고을 사람들이 다 찾아와 돈을 가지고 제구를 마련하는 데에 보태기도 하고 옷을 팔아 제를 올리기도 하였으며, 서울의 사대부들이 조문할 때 졸례(卒隷)와 하인 들이 모두 탄식하고 눈물을 흘리는 한편, 공을 배척하거나 방해했던 당인(黨人)들조차도 드러내 놓고 애석하다 말하지 않는 이가 없었다. 부고가 관서(關西)의 관영에 전해지자 영부(營府)에서 시립하고 있던 아전들과 하인들이 다 눈물을 흘리며 나온 바람에 관부(官府)의 뜰이 텅 비게 되었다. 아, 이러한 일들은 누가 만들어 냈는가. 호중(湖中)의 사류들이 연모하는 마음을 그치지 못하여 부용강 가에 사당을 세우고 유상(遺像)을 그려 제사를 지내 주었다.

공은 본관이 연안(延安)으로, 당(唐)나라 중랑장(中郞將) 무(茂)의 후예이다. 고려에서 성조(聖朝)에 이르기까지 관력(官歷)이 혁혁하여 성대하게 망족(望族)이 되었다. 휘 주(澍)는 간관(諫官)으로서 요로에 있던 자를 비판하다가 가산군(嘉山郡)으로 출보(黜補)되어 졸하였는데, 사류들이 존숭하여 '분봉(盆峯) 선생'이라 칭하였고 뒤에 영의정에 추증되고 연녕부원군(延寧府院君)에 추봉되었다. 이분이 휘 광정(光庭)을 낳으니, 호성 공신(扈聖功臣)에 책훈되고 연원부원군(延原府院君)으로 추봉되었으며 총재(冢宰 이조 판서)에 오르고 청백리로 선발되었으니 실로 장릉(長陵 인조조(仁祖朝))의 명신이었다. 이상은 공에게 5대조와 4대조가 되는 분들이다. 증조(曾祖)의 휘는 현(袨)이고 호는 탄옹(灘翁)인데, 평안도 관찰사를 지내고 연안군(延安君)에 봉해졌으며 시호는 충정(忠定)이다. 조부(祖父)의 휘는 성징(星徵)으로 황해도 관찰사를 지냈다. 선고(先考)의 휘는 형(泂)으로 사마시(司馬試)에서 장원을 하여 사림의 중망(重望)을 입었으나 말단의 벼슬에도 나아가지 않고 요절하였다. 뒤에 이조 참판에 추증되고 연창군(延昌君)에 추봉되었는데, 이는 공이 귀한 신분이 되었기 때문이다. 선비(先妣)는 정부인(貞夫人) 삭녕 최씨(朔寧崔氏)로 영의정 최항(崔恒)의 후손이며 한성부 참군(漢城府參軍) 최대년(崔大年)의 따님이다.

공의 배위(配位)는 정부인(貞夫人) 파평 윤씨(坡平尹氏)로 현감 윤함(尹諴)의 따님이다. 유순하고 효경(孝敬)하였으며 부도(婦道)를 잘 갖추어 곤궁할 때나 귀한 신분이 되었을 때나 모두 그에 걸맞은 적절한 행실을 보였다. 공과 같은 해에 태어나 공보다 3년 뒤에 졸하였으니, 향년 61세였으며 공의 무덤에 부장(附葬)하였다. 2남을 두었는데, 장남은 지방(之昉)으로 진사이고, 차남은 지성(之晟)으로 지극한 행실이 있었으나 일찍 죽었다.

지방의 초취(初娶)는 승지 송유룡(宋儒龍)의 딸이고, 후취(後娶)는 생원 우문규(禹文圭)의 딸이다. 아들은 종연(宗延)으로 문과에 급제하여 정언(正言)을 지냈고, 장녀는 현감 목시경(睦時敬)에게 출가하였고 둘째는 채응손(蔡膺孫)에게 출가하였고 셋째는 윤종(尹悰)에게 출가하였으니, 모두 송씨(宋氏) 소생이다. 지성은 승지 박정(朴涏)의 딸에게 장가들었으나 후사가 없어 종자(從子) 응연(膺延)을 양자로 삼았다. 지기(之耆)는 바로 공의 측실(側室) 소생으로 4남 1녀를 낳으니, 아들은 재연(在延), 후연(垕延), 규연(圭延), 치연(致延)이고 딸은 윤광미(尹光美)에게 출가하였다. 종연은 1남 덕행(行德)을 낳았는데, 덕행은 진사를 하였으나 요절하여 아들이 없자 족자(族子) 관기(寬基)를 데려다 후사로 삼았다.

아, 공의 제사가 끊어졌다가 이어졌으니 천도가 여기에 있는 것인가. 명(銘)은 다음과 같다.

이씨가 나라에 명망을 떨쳐	李望于國
대대로 이름난 석학이 나왔네	奕世名碩
가법은 어떠했던가	家法維何
효우와 충직이었네	孝友忠直
간기[23]가 모여	間氣所萃
실로 큰 덕을 지닌 인물이 태어나니	實生長德

23 간기(間氣) : 영웅과 위인이 세상에 드물게 타고난 특별한 기운을 말한다. 《춘추연공도(春秋演孔圖)》에 "정기는 황제가 되고 간기는 신하가 되고 궁상은 성이 되고 빼어난 기운은 사람이 된다.〔正氣爲帝, 間氣爲臣, 宮商爲姓, 秀氣爲人.〕"라고 한 데서 나온 말이다.

드넓은 기국과 도량은	汪汪器量
우정[24]처럼 헤아릴 수 없네	禹鼎莫測
때를 만나 조정에 나아가 모범을 보이니	遭時進儀
완악하고 성내던 자들이 숨을 죽이고	頑嬰屛息
임금 앞에서 피눈물을 흘리며	泣血天陛
우리 중궁을 부지하였네	扶我坤軸
홍수의 흐름이 온 땅에 넘쳐도	洪流滿地
높은 산은 잠기지 않는 법이니	喬嶽不沒
백대토록 이어질 명의가	百代名義
별과 해처럼 환히 드러났네	皎揭星日
내직에 있든 외직에 있든	于內于外
오매불망 임금과 백성을 생각하였는데	寤寐君民
평탄하기만 하고 기울지 않는 것은 없으니[25]	無平不陂
그들이여,[26] 당인들 때문이었네	彼哉黨人

24 우정(禹鼎) : 하(夏)나라 때 우(禹) 임금이 구주(九州)의 쇠를 거두어 만든 9개의 큰 솥을 말한다. 이 솥에 만물의 형상과 잡귀들을 새겨 백성들로 하여금 선악을 알게 하고 이 솥으로 하늘에 제사를 지내니 잡귀들이 감히 범하지 못하였다고 한다. 《春秋左氏傳 宣公3年》

25 평탄하기만……없으니 : 세상의 길흉화복이 끊임없이 변하는 이치에 따라 순탄했던 삶에 다시 위기가 찾아든 것을 말한 것이다. 《주역》 〈태괘(泰卦) 구삼(九三)〉에 "평탄하기만 하고 기울지 않는 것은 없으며, 가기만 하고 돌아오지 않는 것은 없다.〔无平不陂, 无往不復.〕"라고 한 데서 유래하였다.

26 그들이여 : 어떤 이를 경멸하고 도외시할 때 쓰는 표현이다. 어떤 사람이 공자(孔子)에게 초나라 사람 자서(子西)의 인품에 대해 묻자 공자가 "그 사람이여 그 사람이여." 라고 평한 데에서 유래한 말이다. 《論語 憲問》

부산[27]이 빼어나게 수려하여	芙山擢秀
그 물이 마치 거울 같았는데	其水如鏡
공이 그 강가에 있으면서	公在江上
삿갓 쓰고 고깃배 타며 지냈네	篛笠漁艇
백성들은 가뭄이 들면	民曰歲旱
우리 장맛비[28]를 생각하고	思我霖雨
선비들은 날씨가 추우면	士曰天寒
우리 큰 집[29]을 생각하네	思我廣宇
평치를 바라지 않는	不欲平治
하늘이라 어찌하겠는가	奈何乎天
창생이 복이 없어	蒼生無福
거리의 곡소리가 거듭 이어졌네	巷哭連連
유가의 박시[30]를 실천하고	儒門博施

27 부산(芙山) : 이만원이 만년에 은거한 공주(公州)의 금강(錦江) 가를 말한다.

28 장맛비 : 재상을 가리키는 말로 이만원을 비유한다. 은 고종(殷高宗)이 부열(傅說)을 얻고서 "만일 큰 강을 건너게 되면 그대를 배와 노로 삼을 것이요, 큰 가뭄을 만나게 되면 그대를 장맛비로 삼을 것이다.〔若濟巨川, 用汝作舟楫, 若歲大旱, 用汝作霖雨.〕"라고 한 데서 유래하였다. 《書經 說命上》

29 큰 집 : 선비들을 품어 줄 큰 도량의 재상을 의미하며 역시 이만원을 비유한다. 두보의 〈모옥위추풍소파가(茅屋爲秋風所破歌)〉에서 "어찌하면 넓은 집 천만 칸을 얻어서, 크게 천하의 한사를 덮어 다 즐거워하여, 풍우에도 부동하길 산처럼 하게 할까.〔安得廣厦千萬間, 大庇天下寒士俱歡顔, 風雨不動安如山?〕"라고 한 구절에서 비롯하였다. 《杜少陵詩集 卷10》

30 박시(博施) : 백성에게 널리 인정을 베푼다는 말이다. 자공(子貢)이 공자에게 "만약 인정을 널리 베풀고 백성을 구제할 수 있다면, 그런 분은 어떠한 분입니까? 인한

불가의 자비를 베풀었으니 佛家慈悲
세상에 이러한 분이 없으매 世無斯人
온 천하가 그리워하는데 寰海之思
공이 그리워서만 아니라 匪惟公思
국운을 슬퍼한 것이네 邦運是衋
나의 명 부끄럽지 않으니 我銘不愧
무궁한 후세에 새겨 보이노라 刻示無極

분이라 할 수 있습니까?〔如有博施於民而能濟衆何如? 可謂仁乎?〕"라고 묻자, 공자가 "그러한 일은 요순께서도 병으로 여기셨다."라고 한 데서 유래하였다. 《論語 雍也》

증 순충보조 공신 자헌대부 예조 판서 행 통정대부 수 강원도관찰사 겸 병마수군절도사 순찰사 인재 최공 신도비명

贈純忠補祚功臣資憲大夫禮曹判書行通政大夫守江原道觀察使兼兵馬水軍節度使巡察使訒齋崔公神道碑銘

공의 휘(諱)는 현(晛), 자는 계승(季昇), 자호(自號)는 인재(訒齋)이다. 최씨(崔氏)는 본래 전주(全州) 사람인데, 시조 휘 아(阿)가 고려 때 시중(侍中) 벼슬을 하고 5대(代)를 지나 현감 휘 수지(水智)가 처음 선산(善山)의 해평현(海平縣)에 살게 되면서 자손들이 그곳에 터를 잡고 살게 되었다. 휘 이회(以淮)는 주부(主簿)를 지내고 좌통례(左通禮)에 추증되었고, 휘 치운(致雲)은 참봉(參奉)을 지내고 좌승지에 추증되었으며, 휘 심(深)은 좌참찬(左參贊)에 추증되었다. 이들은 각각 공의 증조, 조부, 부친이 되는데, 공으로 인하여 3대가 추증된 것이다. 선비(先妣)는 증 정부인(貞夫人) 성산 이씨(星山李氏)로, 이지원(李智遠)의 따님이다.

공은 약관의 나이에 학봉(鶴峯) 김 선생(金先生)[31]의 문하에 드나들면서 학문하는 큰 도리를 깨달았다. 만력(萬曆) 무자년(1588, 선조21)에 생원시에 입격하고, 병오년(1606)에 문과에 급제하였다. 한원(翰苑

31 학봉(鶴峯) 김 선생(金先生) : 김성일(金誠一, 1538~1593)로, 본관은 의성(義城), 자는 사순(士純), 호는 학봉, 시호는 문충(文忠)이다. 1568년 문과에 급제하였다. 1590년에는 통신 부사가 되어 일본에 갔는데 정사인 황윤길과 엇갈린 견해를 보였다가 임진왜란이 일어나자 전날의 복명에 대한 책임을 지고 백의종군하며 왜적에 대항할 것을 독려하다가 진주성에서 죽었다. 이조 판서에 추증되었다.

예문관)에 있은 뒤로 간간이 혼조(昏朝)[32]를 만나 향리에 은거하기도 하였지만, 인조대왕(仁祖大王)이 등극하자 각별한 지우를 입어 삼사(三司)를 두루 거쳐 관찰사의 자리에까지 올랐다. 그러니 관직 서열이 높지 않은 것도 아니고 재주와 식견이 쓰이지 못한 것도 아니다. 그런데도 정작 후대인들은 공의 일생을 논할 때 종종 거듭 한숨짓고 길게 탄식하기를 마지못하는 경우가 있으니, 이는 어째서인가?

공은 타고난 자질이 뛰어나고 재지(才智)가 통민(通敏)하여 사우들과 강론한 것을 발휘하면 나라를 경륜하는 큰 업이 되었다. 임진왜란 때에 포의의 신분으로 체찰사(體察使)의 막부에 글을 올렸는데[33] 그 내용이 모두 나라를 경륜하고 난리를 평정할 계책이었으니, 이공 원익(李公元翼)[34]이 이에 감탄하였다. 건원릉 참봉(健元陵參奉)에 제수되어 사은숙배(謝恩肅拜)한 후에 만 자에 이르는 상소문을 올렸는데, 그 조목은 아홉이었으나 실행하는 방도는 하나였으며 진술한 내용은 모두 당시의 폐단을 정확히 지적하였다. 얼마 뒤 병으로 사직하고 고향으로 돌아갔다. 문과에 급제해서는 천거로 한림에 제수되었다.

32 혼조(昏朝) : 광해군(光海君)이 재위하던 시기를 말한다.

33 임진왜란……올렸는데 : 체찰사는 오리(梧里) 이원익(李元翼)을 말한다. 최현은 1596년(선조29) 1월 당시 평안도 도체찰사였던 이원익에게 임진왜란이라는 비상(非常)한 상황을 수습하기 위한 방책을 도표와 함께 진달하였다. 이 글은 《인재집(訒齋集)》 권8에 〈상도체찰사완평이상공서(上都體察使完平李相公書)〉로 실려 있다.

34 이공 원익(李公元翼) : 이원익(1547~1634)으로, 본관은 전주(全州), 자는 공려(公勵), 호는 오리, 시호는 문충(文忠)이다. 1569년 문과에 급제한 후 내외직을 두루 거쳤다. 임진왜란이 일어나자 이조 판서로서 평안도 도순찰사가 되었으며 벼슬이 영의정에까지 올랐다.

광해(光海) 무신년(1608, 광해군 즉위년)에 설서(說書)로 천직되고 정언(正言)에 제수되었으며, 〈구지명(九知銘)〉[35]을 지어 스스로를 성찰하였다. 하절사(賀節使)의 서장관(書狀官)이 되어 경사(京師)에 조회를 갔는데, 자신을 단속하고 아랫사람들을 부리는 모습에 역관들이 모두 경외(敬畏)하였다. 돌아와서는 정언, 지평(持平), 실록청 낭청(實錄廳郎廳), 체부 종사관(體府從事官)에 연이어 제수되었고 옥서(玉署)에 선발되었다. 암행(暗行)의 명을 받들고 관서(關西) 지방의 강연안을 방수(防守)하는 일을 염찰(廉察)하였다. 복명(復命)한 뒤, 대신(大臣) 이공 덕형(李公德馨)과 이공 항복(李公恒福)이 자벽(自辟)하여 공을 비국랑(備局郎)으로 삼고 주사구관사 종사관(舟師句管司從事官)을 겸관하도록 하였는데, 공이 상소하여 수군(水軍)의 이해(利害)를 진달하고 마침내 호남과 영남을 두루 시찰하여 적절한 조치를 취하였다. 얼마 후 경성 판관(鏡城判官)에 제수되었으나 대신들이 그 직책을 대신하기 어렵다고 누차 아뢰어 상이 잉임하였다.

홍문관 수찬에 제수되었는데, 이때 광해가 술사(術士)의 말을 받아들여 천도(遷都)할 것을 논의하게 하자,[36] 공이 차자를 올려 극력 간쟁하니 마침내 논의가 중지되었다. 또 교리에 제수되고 문학으로 이배되었다. 광해가 생모(生母)를 추숭하여 봉자전(奉慈殿)에 봉안하고 천자에게 고명(誥命)을 주청(奏請)하는 일을 논의하게 하자, 공이 차자를

35 구지명(九知銘) : 《인재집》 권11에 실려 있다.

36 광해가……하자 : 1612년 술사 이의신(李懿信)이 한양의 지기가 임진왜란을 거치면서 쇠했으므로 도읍을 교하(交河)로 옮겨야 한다고 하자 광해군이 이에 동의하여 구체적인 계획을 마련토록 명한 것을 말한다. 이 천도 계획은 결국 이정귀(李廷龜)와 이항복(李恒福) 등 제신의 강력한 반대로 실행되지 못하였다.

올려 아뢰기를,

"집안에는 두 어른이 있을 수 없고, 예에는 두 적처(嫡妻)가 있을 수 없는 법입니다.[37] 노(魯)나라 은공(隱公)이 중자(仲子)에게 한 일과 희공(僖公)이 성풍(成風)에게 한 일을 《춘추(春秋)》에서 몹시 잘못되었다고 하였으며,[38] 이 두 군주가 천왕(天王)에게 책명(冊命)을 추청(追請)하였다는 것도 듣지 못하였습니다. 이 어찌 예를 지키고 의를 두려워하여 감히 할 수 없었던 것이 아니겠습니까."

하였다. 정언으로 이배되었는데, 이때 적신(賊臣) 이이첨(李爾瞻)[39]이

37 예에는……법입니다 : 《춘추좌씨전(春秋左氏傳)》 은공(隱公) 5년에 "혜공은 중자의 손 무늬 때문에 그녀를 맞아 부인으로 삼고자 하였으나, 제후는 두 적처를 둘 수 없다.〔惠公以仲子手文娶之, 欲以爲夫人, 諸侯無二嫡.〕"라고 하였다.

38 노(魯)나라……하였으며 : 춘추 시대 노 은공이 혜공의 첩인 중자의 사당을 세운 것과 진나라 사람이 장공(莊公)의 첩 성풍과 희공의 수의(襚衣)를 준 것을 《춘추(春秋)》에서 잘못이라고 비판한 것을 말한다. 《춘추좌씨전》 은공 5년에 "중자의 사당이 완성되었다.〔考仲子之宮〕"라는 말이 나오고 또 문공(文公) 9년에 "진나라 사람이 노나라에 와서 희공과 성풍의 수의를 전하였다.〔秦人來歸僖公成風之襚〕"라는 말이 나오는데, 《춘추호씨전(春秋胡氏傳)》은 이들 두 대목이 모두 예가 아님을 비판하는 의도가 담겨 있다고 하면서 각각 "공자는 '제후는 두 번 장가들지 않으니 예법상 두 사람의 적처가 없다고 하였다. 그런데 맹자의 신주가 혜공의 사당에 들어가자 중자를 제향(祭享)할 장소가 없다 하여 별궁을 세워 제사를 지냈으니, 예가 아니다.'라고 생각한 것이다."라고 하고 "수의를 함께 보낸 것을 비난한 것이다. 풍씨(風氏)는 장공의 첩인데 풍씨를 세워 부인으로 만든 것은 그 아들 희공이다. 그러므로 희공과 성풍이라고 기록함으로써, 후세의 자식 된 자가 마땅히 자식의 도리를 밝혀야지 참란(僭亂)한 예를 행하여 자기 부친을 천하게 만들어서는 안 된다는 것을 보여 준 것이다. 성인께서 경계하는 뜻을 보여 준 것이 분명하다."라고 하였다.

39 이이첨(李爾瞻) : 1560~1623. 본관은 광주(廣州), 자는 득여(得輿), 호는 관송(觀松)·쌍리(雙里)이다. 1582년 사마시에 입격하고 1608년 문과 중시에 장원하였다.

대비의 아버지가 영창대군(永昌大君)을 끼고 역변을 모의한다고 무함하였다. 옥사가 이루어지자 대각에서 영창대군을 안율(按律)할 것을 의논하였는데, 공은 다투는 것이 무익하다 판단하고는 전례를 들어 혐의(嫌疑)가 있음을 이유로 사직하고 체차되니,[40] 적당(賊黨)들이 노하여 탄핵하고 공의 직책을 삭탈케 하였다. 이에 공이 고향 마을에 편안하게 은거한 세월이 11년이었다.

인조가 반정(反正)하여 공을 수찬(修撰)에 제수하고 도원수 종사관(都元帥從事官)을 겸관하도록 하였는데, 공이 상소하기를 "군흉(群凶)이 대군(大君 영창대군)을 무고하여 죽이려 할 적에 신은 명색이 간관(諫官)이었음에도 입을 다문 채 한마디 말도 하지 않았으니, 정온(鄭蘊)의 죄인[41]이 아니겠습니까."라고 하였다. 이로부터 응교(應敎), 사인(舍人), 집의(執義), 사성(司成), 보덕(輔德), 체부 종사관(體府從

대북(大北)의 영수로 정인홍(鄭仁弘)과 함께 광해군의 옹립을 주장하였으며 영창대군을 옹립하려는 유영경(柳永慶) 등 소북을 논박하다가 선조의 노여움을 사서 갑산(甲山)에 유배를 갔다. 광해군 즉위 후에는 예조 판서에 올라, 정인홍과 함께 소북 일파를 숙청하였다. 1613년에는 영창대군을 살해하고, 1617년에는 인목대비(仁穆大妃)에 대한 폐모론을 주장하여 이듬해 대비를 서궁(西宮)에 유폐하였다. 1623년(인조1) 인조반정이 일어나자 도망가다 잡혀 참형에 처해졌다.

40 전례를……체차되니 : 최현이 백의(白衣) 차림으로 외출하였다가 우연히 숭양부원군(嵩陽府院君) 김신원(金信元)을 만나 미처 피하지 못하고 말을 탄 채 대화를 나누었는데, 낮은 관직에 있는 사람이 백의 차림으로 말을 탄 채 1품의 관원을 본 일은 부당하다 하여 체직을 요구한 것이다. 《光海君日記 5年 5月 4日》

41 정온(鄭蘊)의 죄인 : 정온은 본관은 초계(草溪), 자는 휘원(輝遠), 호는 동계(桐溪)이다. 정온이 1613년 영창대군을 죽인 강화 부사(江華府使) 정항(鄭沆)을 처벌할 것과 인목대비 폐모론의 부당함을 극력 주장하다가 제주도로 위리안치(圍籬安置)되었으므로 이렇게 말한 것이다.

事官)을 역임하였고 통정대부(通政大夫)에 오른 뒤에는 여러 번 승지에 제수되었다. 또 대사간, 예조·병조·형조의 참의, 대사성, 부제학, 승문원 부제조(承文院副提調)로 천직(遷職)하였고, 묘당에서 장수의 직임을 감당할 재주가 있는 조정의 신하 10명을 추천할 때 공이 그 가운데에 들었으니, 모두가 더할 나위없는 훌륭한 선발이었다.

인조가 처음 즉위할 즈음은 훈귀(勳貴)들이 대단한 위세를 떨쳐 청의(淸議)에 어긋난 행동을 하는 경우가 많았던 한편, 건로(建虜)[42]가 날마다 호시탐탐 노려보아 서북(西北) 지방에 조만간 환란이 닥칠까 우려되는 상황이었다. 공은 복관(復官)된 뒤로 남다른 은혜를 입은데 감격하여 조정의 득실(得失)과 관련이 있는 일에 대해서 아는 것을 말하지 않은 적이 없었고 말하면 아는 바를 다 쏟아 내지 않은 적이 없었는데, 이 두 가지 문제에서는 성심을 다하고 간절하여 가진 생각을 누차 드러내고도 그칠 줄 몰랐다. 옥당(玉堂)의 관원으로서 진강(進講)할 때엔, 옥사(獄事)를 너무 남발해서는 안 되며 붕당을 지극히 바르고 공정한 태도로 대함으로써 편향되고 사사로운 마음이 저절로 크게 바뀌도록 해야 한다고 힘주어 말하였다. 또 적을 막는 방책을 논하면서는,

"오랑캐가 만일 멀리서 쳐들어온다면 맞서 싸워서는 안 되니, 그 형세가 피할 수밖에 없는 지경에 이를 것이기 때문입니다. 지금은 적을 피하라는 말을 꺼리지만 위급한 상황이 닥쳐와 피하는 것도 쉬운 일은 아닙니다. 그러니 비록 미리부터 피하라는 말을 해서 인심을 나태하게 만들어서는 안 되기는 하나, 성벽을 견고히 하고 들판을

42 건로(建虜) : 건주 오랑캐, 곧 만주의 건주 여진(建州女眞)을 말한다.

깨끗이 비우는 일[43]을 제대로 조처하지 않을 수 없습니다."

하였다.

공이 원수의 막부(幕府)에 나아갈 적에[44] 상이 술을 하사하고 이르기를 "가서 임무에 힘쓰라."라고 하였다. 이에 황주(黃州)로 달려가 해서(海西)에 있던 군사와 말을 검열하였는데, 얼마 지나지 않아 역적 이괄(李适)이 모반을 일으키자 상이 공을 독전 어사(督戰御史)로 삼고 검을 주면서 이르기를 "싸울 때에 힘을 다하지 않는 자가 있으면 부원수(副元帥) 이하는 이 검으로 베라."라고 하였다. 원수 장만(張晩)이 저탄(猪灘)에서 적과 마주쳐 싸우다가 패배하자 마침내 급히 장계를 올려 공의 독전(督戰)에 허물을 돌렸는데, 공 역시 서둘러 장계를 올려 장만의 죄상(罪狀)을 아뢰었다. 안현(鞍峴)에서 큰 승리를 거둔 뒤에 조정이 논공(論功)을 결정하지 못하자, 공이 행재소(行在所)로 가서 장만이 방략(方略)을 지시해 주었다고 힘써 말하니, 이로 인하여 장만이 원훈(元勳)에 책훈되었다.

공이 승지로 있을 때, 대비의 궁례(宮隷) 중에 문서를 위조하여 경기 지역에서 전횡을 저지르는 자가 있어 사헌부에서 그를 법으로 다스렸는데, 상이 질책하기를 "궁례는 자전(慈殿)에 소속된 자이니, 삼가 형벌을 적용하지 말라."라고 하였다. 하지만 공은 명을 받들지 않고 반려하여 상이 크게 책망하였다. 궁례가 뒤에 똑같은 일을 또 저지르자

43 성벽을……일 : 전쟁 시 방어 전술의 하나로, 적이 쳐들어올 때 현지의 물자나 인원을 모두 없애어 적이 활용하지 못하도록 하는 한편, 성벽에 들어가 방어를 굳게 하는 것을 말한다.

44 공이……적에 : 최현이 1624년 체부 종사관에 임명되어 도체찰사(都體察使) 이원익이 이끄는 막부로 나아간 것을 말한다.

사헌부에서 체포하여 엄히 치죄(治罪)하였는데, 상이 또 풀어 주라고 명하였다. 이에 공이 지난번처럼 명을 반려하고는 이어서 아뢰기를 "신은 차라리 전하께 죄를 얻을지언정 전하로 하여금 백성들에게 죄를 얻지 않도록 하고자 하는 것입니다."라고 하였다.

사간원 대사간(司諫院大司諫)으로서 차자(箚子)를 올려 극구 아뢰기를 "요사이 모두(旄頭)[45]가 환히 빛나고 천랑(天狼)[46]이 날카로운 빛을 냈습니다. 또 감춰져 있던 우뢰가 묘성(昴星)과 필성(畢星)[47]의 분야(分野)에서 갑자기 발생하였으니, 이곳은 응당 연호(燕胡)에 해당됩니다. 호시탐탐 노리며 한창 세력을 키워 가는 적들이 계략을 꾸미고 때를 기다리는데도 노성한 이들은 주저하며 결정을 미루는 데 익숙하고 명망 있는 이들은 원대한 계획에 어둡습니다."라고 하고, 이어서 또 훈신(勳臣)이 군관(軍官)들을 모아 사가(私家)를 숙위하고 있어 차마 말하기 어려운 폐단이 있음을 반복해서 말하였다.

아, 공의 마음은 오직 임금뿐이고 나라뿐이었으니, 한 글자를 쓸 때마다 여러 번 탄식하며 시사(時事)를 위해 누차 뜻을 개진한 이유가 거기에 있었고 딴 데 있지 않았다. 그런데도 그때마다 공을 함정에

45 모두(旄頭) : 이십팔수(二十八宿) 가운데 하나인 묘성(昴星)을 가리키는데, 호(胡)를 관장하는 별로, 이 별이 나타나면 변경(邊境)에 전쟁이 일어난다고 한다.

46 천랑(天狼) : 도적을 상징하는 별인 천랑성(天狼星)으로, 이 별이 뜨면 오랑캐들이 쳐들어온다고 한다.

47 필성(畢星) : 필수(畢宿)이다. 이십팔수 가운데 하나로 8개의 별로 이루어졌으며 비를 관장하는 별로, 우사(雨師)라고 지칭하기도 한다. 《시경》 〈소아(小雅) 삼삼지석(漸漸之石)〉에 "달이 필성에 걸려 있으니 비가 주룩주룩 내리리라.〔月離于畢, 俾滂沱矣.〕"라고 하였다.

빠뜨리고 돌을 던져서[48] 사지를 펴지 못하도록 한 속셈은 딴 데 있었으니, 아아, 슬프도다. 당시 여러 훈귀(勳貴)가 크게 분노하여 상에게 아뢰기를 "모(某)의 말은 기찰(譏察)을 막아서 반역의 무리로 하여금 그 계략을 마음대로 꾸밀 수 있게 하려는 것입니다."라고 하였다. 때마침 역적 김원(金愿)이 공을 무고하여 죄에 끌어들이고,[49] 찬성(贊成) 김류(金瑬)[50]는 공이 역모(逆謀)를 알면서도 고하지 않았다고까지 하였으나, 상이 사실에 맞지 않는 말이라고 책망하고 특별히 공을 용서하여 불문에 부쳤다.

부제학으로서 차자를 올려 여덟 가지 힘써야 할 일을 진술하였고, 또 정치적 폐단을 바로잡는 일에 대한 차자를 올렸는데 관제(官制)와 전제(田制)와 병제(兵制)를 논하면서 옛일을 끌어다 현재에 적용한 것이 모두 손익(損益)의 마땅함을 얻었다.

얼마 지나지 않아 강원도 관찰사에 제수되었는데, 이듬해인 정묘년

48 함정에……던져서 : 위기를 틈타 해를 입힌다는 말이다. 한유(韓愈)의 〈유자후묘지명(柳子厚墓志銘)〉에 "어느 날 작은 이해를 눈앞에 두면 함정에 떨어졌을 경우 손을 내밀어 구해 주기는커녕 도리어 밀치거나 또 돌을 던진다. 모두 이러한 자들이다.〔一旦臨小利害, 落陷穽不一引手救, 反擠之又下石焉者, 皆是也.〕"라고 한 데서 유래하였다. 《韓昌黎文集 卷32》

49 김원(金愿)이……끌어들이고 : 1624년 박홍구(朴弘耈), 박윤장(朴允章), 이대검(李大儉) 등이 선조의 일곱째 아들인 인성군(仁城君) 이공(李珙)을 왕으로 추대하려는 역모가 발각되었는데, 이 모의에 참여한 무인 김원의 공초(供招) 과정에서 최현의 이름이 언급되었다. 《仁祖實錄 2年 11月 8日, 13日》

50 김류(金瑬) : 1571～1648. 본관은 순천(順天), 자는 관옥(冠玉), 호는 북저(北渚), 시호는 문충(文忠)이다. 1623년 인조반정 때 대장으로 추대되었고 거사의 성공으로 정사 일등공신(靖社一等功臣)에 책록(冊錄)되었다.

(1627, 인조5)에 오랑캐가 국경을 넘어 들어오자 공이 신속히 정예병을 선발하여 해서(海西)의 진을 지원하는 한편, 스스로 1000여 명의 병졸을 이끌고 한강의 나루에 주둔하여 강원도 경내에 주둔한 도원수와 관북(關北)의 군사들에게 끊임없이 군량을 조달해 주었다. 동시에 격문(檄文)을 지어 의사(義士)들을 고무하고 면려하니 사람들이 다투어 써 주기를 바랐다. 오랑캐가 물러나자 공이 강개한 심정으로 다시 만언소(萬言疏)를 진달하였는데 그 요점은 뜻을 세우는 일을 우선으로 하고 차례로 기강을 세우는 일, 쓸데없는 관직을 없애는 일, 군병을 기르는 일, 재용(財用)을 비축하는 일, 요새를 설치하는 일 다섯 가지를 급선무로 삼았다. 끝에 가서는 아뢰기를 "강도(江都)와 남한산성(南漢山城)은 만전을 기할 수 있는 곳이 아닙니다. 오직 적상산성(赤裳山城)만이 호남과 영남을 의지하여 물력을 넉넉히 확보할 수 있고 한산제도(閑山諸島)와 통영의 수군으로부터 번갈아 지원을 받을 수 있으니, 현재 이보다 뛰어난 보장(保障)은 아마도 없을 듯합니다."라고 하니, 상이 가상히 여겨 의논해 처리하라고 서둘러 명하였다. 하지만 묘당은 끝내 공의 말을 쓰지 않았다.

당시 횡성(橫城)의 역적 이인거(李仁居)[51]가 모반을 일으키자 원주(原州)의 수령 홍보(洪霶)가 체포하여 조정에 바쳤다. 이에 앞서 공은 이미 이인거가 반란할 계획을 하고 있다고 의심하여 은밀히 홍보로

51 이인거(李仁居) : ?~1627. 본관은 영천(永川)으로, 익찬(翊贊)을 지냈다. 강원도 횡성에 거주하다가 1627년 후금과 화친을 주장하는 간신을 처단하고 오랑캐를 토벌한다는 명분으로 군병을 모아 난을 일으켜 스스로 창의중흥대장(倡義中興大將)이라 칭하고 서울로 침범하려 하였는데, 원주 목사 홍보에게 붙잡혀 처형되었다.

하여금 사찰토록 했었는데, 이전부터 공을 좋아하지 않던 자가 도리어 공이 역적을 놓아 주었다고 하여 체포되어 옥에 갇히는 신세가 되었다. 이에 상이 이르기를 "최현이 일전에 야대(夜對)에서 궁위(宮闈)의 과실을 곧이곧대로 진달하여 내가 몹시도 괴로웠다. 그런데 천천히 생각해 보니 그것은 진정으로 나를 깊이 사랑했기 때문이었다. 어찌 이 사람이 역적과 관련이 있다고 하겠는가." 하고는 특별히 방면해 주었다. 그러나 언관들이 고집스럽게 간쟁하므로 회령(會寧)으로 유배되었다가 얼마 있다 사면되어 돌아왔다. 그 뒤 무뢰한 역적 양천식(楊天植)의 무고[52]가 공에게까지 미쳐 체포당하였으나, 상이 또 이전에 하였던 말로 하교하고 다시 방면해 주었다. 아, 이는 참으로 명성(明聖)한 인조가 공의 정직한 말을 잊지 않음과 동시에, 공의 외로운 충정과 정직한 도가 임금에게 깊이 신임받았다는 것을 확인할 수 있는 부분이다.

경진년(1640) 6월 4일에 졸하니, 향년 78세였다. 선산(善山) 묵평(默坪) 곤향(坤向)의 언덕에 장사 지냈다. 상이 예관(禮官)을 보내어 조제(吊祭)를 올리도록 하는 한편 순충보조 공신(純忠補祚功臣) 자헌대부(資憲大夫) 예조 판서(禮曹判書)에 추증하고 겸직은 전례와 같이 하였는데, 이는 아들 산휘(山輝)가 공신에 참록(參錄)되었기 때문이었다.

공은 일찌감치 스승의 문하에 올랐고, 또 한강(寒岡 정구(鄭逑))과 여헌(旅軒 장현광(張顯光)) 등 여러 선생과 종유하여 상위(象緯), 감여(堪輿), 병법(兵法), 주수(籌數) 등에 대해 두루 통달하지 않은 것이

52 양천식(楊天植)의 무고 : 1631년 옥천(沃川) 사람 권대진(權大進)이 요승(妖僧)과 무뢰한 들을 규합해 역모를 꾀하였는데, 이에 참여한 양천식이란 자가 최현이 역모에 가담하였다고 무고한 것을 말한다. 《仁祖實錄 9年 2月 3日》

없었으나, 백세(百世) 뒤에 볼 수 있는 것이라곤 오직 장소(章疏)가 있을 뿐이다. 공이 죽기 전에 이미 남한산성에서 내려온 일[53]이 있어 공이 사전에 말한 것들이 불행하게도 모두 적중하였으니, 공을 배척하여 그 말을 쓰지 않은 자들은 국사(國事)의 경우 어떠하겠는가. 공의 말이 쓰이지 않은 것은 공의 불행이 아니라 실로 시대의 운세가 그렇게 만들었으니, 훗날에 공의 글을 읽는 자가 어찌 거듭 한숨 쉬고 길게 탄식하지 않을 수 있겠는가.

공의 원배(元配)는 의성 김씨(義城金氏)로 부사(府使) 김복일(金復一)의 따님이다. 1남 산휘를 낳으니, 영사 공신(寧社功臣)에 책훈(策勳)되었고 통정대부로서 부사(府使)이다. 후배(後配)는 창녕 조씨(昌寧曺氏)와 재령 이씨(載寧李氏)이니 모두 정부인(貞夫人)에 추증되었다.

산휘는 3남 1녀를 두었으니 이박(爾博), 이후(移厚), 이원(爾遠)이고 사위는 현감 박황(朴愰)이다.

이박은 2남 1녀를 두었으니 응건(應乾), 체건(體乾)이고 사위는 여경화(驪景和)이다. 이후는 3남 1녀를 두었는데 대건(大乾), 상건(象乾), 준건(峻乾)이고 사위는 진사 이만영(李萬英)이다. 이원은 아들이 없다.

현손(玄孫) 중에 사마시에 입격한 이가 1명이니 두원(斗元)이고, 5대손 가운데 사마시에 입격한 이가 2명이니 수이(壽頤)와 수인(壽仁)이고, 문과에 급제한 이가 1명이니 경(憼)이고, 6대손 중에 사마시에

53 남한산성에서 내려온 일 : 인조가 남한산성을 내려와 삼전도(三田渡)에서 청나라에 항복한 것을 완곡하게 표현한 말이다.

입격한 이가 6명이니 만주(萬柱), 정주(廷柱), 광옥(光玉), 광악(光岳), 광익(光翊), 광직(光稷)이고, 문과에 급제한 자가 1명이니 광벽(光璧)이고, 7대손 중에 사마시에 입격한 이가 2명이니 작(綽)과 양우(陽羽)이다. 내외의 후손들은 많아 다 기록하지 않는다. 명(銘)은 다음과 같다.

군자의 학문은	君子之學
연원을 소중히 여기나니	所貴淵源
아름답구나 최공이여	韙哉崔公
스승의 문하를 빛내었도다	有光師門
공이 스스로를 떨치매	公奮自躬
인조께서 신하를 알아주었으니	仁廟知臣
어떻게 총애를 하였는가	何以寵之
홍문관과 사간원 벼슬을 내렸네	玉署薇垣
치세를 근심하고 명철한 임금을 위태롭게 여겼으니	憂治危明
공의 담력은 높고도 컸네	公膽輪囷
안으로는 훈귀들이 있어	內有勳貴
구름처럼 가병들을 모으고	家兵如雲
밖으로는 강성한 오랑캐가 있어	外有强胡
이빨을 갈고 범처럼 웅크리고 앉았는데	磨牙虎蹲
공은 소장을 올려	公有琅函
궁문에서 피눈물을 흘리니	瀝血天閽
왕이 말하기를 훌륭하도다	王曰旨哉
내 그대의 말을 가상히 여기노라 하였네	嘉乃攸言

권신들이 화내고 꾸짖으며　柄臣憤詈
입에 거품을 물었는데　口正沫出
기회를 틈타 모해를 가하여　乘機下石
화가 한 몸에 쌓였으나　禍積身子
왕은 말하기를 나는 아노니　王曰予知
그대는 오직 충직한 사람이다 하고는　汝惟忠直
옥문을 열어 주라고 명하니　命開圜戶
태양 아래 환하게 밝아졌네　天日之白
공이 쫓겨나 집에 있었으니　公廢在家
남한산성을 어찌하겠는가　奈何南漢
인재가 없다 이르지 말라　勿謂無人
공이 실로 먼저 알았다네　公實先見
인조는 명성하시니　仁廟明聖
공을 버렸다 말하는 것이 아니네　匪曰棄公
공은 넘어지긴 하였으나 이지러지지는 않았으니　公蹎不騫
실로 천운에 따른 일이라네　實維彼穹
해평[54]의 무덤에　海平之阡
가래나무가 울창하네　有鬱其楸
나의 명을 분명히 보이노니　我銘昭視
뜻 있는 선비는 탄식하리라　志士之吁

54 해평(海平) : 최현의 선산(先山)이 있던 선산부(善山府) 해평현(海平縣)을 말한다. 지금의 경상북도 구미시 해평면 일대이다.

증 자헌대부 이조 판서 행 통정대부 승정원우부승지 겸 경연 참찬관 춘추관수찬관 나은 이공 신도비명

贈資憲大夫吏曹判書行通政大夫承政院右副承旨兼經筵參贊官春秋館修撰官懶隱李公神道碑銘

세상 사람들이 명릉(明陵 숙종(肅宗)) 대의 인물들을 평가할 때 나은(懶隱) 이공(李公)에 대해서는 한목소리로 "명신이다, 명신이다."라고 하여 미리 상의하지 않아도 온 사람들의 말이 자연스레 일치한다. 대개 공은 기사년(1689, 숙종15)의 변고[55]를 당하여 직언으로 항소(抗疏)하였고 얼마 뒤에 또 권귀(權貴)의 자제들을 논척하여 한 치의 작은 아교(阿膠)로 흐린 강물을 맑게 만들고자 하였으니,[56] 태산북두(泰山北斗)의 여망이 공에게 돌아가지 않으면 누구에게 돌아가겠는가. 비록 그러하나 이는 다만 공의 학문 가운데 한 가지 일에 불과하니, 이 정도만 가지고 공을 안다고 한다면 또한 얕지 않겠는가.

공의 선세(先世)는 진보(眞寶) 사람이다. 고려 말에 송안군(松安君)에 훈봉(勳封)된 자수(子脩)라는 분이 있고, 4대를 내려와 우(堣)에 이르니 호가 송재(松齋)로 문학(文學)으로 이름을 드날렸고 마지막 관직이 아경(亞卿)인데 이분이 공의 6대조가 된다. 증조(曾祖)는 일도

55 기사년의 변고 : 1689년 인현왕후(仁顯王后)가 폐위된 일을 가리킨다.

56 한……하였으니 : 바르고 깨끗한 행실로써 부정하고 혼탁한 세상을 바로잡으려는 것을 말한다. 아교는 흐린 물을 맑게 하는 약품의 일종으로 《포박자(抱朴子)》 〈외편(外篇) 가둔(嘉遯)〉에 "한 치 아교로는 황하의 혼탁함을 다스릴 수 없고, 한 자 되는 물로는 소구섬의 불을 끌 수 없다.〔寸膠不能治黃河之濁, 尺水不能却蕭丘之熱.〕"라고 하였다.

(逸道)이니 관직은 봉사(奉事)이고 승지에 추증되었다. 조부(祖父)는 지형(之馨)이니 혼조(昏朝)를 당하여 직언으로 상소하여 이이첨(李爾瞻)을 참수(斬首)하기를 청하였고, 인조(仁祖)가 등극하자 참봉에 제수되고 이조 참판에 추증되었다. 선고(先考)는 운익(雲翼)이니 종조숙부(從祖叔父) 지온(之馧)에게 출계(出系)하였는데 재주가 탁월하였으나 벼슬하지 않았다. 선비(先妣)는 순천 김씨(順天金氏)이니 생원(生員) 김기후(金基厚)의 따님으로, 숭정(崇禎) 갑신년(1644, 인조22) 4월에 예천(醴泉)의 고향 집에서 공(公)을 낳았다.

공의 휘는 동표(東標), 자는 군칙(君則)이다. 14, 5세에 경사(經史)를 널리 통달하여 개연히 위기지학(爲己之學)[57]에 뜻을 두었고, 장성해서는 더더욱 스스로 각고의 노력을 하여 늘 말하기를 "대장부는 마땅히 성현이 되기를 바라야 한다."라고 하면서, 말과 행동 하나하나를 언제나 법도에 맞게 하였고 대부인의 뜻을 부지런히 받들었다. 일찍이 동당시(東堂試)에 응시할 적에 고관(考官)들이 공의 명성을 익히 알고 있던 터라 사전에 미리 말하기를 "장원은 응당 따로 차지할 자가 있을 것이다."라고 하였다. 공이 이 말을 듣고 빙긋 웃더니, 시험 날이 되자 새벽에 일어나서 머리를 빗는데 일부러 빗질을 천 번이나 하였다. 과장(科場)이 이미 폐하자 사람들이 손가락질하고 비웃으며 '이천소(李千梳)'라고 불렀다.

57 위기지학(爲己之學) : 자신을 위한 학문, 즉 자신의 덕성을 함양하기 위해서 하는 학문을 말한다. 남을 위한 학문인 '위인지학(爲人之學)'과 반대되는 말로, 《논어》 〈헌문(憲問)〉에 "옛날의 학자들은 자신을 위한 학문을 하였는데, 오늘날의 학자들은 남을 위한 학문을 한다.〔古之學者爲己, 今之學者爲人.〕"라고 하였다.

숙종 을묘년(1675)에 사마시에 입격하였다.

정사년(1677)에 증광시(增廣試)에 장원을 하였으나, 곧 파방(罷榜)되었다.

계해년(1683)에 비로소 문과에 급제하였는데, 요직에 있는 자가 공을 미워하여[58] 창락 찰방(昌樂察訪)에 굴례(屈隷)되었다.

기사년(1689)에 상이 조정의 신하들을 등용하고 물리칠 적에 한림의 인재를 엄밀히 선발하라고 명하였는데, 공이 가장 먼저 추천을 받았다. 마침 수상(首相) 권공 대운(權公大運)이 상에게 아뢰기를 "이모(李某)는 문학과 품행이 당세에 견줄 자가 없으니 마땅히 옥당(玉堂)의 남상(南牀)[59]에 두어야 하는데 인재를 등용하는 일이 현재 시급하니 차례를 밟지 않고 선발하는 규례를 적용하셔야 합니다."라고 하고, 유신(儒臣) 권공 해(權公瑎)가 이어 아뢰기를 "모(某)는 나라를 경륜할 큰 재주가 있으니, 만약 등용하신다면 비록 삼대(三代)의 정치라도 이루어 내지 못할 것이 없을 것입니다."라고 하였다. 이에 특별히 명하여 공을 전적(典籍)으로 승진시키고 이튿날 홍문관 부수찬(弘文館副修撰)에 제수하였는데, 공은 사양하고 나아가지 않았다. 곧이어 사간원 헌납(司諫院獻納)에 이배되었다.

58 요직에……미워하여 : 요직에 있는 자는 바로 민정중(閔鼎重)이다. 《연암집(燕巖集)》 권9 〈승지증이조판서나은이공시장(承旨贈吏曹判書懶隱李公諡狀)〉에 의하면 이 당시 이동표가 증광시에 장원을 하여 삼관(三館)에 분관되자 민정중이 "영남 선비들의 여론은 이 사람이 다 주동한다."라고 하여 끝내 성균관에만 눌러두었으므로 이동표는 4년 동안 등용되지 못하였다고 한다.

59 남상(南牀) : 홍문관의 하위직인 박사(博士), 저작(著作), 정자(正字)를 가리키는 말로, 홍문관에서 이들의 자리가 남쪽에 위치하였기 때문에 붙여진 이름이다.

얼마 후 중궁이 손위(遜位)하자 간신(諫臣) 박태보(朴泰輔)[60] · 오두인(吳斗寅)[61] · 이세화(李世華)[62] · 이상진(李尙眞)[63] 등 여러 공이 죽거나 귀양을 가게 되었고, 또다시 그와 관련한 말을 꺼내는 자가 있으면 역률(逆律)로 다스릴 것이라는 명이 내려졌다. 공은 이때 영남(嶺南)에 있었는데, 변고(變故)를 듣자마자 즉시 소장을 짓고는 서둘러 말을 타고 서울로 가 입궐하여 상소하였다. 그 대략에,

"신은 나라에 큰일이 났을 때도 합문(閤門)에 엎드려 간언하는 제신(諸臣)의 반열에 참석하지 못하였으니, 청컨대 신의 죄를 다스려 신하로서 충성하지 못한 경우에 대한 경계로 삼으소서. 오두인과 박태보 등은 사형을 면하여 귀양을 가게 되었지만 끝내 노상에서 죽음을 맞이했으니, 의당 노여움을 조금 풀고 휼전(恤典)을 시행해야 할 것입니다. 이상진의 죄를 감면해 주신 것은 이미 유신들의

60 박태보(朴泰輔) : 1654~1689. 본관은 반남(潘南), 자는 사원(士元), 호는 정재(定齋)이다. 1689년 기사환국 때 인현왕후의 폐위를 강력히 반대하는 소를 올리는 데 주동적인 구실을 하였다가 심한 고문을 받고 진도로 유배 도중 옥독(獄毒)으로 노량진에서 죽었다.

61 오두인(吳斗寅) : 1624~1689. 본관은 해주(海州), 자는 원징(元徵), 호는 양곡(陽谷)이다. 인현왕후가 폐위되자 이세화, 박태보와 함께 이에 반대하는 소를 올려 국문을 받고 의주로 유배 도중 파주에서 죽었으며, 그해에 복관되었다.

62 이세화(李世華) : 1630~1701. 본관은 부평(富平), 자는 군실(君實), 호는 쌍백당(雙栢堂)이다. 경상 감사를 지낸 뒤 향리에 있다가, 인현왕후 폐위에 반대하는 상소에 참여하여 숙종의 친국(親鞫)을 받은 후 유배 가던 중 풀려났다. 갑술환국 이후 서용되어 판서와 지중추부사를 지냈다.

63 이상진(李尙眞) : 1614~1690. 본관은 전의(全義), 자는 천득(天得), 호는 만암(晩庵)이다. 우의정까지 지냈으나 인현왕후 폐위에 반대하여 간언하다가 종성(鍾城) 등지로 귀양을 갔다. 그 뒤 사면되어 향리에서 은둔하던 중 죽었다.

청을 따른 것이고, 이세화를 석방시킨 것은 역시 대신의 차자(箚子)를 윤허하신 것입니다. 다만 이상진만큼은 아직까지 온전히 석방되는 은혜를 입지 못하고 있으니 이 어찌 한결같이 대하고 똑같이 사랑하는 도(道)라 할 수 있겠습니까. 전하의 오늘날 처사에 대하여, 전하의 조정에 서서 전하의 녹을 먹고 있는 자들이 다 전하의 뜻에 순종하여 한 사람도 감히 말을 꺼내는 자가 없다면, 전하께서는 전하의 신하를 어떻게 생각하시겠습니까. 오늘날 제신(諸臣)이 진실로 맹렬히 말하고 끝까지 논하지 않은 적이 없음에도, 오히려 합문에 엎드려 간언하기를 갑자기 중지한 것을 가지고 한스럽게 여기니, 그 마음이 어찌 다 전하께 불충(不忠)해서이겠습니까. 분의(分義)상 당연하기 때문입니다. 그런데도 전하께서는 진노(震怒)하면서 말을 조심하라고 하시니, 어찌하여 후회한다는 한마디 말씀은 무겁게 여기면서 사방 백성들의 소망은 가볍게 여기십니까."

하고, 또 대각이 조사기(趙嗣基)를 멀리 귀양 보내라는 계사[64]를 멈춘 것은 옳지 못한 일이라고 하였다. 이 상소가 올라가자 상이 진노하여

64 조사기(趙嗣基)를……계사 : 조사기는 자가 경지(敬止)로, 송시열(宋時烈)이 명성왕후(明聖王后)의 지문(誌文)을 지으면서 자신을 비난하자 상소하여 이를 해명하면서 "송시열의 지문에 '태후(太后)께서 드디어 주상(主上)과 함께 밤에 선정전(宣政殿) 서무(西廡)에 나아가 주상은 동쪽을 향하여 앉고 태후께서는 창문을 닫고 합내(閤內)에 앉아서 대신(大臣)을 불러 소리 내어 슬피 울게 하였습니다.'라고 하였습니다. 당일의 절차(節次)와 기상(氣像)을 상상해 보면, 을사년(1545, 인종1)에 이기(李芑) 등이 무고(誣告)하였을 적에 문정왕후(文定王后)께서 충순당(忠順堂)에 나아가 임금이 동향(東向)하여 앉았던 일과 너무도 흡사하였습니다."라고 하였는데, 이에 대각에서는 조사기가 명성왕후를 무함하였다 하여 귀양 보낼 것을 요청하였다. 《肅宗實錄 15年 閏3月 27日, 4月 2日·3日·9日》

비답을 내리기를 "합문에 엎드려 간언하기를 갑자기 중지한 것이 한스러운지 한스럽지 않은지를 어찌 감히 지금 거론하는가."라고 하여, 일이 장차 어떻게 될지 예측할 수 없었는데, 연신(筵臣) 중에 구원하고 해명하는 이가 있어 파출(罷黜)을 명하는 데에 그쳤다.

당초 공이 소장을 지을 적에 대부인에게 걱정을 끼칠까 염려하여 차분하게 그 일을 여쭈었는데 대부인이 허락해 주었다. 서울에 당도하자 공과 친분이 있는 이들이 상소문을 보고 아연실색하여 온갖 방법으로 만류하였다. 그러나 끝내 어쩌지 못하자 그 가운데 위험한 말을 애써 지웠는데, "옥산(玉山)의 새 무덤엔 양마석(羊馬石)이 우뚝 섰고, 여양의 옛집은 기상이 처량하다."[65] 등과 같은 말이 그중 하나이다. 공은 늘 초본(初本)을 진달하지 못한 것을 한스럽게 생각하였다.

병조 정랑에 제수되고 수찬으로 옮겨졌다. 이때 삼사(三司)가 모여 민상 정중(閔相鼎重)[66]의 안율(按律)을 의논하면서 공에게 동참하기를 요청하였다. 이에 공은 정색하며 말하기를 "지금 만약 이 사람을 논죄(論罪)한다면 화가 이 사람에게만 그치지 않을 것이니, 성모(聖母)의

65 옥산(玉山)의……처량하다 : 인현왕후가 폐위되고 희빈 장씨 일가가 득세한 것을 개탄한 것이다. 옥산은 희빈 장씨의 본관인 인동(仁同)의 별칭이고, 여양(驪陽)은 인현왕후의 본관인 여흥(驪興)의 별칭인데, 희빈 장씨의 아버지인 장경(張炯)과 인현왕후의 아버지인 민유중(閔維重)은 각각 옥산부원군(玉山府院君)과 여양부원군(驪陽府院君)에 봉해졌다.

66 민상 정중(閔相鼎重) : 민정중(1628~1692)으로, 본관은 여흥, 자는 대수(大受), 호는 노봉(老峯), 시호는 문충(文忠)이다. 송시열의 문인이자 서인의 지도자로서 좌의정까지 지냈으나 기사환국 이후 귀양 가서 죽었다. 인현왕후의 아버지 민유중(閔維重)이 그의 동생이다.

경우 어떻겠는가."라고 하였다. 이에 한 동료[67]가 붓과 벼루를 내밀면서 강요하니, 공이 말하기를 "어찌 남 대신 붓을 잡는 경연관이 있겠는가." 라고 하고서 마침내 벼슬을 버리고 고향으로 돌아갔다. 헌납, 수찬, 지제교(知製敎)에 연이어 제수되었는데, 공은 나랏일이 염려되어 답답해하고 근심하였으나 벼슬에 나아갈 뜻이 없었다.

경오년(1690) 봄에 교리(校理)로서 외직을 청하여 양양 부사(襄陽府使)에 제수되었다.

신미년(1691)에 대신이 아뢰기를 "경학(經學)에 밝은 선비는 외직에 오래 있어서는 안 됩니다."라고 하자, 상이 헌납의 직책으로 불러들였다. 곧이어 서학교수(西學敎授)를 겸관하고 얼마 뒤 수찬으로 이배되었다. 임금이 장릉(章陵 원종(元宗)의 능)에 행행(幸行)할 때 호종(扈從)하였는데, 어가(御駕)가 육신사(六臣祠)[68]를 지날 때 상이 육신(六臣)의 복관(復官)을 논의하라고 명하였다. 이에 제신이 아뢰기를 "《춘추(春秋)》는 어버이를 위하여 잘못을 숨겨 줍니다."[69]라고 하였으나,

67 한 동료 : 이담명(李聃命, 1646~1701)을 가리킨다. 본관은 광주(廣州), 자는 이로(耳老), 호는 정재(靜齋)로, 허목(許穆)의 문인이다. 《燕巖集 卷9 承旨贈吏曹判書懶隱李公諡狀》

68 육신사(六臣祠) : 계유정난(癸酉靖難) 이후 단종(端宗)의 복위를 꾀했던 사육신(死六臣) 즉 박팽년(朴彭年), 성삼문(成三問), 이개(李塏), 하위지(河緯地), 유성원(柳誠源), 유응부(兪應孚)의 묘를 말한다.

69 춘추(春秋)는……줍니다 : 사육신을 복관한다면 결국 세조가 사육신을 사사한 일이 부당하다는 것을 인정하는 결과가 되므로, 《춘추공양전(春秋公羊傳)》 민공(閔公) 1년 전문(傳文)에 "《춘추》는 존귀한 사람을 위해 숨기고, 어버이를 위하여 숨기고, 현자를 위하여 숨긴다.〔春秋爲尊者諱, 爲親者諱, 爲賢者諱.〕"라고 한 말에 따라 사육신을 복관하라는 명을 거두기를 요청한 것이다.

공은 홀로 아뢰기를 "세조(世祖)께서 난신으로 주벌을 가하였지만 충절(忠節)로는 허여하였으니, 금일 성상의 하교를 신하들이 받들어 따르는 것이 불가한지 모르겠습니다."라고 하니, 상이 이 말을 가상히 여겨 받아들였다.

가을에 상이 친히 시학(視學)하였는데, 어가가 궁으로 돌아올 때가 되자 명을 내려 광대로 하여금 과거 급제자들의 앞길을 인도해 주도록 하였다. 이에 공이 교리(校理)로서 나아가 아뢰기를 "광대는 성인(聖人)께서 싫어하신 것[70]이니 이것으로 제생의 눈을 놀라게 하는 것은 안색을 엄정히 하여 아랫사람을 거느리는 일[71]이 아닙니다."라고 하였다. 9월에 벼락이 떨어지는 변고가 발생하여 차자(箚子)를 올려 몸을 가다듬고 반성하는 도리에 대해 논하였는데 언로(言路)를 여는 일, 공도(公道)를 넓히는 일, 기강을 진작하는 일 등 수천 자를 써 내어 임금의 결점을 지적하고 당시의 병폐를 꼬집으니 상이 매우 칭찬하였다.

공은 얼굴이 희고 키가 컸으며 풍채가 훤하였다. 경연 자리에 들어갈 때마다 천인성명(天人性命)의 심오한 이치에서부터 의리왕패(義利王霸)의 구별과 경국어세(經國御世)의 계책에 이르기까지 반복해서 연역(演繹)하고 정성스럽게 아뢰지 않은 적이 없었는데 그때마다 상은

70 광대는……것 : 공자가, 노 정공(魯定公)과 제 경공(齊景公)이 협곡(夾谷)에서 회합할 때 광대와 난쟁이 들이 잡희를 벌이는 것을 보고 "소인들로서 제후를 현혹하는 자는 그 죄가 죽음뿐이다."라고 하며 담당관에게 처단토록 한 고사를 가리킨다. 《史記 孔子世家》

71 안색을……일 : 《서경》 〈필명(畢命)〉에서 강왕(康王)이 태사(太師) 필공(畢公)의 덕을 찬탄하며 "4세를 보좌하였으며, 안색을 엄정히 하여 아랫사람을 거느렸다.〔弼亮四世, 正色率下.〕"라고 한 데서 유래한 말이다.

마음을 비우고 경청하였고 공이 물러날 때면 반드시 나가는 모습을 끝까지 바라보며 전송하였다. 공이 말미를 청하여 부모를 뵈러 고향으로 돌아갈 적에 전교하기를 "이 아무개는 응당 경연 자리에 두어 고문(顧問)에 대비해야 하겠으나 모친이 영남에 있어 부모에 대한 그리운 심정이 간절할 터이니, 어찌 직사(職事)에 전념할 수 있겠는가. 모친을 모시고 오도록 하라."라고 하였는데, 공이 상소하기를 "모친이 병에 걸려 길을 떠나는 것을 감당하지 못합니다."라고 하였다. 이에 상이 비답하기를 "내 명을 어기지 말라."라고 하고는, 곧이어 대부인에게 의식(衣食)에 필요한 물품을 매우 후하게 하사하니, 공이 수연(壽宴)을 베풀어 영화롭게 여겼다.

겨울에 헌납으로 소환되었다가 이조 좌랑으로 천직되고 세자시강원 사서(世子侍講院司書)를 겸관하였다. 전랑(銓郎)은 으레 인재를 통색(通塞)[72]하는 일을 주관하였는데, 공은 꿋꿋하게 탁류(濁流)를 배격하고 청류(淸流)를 장려하는 것을 자기의 소임으로 삼았다. 전장(銓長)을 맡고 있던 자[73]가 요로에 있는 자의 자제를 청선(淸選)에 통망(通望)[74]하려고 하자 공이 고집하며 불허하였다. 또 그가 민장도(閔章

72 통색(通塞) : 등용과 저지라는 뜻으로, 관원에 대한 추천권을 말한다. 일반 관직의 후보자로 천거하는 것을 통망이라고 하고 청환(淸宦)의 후보자로 천거하는 것을 통청(通淸)이라 한다.

73 전장(銓長)을……자 : 당시 이조 판서를 맡고 있던 오시복(吳始復)을 가리킨다. 《懶隱先生文集 卷8 行狀》

74 통망(通望) : 청환의 후보자를 뽑는 것을 말한다. 청환은 학식과 문벌이 높은 사람에 한하여 시키는 벼슬로 홍문관(弘文館), 예문관(藝文館), 규장각(奎章閣) 등에 속한 벼슬을 일컫는다.

道)[75]를 통망하려고 하자 공이 말하기를 "장도는 평소 훌륭한 행실이 없어 사류들이 경시(輕視)하니, 시임 상신의 자제라는 이유에 허위로 추천할 수 없다."라고 하였다. 이에 전장이 크게 화를 냈으나 끝내 어떻게 할 방법이 없자 사람을 시켜 "만약 민장도를 허락해 준다면 나 또한 그대 말대로 해 주겠다."라는 말로 넌지시 설득하도록 하였다. 민장도는 민암(閔黯)[76]의 아들로 당시에는 민암이 정권을 잡아 권세가 대단하였는데, 공은 마치 자신을 더럽히기라도 할 것처럼 그를 피하고 멀리하였다. 그러다 이때에 이르러 탄식하기를 "전장의 직분은 공정한 태도를 견지해야 하는데 사적인 이유로 남을 꾀려고 하니, 나는 그와 함께 일하는 것이 부끄럽다."라고 하고는 그날로 사직서를 올리고 도성을 나가 버렸다. 이때는 임신년(1692) 6월로, 도목 정사(都目政事)가 며칠 남지 않은 상황이었고 하늘엔 비마저 내리고 있었는데 공이 도롱이를 입고 배에 오르니, 조정에서 나와 전송하던 자들이 서로 돌아보며 탄식하기를 "오늘날의 '작은 퇴계〔小退溪〕'이다."라고 하였다. 학사 채팽윤(蔡彭胤)[77]이 시를 지어 주었는데 그 시에 "풍랑 속의 배를 돌려 구당협(瞿塘峽)을 나서네."라고 하니, 이 말은 대개 그때의 실제 모습

75 민장도(閔章道) : 1655~1694. 남인의 영수인 우의정 민암(閔黯)의 아들로, 인현왕후의 복위를 추진하던 서인들을 체포하여 일대 옥사를 일으키려다가, 도리어 국문을 당하여 장살(杖殺)되었다.

76 민암(閔黯) : 1636~1694. 본관은 여흥(驪興), 자는 장유(長孺), 호는 차호(叉湖)이다. 남인으로서 송시열(宋時烈) 등 서인의 처형 문제에 강경론자였다. 1691년 우의정이 되었고, 1694년 갑술환국 때 대정(大靜)에 유배되었다가 사사되었다.

77 채팽윤(蔡彭胤) : 1669~1731. 본관은 평강(平康), 자는 중기(仲耆), 호는 희암(希菴)·은와(恩窩)이며, 구암거사(鳩庵居士)로 불리기도 하였다.

을 기록한 것이다. 이로부터 계유년(1693) 봄이 될 때까지 헌납, 교리, 이조 낭청, 사인, 집의, 보덕으로 누차 천직하면서 한 관직을 여러 번 제수받으니, 제수하는 명(命)이 도합 13차례 내려졌다.

공이 바야흐로 영천(靈泉)의 별서(別墅)에 있을 적에 단정히 앉아 《주역》을 강론하여 그대로 일생을 마칠 듯이 하였는데, 상의 권애(眷愛)가 더욱 융숭해지므로 부득이 부름에 나아가니 조야(朝野)가 모두 우러렀고 시정의 어린아이들도 서로 다투면서 말하기를 "너는 이 사인(李舍人)[78]의 덕망이 있느냐?"라고 할 정도였다.

사인을 거쳐 또 집의, 사복시 정(司僕寺正)에 이배되었는데, 조정에 있은 지 한 달 만에 문득 말미를 청하여 고향으로 돌아갔다. 얼마 지나지 않아 사간(司諫)에 제수되고 중학교수(中學敎授)를 겸관하였다. 시정(時政)을 논하는 소장(疏狀)을 현(縣)과 도(道)를 통하여 올렸는데,[79] 정신(廷紳)들을 지적하고 비판하면서 "탁한 찌꺼기가 제멋대로 흘러 진출하기를 구하고 들어가기에 힘쓴다."라고 하고 상을 책난(責難)하면서,

"전하께서 억조(億兆)의 백성 위에서 우뚝하게 성인(聖人)을 자처하시니 어찌 편하지 않겠습니까마는, 나라를 망하게 하는 것은 어떻겠습니까. 조정의 신하를 바꾸어 놓을 때 대대적으로 주살(誅殺)을

78 이 사인(李舍人) : 이동표가 이 당시 의정부 사인(議政府舍人)으로 있었으므로 이렇게 부른 것이다. 《懶隱先生文集 卷7 年譜》

79 현(縣)과……올렸는데 : 지방에 있는 관원이 자신이 거주하는 고을에 상소를 바치면 고을 수령이 감사에게 상소를 보내고 감사가 승정원으로 올려보내는 것을 말한다. 이렇게 올려진 소장을 종현도상소(從縣道上疏), 또는 현도소(縣道疏)라고 한다. 《六典條例 吏典 承政院 總例》 이 당시 이동표가 고향에 머물렀으므로 이런 방식을 취한 것이다.

행하셨으니 이는 제신(諸臣)을 위하여 원수를 통쾌히 갚기에는 알맞겠으나, 위망(危亡)이 장차 그 뒤를 따를 것입니다. 하물며 궁궐 안의 말이 궁궐 밖으로 나가고 궁궐 밖의 말이 궁궐 안으로 들어오는 것은 모두 소인들의 삿된 길이니, 임금이 한번 거기에 걸려들면 그들의 계책이 실현되어 버리고 말 것입니다. 바라건대 전하께서는 사사로운 길을 억누르고 사총(四聰)[80]을 밝히소서."

하였다. 이에 요직에 있던 자들과 귀척(貴戚)들이 몹시 근심하였고 청의(淸議)를 견지하던 동료들은 공을 더욱 믿고 신뢰하였다.

사성에 제수되었다가 집의, 응교로 누차 천직되었다. 겨울에 조정에 돌아오자 동부승지로 승진하였는데, 상이 직접 초모(貂帽)를 하사하며 특별한 은총을 베풀었다. 얼마 후 우부승지로 승진하였다. 공은 비록 집권자들과 화합하지 못하였지만 명망과 실상이 드높아 대사성, 부제학, 이조 참의에 통의(通擬)[81]되었으니, 모두 더할 나위 없는 훌륭한 선발이었다. 그러나 스스로 처한 상황을 불안히 여겨 조정에 오래 머무는 것을 좋아하지 않았던 데다가 대부인마저 연로하였으므로, 봉양을 위해 외직을 몹시도 간절히 청하였다. 이에 상이 측은히 여겨 허락하였는데, 마침 충청도 관찰사 자리가 비어 그 자리를 주려고 하자 공이 아뢰기를 "모친을 봉양하기 편한 작은 고을만 못합니다."라고 하여 마침내 광주 목사(光州牧使)에 제수하였다.

80 사총(四聰) : 사방의 소리를 두루 듣는 귀를 말한다. 《서경》 〈순전(舜典)〉에 "사악에게 물어서 사문을 여시며, 사목을 밝게 하시며, 사총을 통하게 하셨다.〔詢于四岳, 闢四門, 明四目, 達四聰.〕"라고 한 데서 유래하였다.

81 통의(通擬) : 벼슬아치를 뽑을 때, 천거된 후보자의 이름을 한데 적어 놓고 뽑는 사람들이 한자리에 모여 앉아 의논하여 적임자를 추천하는 일을 말한다.

갑술년(1694) 봄에 임지로 나갔다가 7월에 모종의 일로 인해 관직을 버리고 고향으로 돌아갔다. 당시에 정국이 또 바뀌자[82] 유상(儒相) 박공 세채(朴公世采)가 상에게 천거하여 "아무개는 학문이 뛰어난 선비로서, 기사년에 올렸던 소(疏)는 의리가 분명하고 발랐습니다. 또 재주와 행실을 갖춘 것은 다른 이들이 미치지 못할 바입니다."라고 하였다.

을해년(1695)에 호조 참의에 제수되었다.

병자년(1696)에 삼척 부사(三陟府使)에 제수되었다. 공이 전에 양양(襄陽)과 광주(光州)를 다스릴 적에 정사가 청렴하고 간결하여 돌아간 뒤에도 백성들이 공을 잊지 못하였는데, 이에 이르러 마침 큰 흉년이 닥치자 녹봉을 출연하고 요역(徭役)을 줄여 주었으며, 유랑하는 백성들을 위로하여 돌아오도록 하는 데 최선을 다하였다. 또 소장을 올려 구황(救荒)하기 위한 편의책(便宜策)을 진달하자 상이 이를 모두 따랐다. 이에 유랑하던 자들이 이부자리에 누워 편안히 살게 되고 신음하던 자들이 노래를 부르게 되니, 암행 어사가 치적이 으뜸이라고 주달하였다.

무인년(1698)에 벼슬을 버리고 고향으로 돌아가자 백성들이 은덕을 기려 동비(銅碑)를 만들었다. 공은 고향으로 돌아간 뒤 안동(安東)의 춘양(春陽)에 펼쳐진 산수가 마음에 들어 예천(醴泉)에서 그곳으로 이사하려고 하였다. 납월(臘月)에 대부인의 상을 당하였다. 공이 일찍이 부친의 병을 간호할 적에 손가락에 피를 내서 약에 타 올렸고, 효과를 보지 못하자 몸이 상할 정도로 몹시 슬퍼하여 목숨이 위태롭게 된 적이 여러 번이었다. 이때에 이르러서는 무덤 곁에 여막을 짓고는 아침

82 당시에……바뀌자 : 갑술환국(甲戌換局)을 가리킨다.

저녁으로 성묘하고 호곡(號哭)하여 비록 큰 비와 큰 눈이 오더라도 그만두지 않았다. 이에 집안사람들이 몰래 생강과 계피를 먹이려 하였지만[83] 그때마다 공은 알아차리고서 먹지 않았다. 그러다 결국 경진년(1700) 7월 17일 여막(廬幕)에서 졸하니, 향년 57세였다. 부음이 전해지자 상이 애석해하면서 특별히 부의를 내렸다. 안동의 춘양 어로동(漁老洞)에 있는 부인 묘에 합장하였다.

영조 17년(1741)에 승지 원경하(元景夏)가 아뢰기를 "공은 수립한 공로가 탁월합니다."라고 하고는 이어 공의 관직을 추증(追贈)함으로써 온 세상을 면려하기를 청하였다. 한편 상국 김재로(金在魯) 및 여러 중신(重臣)과 재신(宰臣)이 합사(合辭)하여 "아무개는 당시에 청의(淸議)를 늠름히 견지하였습니다."라고 칭송하였는데, 이 몇몇 재신들은 공과 뜻을 달리하는 사람이었음에도 선현을 본받음이 이와 같았다. 상이 특별히 대가재 태학사(大家宰太學士)에 추증하고 "역주청의수립탁연(力主淸議樹立卓然)" 8자를 증첩(贈帖)에 쓰도록 명하고 또 공의 자손을 조용(調用)할 것을 명하였다.

공은 분명한 학문에다 치밀한 노력을 더하여 문을 닫아걸고 침잠하여 정(靜)과 경(敬)을 주로 하면서 《사서(四書)》 및 낙건(洛建)[84]의 책에 대해 터득하지 못하면 공부를 그만두지 않았다. 그 외면으로 드러

83 집안사람들이……하였지만 : 《예기》 〈단궁 상(檀弓上)〉에 "증자가 말하기를 '상중에 병이 있으면 고기를 먹고 술을 마시며 반드시 초목의 자미(滋味)를 먹는다.'라고 하였으니, 생강과 계피 등을 말한 것이다.〔曾子曰: "喪有疾, 食肉飮酒, 必有草木之滋焉." 以爲薑桂之謂也.〕"라고 하였다.

84 낙건(洛建) : 낙양(洛陽)의 정호(程顥)·정이(程頤)와 복건(福建)의 주희(朱熹)의 병칭이다.

난 오묘한 작용을 살펴보자면, 집에서 대부인을 섬길 때 오직 뜻을 잘 받들어 그 지극한 효성에 감동하지 않는 이가 없었고, 그러한 효성을 미루어 임금을 섬겨 안색을 바르게 하고 단정히 홀을 잡으며 우뚝이 서서 스스로의 지조를 지켰다. 의(義)에 따라 처신하니 임금의 분노 앞에서도 떳떳이 맞설 수 있었고, 오직 나라만을 생각하여 제 몸을 잊으니 권행(權倖)도 물리칠 수 있었다. 그 나아가거나 물러갈 때에 행하던 일들이 다 절도에 맞으니, 경(敬)하여서 내면을 곧게 하고 의(義)하여서 외면을 반듯이 하며 평소부터 덕성을 함양하지 않았다면 어찌 이렇게 할 수 있었겠는가. 만일 공이 스스로 공부했던 것을 시행하여 사지(四肢)를 펼 수 있었다면, 임금과 백성에게 혜택을 끼칠 업적이 어찌 고작 한두 가지 명절(名節)이 후세에 빛나는 정도에 그치겠는가. 애석하도다. 과거에 급제하고 십수 년간 조정에 나아가 봉직한 날이 200일도 채 되지 못하였고 외직에 있던 날도 겨우 오고(五考)에 그쳤으며 끝내 또 부모상에 대한 슬픔으로 몸이 상한 나머지 생애를 마치고 말았으니, 나이는 장수하지 못하였고 직위는 덕에 걸맞지 못하였다. 하늘이 장차 사문(斯文)을 없애려고 이렇게 하셨는가.

공의 자호(自號)는 나은(懶隱)이니, 몇 권의 문집이 집안에 보관되어 있다. 배위(配位)는 증(贈) 정부인(貞夫人) 안동 권씨(安東權氏)로, 권협(權鋏)의 따님이며 2남 2녀를 낳았다. 장남은 회겸(晦兼)이다. 차남은 제겸(濟兼)으로 문과에 급제하고 찰방을 지냈다. 사위는 정석기(鄭碩耆)와 홍상진(洪相晉)이다. 또 측실이 낳은 딸 3명이 있으니, 사위는 황후길(黃後吉)과 이시철(李時喆)이고 나머지 1명은 사인(士人) 권술(權遂)의 첩이 되었다.

회겸의 아들은 중광(重光)이니 학행(學行)이 있어 여러 번 관직을 제수받았으나 번번이 사직하고 고향으로 돌아왔다. 4명의 사위는 신명악(申命岳), 유옥(柳沃), 정각(鄭桷), 유성모(柳聖模)이다. 제겸의 아들은 중연(重延), 중실(重實), 중경(重慶), 중정(重定)이고 사위는 이지원(李知遠)이다. 정석기의 아들은 정주한(鄭周翰)이고 사위는 권헌(權憲)이다. 홍상진의 아들은 홍범귀(洪範龜), 생원 홍우귀(洪禹龜), 진사 홍응귀(洪應龜), 홍세귀(洪世龜)이다.

중광의 아들은 진호(鎭祜)와 진희(鎭禧)이다. 중연은 1남 5녀를 두었고, 중실은 4남 1녀를 두었고, 중경은 3남 1녀를 두었고, 중정은 1남을 두었다.

아, 나는 비록 공보다 늦게 태어났지만 삼가 일찍이 공의 풍도(風度)를 흠모하고 공의 덕을 우러르면서 큰소리로 말하기를 "이 사람이 아니면 내 누구에게 귀의하겠는가."라고 하였다. 공의 증손(曾孫) 진호가 명(銘)을 짓는 일을 부탁하니, 공의 묘비의 각문(刻文)에 이름을 의탁함은 영예이며 행운이기에 사양하지 않고 명을 짓는다. 명은 다음과 같다.

진실로 퇴도 선생은	允矣退陶
도맥이 민락[85]에 접하였으니	道接閩洛
한 가문에 두 번 길러져	一門再毓
공이 실로 사숙하였네	公實私淑
조정에 나아가 모범을 보이니	羽儀天陛

85 민락(閩洛) : 민(閩)은 주희가 살던 복건성이고, 낙(洛)은 정호・정이 형제가 살던 낙양이니 곧 정주(程朱)를 의미한다.

위엄 있는 봉황이며 외로운 학이었네 威鳳獨鶴
몹시 위난한 때를 만나니 遭時孔艱
애통하도다 요화궁[86]이여 痛矣瑤華
우레 같은 위엄이 진동하여 雷威所震
형틀이 뜰 앞에 늘어섰네 鉅鑊庭羅
공이 말을 타고 급히 달려오니 公馬載驅
피눈물 맺힌 소장이 소매 속에 있었네 血封在袖
환하게 빛나는 명의가 赫赫名義
저 우주 끝까지 높이 드러났네 撐揭窮宙
누가 탁한 물줄기 끌어다 誰導濁流
우리 지주산[87]을 시험하겠는가 試我砥柱
비 내리는 날 도롱이 입고 멀리 떠나 雨簑遐擧
배에 몸을 싣고 뒤돌아보지 않았네 登舟不顧
군자가 있지 않다면 不有君子
나라를 어찌 빛낼 것인가 國何以光
세상의 국면이 뒤집혀 世局翻覆
눈앞이 온통 벽해상전이네 滿目海桑
추로[88]의 완전한 명절에 鄒魯完名

86 요화궁(瑤華宮) : 송 인종(宋仁宗)의 황후 곽씨(郭氏)가 유폐되었던 궁으로, 인현왕후가 폐위된 일을 말한다. 《宋史 仁宗郭皇后列傳》

87 지주산(砥柱山) : 황하(黃河)의 거센 물살 속에서도 기둥처럼 우뚝하게 버티고 있는 산으로, 혼탁한 세속에 휩쓸림 없이 자신의 절조를 꿋꿋이 지키는 선비를 비유한다.

88 추로(鄒魯) : 추(鄒)는 맹자의 출생지이고, 노(魯)는 공자의 출생지로 곧 유학(儒

우리의 도가 더욱 창성하였네 吾道益昌
영조께서 추념하시어 英考追思
관작을 추증하는 영광이 있으니 贈秩有煌
살아서는 포부를 펼치지 못하였으나 生不展布
죽어서는 오히려 은혜로운 영화가 있게 되었네 沒猶恩榮
나는 공의 유풍을 추숭하니 我挹遺風
북두성이 위에 있네 星斗在上
묘문에 시를 새기노니 刻詩墓門
만세토록 우러르리라 萬世瞻仰

금상 9년(1785, 정조9) 산남(山南 영남(嶺南))의 여러 유생이 공의 학업(學業)과 명절(名節)을 상소로 진달하고는 이어 시호(諡號)를 내려 사림의 소망을 위로해 주기를 청하니, 상이 유시하기를 "공의 행의(行誼)는 내 익히 알고 있는 바이다."라고 하고서 마침내 허락하였다. 태상의(太常議)[89]에서 이르기를 "'몸을 위태롭게 하여 윗사람을 받듦'을 '충(忠)'이라 하고 '바르고 곧아 사특함이 없음'을 '간(簡)'이라 하니 법에 따라 마땅히 시호를 '충간(忠簡)'이라 해야 합니다."라고 하니, 전교하기를 "가하다."라고 하였다. 이로써 덕을 높이고 충을 기리는 성조(聖朝)의 정사에 여한이 없게 되었다.

學) 또는 문교(文教)가 흥성한 곳을 뜻하는데, 여기서는 이동표가 살았던 영남 지방을 가리킨다.

89 태상의(太常議) : 시호를 내릴 때 봉상시(奉常寺)에서 논의하는 글이다.

대광보국숭록대부 의정부좌의정 겸 영경연사 감춘추관사 세자부 증 원성부원군 충정공 두암 김공 신도비명
大匡輔國崇祿大夫議政府左議政兼領經筵事監春秋館事世子傅贈原城府院君忠靖公斗巖金公神道碑銘

선조 정유년(1597, 선조30) 가을 좌의정 김공(金公)이 송도(松都)에서 양 경리(楊經理)[90]를 맞아 위로하고 돌아오자마자 곧바로 병이 났으나 막막한 국사를 염려한 나머지 감히 고병(告病)하지 못하였다. 또 영남(嶺南)을 안무(按撫)하려 할 적에 풍기(豐基)에 이르러 병이 위독해져 수레에 실려 돌아와 1년이 넘도록 직무를 돌보지 못하였다. 상은 비록 공을 의지하고 중히 여겼으나 정무로 성가시게 할 수 없었기에 체차하여 판중추부사(判中樞府事)에 부직(付職)하였다. 어약(御藥)을 지닌 태의(太醫)가 길에 줄을 이었으나, 무술년(1598) 11월 24일 끝내 졸하였다. 부음이 전해졌을 때 상은 한창 천사(天使)를 응접하고 있던 중이었는데, 그릇 안의 고기를 치우고 사흘 동안 조회를 멈추는 한편 조문과 부의를 특별히 더 내리라고 명하였다. 장례할 때가 되어서는 제수(祭需)와 인력(人力)을 지급하도록 명하니, 난리(亂離 임진왜란) 이래로 일찍이 이런 적은 없었다.

90 양 경리(楊經理) : 1597년 정유재란(丁酉再亂) 때 조선에 참전한 명나라 장수 양호(楊鎬, ?~1629)를 말하며, 경리(經理)는 양호가 맡았던 직임인 경리조선군무(經理朝鮮軍務)의 준말이다. 자는 경보(京甫), 호는 풍균(風筠)이며 울산 도산성(島山城) 전투에서의 패배를 승리로 허위 보고하였다가 들통이 나 파면되었다. 후에 청나라와의 전투에서 패배했다는 이유로 탄핵을 받아 복주(伏誅)되었다. 《明史 楊鎬列傳》

아, 세상에서 나라를 중흥(中興)한 어진 상신들을 평가할 때 반드시 서애(西厓 유성룡(柳成龍)), 완평(完平 이원익(李元翼)), 오성(鰲城 이항복(李恒福)), 한음(漢陰 이덕형(李德馨))을 말하는데, 그 네 공은 공보다 뒤에 별세한 까닭에 세상의 변고를 더 많이 겪었으므로 아녀자와 어린 아이조차 모두 그분들에 대해 말한다. 그런데 공으로 말하자면 공업(功業)과 명망(名望)이 네 공에 필적하지 못하지는 않으나 국사(國事)를 위해 진심 진력한 것이 임진년(1592)과 정유년(1597)의 난리에 그친 까닭에 사람이 혹 그것에 대해 다 알지 못하는 경우가 있다. 허나 사적(史籍)과 이정(彝鼎)[91]에 혁혁히 실려 있는 공적을 또 어찌 이루 다 말할 수 있겠는가.

공의 휘는 응남(應南), 자는 중숙(重叔), 자호(自號)는 두암(斗巖)이다. 명종(明宗) 1년인 병오년(1546)에 태어나 8세에 《시경》과 《서경》의 대의를 통달하고 22세에 사마시에 입격하였다. 그 이듬해 무진년(1568) 선조가 처음 즉위했을 때에 증광 문과(增廣文科)에 급제하니, 고관(考官)이 기뻐하여 말하기를 "나라를 경륜할 문장이다."라고 하였다. 승문원에 선례(選隸)되었다.

신미년(1571)에 부친상을 당하여 3년 동안 시묘살이를 하였고, 상복을 벗은 뒤에 한원(翰苑)에 추천되었다.

갑오년(1594)에 홍문관 정자(弘文館正字)에 제수되니, 매우 엄선된 선발이었다. 박사(博士)와 수찬(修撰)에 오른 뒤로부터 간원(諫院)에선 정언(正言)과 헌납(獻納)을 역임하고, 헌부(憲府)에선 지평(持平)

91 이정(彝鼎) : 종묘(宗廟)의 제사에서 신주(神酒)를 따라 두는 제기로, 옛날에 공로가 있는 신하의 이름을 여기에 새겨서 오래도록 전하게 했다.

과 장령(掌令)과 집의(執義)를 역임하였다. 옥서(玉署)에선 수찬(修撰)과 교리(校理)를 거친 뒤 승진하여 응교(應教), 전한(典翰), 직제학(直提學)에 이르렀고, 이조와 병조에서는 좌랑(佐郎)과 정랑(正郎)이 되었다. 지제교(知製教)에 선발되고 호당(湖堂)에서 사가독서(賜暇讀書)를 하였다. 그사이 또 명을 받들어 해서(海西) 지방을 염찰(廉察)하였는데, 장오죄(贓汚罪)를 다스릴 때 비록 인친(姻親)이라 해도 용서치 않았다. 사옹원 정(司饔院正)을 거쳐 동부승지에 제수되었다.

이때 북쪽 변경 지역에 위급한 일이 발생하자[92] 상이 대사마(大司馬)이 문성공 이(李文成公珥)를 믿고 의지하였는데, 삼사(三司)가 모종의 일로 혹 재차 탄핵을 가하였다.[93] 이에 상이 노하여 대사간 송응개(宋應漑), 전한(典翰) 허봉(許篈), 도승지 박근원(朴謹元)을 유배 보낼 것을 명하고, 그 밖에 유배 간 자도 수십 명이었는지라 공 또한 제주 목사(濟州牧使)로 보임(補任)되었다. 이보다 앞서 진신(搢紳)들 사이에는 저마다 표방(標榜)하는 것을 두어 동(東)이니 서(西)니라고들 하였는데, 공은 어느 한쪽에 기대지 않고 홀로 우뚝 서서 오로지 화합을 이루는 데에만 힘썼다. 그러다가 이때에 이르러 죄 아닌 죄로써 견책을 받아

92 이때……발생하자 : 1583년 2월 경원부(慶源府)의 번호(藩胡) 이탕개(尼湯介)가 반란을 일으켜 경원부와 안원보(安遠堡)를 함락한 사건을 말한다.《宣祖實錄 16年 2月 7日》

93 삼사(三司)가……가하였다 : 이 당시 삼사는 이이가 이탕개의 난을 수습하는 과정에서 임금을 업신여기고 군정(軍政)을 마음대로 하였다고 하면서 이이의 파직을 요청하였는데, 선조가 이를 허락하지 않자 송응개, 허봉, 박근원 등이 주축이 되어 이이가 음흉한 계략을 품은 채 심의겸(沈義謙), 성혼(成渾) 등과 파벌을 이루어 공의를 배척하고 권력을 마음대로 휘두른다고 하며 더욱 맹렬한 공격을 가하였다.《宣祖實錄 16年 6月 11日・19日, 7月 16日・17日》

쫓겨나게 되자 연신(筵臣)이 상에게 그 이유를 여쭈었는데 상은 이르기를 "송응개 등은 늘 김응남(金應南)의 문학과 재망(才望)이 당세의 제일이라고 칭찬하였다. 당인(黨人)에게 칭찬받는 자 역시 당인이 되지 않겠는가. 게다가 제주(濟州)에 심한 기근이 들었으므로, 나는 이 사람에게 의지하여 백성들의 목숨을 온전히 살리고자 한다."라고 하였다. 하직 인사를 할 적에 상이 초모(貂帽)와 호피(虎皮)와 명약(名藥)을 하사하고 유시하기를 "섬 전체의 수많은 목숨을 부탁한다."라고 하였다.

제주에 도착하자 정성을 다해 곡식을 옮겨 도랑과 골짜기에서 유랑하던 자들을 편안한 이부자리에 들도록 하였고, 한가한 날에는 효제(孝悌)와 예의(禮儀)를 가르쳐서 무지한 풍속을 크게 바꾸어 놓았으며, 돌아갈 때는 바다에서 나는 물건을 하나도 가지고 가지 않았으니 이에 백성들이 공의 업적을 돌에 새겨 칭송하였다. 김청음(金淸陰)과 이태호(李太湖)가 훗날 다 탐라(耽羅)에 공무가 있었는데,[94] 기록한 글[95]에 공의 청간(淸簡)한 정사에 대한 사실을 퍽 자세히 실어놓았다.

을유년(1585)에 내직으로 옮겨 승지가 되고 특별히 대사헌으로 승진하였다. 도승지, 대사간, 대사성, 부제학, 이조와 형조의 참판으로 누차 천직되었다.

경인년(1590)에 강원도 관찰사에 제수되었는데, 공을 시기하던 자

94 김청음(金淸陰)과……있었는데 : 김청음은 김상헌(金尙憲)으로, 본관은 안동(安東), 자는 숙도(叔度), 호는 청음, 윤근수(尹根壽)의 문인이다. 이태호는 이원진(李元鎭)으로, 본관은 여주(驪州), 자는 승경(昇卿), 호는 태호이다. 김상헌은 1601년 길운절(吉雲節)의 역옥(逆獄)을 다스리기 위해 안무 어사(安撫御史)가 되어 제주도에 파견되었고, 이원진은 1651년(효종2) 제주 목사가 되었다.

95 기록한 글 : 김상헌의 《남사록(南槎錄)》과 이원진의 《탐라지(耽羅志)》를 말한다.

가 이길(李洁)[96]을 끌어들이며 모함하므로 끝내 부임하지 않았다. 이길은 공의 사돈으로서 기축년(1589)의 화[97]에서 억울하게 죽은 자이다. 얼마 지나지 않아 안변 부사(安邊府使)가 되었는데 언관(言官)이 여전히 또 모해하므로 부임한 지 한 달 만에 돌아왔다. 1년 뒤에 대관(臺官)들이 기축년의 위관(委官)[98]을 논핵하여 사지로 몰아넣고자 하자, 공이 불가하다 고집하며 말하기를 "우리 임금에게 대신(大臣)을 죽였다는 이름을 얻도록 할 수 없다."라고 하니, 논의가 마침내 그쳤다.

만력(萬曆) 신묘년(1591)에 왜추(倭酋) 수길(秀吉)이 우리나라에 통신사(通信使)를 보내라고 협박하였다. 수길은 임금을 시해하고 스스로 즉위한 자로, 우리나라의 길을 빌려 명나라를 침범하고자 하는 마음을 품고 있었다. 그러나 일이 일어나기 전에 조정에서 통신사를 보내어 그 동정(動靜)을 염탐하게 하였으나 이러한 사실을 미처 황제에게 알리지 못하였다. 공이 성절사(聖節使)로서 출발을 앞두고 상소하기를 "일본(日本)은 복건(福建)과 가까워 상선(商船)이 끊임없이 오가므로

96 이길(李洁) : 1547~1589. 본관은 광산(光山), 자는 경연(景淵), 호는 남계(南溪)이다. 1589년 정여립(鄭汝立)의 모반 사건에 연루되어 희천으로 귀양 갔다가 다시 서울로 압송되어 처형되었다. 1694년(숙종20) 신원되고 부제학에 추증되었다.

97 기축년의 화 : 1589년 10월 정여립의 모반 사건을 계기로 동인(東人)이 화를 당한 기축옥사를 말한다. 동인인 정여립의 모반 사건을 계기로 동인에 대한 탄압이 심해지고 서인(西人) 정철(鄭澈)이 옥사를 엄하게 다스려 이발(李潑), 이길, 최영경(崔永慶) 등이 처형되고, 정언신(鄭彦信), 정개청(鄭介淸), 김우옹(金宇顒), 이위(李緯) 등이 유배되었다.

98 기축년의 위관(委官) : 정철(1536~1593)을 말한다. 1589년 정여립의 모반 사건이 일어나자 우의정으로 발탁되어 역옥(逆獄)을 다스렸는데, 이때 동인 인사들을 가혹하게 치죄(治罪)한 탓에 훗날 동인들로부터 깊은 원한을 샀다.

우리나라가 통신함을 중조(中朝 명나라)가 모를 리 없습니다. 만약에 이를 물어 온다면 장차 무슨 말로 대답하겠습니까."라고 하니, 상이 별도로 주문(奏文)을 만들어 아뢰도록 명하였다.

공이 중조에 도착하기 전에 중조에서는 우리나라가 일본과 사통(私通)하였는가 의심하여 조정의 논의가 분분하였는데, 각로(閣老) 허국(許國)이 홀로 말하기를 "조선은 예의(禮義)를 지키는 나라이니, 성절사행(聖節使行)에게 물어보아도 늦지 않습니다."라고 하였다. 공이 도착하여 주문을 올리고 예부(禮部)의 질문에 매우 상세히 대답하니, 황제가 조서를 내려 칭찬하고 은사(恩賜)를 매우 후하게 내려 주었다. 훗날 천조(天朝)가 크게 병사를 내어 우리를 도와준 것은 실로 이 일이 기반이 되었다. 복명(復命)할 때에 상이 몹시 기뻐하여 직접 금대(金帶)를 하사하고 한성부 판윤에 제수하였다.

그 이듬해인 임진년(1592)에 수길이 우리나라의 방비가 허술함을 틈타 대대적으로 쳐들어왔다. 상이 용만(龍灣)에 행차할 때 유 문충공 성룡(柳文忠公成龍)이 아뢰기를 "이 시점에서 병조의 장을 맡을 사람은 김모(金某)가 아니면 안 됩니다."라고 하니, 병조 판서 홍여순(洪汝淳)을 체직하여 공을 그 후임으로 삼게 하고 또 체찰 부사(體察副使)를 겸관하게 하였다. 당시는 나라가 망하느냐 보전되느냐 하는 매우 위급한 때여서 급보가 빗발쳤는데 안배(安排)하는 것이 시의에 들어맞고 계책을 도모하는 것이 그대로 적중하니, 박공 동량(朴公東亮)이 낭료(郎僚)로서 감탄하기를 "참으로 나라를 경륜하고 백성을 구제할 만한 재주이다."라고 하였다. 가을에 정주(定州)로 회진(回鎭)하여 성안의 병기를 수리하고, 겸하여 서남쪽의 뱃길을 정리하였다. 겨울에는 부제학으로서 행재소(行在所)에 소환되어 서경(西京)을 수복할 계책을 차자(箚子)로 진달하였다.

계사년(1593)에 우참찬과 예조 판서로 천전(遷轉)되었다. 명을 받들고 선릉(宣陵)과 정릉(靖陵)을 개수(改修)하였는데, 돌아와서는 상소하여 급하지 않은 관직을 없애고 정기적으로 바치는 물품을 반으로 줄여서 백성들의 힘을 덜어 주게 해 달라고 청하였다. 겨울에 어가(御駕)를 호종하여 서울로 돌아왔다. 공이 이 당시 이조 판서가 되었는데 큰 난리를 겪은 후로 조정의 붕당을 더욱 근심하여 사류(士類)를 수습하는 한편 세도를 안정시키는 데에 힘썼다.

갑오년(1594)에 좌찬성에 오르고 이조 판서를 겸관하였으며, 겨울에 우의정으로 승진하였다.

이듬해 좌의정에 오르고 세자부(世子傅)를 겸관하고 또 도체찰사를 겸관하였다.

공은 신장이 9자이고 머리카락과 수염이 아름다웠으며 덕량(德量)이 넉넉하고 신채(神彩)가 진중하여 조야(朝野)가 매우 우러러보았다. 유 문충(柳文忠)이 수상(首相)으로 있을 적에 왜적에게 복수하고 설욕하는 데에 확고한 뜻이 있어 시책(施策)을 건의하는 일이 많았는데, 공이, 혹여나 백성들을 동요시킬까 염려하여 차자로 의견을 개진하고 경연에서 생각을 아뢰어 진정하고 안정시키는 데에 힘썼다. 이때 또 둔전국(屯田局)을 설치하자 공이 차자를 올려 아뢰기를 "오늘날의 일은 옛날의 둔전(屯田)과는 다릅니다. 마땅히 각 읍의 황폐한 땅에 백성들을 모으고 농사를 권면하여 방백과 수령에게 그 성공을 책임 지워야 하고, 별도로 하나의 국(局)을 설치해 주군(州郡)에 폐를 끼쳐서는 안 됩니다."라고 하였다. 대개 공은 문충(文忠)과 공경하는 자세로 서로 협력하였으나 일의 가부(可否)를 결정할 때는 구차히 영합(迎合)하지 않았던 것이 이와 같았다.

여진(女眞)이 점점 강성해지자 경중(京中)의 포수(砲手)와 해서(海西)의 무사를 별도로 보내어 방비에 보태기를 청하고, 호서(湖西)의 역적 송유진(宋儒眞)[99]과 이몽학(李夢鶴)[100]이 잇달아 반역(叛逆)으로 주살되자 그동안 체포된 수백 인을 풀어 주어 양호(兩湖) 백성들의 마음을 안정시키기를 청하니, 상이 마음을 비우고 그 청을 들어주었다.

정유년(1597)에 왜적이 다시 야욕을 부려 왕자(王子)와 대신(大臣)을 인질로 보내라고 협박하였는데, 조정에서는 우물쭈물하며 논의를 결정짓지 못하였다. 이에 공이 개연(慨然)히 상에게 아뢰기를 "정기원(鄭期遠) 등을 보내어 천조(天朝)에 군사를 요청하도록 하소서."라고 하였다. 왜적이 깊숙이 쳐들어오자 안찰사(按察使) 소응궁(蕭應宮)이, 심유경(沈惟敬)을 적에게 보내어 전쟁을 늦추도록 요구하고자 했는데, 당시에 의논하는 자가 사태가 급박하므로 또한 만일의 요행이 없지 않을 것이라 하였다. 이에 공이 차자를 올려 아뢰기를 "만약 소응궁의 계책을 따른다면 천하의 공의(公議)에 죄를 얻을까 두렵습니다."라고

99 송유진(宋儒眞) : ?~1594. 선조 때의 반란자로, 본관은 홍산(鴻山)이며, 서울 출신이다. 임진왜란 이후 흩어진 병사들과 떠도는 백성들 2000여 명을 거느리고 천안(天安)과 직산(稷山) 등지에 출몰하면서 노략질을 하였다. 도성의 경비가 허술하다는 것을 알고는 의병대장이라 칭하면서 반란을 일으켜 서울로 진격하려고 하다가 일이 누설되어 직산에서 체포되어 처형당했다.

100 이몽학(李夢鶴) : ?~1596. 본관은 전주(全州)이다. 서얼 출신 왕족으로 임진왜란 중에 장교(將校)가 되었다가, 1596년 모속관(募粟官) 한현(韓絢) 등과 함께 홍산(鴻山) 무량사(無量寺)에서 의병을 가장하여 반란을 꾀하였다. 홍산, 임천(林川), 청양(靑陽) 등을 함락해 세력을 떨쳤으나 홍주(洪州)에서 홍가신(洪可臣)에게 패한 뒤에 자신의 부하인 김경창(金慶昌) 등에게 살해되었다.

하니, 상이 그 말을 따랐다. 그러고 얼마 지나지 않아 적이 물러났다.

공은 늘 말하기를 "나라를 회복하는 요체는 군졸을 연마하고 성을 쌓는 데 있는 것이 아니라 오직 인심을 수습하는 데 있으며, 인심을 수습하는 것은 억울한 원한을 풀어 주는 데 달려 있다."라고 하였다. 일찍이 상에게 이발(李潑)[101]의 억울함을 호소하기를 "이발 등은 비록 정여립(鄭汝立)과 친하였으나 결코 윗사람을 배반할 자가 아닙니다."라고 하였다. 또 일찍이 이한음 덕형(李漢陰德馨)이 무고를 당한 실상을 아뢰었는데, 이아계 산해(李鵝溪山海)가 한음을 위하여 사례하자 공이 말하기를 "동료가 그물과 덫에 걸리는 것을 보고서 어찌 차마 세속을 따라 칭하는 '성상의 하교가 실로 지당하십니다.'라는 말[102]만을

101 이발(李潑) : 1544~1589. 본관은 광산(光山), 자는 경함(景涵), 호는 동암(東巖)이다. 1573년 문과에 급제하여 벼슬이 대사간에 이르렀다. 동서분당(東西分黨)의 와중에 동인의 영수로서 서인인 정철과 크게 대립하다가 1589년 정여립의 모반을 계기로 일어난 기축옥사에서 모진 고문을 받고 세상을 떠났다.

102 세속을……말 : 왕에게 직언하지 못하고 구차하게 영합하기만 하는 신하를 당시 사람들이 비꼰 말이다. 이러한 말은 선조 대에 광범위하게 퍼져 있었던 듯하다. 《선조실록》 16년 4월 7일 기사에 "어떤 사람이 승정원의 문에 '황공대죄 승정원(惶恐待罪承政院)', '상교윤당 비변사(上敎允當備邊司)'라는 글을 써 붙이는 한편 또 하인들은 의정부(議政府)를 가리켜 '윤당각(允當閣)'이라고도 하는데, 이는, 정원(政院)은 일을 제때에 살피지 않고 있다가 늘 대죄(待罪)하고, 비변사는 지난번 사변(事變)에 처하여 제대로 조치를 하지 못하고 있다가 상교(上敎)를 받들고 나서는 번번이 '윤당(允當)합니다.'라고 회계(回啓)를 해 왔기 때문이다."라고 하였고, 《선조실록》 26년 8월 19일 기사에 "지금 위에는 와신상담(臥薪嘗膽)하는 임금이 있으나 아래에는 방책을 마련하는 신하가 없어, 나라의 위태로움은 날로 심해져 가는데 묘당의 계책은 여전히 무사안일만을 일삼고 있으니, 이렇게 하면서 회복을 바라기는 어려울 것이다. 당시 사람들이 말하기를 '상교 윤당(上敎允當) 승정원이요, 황공 대죄(惶恐待罪) 비변사라.'라고 하였다."라고 하였다.

할 수 있겠는가."라고 하였다. 유 문충이 모함을 받아 장차 도성을 떠나려 할 적에 사람들은 공이 문충과 의론을 달리했다 하여 공의 말을 증거로 삼기도 하였다. 그런데 공은 병이 위독해진 뒤에 그 소식을 듣고 자리에서 벌떡 일어나 "국사를 어찌할 것인가."라고 하고서 입으로 불러 가며 차자(箚子)를 만들어 문충을 변호해 주었다. 그러나 그 차자가 올라가기 전에 공이 졸하니, 향년 53세였다. 양천(陽川) 두동(斗洞) 축좌(丑坐)의 언덕에 장사 지냈으니, 선영(先塋)을 따른 것이다. 추후에 호성 공신(扈聖功臣) 2등에 녹훈되고 원성부원군(原城府院君)에 봉해졌으며 상상(上相 영의정)으로 추증되었다.

영조 무진년(1748, 영조24)에 시호를 충정(忠靖)이라 하였다.[103]

공은 집안에서는 효성스럽고 우애가 있었으며 독실하고도 착실하였다. 일찍이 14세에 모친상을 당하자 슬픔으로 몸이 상하도록 예제(禮制)를 넘치게 하였고, 후모(後母) 이 부인(李夫人)을 모실 때에는 성심을 다한다고 알려졌다. 전란 후에는 한집에서 생활하는 종족(宗族)이 60여 인에 이르렀다. 평생토록 집 하나 밭뙈기 하나 경영하지 않았고 일체의 완호(翫好)할 만한 물건에 무덤덤하여 늘 말하기를 "녹봉을 받아 밥 먹으며 집을 빌려 거처하니, 세상에서 애쓰지 않고 편안히 누리는 자는 오직 나뿐이다."라고 하였다. 조정에 섰을 당시는 당의(黨議)가 횡행하던 즈음인지라 자제들에게 경계하기를 "선을 좋아하기를 한층 더하고 악을 미워하기를 한층 낮추는 것이 좋을 것이다. 권세 피하기를 깊은 물이나 불구덩이 피하듯 하라."라고 하였다. 평소에는 두문

103 영조……하였다 : 《영조실록》 29년 4월 23일 기사에 따르면 충정이란 시호는 계유년(1753)에 내려진 것으로 되어 있다.

불출한 채 손님을 사절하였으나 한 인물이 훗날 어떻게 될 것인가에 대해서 논할 때에는 동방삭(東方朔)[104]이 점을 치듯 신기하게 알아맞혔다. 정여립이 당대의 명성을 자부하자 이발 형제에게 경계하기를 "함께 있지 말라. 이 사람은 안으로는 음험한 마음을 품고 밖으로는 가식을 일삼으니 끝내 파멸할 것이다."라고 하고, 허균(許筠)이 문장을 잘한다는 소문이 있자 한번 보고는 말하기를 "제 명에 죽으면 다행이겠다."라고 하였다. 옥성군(玉城君) 장만(張晩)을 허여하여 "원수(元帥)가 될 것이다."라고 하고, 평령군(平靈君) 신경원(申景瑗)을 대하여 "부원수의 자질이다."라고 하였다. 여진이 변경을 침탈하자 늘 말하기를 "북쪽의 근심이 남쪽에 드러날 것이다."라고 하여 한가하게 있을 때도 한숨을 내쉬면서 침식을 모두 잊었는데, 마침내 공의 말처럼 되었다. 공이 세상을 떠나고 20년이 지나 광해(光海)가 모후(母后)를 폐하자 이 완평(李完平)이 탄식하여 말하기를 "만약 두암이 살아 있었다면 죽음으로 간쟁하여 필시 나처럼 이렇게 변변치 않게 하지는 않았을 것이다."라고 하였으니, 선류(善流)로부터 무거운 신망을 받음이 이와 같았다. 《두암집(斗巖集)》 몇 권이 집안에 소장되어 있다.

김씨(金氏)는 선대가 원주(原州) 사람으로서 신라 경순왕(敬順王)의 후예인데 족보는 일실되었다. 고려 이부 상서(吏部尙書) 문하성사(門下省事) 거공(巨公)이 시조이다. 명망과 덕행이 뒤섞이듯 대대로 이어졌는데, 아조(我朝)에 들어와서는 이조 판서로서 시호가 원도공

104 동방삭(東方朔) : 한 무제(漢武帝) 때 사람으로 자는 만청(曼淸)이다. 옛 서적과 경술에 밝고 해학(諧謔)과 직언으로 유명하였는데 점술에도 능하여 점서(占書)를 남기기도 하였다. 《漢書 東方朔傳》

(元度公)인 해(晐)라는 분이 있으며, 4대를 내려와 팽수(彭壽)에 이르러서는 관직이 부사(府使)이고 병조 참판에 증직되었으니 이분이 공의 고조(高祖)이다. 증조(曾祖)는 말손(末孫)으로 충청 병사(忠淸兵使)이고 병조 판서에 증직되었는데, 박송당 영(朴松堂英)과 함께 도의(道義)로 교분을 맺었으며 기묘제현(己卯諸賢)들이 실로 추중하였다. 조부(祖父)는 안우(安祐)이니 좌찬성에 추증되었고, 선고(先考)는 형(珩)이니 이소재(履素齋) 이중호(李仲虎)와 동주(東洲) 성제원(成悌元)의 문하에서 공부하여 지업(志業)과 행의(行誼)로 크게 알려졌고 영의정에 추증되었다. 선비(先妣)는 증 정경부인(貞敬夫人) 선산 김씨(善山金氏)이니, 직장(直長)을 지내고 좌찬성에 증직된 김덕유(金德裕)의 따님이다.

배위(配位)는 증 정경부인 한산 이씨(韓山李氏)이니, 내자시 정(內資寺正)을 지내고 영의정에 증직된 성암(省菴) 이지번(李之蕃)의 따님이다. 현숙하여 뛰어난 행실과 여사(女士)의 풍모가 있었는데 공보다 먼저 세상을 떠났고 공과 같은 무덤에 묻혔다. 1남을 두었는데 명룡(命龍)으로 군수를 지냈다. 측실에서 난 아들 명시(命時)는 진사로서 군수를 지냈는데, 사인(舍人)으로 부제학(副提學)에 증직된 이길(李洁)의 딸에게 장가들었으나 아들이 없어 공의 아우 부사(府使) 기남(起南)의 손자인 진문(震文)을 후사로 삼았다.

진문은 2남을 두었으니 항(恒)과 숙(塾)이고, 사위는 2명으로 판서 엄집(嚴緝)과 감사 목임유(睦林儒)이다. 내외의 후손들은 다 기록하지 않는다.

공의 5대손 손숭(孫嵩)이 공의 시호를 받은 뒤 또 나에게 명(銘)을 청하여 신도(神道)를 표창(表彰)하고자 하였는데, 글이 채 완성되기도 전에 홀연 세상을 하직하였다. 그 아들 동식(東植)이 부친의 유지(遺旨)를 받들어 상복을 이끌고 와서 몹시도 간절하게 눈물을 흘리니, 내 어찌 사양할 수 있겠는가. 명은 다음과 같다.

하늘이 인애하여	維天仁愛
나라를 보우하니	輔佑人國
어떻게 위기를 부축하는가	何以扶顚
이름난 석학을 내리니	厥有名碩
산처럼 우뚝한 김공은	嶷嶷金公
사직을 위해 이 땅에 태어났네	生爲社稷
황제의 조정에서 의견을 아뢰어	敷奏帝庭
왜적의 간특함을 통렬히 분석하고는	痛剖倭慝
의주에서 말을 몰고	執靮灣徼
유악[105]에서 부지런히 힘쓰니	密勿帷幄
눈물을 훔치며 창의하매	雪涕仗義
화친하자는 의론 움츠러들었네	和議瑟縮
적을 죽이고 돌아와서는	殺賊旋軫
정승의 지위에 올라	進都鼎軸
원보와 협심하여	協心元輔
그대는 기둥이고 나는 주춧돌이라 하였는데	爾柱我石
일을 처리함에 앞에서만 따르는 척하지 않았고	事無面從

105 유악(帷幄) : 유와 악은 모두 진영(陣營)에 쓰이는 장막으로, 군사상의 작전이나 계획을 짜는 곳을 말한다.

수레를 미는 일[106]엔 순종하였네　推車是若
기회를 틈타 공의 말을 빌려온 것[107]은　乘機以藉
저 소인들의 속셈이었네　彼小人腹
죽음을 앞두고 차자를 초하니　臨絶草箚
귀신이 통촉한 바였네　鬼神攸燭
완로[108]가 공을 알아주어　完老知公
스스로를 일러 변변치 않다고 하였네　自謂孱劣
빛나고 빛나는 이정에　煌煌彜鼎
만세토록 공훈이 전해지리라　萬世勳伐
파릉[109]의 남쪽에　巴陵之南
무덤가 측백나무가 울창하네　有鬱墓栢
나의 명이 바위에 새겨지니　我銘鑱石
영겁의 세월 동안 민멸되지 않으리라　浩刦靡泐

106 수레를 미는 일 : 신하가 서로 힘을 합쳐 임금을 보필하고 국난을 극복한다는 말이다. 기원전 589년 제(齊)나라와 진(晉)나라가 제나라 부근의 안(鞍) 땅에서 진을 치고 교전을 벌일 당시, 진나라의 어자(御者) 해장(解張)은 손과 팔꿈치에 화살이 박히는 부상을 당하고도 끝까지 고통을 참아 내며 수레를 몰았고, 그 수레의 오른쪽을 맡은 정구완(鄭丘緩)은 길이 험한 곳을 만나면 반드시 내려 수레를 손으로 미는 수고를 마다하지 않아 결국 제나라 군대를 물리쳤다는 고사에서 나온 말이다. 《春秋左氏傳 成公2年》

107 기회를……것 : 1598년 유성룡이 대각으로부터 잇따른 탄핵을 당할 때, 어떤 사람이 과거 김응남이 유성룡을 비판한 말을 증거 삼아 유성룡을 비판한 것을 말한다. 《歸鹿集 卷17 左議政金公諡狀》

108 완로(完老) : 완평부원군(完平府院君) 이원익(李元翼)을 말한다.

109 파릉(巴陵) : 경기 양천(陽川)의 별칭이다.

증 자헌대부 이조 판서 행 경상우도 병마절도사 송암 김공 신도비명
贈資憲大夫吏曹判書行慶尙右道兵馬節度使松庵金公神道碑銘

공의 휘(諱)는 면(沔), 자는 지해(志海), 자호(自號)는 송암(松庵)이다. 김씨(金氏)는 본래 신라 왕의 후예이다. 신라가 망하자 자손들이 국내에 흩어져 살았는데 고령(高靈)에 거처를 잡은 자들이 고령을 관향으로 삼았다. 휘 남득(南得)이란 분이 있는데 고려 말에 현달하여 공신에 책훈되고 고양부원군(高陽府院君)에 봉해졌으니, 이분이 공의 7대조이다. 증조(曾祖)는 감찰(監察)을 지내고 참판(參判)에 증직된 휘 장생(莊生)이고, 조부(祖父)는 도승지 휘 탁(鐸)이고, 선고(先考)는 부사(府使)를 지내고 좌찬성에 증직된 휘 세문(世文)이다. 선비(先妣)는 김해 김씨(金海金氏)로 정경부인(貞敬夫人)에 증직되었고, 판관(判官) 김중손(金仲孫)의 따님이다.

공은 기운과 풍모가 굳세고 강개하며 큰 지절(志節)이 있었다. 독서할 때 장구(章句)를 따지는 데 힘쓰지 않고 묵묵히 성현의 지결(旨訣)을 궁구하였는데, 특히 이정(二程)의 글을 읽기 좋아하여 늘 말하기를 "몸가짐과 일 처리에 이 글에서 도움을 얻는다면 큰 잘못은 없을 수 있을 것이다."라고 하였다. 약관의 나이에 남명(南冥)[110]을 스승으로

110 남명(南冥) : 조식(曺植, 1501～1572)으로, 본관은 창녕(昌寧), 자는 건중(楗仲), 호는 남명이다. 경상남도 산청(山淸)의 덕천서원(德川書院)에 제향되었다. 시호는 문정(文貞)이다.

삼고 한강(寒岡)[111]을 벗으로 삼아 지조와 행실이 날로 돈독해지자, 사방에서 배우는 자들이 많이 몰려들었고 고을 사람들은 훌륭한 덕에 감화되어 서로 경계하기를 "너는 불선한 일을 하지 마라. 송암 선생이 알까 두렵다."라고 하였다. 처음에 효렴(孝廉)으로 천거되어 침랑(寢郎)에 제수되었으나 나아가지 않았고, 선조 즉위 초에 유현(儒賢)을 발탁하여 모두 6품직으로 올렸는데 조월천(趙月川),[112] 성우계(成牛溪),[113] 정한강(鄭寒岡) 그리고 공이었다. 처음에 공조 좌랑에 제수되었으나 사양하고 나아가지 않았는데, 얼마 뒤에 처음과 같이 제수되어 간곡한 부름이 갈수록 잦아지니 마지못해 한 번 사은(謝恩)하고 돌아와서는 마치 그대로 일생을 마치려는 것처럼 세월을 보냈다.

만력 임진년(1592, 선조25) 4월에 왜적이 대군을 이끌고 우리나라를 침입하자 열진(列鎭)이 족족 무너져 종묘사직(宗廟社稷)의 존망(存亡)이 경각에 놓이게 되었다. 이에 공이 눈물을 흘리며 말하기를 "임금에게 위급한 일이 생겼는데 신하가 죽지 않는다면 성인(聖人)의 글을

111 한강(寒岡) : 정구(鄭逑, 1543~1620)로, 본관은 청주(淸州), 자는 도가(道可), 호는 한강, 시호는 문목(文穆)이다. 경상북도 성주의 회연서원(檜淵書院)에 제향되었다.

112 조월천(趙月川) : 조목(趙穆, 1524~1606)으로, 본관은 횡성(橫城), 자는 사경(士敬), 호는 월천, 퇴계 이황의 팔고제(八高弟) 중 한 사람이다. 조정에서 여러 차례 불렀으나 사양하고 일생 동안 이황 옆에서 학문에 전념하였으며 특히 심학(心學)에 밝았다.

113 성우계(成牛溪) : 성혼(成渾, 1535~1598)으로, 본관은 창녕(昌寧), 자는 호원(浩原), 호는 우계이다. 백인걸(白仁傑)의 문하에 들어가 학문을 익혔으며 20세에 한 살 아래의 율곡 이이와 도의의 벗이 되었다. 좌의정에 추증되고 1681년(숙종7) 문묘에 종향되었다.

읽은 것이 어디에 있겠는가."라고 하고는 드디어 조공 종도(趙公宗道),[114] 곽공 준(郭公䞭),[115] 문공 위(文公緯)[116] 등과 함께 의병을 일으키니, 한 달도 채 안 되어 수천 명의 무리가 모였다. 당시 왜적은 지례(知禮), 김산(金山), 개령(開寧)의 경계에 주둔하면서 10만 군사라 일컫고 있었다. 이러한 상황에서 공은 군사들을 데리고 우지(牛旨)[117]에 진을 쳤는데 호령을 엄격하고 분명하게 한 덕분으로 앉고 일어서고 나아가고 물러나고 하는 군사들의 모든 훈련 동작이 엄숙하여 소란스럽지 않았다. 적장이 군사를 크게 모아 아군을 습격하려 하자 공이 진주목사(晉州牧使) 김시민(金時敏)과 함께 쳐들어오는 적들을 맞아 싸워 무찌르니, 군사들의 위세가 이에 비로소 진작되었다.

당시에 곽공 재우(郭公再祐)도 의병을 일으켜 서로 호응하였는데 도백(道伯) 김수(金睟)와 사이가 좋지 못하여 격문(檄文)을 보내 김수

114 조공 종도(趙公宗道) : 조종도(1537~1597)로, 본관은 함안(咸安), 자는 백유(伯由), 호는 대소헌(大笑軒)이다. 임진왜란 때 창의하여 군공을 세웠고, 정유재란 때 황석산성(黃石山城)에서 전사하였다.

115 곽공 준(郭公䞭) : 곽준(1551~1597)으로, 본관은 현풍(玄風), 자는 양정(養靜), 호는 존재, 시호는 충렬(忠烈)이다. 임진왜란 때 김면(金沔)이 의병을 일으키자 그 휘하에 들어가 공을 세우고 1594년 안음 현감이 되어 황석산성을 지키다가 성이 함락되자 가족과 함께 전사하였다. 병조 참의에 추증되었다.

116 문공 위(文公緯) : 문위(1554~1632)로, 본관은 남평(南平), 자는 순보(順甫), 호는 모계(茅谿)로, 조식(曺植)·오건(吳健)·정구(鄭逑)의 문인이다. 임진왜란이 일어나자 거창에서 의병들을 모집하고, 의병장 김면과 함께 고령(高靈)에서 왜군을 맞아 싸웠다. 1623년(인조1) 인조반정 후 70세의 나이로 고령 현감에 부임하였으나, 수개월 뒤 병으로 사임하였다. 거창의 용원서원(龍元書院)에 제향되었다.

117 우지(牛旨) : 우두령(牛頭嶺)으로, 경상남도 거창군과 경상북도 김천시의 경계에 있는 고개이다.

의 죄상을 나열하고, 김수 또한 곽공(郭公)의 잘못을 열거하여 행재소(行在所)에 급히 장계하였다. 이에 공이 외부의 적이 섬멸되기도 전에 내부의 다툼이 먼저 일어날까 염려하여 곽공에게 서신을 보내 그만두도록 타이르자, 곽공이 깨닫고는 즉시 자기의 탓으로 돌리고 혐의를 풀어 일이 중지될 수 있었다. 공이 군사들을 이끌고 진격하여 정진(鼎津)을 끼고 적진과 대치하니, 백성들이 나무를 베어 무기로 삼고 장대를 들어 깃발로 삼아[118] 마치 시장에 몰려들듯 몰려들었다. 곽공이 장좌(將佐)에게 말하기를 "김 의장(金義將)이 적과 강 하나를 사이에 두고 진을 치고 있는데, 그 계책이 무엇에 근거한 것인지 모르겠다."라고 하고는 마침내 10여 기병(騎兵)을 따르게 하여 공의 군문(軍門)을 두드리니, 공이 장내(帳內)로 맞아들여 함께 이야기를 나누며 즐거운 시간을 한껏 보내다가 자리를 파하였다. 곽공이 물러나와 좌우에 있는 사람들에게 이르기를 "엄숙하고 군세구나, 그 모습이여. 편안하고 느긋하구나, 그 기운이여. 이 사람을 믿지 않는다면 누구를 믿겠는가."라고 하였다. 공이 조종도에게 말하기를 "적군의 수는 많고 아군의 수는 적으니, 계책을 쓰지 않으면 격파하기가 쉽지 않다."라고 하고는 마침내 장수와 군사들로 하여금 사방을 둘러싸 북과 나팔을 울리고 함성을 질러 마치 원군(援軍)이 사방(四方)에 집결한 것처럼 꾸미는 한편, 바람을 따라 빈 배 10여 척을 띄워 적진 가까이로 떠내려가게 하였다.

118 나무를……삼아 : 농민들이 무장을 하고 떨쳐 일어남을 말한다. 한(漢)나라 가의(賈誼)의 〈과진론 상(過秦論上)〉에 "나무를 깎아 무기로 삼고, 대를 들어 깃발로 삼으니, 천하가 구름처럼 모여들고 메아리처럼 응하면서, 양식을 싸 들고 그림자처럼 따랐다.〔斬木爲兵, 揭竿爲旗, 天下雲會而響應, 贏糧而景從.〕"라고 한 말에서 유래하였다.

적이 고각(鼓角) 소리와 함성 소리를 듣고 먼저 의아해하다가 빈 배가 저절로 물에 와 닿는 것을 보고는 마침내 "이는 우리를 유인하여 강을 건너게 하려는 것이다."라고 하면서 군사를 돌려 퇴각하려 하자, 공이 서둘러 병사를 도강(渡江)시키고는 온 힘을 다해 공격하여 크게 격파하니, 적들이 자기들끼리 서로 허겁지겁 밟아 죽이기도 하여 그 시체가 30리까지 가득 이어졌다. 공이 마침내 승세를 타고 무계(茂溪)에 주둔하였는데 얼마 지나지 않아 적의 함선이 강을 뒤덮을 정도로 와서 정진에서의 한을 풀고자 하였다. 이에 공은 장좌에게 "바라건대 제군(諸君)을 위하여 한번 죽기를 결단하겠노라."라고 하고는 아침부터 저녁까지 결사 항전하니, 강에 빠져 죽은 적이 헤아릴 수 없이 많아 이 때문에 강물이 흐르지 못할 정도였다. 이 싸움에서 적에게 노획한 재물이 아주 많았는데 그 모두를 방백(方伯)에게 보내 행재소에 바치게 하였다.

6월에 조정에서 공을 합천 군수(陜川郡守)로 삼았는데, 그 교서(敎書)에 "정진에서 용맹을 떨치매 도망하던 적들이 넋을 잃고, 무계에서 칼을 휘두르매 떠내려가는 시체가 강을 메웠다."라고 하였다. 행조(行朝)는 비록 수천 리 밖에 있었지만 공의 공적(功籍)이 자자했던 까닭에 그 실상을 자세히 알 수 있었던 것이 이와 같았다. 9월에 장악원정(掌樂院正)에 제수되고 곧 첨지중추부사(僉知中樞府事)로 승진하였다. 11월에 상이 공의 위망(威望)이 가장 현저하다고 하여 특별히 의병대장(義兵大將)의 호칭을 하사하고 수백 자에 이르는 교서를 내려 장려(奬勵)하기를 지극히 하였는데, 그 말미에 "깊은 원한을 씻어 내고 구업(舊業)을 회복한 이는 그대가 아니면 누구이겠는가."라고 하니, 공이 읽기도 하고 울기도 하매 온 군사들이 감동하여 눈물을 흘리지 않는 이가 없었다.

당초에 정인홍(鄭仁弘)[119]은 공과 동시에 군사를 일으켰는데 이때에 이르러 공의 명성과 위엄이 자기를 뛰어넘은 것을 시기하여 한을 품게 되었다. 이에 그 휘하(麾下)가 모함하고 선동하여 비방을 가하였으나 공은 그에 대해 한결같이 시비를 따지지 않으니 정인홍도 끝내 감히 안색과 말로 어쩌지 못하였다.

이 당시 공은 전라도 관찰사에게 글을 보내어 군량을 원조해 달라고 부탁하였는데 내용이 강개하여 글자마다 눈물이 맺혀 있는 듯하였다. 그러나 전라도 관찰사가 들어주지 않자 공은 더욱 발분하여 무기를 수선하고 군사를 격려하며 이끌어 적을 지례(知禮)에서 섬멸하고 개령(開寧)에서 무찌르는 한편, 호남과 영남의 여러 의병장과 네 도(道)로 함께 진격하자고 약속하고 적의 소굴을 소탕하자고 맹서하였다. 그런데 여러 의병장이 기약한 날짜가 되어도 이르지 않자 공이 홀로 군사를 지휘하여 나아가 육박해 들어가니 죽이고 사로잡은 자가 매우 많았다. 이에 고령(高靈), 지례, 의령(宜寧), 김산(金山) 등의 읍을 수복하니, 상이 그 업적을 장하게 여겨 공이 거느리고 있던 부대를 이끌고서 근왕(勤王)케 하고자 하였다. 이에 공이 즉시 행장을 꾸려 하루를 넘기면 안 될 것처럼 서두르자 백성들이 이 소식을 듣고 통곡하며 말하기를 "공이 여기 있지 않으시면 우리들은 어육(魚肉)이 되고 말 것입니다."

119 정인홍(鄭仁弘) : 1536~1623. 본관은 서산(瑞山), 자는 덕원(德遠), 호는 내암(來庵)이다. 조식(曺植)의 수제자로, 최영경(崔永慶), 오건(吳健), 김우옹(金宇顒), 곽재우(郭再祐) 등과 함께 경상우도의 남명학파(南冥學派)를 대표하였다. 1573년 학행으로 천거되어 황간 현감, 장령 등을 지냈다. 임진왜란 때 의병 3000명을 모아 성주, 합천, 고령, 함안 등지를 방어하여 많은 전공을 세웠다.

라고 하였다. 관찰사 김공 성일(金公誠一)[120]이 서둘러 행재소에 급히 장계하여 아뢰기를 "김면이 본도를 한 발자국이라도 벗어나면 남방(南方)은 수습될 수 없을 것입니다."라고 하니, 상이 공을 본부(本府)에 머물도록 명하여 이루어 놓은 공을 마저 끝내도록 하였다.

공은 여러 읍을 순행하여 흩어져 도망한 자들을 불러 모을 적에 눈비와 서리를 맞아 가며 제 몸을 돌보지 않으니, 공을 위하여 걱정하지 않는 사람이 없었으나 공은 아랑곳하지 않았다. 선영(先塋)을 지나갈 적에 고을 수령이 제수를 준비하고 기다리고 있었는데 공은 이를 물리치며 "능침(陵寢)도 향사(享祀)를 못하고 있거늘 내가 어찌 나의 선조에게 제사할 수 있겠는가."라고 하여 단지 글만 지어 고하였고, 처자식들이 굶주리고 떠돌면서 10리 정도로 가까운 거리에 있었으나 끝내 들어가지 않았다.

계사년(1593) 1월 우도 병마절도사(右道兵馬節度使)에 제수되었다. 상이 선전관(宣傳官)을 보내어 유시하기를 "천조(天朝)의 군사가 크게 모여 이미 평양에서 승리를 거두니 경성(京城)에 있는 적들은 끝내 반드시 도망쳐 돌아가게 될 것이다. 경은 정예병을 모조리 매복시켜 한 사람도 돌아가지 못하게 하라."라고 하였다. 공은 직임을 맡은 이후로 오직 은혜에 보답하지 못할까 두려워하여 성산(星山)에 있던 적을 쳐부술 때엔 수백 급(級)을 참수하고 선산(善山)으로 압박해 들어갈

120 김공 성일(金公誠一) : 김성일(1538~1593)로, 본관은 의성(義城), 자는 사순(士純), 호는 학봉(鶴峯), 시호는 문충(文忠)이다. 임진왜란이 일어나자 적정(敵情)을 잘못 알린 죄를 물어 파직되었다가 유성룡 등이 변호하여 경상우도 초유사로 임명되어 임무 수행 중 순직하였다. 저서로 《학봉집(鶴峯集)》이 있다.

때엔 깊숙이 들어가지 못하면 멈추지 않았다. 이에 관찰사가 사람을 시켜 타이르기를 "적의 세력이 지금 왕성하니, 우선 늦추는 것이 어떤가?"라고 하자 공은 분연히 말하기를 "호랑이 굴로 들어가지 않으면 어찌 호랑이 새끼를 잡을 수 있겠습니까."라고 하였다. 그러고서 여러 의병장을 배치하고 편제하여 군령(軍令)이 이미 정해졌는데 공이 갑자기 병이 들어 끝내 3월 17일 군문(軍門)에서 졸하였다.

병이 막 위독해졌을 때 조공(趙公)이 약그릇을 손으로 내밀며 말하기를 "공이 만일 불휘(不諱)[121]한다면 국사가 장차 어떻게 되겠는가."라고 하자, 공이 억지로 일어나 손을 잡고 말하기를 "내가 그대들과 함께 나라를 위해 몸을 바쳐 적을 섬멸하여 주상께 보답하자고 맹서하였는데, 불행히도 목숨이 여기에서 끝나게 되었으니, 이는 천명(天命)이다."라고 하고 이어 눈물을 줄줄 흘리니, 군교(軍校)들과 좌우에서 시봉하던 자들이 모두 눈물을 흘리며 아무도 감히 쳐다보지 못하였다. 얼마 뒤 조공에게 부탁하기를 "적들이 나의 죽음을 알게 되면 반드시 그 틈을 타고 우리를 습격할 것이니, 이를 비밀로 하고서 신창(新倉)에 도착한 뒤에 발상(發喪)하라."라고 하였다. 여러 장좌가 유명을 받들어 공을 신창으로 실어 오고서야 비로소 발상하니, 온 군사들이 통곡하고 백성들은 발을 구르며 슬피 울지 않는 이가 없었다. 관찰사가 급히 장계하기를 "강우(江右) 일대가 지금까지 온전하게 보전된 것은 모두 김면 덕분입니다. 장성(長城)이 한번 무너져 하늘이 순덕(順德)을 돕지 않으니 신이 외로이 홀로 있어 어찌할 바를 모르겠습니다."라고 하니, 상이 애통해하며 특별히 병조 판서로 추증하고 예관을 보내어 제사를 지내도록 명하

121 불휘(不諱) : 죽음을 완곡하게 부르는 말이다.

고, 뒤에 선무 원종공신(宣武原從功臣)으로 이조 판서에 바꾸어 추증하였다. 광해(光海) 초년에 또 예관을 보내어 제사를 지내게 하였다. 공은 향년 53세로, 모 고을 모 언덕에 묻혔다. 이후 조공 종도와 곽공 준은 황석산성(黃石山城)을 지키면서 성이 함락되어도 굴하지 않고 죽음을 맞이하였으니, 그 충신(忠信)으로 사귐을 맺어 삶과 죽음이 갈리는 와중에서도 서로를 저버리지 않은 것이 이와 같았다.

공은 평소 부모를 모심에 효성을 다한다고 알려졌다. 황고(皇考) 찬성공(贊成公)이 북진(北鎭)에서 졸하였던 당시는 공이 영남에서 모부인(母夫人)을 봉양하고 있었던 때라 거리가 수천여 리나 떨어져 있었고 날씨마저 찌는 듯 무더운 상황이었다. 그런데도 공은 말도 타지 않은 채 걸어가고 가슴 치고 울부짖으면서 나아가니 노중(路中)에 있던 사람들이 슬퍼하고 가슴 아파하였다. 훗날 모친의 상중(喪中)에서도 슬픔으로 몸을 상하게 할 정도로 예(禮)를 다하기를 부친상과 똑같이 하였다. 일찍이 살던 집 뒤편에 있는 산자락에 누대를 쌓아 '회선(懷先)'이라 명명하고는 선영을 바라보며 종신토록 사모하는 마음을 부쳤다. 아, 사람이 세상을 살아감에는 오직 충(忠)과 효(孝)를 행할 뿐이다. 공이 부친상을 당해 수천 리 길을 걸어서 분상(奔喪)하였을 때에 이치상 필시 목숨이 끊어졌어야 했는데도 끝내 죽지 않은 것은 "공으로 하여금 효를 행하다 죽게 한다면 훗날 나라가 장차 망하려 할 때 누가 있어 나라의 위기를 구할 임무를 내릴 수 있겠는가."라는 하늘의 뜻 때문이 아니겠는가. 끝내 국사에 심신을 다 바쳐 죽은 뒤에야 그만두었으니,[122] 공이 효를 행하다 죽지 않고 충을 행하다 죽은 것은 하늘이

122 국사에……그만두었으니 : 제갈량(諸葛亮)의 〈후출사표(後出師表)〉에 "신은 심

우리나라를 아끼고 사랑하기 때문일 것이다.

공이 졸하고 70여 년이 지난 뒤에 사림(士林)들이 고령(高靈)에 사당을 세우고 제향(祭享)하였다. 공은 모두 두 번 장가들었으니, 전배(前配)는 완산 이씨(完山李氏)로 이황(李煌)의 따님이고, 후배(後配)는 완산 이씨로 부림부수(缶林副守) 이건(李建)의 따님이다. 모두 자식을 기르지 못하여 아우인 현령(縣令) 자(滋)의 아들 의립(毅立)을 후사로 삼으니, 그의 벼슬은 현감이다.

의립은 1남을 두니, 정황(鼎黃)이고 동지중추부사(同知中樞府事)이다. 사위는 참의(參議) 오전(吳竱)이다. 증손(曾孫)과 현손(玄孫) 이하는 다 기록하지 않는다.

나에게 글을 청하여 신도(神道)를 빛내려는 자는 6대손인 절도사(節度使) 재(梓)이다. 명(銘)은 다음과 같다.

학문에는 체와 용이 있으니 學有體用
어찌 그것이 죽은 물건이겠는가 豈伊死物
상황에 따라 분수를 다함은 所遇盡分
그 근원이 한가지이네 其原也一
공은 지난날 고요히 앉아 公昔靜坐
정자와 주자를 논하였는데 曰程曰朱
몸을 일으켜 큰소리로 호령하자 起身大號
의병들이 구름처럼 모여들었네 義旅雲趍
정진에서 적을 죽일 때에는 殺賊鼎津

신을 다 바쳐 죽은 뒤에야 그만두겠습니다.〔臣鞠躬盡力, 死而後已.〕"라고 하였다.

죽은 적의 배를 밟고 피바다를 건넜으며 履腸涉血
무계에서 예봉을 부러뜨릴 때에는 摧鋒茂溪
적을 물고기와 자라 밥으로 만들었네 賊飼魚鱉
왕이 용만에 있을 때 王在龍灣
커다란 치적이 알려지니 茂績升聞
대장의 호를 하사하고 錫號大將
왕을 호종하라는 명을 내렸네 誥綍從天
공은 절하고 눈물 흘리며 公拜以泣
신은 노둔하고 나약하옵니다 하니 臣駑且孱
왕은 말하길 사양치 말라 王曰無讓
너는 나의 장성이니 爾予長城
너를 총애함이 어떠해야 하겠느냐 寵爾維何
호절과 아정[123]이니라 하였네 虎節牙旌
공은 큰 담력을 지녀 公有斗膽
적의 소굴을 하찮게 보고는 蟻視賊窟
우리 의로운 장수들과 함께 同我義將
하루도 안 되어 소탕하였는데 不日掃滅
천운인가 시운인가 天耶時耶
공이 병으로 일어나지 못하니 公不起疾
군민들은 소리 내어 곡을 하고 軍民號哭

123 호절(虎節)과 아정(牙旌) : 병마절도사(兵馬節度使) 벼슬을 말한다. 호절은 절도사가 지니고 다니던 범 모양의 병부(兵符)이고 아정은 장군의 의장(儀仗)인 상아로 만든 큰 깃발인데, 김면은 1593년 1월 우도 병마절도사에 제수되었다.

소가 울부짖고 천둥이 울렸네	牛吼雷裂
이에 왕이 슬퍼하여	王庸悼惜
빛나게 관작을 추증하였네	有爛追爵
공은 옛날에 정을 주로 하여	公昔主靜
앉아 있을 때에는 진흙으로 빚은 인형 같았는데[124]	坐泥塑若
신묘한 용을 조금 시험하여서는	略施妙用
우리의 사직을 부지하였네	扶我社稷
제기가 엄숙하니	俎豆有儼
또한 보덕이라 할 만하네	亦云報德
명을 지어 보이노니	銘以視之
후학의 본보기로다	後學之則

124 앉아……같았는데 : 북송(北宋)의 학자인 사양좌(謝良佐)가 정호(程顥)에 대해 평하기를 "명도 선생은 앉아 있을 때에는 흙으로 빚은 인형 같았는데 다른 사람을 접할 때에는 오롯이 한 덩어리의 온화한 기운이었다.〔明道先生, 坐如泥塑, 接人則渾是一團和氣.〕"라고 한 말에서 유래한 표현이다. 《近思錄 卷14》

가선대부 강원도관찰사 겸 병마수군절도사 순찰사 김공 신도비명

嘉善大夫江原道觀察使兼兵馬水軍節度使巡察使金公神道碑銘

김후조(金後凋)[125]와 김읍청(金挹淸)[126] 두 공은 퇴도(退陶) 노선생(老先生)[127]의 문하에서 독실한 행실로 일컬어졌던 분들이다. 읍청공(挹淸公)은 일찍이 그 선고(先考) 관찰공(觀察公)의 가장(家狀)을 짓고서[128] 선생에게 명(銘)을 부탁하였는데, 선생이 그 행장을 받아 간직하시다가 글을 채 완성하기도 전에 산이 무너지는 통한[129]이 있게 되었다. 삼가 생각건대 선생은 지나치게 포장하는 일을 경계하셨기에 평소에 마음으

125 김후조(金後凋) : 김부필(金富弼, 1516~1577)로, 본관은 광산(光山), 자는 언우(彦遇), 호는 후조이다. 이황(李滉)의 문인이자 김부의(金富儀)의 형이다. 1537년(중종32) 사마시에 입격하고 성균관에 유학하였으나, 인종(仁宗)의 사후에 외척이 발호하자 벼슬길을 단념하고 이황 문하에 들어가 도학에 전념하였다.

126 김읍청(金挹淸) : 김부의로, 본관은 광산, 자는 신중(愼仲), 호는 읍청이다.

127 퇴도(退陶) 노선생(老先生) : 이황을 가리킨다.

128 읍청공(挹淸公)은……짓고서 : 관찰공은 김연(金緣, 1487~1544)으로, 김부의의 아버지이다. 강원도 관찰사를 지냈으므로 그렇게 칭한 것이다. 본관은 광산, 자는 자적(子迪), 호는 운암(雲巖)이다. 김연의 가장은 《운암선생일고(雲巖先生逸稿)》 권2에 〈선고가선대부강원도관찰사겸병마수군절도사부군가장(先考嘉善大夫江原道觀察使兼兵馬水軍節度使府君家狀)〉으로 실려 있다.

129 산이 무너지는 통한 : 이황의 죽음을 말한다. 공자가, 자신이 별세할 꿈을 꾸고 아침에 일찍 일어나 뒷짐을 지고 지팡이를 짚은 채 문 앞에서 한가로이 거닐며 노래하기를 "태산이 무너지겠구나. 들보가 부러지겠구나. 철인이 죽겠구나."라고 하였다. 《禮記 檀弓上》 이후 태산이 무너지고 대들보가 부러짐은 스승이나 철인의 죽음을 뜻하게 되었다.

로 경모하고 감복했던 이가 아니면 일찍이 남에게 비문(碑文)을 지어 준 적이 없으셨다. 읍청공 같은 현인(賢人)이 선인(先人)의 덕을 행장으로 서술하였으니 그것이 엄정하고도 치밀함을 알 수 있고, 한마디의 수식도 무겁게 생각한 선생이 그것을 받아 간직하셨으니 공의 언행이 명(銘)을 짓는 데 합당함을 알 수 있다. 공의 8대손 형(瑩)이 대령(大嶺)을 넘어 서울로 들어와 200년 동안 상자에 묻혀 있던 가장을 나에게 부탁하였다. 슬프다, 이 일은 선생도 정중히 여기셨는데 몽매한 후학인 내가 이 일에 참여하여 참람한 죄를 초래할 수 있겠는가. 비록 그러하나, 명법(銘法)으로 보아 명을 지을 만하면 명을 짓는 것이 선생의 뜻이다. 게다가 이 일은 나에게 실로 영광이기에 감히 그 가장에 따라 찬술한다.

공의 휘는 연(緣), 자는 자유(子由), 자호(自號)는 운암(雲巖)이다. 김씨(金氏)는 본래 광주(光州) 사람으로 고려에서 대대로 벼슬하였다. 광존(光存)이라 하는 분이 있으니 지문하성사(知門下省事)이고, 진(稹)이라 하는 분이 있으니 예문관 대제학(藝文館大提學)이며 시호는 장영(章榮)이다. 장영에게 아들이 있으니 천리(天利)라는 분으로 본조(本朝)를 섬겨 밀직사 부사(密直司副使)가 되었다. 이분이 무(務)를 낳으니 공의 고조(高祖)이고 벼슬은 제용감 소감(濟用監少監)이다. 증조(曾祖)는 숭지(崇之)이니 목청전지기(穆淸殿直)이며 사복시 정(司僕寺正)에 추증되었다. 조부(祖父)는 회(淮)이니 현감이고 참의(參議)에 추증되었다. 선고(先考)는 효로(孝盧)이니 처음 예안(禮安)에 터를 잡아 마침내 예안 사람이 되었다. 일찍이 탁월한 행실로 조정에 추천되었는데, 기묘년(1519, 중종14)의 화[130]를 만나 끝내 쓰이지 못하

130 기묘년의 화 : 기묘사화(己卯士禍)를 가리킨다.

여 성균관 생원(成均館生員)으로 생을 마쳤으며 이조 참판에 추증되었다. 선비(先妣)는 정부인(貞夫人) 양성 이씨(陽城李氏)로 군수(郡守) 이지(李持)의 따님이자 판중추부사(判中樞府事) 이순지(李純之)의 손녀인데 성화(成化) 정미년(1487, 성종18)에 공을 낳았다.

공은 배우기를 힘써 일찍부터 학업을 성취하였다.

경오년(1510)에 생원시와 진사시에 입격하였다.

기묘년(1519)에 문과에 급제하였다. 그 시험을 주관한 김모재(金慕齋) 선생[131]은 공을 1등으로 뽑지 않은 것을 늘 한으로 여겼다. 괴원(槐院 승문원(承文院))에 분관(分館)되었다.

경진년(1520)에 천거로 사관(史館)에 들어가 한림(翰林)이 되었는데, 얼마 지나지 않아 큰어머니의 상을 당하자 심제(心制)를 지켜 삼년상을 마쳤으니 이는 자신을 길러 준 은혜 때문이었으며, 뒤에 큰아버지에게도 똑같이 하였다. 복제(服制)를 마치고는 대교(待敎)를 거쳐 봉교(奉敎)로 승진하였다.

갑신년(1524)에 사간원 정언에 제수되었다. 공은 항상 김안로(金安老)[132]의 간행(奸行)을 미워하여 대각(臺閣)에 들어간 뒤에 보름 동안

131 김모재(金慕齋) 선생 : 김안국(金安國, 1478~1543)으로, 본관은 의성(義城), 자는 국경(國卿), 호는 모재, 시호는 문경(文敬)이다. 조광조(趙光祖)와 함께 김굉필(金宏弼)의 문인으로 사림파(士林派)를 영도하였는데, 기묘사화 때에 파직되었다가 다시 등용되어 대제학(大提學)으로 재직 중에 죽었다.

132 김안로(金安老) : 1481~1537. 본관은 연안(延安), 자는 이숙(頤叔), 호는 희락당(希樂堂)·용천(龍泉)·퇴재(退齋)이다. 기묘사화로 조광조 일파가 몰락한 뒤 발탁되어 이조 판서에 올랐고, 아들 김희(金禧)가 효혜공주(孝惠公主)와 혼인하여 중종의 부마(駙馬)가 되자 이를 계기로 권력을 남용하다가 1524년 영의정 남곤, 심정(沈貞), 대사간 이항(李沆) 등의 탄핵을 받고 경기 풍덕(豐德)에 유배되었다. 1531년 재차 서용

합문(閤門)에 엎드려 간쟁하였는데,[133] 김안로가 폄적(貶謫)되고서야 이를 중지하였다. 이때 대신(大臣) 및 동전(東銓 이조)과 서전(西銓 병조)이 입을 모아 칭찬하여 늠름하게 조만간 등용될 것 같았는데, 공은 도리어 진취(進取)를 달가워하지 않고 봉양을 이유로 외직을 청하여 의흥 현감(義興縣監)에 제수되었다.

병술년(1526)에 큰아버지의 상으로 인해 벼슬을 그만두었다.

무자년(1528)에 전적(典籍)에 제수되었다. 이때부터 공조 정랑과 예조 정랑으로 천직되었고, 그사이 사헌부 지평에 제수되었다.

경인년(1530)에 외직으로 나가 흥해 군수(興海郡守)가 되었는데 5년이 지나 모종의 일로 인해 체직되었다. 부친상을 당하여 시묘살이를 하며 슬픔을 극진히 하니, 고을 사람들이 감복하였다.

정유년(1537)에 사예(司藝)를 거쳐 군자감 부정(軍資監副正)으로 전직되고 승진하여 사간원 사간에 제수되었다. 이에 앞서 김안로의

된 이후 동궁(東宮) 시절의 인종(仁宗)의 보호를 구실로 실권을 장악하여 허항(許沆), 채무택(蔡無擇), 황사우(黃士佑) 등과 함께 정적(政敵)이나 뜻에 맞지 않는 자를 축출하는 옥사(獄事)를 여러 차례 일으켰다. 1537년 중종의 제2계비인 문정왕후(文定王后)의 폐위를 기도하다가 발각되어 중종의 밀령을 받은 윤안인(尹安仁)과 대사헌 양연(梁淵)에 의하여 체포되어 유배되었다가 곧이어 사사되었다.

133 대각(臺閣)에……간쟁하였는데 : 김연은 1524년 6월 27일 사간원 정언으로 제수되었는데, 11월 2일 영의정 남곤, 좌의정 이유청(李惟淸), 우의정 권균(權鈞) 등이, 당시 이조 판서였던 이안로가 붕당을 만들어 세력을 휘두른다고 비판하자 대간(臺諫)이 이에 호응하여 이안로를 귀양 보낼 것을 연일 주장하였고 김연도 이에 참여하였다. 결국 11월 18일 김안로를 풍덕군(豐德郡)으로 귀양 보내는 처분이 내려지고서야 대간의 계사가 멈추었다.《中宗實錄 19年 6月 27日, 11月 2日・3日・4日・5日・7日・10日・18日》

당여인 채무택(蔡無擇)[134]과 심언광(沈彦光)[135]이 앞장서 논의를 주도하여 김안로를 천거해 들이고자 하자 공이 회재(晦齋) 이 선생(李先生)[136]과 함께 불가하다고 쟁집하여 그 당여들의 원한이 더욱 커졌다. 그러다가 이때에 이르러 김안로가 다시 등용되어 밤낮으로 공을 음해하려고 획책하였는데 구실을 삼을 것이 없었다. 마침 당성위(唐城尉) 홍려(洪礪)가 김안로에게 모함을 받아 죽기에 이르자,[137] 드디어 전한(典翰) 소봉(蘇逢)을 사주하여 공이 당성위와 절친한 사이였다고 공박

134 채무택(蔡無擇) : ?~1537. 본관은 인천(仁川), 초명은 무역(無斁), 자는 언성(彦誠)이다. 재임 중 당시의 권신 김안로의 당여(黨與)가 되어 많은 사람들을 무고하여 화를 입히고, 조정의 여러 신하까지 이간하였다. 1537년 김안로, 허항과 함께 문정왕후 폐위를 모의하다가 유배되어 사사되었다.

135 심언광(沈彦光) : 1487~1540. 자는 사형(士炯), 호는 어촌(漁村), 시호는 문공(文恭)이다. 1530년 대사간이 되어서는 형 심언경(沈彦慶)과 함께 김안로의 등용을 적극 주장하였는데, 김안로가 조정에서 실권을 장악한 뒤 사이가 벌어져 1536년 이조 판서가 되고 이어서 공조 판서를 역임하면서 김안로의 비행을 비판하자 김안로의 미움을 받아 이듬해 함경도 관찰사로 좌천되었다.

136 회재(晦齋) 이 선생(李先生) : 이언적(李彦迪, 1491~1553)으로, 본관은 여주(驪州), 자는 복고(復古), 호는 회재이다. 1514년 문과에 급제하고 사헌부 지평・장령, 밀양 부사 등을 거쳐 1545년 의정부 우찬성・좌찬성에 임명되었다. 윤원형(尹元衡) 등이 을사사화를 일으키자 추관(推官)에 임명되었다가 스스로 관직에서 물러났다. 1547년(명종2) 윤원형이 조작한 양재역 벽서 사건(良才驛壁書事件)에 연루되어 강계(江界)로 유배되었고, 그곳에서 많은 저술을 남긴 후 세상을 떠났다.

137 마침……이르자 : 1533년 중궁과 세자를 저주한 글이 새겨진 목패(木牌)가 동궁 빈청 남쪽에 내걸린 '목패의 변(變)'이 일어나자 홍려가 그 주모자로 지목받아 사사(賜死)된 일을 말한다. 《中宗實錄 28年 5月 21日, 23日》 홍려는 혜정옹주(惠靜翁主)와 혼인하여 가의대부(嘉義大夫)에 책록되고 당성위에 봉해졌는데, 목패의 변으로 죽음을 당한 이후 1537년 김안로가 유배지에서 사사되자 누명이 풀려 신원이 복원되었다.

(攻駁)하도록 하였다. 이로 인해 간관(諫官)에서 체직되어 군자감 판관(軍資監判官)으로 부직(付職)되었다. 얼마 뒤에 외직으로 나가 경성 판관(鏡城判官)이 되었는데, 경성(鏡城)은 북쪽 변방으로 어매(禦魅)[138]의 땅이었다. 몇 달이 지나 김안로가 패사(敗死)하자 곧바로 사간(司諫) 벼슬로 공을 소환하니, 중종이 위로하고 타이르기를 "그대가 간당들의 뜻에 거슬렸던 것을 알지 못하고 멀리 외방(外方)으로 보내어 고생하게 하였으니, 내 마음에 미안한 점이 있다."라고 하였다. 이때 세 간신이 이미 제거된 터라 공의 명망은 더욱 커졌다. 윤공 안인(尹公安仁)이 전조(銓曹)를 맡고 있을 때 공에게 부탁하기를 "어찌 그 간당들을 다 제거하지 않는가."라고 하자, 공이 "간신들을 제거해야 함은 분명하지만 너무 심하게 해서는 안 된다."라고 하니, 윤공이 좋아하지 않았다.

무술년(1538)에 군자감 정(軍資監正)으로서 외직에 나가 성주 목사(星州牧使)가 되었는데, 성주가 고향에서 멀어 부모를 봉양하기 불편하다는 이유로 소장을 올려 가까운 읍으로 바꾸어 줄 것을 청하였다. 마침 탁영시(擢英試)[139]에 급제하여 통정대부(通政大夫)로 자급이 올라 영천군(榮川郡)으로 바꾸어 제수되었다.

138 어매(禦魅) : 사람을 해치는 괴물인 이매(螭魅)를 막는다는 말로, 환경이 열악한 변방의 귀양지를 말한다. 순(舜)이 요(堯) 임금의 신하가 된 뒤에 "네 흉악한 족속을 유배시켜 혼돈과 궁기와 도올과 도철을 사방의 변경으로 쫓아내어 이매를 막게 하였다.〔流四凶族, 渾敦窮奇檮杌饕餮, 投諸四裔, 以禦螭魅.〕"라고 한 데서 유래하였다. 《春秋左氏傳 文公18年》

139 탁영시(擢英試) : 1538년 9월 문무 현직 관리를 대상으로 실시하였던 임시 과거이다.

경자년(1540)에 체직되어 돌아왔다. 이듬해에 승정원에 들어가 우부승지에서 우승지로 승진하였다.

임인년(1542)에 특별히 가선대부(嘉善大夫)로 승진하고 강원도 관찰사에 제수되었다. 공은 그동안 고을을 다스림에 모두 탁월한 공적이 있었다. 의흥(義興)에 있을 때에는 유교의 교화가 크게 일어나 벽지(僻地)의 풍속을 가진 이들로 하여금 상례(喪禮), 장례(葬禮), 조례(弔禮), 제례(祭禮)를 알게 하였고, 흥해(興海)에 있을 적에는 수륙절도사(水陸節度使)가 청렴함으로 스스로를 지키는 공의 모습에 두려워하여 감히 어떠한 말도 하지 못하였으며, 영천(榮川)에서는 고향과의 거리가 100리도 안 되었으나 청렴과 절약에 더욱 힘써서 포흠(逋欠)된 환곡이 온전히 채워지고 쟁송하는 자들이 몰려들었다. 관찰사가 되어서는 출척(黜陟)[140]함에 한 치의 사사로움도 없어 열읍(列邑)이 다 그 엄정하고도 분명한 태도에 감복하였다.

계묘년(1543)에 체직되어 첨지중추부사(僉知中樞府事)에 부직되었다.

갑진년(1544)에 경주 부윤(慶州府尹)으로 부임하였다가 9월 23일에 관사에서 졸하니 향년 58세였다. 공은 병이 한창 위독해졌을 때에 다른 말은 하지 않고, 그저 "동궁(東宮)은 온 나라 사람들의 촉망을 받는 분인데, 근래 대윤(大尹)이니 소윤(小尹)이니 하는 말[141]이 어찌 밑에

140 출척(黜陟) : 관원의 근무 성적을 고과하여, 우수한 자는 승진시키고 불량한 자는 강등 또는 면직하는 것을 말한다.

141 대윤(大尹)이니……말 : 중종의 첫 번째 계비 장경왕후(章敬王后)의 오빠인 윤임(尹任)과 두 번째 계비 문정왕후의 오빠인 윤원로(尹元老), 윤원형(尹元衡)이 각각 대윤과 소윤으로 불리며 세자 책봉 문제로 정권 쟁탈을 벌인 것을 말한다. 윤원로를

서 나돌고 있는가. 나랏일이 끝내 어떻게 될지 모르겠다."라고만 하였다. 공이 졸하자 온 경내의 사람들이 눈물을 흘려 마치 포대에 싸인 아기가 젖을 잃은 듯 슬퍼하였다. 중종이 특별히 부의(賻儀)를 더 내리고 관원을 보내어 법식대로 제사를 지내게 하였으며, 동궁에 있던 인종도 부의하였다.

공은 효성으로 부모를 모셔서 고을 수령으로서 봉양하는 경우가 아니면 직접 물고기를 낚아 공양하였다. 형제와 누이와는 온화한 태도로 감싸 주고 종족들과는 은혜를 베풂으로써 돈독히 지냈다. 사람들을 대할 때에는 너그럽고 인자함으로 여러 사람을 포용하는 데 힘쓰다가도 시비를 논할 일이 있게 되면 흔들 수 없는 굳센 지조가 있었다. 군(郡)을 다스릴 적에는 공공(公共)은 살찌우고 자신은 궁핍하게 하여 하나의 물건도 가지고 가고 싶어 하지 않았다. 평소에는 포의(布衣)를 입고 주렴(珠簾)과 궤안(几案)이 초라하였기에 이를 본 사람들은 공이 현달한 관리인 줄을 알지 못하였다.

일찍이 회재 선생과 도의(道義)로써 교분을 맺었다. 공이 흥해(興海)에서 군수를 할 적에 여러 번 옥산서원에 방문하여 학문적인 도움을 많이 나누었는데, 경주 부윤이 되자 강습하고 절차탁마함이 더욱 긴밀해졌다. 천성이 거짓으로 꾸미는 것을 싫어하고 자기의 재능을 감추는 데 힘썼으나 공을 아는 선류(善流)들은 공을 재상감이라고 여기지 않

비롯한 소윤 세력들은 당시 세자였던 장경왕후의 소생 이호(李峼)를 폐위하고 문정왕후 소생의 경원대군(慶源大君)을 세자로 옹립하려 하여 대윤 세력들과 알력이 심하였는데, 결국 이듬해인 1545년(명종 즉위년) 경원대군이 즉위하자 을사사화(乙巳士禍)가 일어나 소윤 세력이 대윤 세력을 대대적으로 몰아냈다.

는 이가 없었다. 늘 농암(聾巖) 이 선생(李先生)[142]의 염퇴(恬退)함을 사모하여 강에 인접한 곳에 작은 암자를 지어 "운암(雲巖)"이라 편액하고 또 낙수(洛水)의 경치 좋은 곳[143]에 집터를 정하여 여생을 마치려고 하였으니, 공이 좋아했던 바를 살펴보면 공이 가졌던 뜻이 무엇이었는가를 알 수 있으리라. 문집이 있었으나 병화에 일실된 탓에 지금 집안에 보관되어 있는 것은 겨우 몇 편밖에 되지 않으니, 애석하다.

배위(配位)는 창녕 조씨(昌寧曺氏)로 진사 조치당(曺致唐)의 따님이다. 존고(尊姑) 이 부인(李夫人)이 늘 자손들에게 훈계하기를 "남자는 너희 아버지를 모범으로 삼고, 여자는 너희 어머니를 본보기로 삼는다면 김씨 집안은 거의 잘될 것이다."라고 하였다. 향년 74세로 병진년(1556, 명종11) 11월 9일에 졸하여 공과 합장되었으니, 그곳은 바로 안동(安東) 거인촌(居仁村) 곤좌(坤坐)의 언덕이다. 2남 3녀를 낳았다. 장남은 부필(富弼)로 호가 후조(後凋)이고 차남은 부의(富儀)로 호가 읍청(挹淸)이니, 모두 성균관 생원이다. 세 사위는 현령 김난종(金蘭宗), 참봉 이용(李容), 생원 박사눌(朴思訥)이다.

부필은 직장(直長) 하취심(河就深)의 딸에게 장가들었다. 부의는 정랑(正郎) 권습(權習)의 딸에게 장가들어 1남 해(垓)를 낳았고 뒤에 이치(李耻)의 딸에게 장가들었다. 해의 호는 근시재(近始齋)로 학행이

142 농암(聾巖) 이 선생(李先生) : 이현보(李賢輔, 1467~1555)로, 본관은 영천(永川), 자는 비중(菲中), 호는 농암이다. 1498년(연산군4) 문과에 급제한 후, 예문관 검열과 봉교 등을 역임하였다. 고향 예안으로 돌아와 분천(汾川)에 살면서 부친을 지극한 효성으로 섬겼다.

143 낙수(洛水)의……곳 : 경상북도 풍산현(豐山縣) 일대 낙동강 상류를 말한다. 《雲巖逸稿 卷2 先考嘉善大夫江原道觀察使兼兵馬水軍節度使府君家狀》

있었는데, 임진년(1592, 선조25)의 난리를 당해 전 한림(翰林)으로서 창의(倡義)하여 의병을 이끌고 수차례 공을 세우다가 끝내 군문(軍門)에서 죽었다. 김난종은 1남을 두니 자(洎)이고 진사이다. 이용은 1남을 두니 복원(復元)이다. 딸은 유운룡(柳雲龍)에게 출가하였다. 박사눌은 1남을 두니 성(惺)이고 생원이며, 딸은 곽삼길(郭三吉)에게 출가하였다. 명(銘)은 다음과 같다.

공은 추로의 땅[144]에서 태어났으니 公生鄒魯
그 덕이 외롭지 않았네 其德不孤
불의를 배척하고 도학을 강론하기를 斥邪講道
회로[145]와 함께 하였네 晦老與俱
어찌 드러나지 않았다고 말하겠는가마는 豈曰不彰
높이 오른 날 적었고 좌절한 날은 많았네 少騫多躓
자식이 스승을 얻으니[146] 有子得師
사과의 하나였고 四科之一
손자가 의리를 세우니[147] 有孫抗義

144 추로(鄒魯)의 땅 : 추(鄒)나라는 맹자의 출생지이고, 노(魯)나라는 공자의 출생지인 데서 연유하여, 유학(儒學)이 성행하였던 영남 지방을 가리킨다.

145 회로(晦老) : 회재(晦齋) 이언적을 가리킨다.

146 자식이 스승을 얻으니 : 김연의 아들 김부필·김부의 형제가 이황을 스승으로 모신 것을 말한다.

147 손자가 의리를 세우니 : 김연의 손자인 김해(金垓)가 임진왜란 당시 예안(禮安)에서 의병을 일으킨 것을 말한다. 김해의 자는 달원(達遠), 호는 근시재(近始齋)로 1589년 연은전 참봉(延恩殿參奉)으로서 증광 문과에 급제하여, 승문원 정자, 예문관

복시[148]의 공렬이었네	復矢之烈
가정에서의 교훈이 없었다면	不有訓迪
이들이 무엇을 본받았으랴	于何承式
도산이 무너졌으니[149]	陶山其頹
누가 그 덕을 드날리겠는가	孰揚厥德
나의 이 명은 전수받은 바 있으니[150]	我銘有受
그 새긴 글이 드러나지 않겠는가	不顯其刻

검열 등을 역임하였다. 1592년 임진왜란이 일어나자 향리 예안에서 의병을 일으켜 안동과 군위 등지에서 활약하다가 이듬해 진중에서 병사하였다. 1893년(고종30) 이조 판서로 추증되었다.

148 복시(復矢) : 전쟁 중에 옷 대신 화살로 전사자의 초혼(招魂)을 하는 것을 말한다. 사람이 죽으면 본래 지붕 위로 올라가 그 사람이 생전에 입던 옷을 높이 흔들면서 "아무개 복〔某復〕"이라고 세 번 불러 초혼하는데, 전쟁 중에 군사가 죽으면 초혼할 옷을 구하기 힘든 까닭에 흔한 화살로 초혼하였다. 《예기》 〈단궁 상(檀弓上)〉에 "주루가 화살로써 복을 한 것은 대개 형시의 전투로부터 시작하였다.〔邾婁復之以矢, 蓋自戰於升陘始也.〕"라고 하였다.

149 도산(陶山)이 무너졌으니 : 이황이 별세한 것을 말한다. 도산은 이황이 만년에 강학하던 곳이었으므로 이황을 가리키는 말로 쓰인다.

150 나의……있으니 : 이황의 문하에서 덕행으로 이름났던 김부의가 김연의 가장(家狀)을 작성한 한편, 이황이 그 가장을 보고 명(銘)을 짓기로 허락하였으므로 명을 지을 만한 합당한 근거와 권위가 있다는 말이다.

가선대부 사헌부대사헌 겸 세자좌부빈객 대봉 양공 신도비명
嘉善大夫司憲府大司憲兼世子左副賓客大峯楊公神道碑銘

나라의 융성한 기운이 성종조(成宗朝)의 시대에 절정을 만나 여러 현명한 신하들이 힘써 임금을 보필하였으니, 또한 성대하다 하겠다. 대봉(大峯) 양공(楊公)이 그 사이에서 높이 나래를 펼쳐, 젊어서는 성군이 다스리는 시대의 현신(賢臣)이 되고 늙어서는 혼란한 세상의 완인(完人)[151]이 되었으니, 이 같은 분은 강하고도 큰 기운을 타고난 이가 아니겠는가.

공의 휘는 희지(熙止), 자는 가행(可行)으로 영남(嶺南) 사람이다. 처음 벼슬길에 올랐을 때 성종이 이름은 희지(稀枝), 자는 정보(楨父)로 바꾸도록 명하였다가,[152] 3년 뒤에 초명(初名)이 행해진 지가 오래되었다는 이유로 다시 초명을 따르라고 명하였다. 그 세계(世系)는 관서 부자(關西夫子) 진(震)[153]의 후예인데, 고려 충선왕 때에 도첨의 정승(都僉

151 완인(完人) : 혼란한 세상에서 목숨과 절의를 온전하게 지킨 사람을 이르는 말로, 양희지(楊熙止)가 연산군(燕山君)의 실정(失政)을 만나 목숨을 잃지 않고 절의를 지켜냈으므로 그렇게 칭한 것이다. 이 말은 송(宋)나라 원우(元祐) 연간에 당쟁이 격심했던 와중에서도 홀로 정도를 지키며 끝내 화를 입지 않았던 유안세(劉安世)를 '원우 완인(元祐完人)'이라고 칭송한 데서 유래하였다. 《宋史 劉安世列傳》

152 성종이……명하였다가 : 《대봉집(大峯集)》 권3에 실린 〈행장(行狀)〉에 따르면, 이 명이 내려진 때는 1476년(성종7)이다.

153 진(震) : 후한(後漢) 사람 양진(楊震, ?~124)을 말한다. 양진은 자가 백기(伯起)로 경서에 밝고 고사에 밝아 당시에 "관서의 공자 양백기(楊伯起)"라고 불렸다. 그의 천거로 벼슬을 얻은 자가 찾아와 감사의 표시로 황금을 내밀자 "하늘이 알고 귀신이 알고 내가 알고 자네가 아는데, 어찌 알 자가 없다고 하는가.〔天知, 神知, 我知, 子知,

議政丞) 기(起)가 원(元)나라 임금의 명을 받아 우리나라로 와서 중화군(中和君)에 봉해지자 자손들이 계속해서 그것을 관향(貫鄕)으로 삼았다. 증조(曾祖)는 원격(元格)으로 내시윤(內侍尹)을 지내고 도승지에 추증되었으며, 조부는 미(渼)로 형조 판서를 지냈고, 선고는 맹순(孟淳)으로 군수를 지내고 이조 참판에 추증되었다. 선비는 증 정부인(貞夫人) 정씨(鄭氏)이니, 관향은 나주(羅州)이고 직장(直長) 정시교(鄭是僑)의 따님이다. 공이 귀한 신분이 된 뒤에 추증이 그 선대에 미쳤다.

정통(正統) 기미년(1439, 세종21)에 공이 태어났다. 일찍부터 총명하여 8, 9세에 〈등유설(燈油說)〉을 지어 "등불은 비유하자면 임금이고 기름은 비유하자면 신하이니, 등불이 기름으로써 빛을 내고 임금이 신하로써 다스림을 이룩하는 것은 그 이치가 하나이다."라고 하였다. 새벽마다 일어나 북쪽을 향하여 절하였는데 대부인이 그 이유를 묻자 대답하기를 "임금이 계신 곳입니다."라고 하였다.

임오년(1462, 세조8)에 생원시(生員試)와 진사시(進士試)에 아울러 입격하였다. 태학(太學)에서 공부할 적에[154] 여러 명류(名流)가 모두 선후배의 항렬 차이를 접고 교유하면서 한목소리로 공의 어짊을 칭찬하였다.

이듬해 조정에서 원각사(圓覺寺)를 수리하자, 공이 주도하여 태학 제생(諸生)의 소를 올려 매우 엄한 비판을 가하였다. 성종(成宗)이 일찍이 편찮을 적에 태비(太妃)가 이를 걱정하여 문묘 바깥으로 무당

何謂無知?」"라고 하였다는 고사로 유명하다. 《後漢書 楊震列傳》

154 태학(太學)에서 공부할 적에 : 양희지는 1464년 성균관에 들어가 김승경(金升卿), 정괄(鄭佸), 이숭원(李崇元), 성건(成健) 등과 교유하였다. 《大峯集 卷3 行狀》

을 보내 기도와 제사를 올리게 하였는데, 제생은 두려움에 굴복하여 입을 다문 채 감히 아무 말도 꺼내지 못하였으나, 공은 안공 팽명(安公彭命)[155]과 함께 분연히 무당을 내쫓아 근처에 얼씬도 하지 못하게 하니 태비가 이에 분노하였다. 상이 이 소식을 듣고는 자리에서 벌떡 일어나 말하기를 "선비의 기상이 이와 같으니, 나의 병이 돌연 몸에서 떠나려 한다."라고 하였다.

몇 년 뒤에 금오산(金鰲山)에서 독서할 적에[156] 김동봉 시습(金東峯時習)[157]과 만나 열흘간 함께 유숙하며 지냈다. 동봉(東峯)은 날마다 꼭 명수(明水)를 갖추어 예불을 올리고, 예불이 끝나면 곡을 하고, 곡이 끝나면 노래를 부르고, 노래가 끝나면 시를 짓고, 시를 다 짓고 나면 또다시 곡을 하며 그 시고(詩稿)를 불태워 버리곤 하였다. 이에 공이 "명교(名教) 안에 본래 낙토(樂土)가 있거늘 어찌하여 꼭 이렇게 하는가.[158] 지금 임금

155 안공 팽명(安公彭命) : 안팽명(1447~1492)으로, 본관은 광주(廣州), 자는 덕보(德甫)이다. 1472년 식년 문과에 병과로 급제한 후로 대간(臺諫)에 주로 재직하면서 직언으로 명성을 떨쳤다.

156 몇……적에 : 양희지가 33세 되는 1471년의 일이다. 《大峯集 卷3 行狀》

157 김동봉 시습(金東峯時習) : 김시습(1435~1493)으로, 본관은 강릉(江陵), 자는 열경(悅卿), 호는 매월당(梅月堂)·동봉·청한자(淸寒子)·벽산(碧山), 법호는 설잠(雪岑), 시호는 청간(淸簡)이다. 삼각산 중흥사(重興寺)에서 공부하다가 수양대군이 단종을 내쫓고 왕위에 올랐다는 소식을 듣고는 책을 불살라 승려가 되어 전국을 방랑하였다. 효령대군(孝寧大君)의 권유로 잠시 세조의 불경언해(佛經諺解) 사업을 도와 내불당(內佛堂)에서 교정 일을 보았지만 다시 경주 남산에 금오산실(金鰲山室)을 짓고 입산하여 이곳에서 한문소설 《금오신화(金鰲新話)》를 지었다.

158 명교(名教)……하는가 : 진(晉)나라 때 악광(樂廣)이 왕징(王澄), 호무보지(胡毋輔之) 등의 방탕한 행실을 보고 "명교 안에 본래 낙토가 있거늘, 어찌하여 꼭 이렇게 하는가.〔名教內自有樂地, 何必乃爾?〕"라고 한 말을 인용한 것으로, 김시습이 유교의

께서 명성(明聖)하시니 열경(悅卿)은 나아가 벼슬하는 것이 좋겠다."라고 하자 동봉은 한숨을 쉬고 사양하며 "가행(可行)은 힘쓸지어다. 광인(狂人)이 어찌 벼슬하기에 합당하겠는가."라고 하였다.

갑오년(1474, 성종5)에 대과에 급제하였다. 이에 앞서 상은 공의 명성을 익히 듣고 있었는데, 과거 급제자가 발표되자 몹시 기뻐하여 편전(便殿)으로 불러 사대(賜對)[159]하는 한편, 어필(御筆)로 시를 지어 "양씨(楊氏) 가문의 재자(才子)이며 옥수(玉樹)의 자질[160]이니, 그 이름을 희지(稀枝)로 바꿈이 합당하리라."라고 하고는 마침내 이름과 자를 하사하였다. 또 특별히 예문관 검열(藝文館檢閱)에 제수하고는 보촉(寶燭)을 거둘 때까지 밤늦도록 함께 있다가 돌아가도록 하니, 이같이 은혜로운 영광은 세상에 드문 것이었다. 이듬해에 괴원(槐院)에 들어가 정자(正字)가 되었다.

병신년(1476)에 상이 명하여 나이가 젊은 문신 가운데 재주와 학식이 있는 자를 뽑은 뒤에 휴가를 주어 장의사(藏義寺)로 가서 독서하게 하는 한편 곳간에 곡식을 대 주고 푸줏간에 고기를 대 주도록 하니, 이는 대개 인재를 모아 육성하려는 것이었다. 이에 채공 수(蔡公壽),

가르침과 예법을 무시하고 제멋대로 방탕하게 사는 것을 꼬집은 것이다. 명교는 명분에 따라 인륜의 가르침을 펴는 유교(儒敎)를 가리키는 말이다. 《晉書 樂廣列傳》

159 사대(賜對) : 임금이 신하를 불러서 묻는 말에 대답하게 하는 것을 말한다.

160 옥수(玉樹)의 자질 : 상대방 자제(子弟)의 훌륭한 자질을 칭송하는 말이다. 진(晉)나라 사람 사안(謝安)이 여러 자질에게 "어찌하여 사람들은 자기 자제가 출중하기를 바라는가?"라고 묻자, 그의 조카인 사현(謝玄)이 "비유컨대 지란과 옥수가 자기 집 정원에서 자라기를 바라는 것과 같습니다.〔譬如芝蘭玉樹, 欲使其生於階庭耳.〕"라고 대답했던 데서 온 말이다. 《晉書 謝玄列傳》

허공 침(許公琛), 권공 건(權公健), 조공 위(曺公偉), 유공 호인(兪公好仁) 그리고 공이 실로 여기에 참여하게 되었는데, 공은 이 다섯 사람들과 함께 아침부터 밤까지 학문을 강론하여 3년이 지난 뒤에야 돌아갔다. 그사이에 승정원 주서가 되었으나 직무로 인해 거리낀 적이 없었다.

무술년(1478)에 상이 예문관(藝文館)을 홍문관(弘文館)으로 고치라는 명을 내리고는 맨 먼저 공을 부수찬(副修撰)에 제수하였다. 공은 풍모가 쾌활하고 눈썹과 수염이 그림 같았으며, 행동거지가 우아하고 목소리가 맑고 빼어나서 경연 자리에 드나들 적마다 주위 사람들이 주목하였고 상 역시 마음을 기울였다. 상이 일찍이 경연신(經筵臣)에게 "착건(鑿巾)은 무슨 뜻인가?"라고 물었는데 여러 유신(儒臣)은 잠자코 아무 대답도 하지 못하였다. 이에 상이 공을 돌아보며 말하기를 "그대가 견식이 넓고 들은 것이 많다는 것을 알고 있으니, 나를 위해 말하지 않겠는가?"라고 하니, 공이 일어나 사례하고는 이어 아뢰기를 "이는《예기(禮記)》〈잡기(雜記)〉에 있는 말로, 대개 대부(大夫) 이상이 그 어버이를 위하여 반함(飯含)할 때 사용하는 것입니다."라고 하였다. 상이 재차 문묘작헌례(文廟酌獻禮),[161] 반궁양로의(泮宮養老儀),[162] 무후팔진법(武侯八陣法)[163] 등에 대해 묻자, 공은 매우 상세하게 근거

161 문묘작헌례(文廟酌獻禮) : 임금이나 세자가 유교의 성현을 모신 문묘(文廟)에 나아가 술잔을 올리는 예식을 말한다.

162 반궁양로의(泮宮養老儀) : 임금이 성균관에 거둥하여 양로연(養老宴)을 베푸는 의식을 말한다.

163 무후팔진법(武侯八陣法) : 제갈량(諸葛亮)이 《주역》을 통해 창안하였다고 하는 여덟 종류의 진법으로, 동당(洞當), 중황(中黃), 용등(龍騰), 조비(鳥飛), 호익(虎翼), 연횡(連衡), 절충(折衝), 악기(握機) 등으로 이루어져 있다.《小學紺珠 制度類》

를 대며 대답하였다. 이에 상이 감탄하며 이르기를 "옥당(玉堂)은 진실로 이와 같아야 하지 않겠는가. 나에게 문무(文武)의 재주를 온전히 갖춘 신하가 있으니, 가히 그 쓸 바를 알겠다."라고 하고는 《강목(綱目)》[164]과 구마(廐馬)를 하사하여 총애하였다.

공은 국량이 크고 넓어서 늘 무능한 것처럼 보이다가도 어떤 일을 만나게 되어서는 우뚝하게 정론을 고수하여 분육(賁育)[165]이라도 능히 빼앗지 못할 지조가 있었다. 이때 임사홍(任士洪)[166]이 임금의 총애를 믿고 권력을 휘둘렀는데, 공은 그가 나라에 화를 끼칠 인물임을 알고 상소하기를,

"지금 흙비가 봄부터 여름까지 내려 전하와 대신과 나라 사람들 모두 이를 재앙이라고 하는데 임사홍만 유독 재앙이 아니라고 하니, 이는 조고(趙高)가 사슴을 가리켜 말이라고 한 것[167]과 양국충(楊國忠)이 장마는 농사에 해가 안 된다고 한 것[168]과 더불어 기망(欺罔)이라는

164 강목(綱目) : 《자치통감강목(資治通鑑綱目)》을 가리킨다.

165 분육(賁育) : 진 무왕(秦武王) 때의 용사(勇士)였던 맹분(孟賁)과 하육(夏育)의 병칭이다.

166 임사홍(任士洪) : 1449~1506. 본관은 풍천(豐川), 자는 이의(而毅), 초명은 사의(士毅)이다. 효령대군(孝寧大君)의 아들 보성군(寶城君) 이합(李||)의 사위이다. 1498년(연산군4) 유자광(柳子光)이 무오사화를 일으키자 이에 결탁하여 전횡을 일삼았고 1504년 연산군의 생모인 폐비 윤씨(尹氏)가 사사된 내막을 연산군에게 밀고하여 갑자사화를 일으켰다. 1506년(중종1) 중종반정이 일어나자 처형되었다.

167 조고(趙高)가……것 : 진(秦)나라 이세황제(二世皇帝)의 총애로 국정을 전횡하였던 승상 조고가 무소불위한 자신의 권세를 시험해 보기 위하여 이세황제에게 사슴을 말이라고 속여서 바친 일을 말한다. 《史記 李斯列傳》

168 양국충(楊國忠)이……것 : 753년 당(唐)나라 관중(關中) 지방에 수해가 일어나

점에서는 매한가지입니다. 그런데도 신은 상방참마검(尙方斬馬劍)을 빌려 간신 사홍의 머리를 자르지 못하니[169] 이는 신의 죄입니다." 하였다. 얼마 지나지 않아 상이 어묵(御墨)을 하사하고 이조 좌랑에 제수하였는데, 공은 부모가 연로하다는 이유로 봉양을 청하여 교리(校理)를 거쳐 사천현(泗川縣)을 맡아 다스리게 되었다. 이에 상이 영남 관찰사에게 명하여 쌀과 비단을 주어 봉양하게 하는 한편 또 공에게 사시(四時)마다 지은 시문을 뽑아서 올리도록 하였다. 몇 년이 지나 상이 표리(表裏)를 하사하니 이는 대개 그 정사의 공적(功績)을 포상(褒賞)한 것이다.

신축년(1481)에 모종의 일로 인하여 체직되었다.

계묘년(1483, 성종14)에 정희왕후(貞熹王后)의 산릉역(山陵役)을 마치고 외직으로 나가 현풍 현감(玄風縣監)이 되었는데, 흉년을 만나 구휼하고 살린 사람의 수가 매우 많았다.

을사년(1485)에 청주 판관(淸州判官)으로 옮기고 모친상을 당하였는데, 널을 붙들고서 애모(哀慕)하는 공의 모습을 본 사람들이 하나같이 마음이 동하여 눈물을 흘렸다. 복제를 마친 뒤에 예조 낭관(禮曹郎官)에 제수되었으나 공은 남은 슬픔이 아직 가시지 않아 벼슬길에 나아

당시 황제였던 현종(玄宗)이 이를 걱정하자, 양귀비(楊貴妃)의 6촌 오라비로 권력을 농단했던 양국충이 벼 중에 성한 것을 가져다 보여 주면서 "비가 많이 왔지만 농사에는 무방합니다."라고 기만한 일을 말한다. 《舊唐書 楊國忠列傳》

169 상방참마검(尙方斬馬劍)을……못하니 : 한 성제(漢成帝) 때의 강직한 신하 주운(朱雲)이 성제에게 "신은 바라건대 상방참마검을 내려 주신다면 간신 한 사람의 목을 잘라 나머지 사람들을 경계하겠습니다."라고 하였다. 《後漢書 朱雲列傳》 여기서는 간신 임사홍을 처단하지 못하는 처지를 한탄한 것이다.

가지 않으려고 하였다. 이에 점필(佔畢),[170] 한훤(寒暄)[171] 두 선생이 번갈아 편지를 보내어 벼슬할 것을 권하니 마침내 억지로 부임하였다. 이윽고 경도사 도사(京都司都事)에 제수되고 병조 정랑, 사헌부 장령(司憲府掌令), 지평(持平), 사간원 정언(司諫院正言), 성균관 사성(成均館司成)으로 누차 천직되었다.

신해년(1491)에 야인(野人)이 북쪽 변경에 침입하자[172] 도원수 허종(許琮)이 공을 자벽(自辟)하여 종사관(從事官)으로 삼았는데, 그 당시 행한 계책은 모두 공으로부터 나온 것이었다.

계축년(1493)에 홍문관 응교(弘文館應敎)에 제수되었다. 당시 헌신(憲臣) 김언신(金彥辛)이 대신을 논핵하자[173] 상이 거짓으로 무함한다

170 점필(佔畢) : 김종직(金宗直, 1431~1492)으로, 본관은 선산(善山), 자는 계온(季昷)·효관(孝盥), 호는 호인 점필재(佔畢齋), 시호는 문충(文忠)이다. 1459년 문과에 급제한 후 정자(正字), 교리, 감찰(監察) 등을 역임하였다. 성종 초에 경연관(經筵官)이 되고 이후 내외의 여러 관직을 두루 역임하여 지중추부사(知中樞府事)에 이르렀다. 학문과 문장이 뛰어나 후대에 영남학파의 종조(宗祖)가 되었다.

171 한훤(寒暄) : 김굉필(金宏弼, 1454~1504)로, 본관은 서흥(瑞興), 자는 대유(大猷), 호는 한훤당(寒暄堂), 시호는 문경(文敬)으로 김종직의 문하에서 《소학(小學)》을 읽고 스스로 '소학동자(小學童子)'라고 일컬었다. 1498년 무오사화에 김종직의 일파로 몰려 희천(熙川)에 유배되고 1504년 갑자사화 때 사사(賜死)되었다.

172 야인(野人)이……침입하자 : 1491년 여진족 올적합(兀狄哈) 1000여 명이 함경도에 침입하여 조산보(造山保)를 함락하고 군민(軍民)을 살상하고 납치한 일을 말한다. 《成宗實錄 22年 1月 19日》

173 당시……논핵하자 : 지평(持平) 김언신이 경연 자리에서 현석규(玄碩圭)를 노기(盧杞)와 왕안석(王安石)에 비유하며 소인(小人)이라고 비판한 일을 말한다. 《번암집》을 비롯하여 《대봉집(大峯集)》 권3에 실려 있는 〈행장(行狀)〉, 《입재집(立齋集)》 권42에 실려 있는 〈한성우윤대봉양공묘지명(漢城右尹大峯楊公墓誌銘)〉에는 하나같이

고 하여 김언신을 국문하였는데, 상의 음성과 기운이 더욱 사나워져 감에도 김언신은 조금도 굴하지 않았다. 이에 상이 매우 노하여 그를 죽이려고 하였는데 공이 차자(箚子)[174]를 올려 "만약 광망(狂妄)한 잘못을 했다는 이유로 체포하고 나서 또 국문(鞫問)까지 하여 기필코 죽인 뒤에야 끝내고자 하다면, 한(漢)나라의 조정에서 귀신(貴臣)을 논척하고 전람(殿檻)을 부러뜨렸던 주운(朱雲)[175]이 어찌 목숨을 보전할 수 있었겠습니까."라고 하였다. 이에 상의 마음이 비로소 풀려 즉시 김언신을 석방하여 술을 보내 주는 한편, 공의 차자에 답하기를 "그대가 아니었다면 간신(諫臣)을 죽일 뻔하였다."라고 하고서 역시 술을 보내 주었다.

교리로 자리를 옮기고 세자시강원 문학(世子侍講院文學)을 겸관하였다. 마침 내전(內殿)이 원각사(圓覺寺)에서 기불(祈佛)하여 옥서(玉署 홍문관)의 신하로 하여금 배향(陪香)하도록 하고 이부(吏部)로 하여

이 일을 1493년 양희지가 홍문관 응교(弘文館應敎)에 제수된 뒤에 일어난 것으로 기록하고 있으나, 《성종실록(成宗實錄)》의 기록에 따르면 이 일이 일어난 시기는 1477년 9월 5일이다. 김언신이 현석규를 비판하였다고 한 《성종실록》 8년 9월 5일 기사 이후 그와 관련한 기사가 수차례 인접하여 나오는 점, 현석규의 사망 연도가 1480년이란 점 등을 고려해 볼 때 1493년 김언신이 대신을 논핵하였다고 한 《번암집》의 기록은 오류인 것으로 판단된다.

174 차자(箚子) : 《대봉집(大峯集)》 권2에 〈구지평김언신차(捄持平金彥辛箚)〉로 실려 있다.

175 주운(朱雲) : 서한 성제(西漢成帝) 때의 직신(直臣)으로, 성제 앞에서 죽음을 무릅쓰고 직언하다가 어사(御史)로부터 끌려 내려지자 난간이 부러질 정도로 끝까지 붙잡고 버티며 간쟁하는 강직함을 보였다. 성제는 뒤에 주운의 말이 옳음을 깨닫고 부러진 난간을 그대로 두어 직간하는 신하의 본보기로 삼게 하였다. 《後漢書 朱雲列傳》

금 공을 차출하여 보내도록 하자, 공이 상소하기를 "불가(佛家)는 명교(名敎) 밖의 이단이고 신은 예법(禮法) 안의 사류(士流)이니, 사류로서 이단을 높이는 일은 신이 차마 하지 못할 바입니다. 왕량(王良)은 일개 마부(馬夫)였음에도 사수(射手)에게 아부하는 것을 부끄러워했는데,[176] 하물며 왕량이 되지 않는 자는 어떻겠으며, 부처에게 공양하는 일이 또 사수에게 아부하는 일과 비교할 수 있는 정도가 아닌 데야 어떻겠습니까. 전하께서는 비록 내전의 뜻으로 돌리고자 하시지만 그 누가 집에 있으면서 모른다 하겠습니까."라고 하였는데, 대신은 이를 거만하다고 논책하였으나 상은 이르기를 "정직하다, 이 사람이여. 전에 이미 무당을 내쫓았다가 이번엔 또 부처를 물리치니, 진실로 옥당의 바른말 하는 선비라 할 만하다. 하악(河嶽)의 간기(間氣)[177]가 아마도 여기에 있을 것이다. 가상히 여기기에도 겨를이 없는데 어찌 죄가 있다 할 수 있겠는가."라고 하였다. 이튿날 특별히 의정부 검상

176 왕량(王良)은……부끄러워했는데 : 진(晉)나라 조간자(趙簡子)가 마부 왕량에게 자신의 총신(寵臣) 해(奚)를 수레에 태우고 사냥을 하도록 지시하자, 왕량이, 정당한 방법과 원칙을 무시하기를 원하는 조간자의 뜻에 영합하면서까지 마부 노릇을 할 수 없다고 거절한 일을 말한다. 맹자의 제자인 진대(陳代)가 맹자에게 잠시 정도(正道)를 굽혀서 제후를 만나 보라고 권유하자 맹자가 왕량의 이 고사를 인용하면서 "마부조차도 사수에게 아부하는 것을 부끄러워해서, 사수에게 아부하여 산더미처럼 많은 짐승을 잡을 수 있다 해도 그렇게 하지 않는데, 어떻게 도를 굽혀서 제후를 따르겠는가.〔御者且羞與射者比, 比而得禽獸, 雖若丘陵, 弗爲也. 如枉道而從彼何也.〕"라고 하였다. 《孟子 藤文公下》

177 간기(間氣) : 영웅호걸이 세상에 드물게 타고났다는 특별한 기운을 말한다. 《태평어람(太平御覽)》 〈황왕부(皇王部) 1 서황왕 상(敍皇王上)〉에 "정기는 황제가 되고 간기는 신하가 되며 궁상은 성(姓)이 되고 빼어난 기운은 사람이 된다.〔正氣爲帝, 間氣爲臣, 宮商爲姓, 秀氣爲人.〕"라고 한 데서 나온 말이다.

(議政府檢詳)에 제수하고 곧이어 사인(舍人)으로 승진시키고 얼마 뒤 사간으로 이직시켰는데, 공은 간언한 것 때문에 품계가 오른다 하여 그때마다 모두 힘써 사양하니, 윤공 필상(尹公弼商)이 감탄하며 "임금이 성스러우면 신하는 곧다는 것[178]이 지금을 두고 한 말이 아니겠는가."라고 하였다.

갑인년(1494)에 집의, 필선, 사간, 헌납에 누차 제수되었고, 동부승지에 발탁되었다가 차서에 따라 좌부승지로 승진하고 또 형조 참의에 제수되었다. 성종이 갑자기 승하하였는데, 인산(因山)이 끝나자 체직되기를 청하여 고향으로 돌아가 소식(素食)을 먹으면서 삼년상을 마쳤다. 연산주(燕山主)가 영암 군수(靈巖郡守), 공조 참의, 예조 참의, 대사성, 안변 부사(安邊府使)에 누차 제수하였지만 모두 나아가지 않다가, 좌부승지로서 성종의 두 번째 기일에 맞추어 비로소 나아갔다. 대사간에 제수되자 상소하여, 조종(祖宗)을 본받고 간쟁을 받아들이며 형옥(刑獄)을 신중히 하고 사정(邪正)을 분별하며 궁금(宮禁)을 엄히 하고 성악(聲樂)을 줄여야 한다는 6가지 조목을 진달하였다. 외직으로 나가 충청도 관찰사가 되었다.

무오년(1498, 연산군4)에 발탁되어 가선대부의 품계를 받고 도승지, 부총관에 제수되었다. 7월에 사화(史禍)가 일어나 선류(善類)들이 거

178 임금이……것 : 한 원제(漢元帝) 때 사람 장맹(張猛)이 한 말로, 이상적인 군신 관계를 나타내는 말이다. 원제가 종묘에 제사 지내기 위해 누선(樓船)을 타고 종묘에 가려고 하자, 장맹이 이를 말리면서 "신이 듣건대 임금이 성스러우면 신하는 곧다고 하였습니다. 배를 타는 것은 위험하고 다리로 나아가는 것은 안전하니, 성스러운 임금은 위험한 것을 타지 않는 법입니다.〔臣聞主聖臣直, 乘船危, 就橋安, 聖主不乘危.〕"라고 하였다.《漢書 薛廣德傳》

의 다 죽게 되자,[179] 공은 말미를 청하여 고향으로 돌아가 오직 서사(書史)를 읽고 밭 갈고 낚시하는 일만을 즐겼다. 때로는 혹 달이 뜬 뜰에서 서성이면서 서쪽을 바라보며 크게 탄식을 하여 눈물이 옷깃을 적시기까지 하였다.

기미년(1499)에 대사헌, 부제학, 형조 참판에 제수되었으나 나아가지 않았다.

경신년(1500)에 호조 참판으로서 조정에 나아가는 도중 대사간으로 이직되었다. 당시 비도 내리지 않는데 우레가 울리는 일이 발생하자 공이 직접 소매에서 계사(啓辭)를 꺼내 올려 아뢰기를 "무오년(1498)에 유배시킨 부류들은 선왕께서 일찍이 예우한 자들이자 전하께서 또 재기(才器)에 맞게 부리신 자들이니, 그들을 굶주린 땅에 두고서 스스로 굶어 죽는 지경에 이르도록 하는 것은 살리기를 좋아하는 덕이 아닌 듯합니다. 모두 내복(內服)[180]으로 양이(量移)하도록 명하신다면 재앙을 가라앉히는 도에 무방할 듯합니다."라고 하였다. 아, 이 당시에 천지가 막혀 태평의 시대가 가고 비색(否塞)[181]의 시대가 와서 이름난 현인과 바른 선비가 나란히 그물과 덫에 걸려들었으니, 《시경》에서 "저기 앉으려는 까마귀를 보니, 뉘 지붕에 가서 앉을런고?"[182]라고 한 것은

179 7월에……되자 : 1498년에 사초(史草)에 실린 김종직(金宗直)의 〈조의제문(弔義帝文)〉이 빌미가 되어 유자광(柳子光)을 중심으로 한 훈구파(勳舊派)가 김종직을 주축으로 하는 사림파(士林派)를 대대적으로 공격하여 화를 입힌 것을 말한다.

180 내복(內服) : 본래 천자의 직할 지역으로 수도로부터 반경 500리 이내의 땅을 말하는데, 여기서는 경기 지역을 말한다.

181 비색(否塞) : 천지의 운수가 꽉 막힌 시기를 말한다. 《周易 否卦》

182 저기……앉을런고 : 주 유왕(周幽王) 때의 한 대부(大夫)가 유왕의 학정(虐政)

이를 두고 하는 말이었다. '무오(戊午)'란 두 글자를 말하는 사람이 있기만 하면 죄에 연루되는 화가 순식간에 찾아드는데, 그 누가 능히 고개를 들고 혀를 놀려 목숨을 부지하기를 바랄 수 있었겠는가. 공의 계사(啓辭)는, 그 말은 완곡하고 그 뜻은 슬프고 그 도는 바르고 곧았으니 비록 이것을 일러 "엎어지는 물살 속의 지주(砥柱)"[183]이며 "음이 쌓인 뒤에 생겨나는 하나의 양"[184]이라 한다 해도 좋을 것이다. 이렇게 하고서도 능히 목숨을 보전할 수 있었던 것은 혼주(昏主)가 공을 아껴서 그러했던 것이 아니라, 공이 평소에 가졌던 순일한 충정이 혼주로 하여금 오히려 그 말이 사심에서 나온 것이 아님을 알도록 만들었기 때문이다. 이러한 덕분에 김 선생 굉필(金先生宏弼), 박공 한주(朴公漢柱), 이공 수공(李公守恭), 조공 위(曺公偉) 등이 모두 머나먼 변경에서 내복으로 양이(量移)되었고, 그 외에도 양이된 자들이 많았다. 적신(賊臣) 노사신(盧思愼)과 유자광(柳子光) 등이 공을, 의견을 같이하는 자들과 파당을 짓고 반역의 무리들을 비호한다고 하면서 극죄(極罪)에

을 풍자하면서 "서럽구나, 이 나라 망하면, 우리 어디로 가서 먹고 살까? 저기 앉으려는 까마귀를 보니, 뉘 지붕에 가서 앉을런고?〔哀我人斯, 于何從祿? 瞻烏爰止, 于誰之屋?〕"라고 한 말을 인용한 것으로, 유왕의 학정으로 나라를 잃게 된 유민들의 막막한 사정을 빗대어 연산군의 학정을 한탄한 것이다.

183 엎어지는……지주(砥柱) : 황하(黃河)의 중류에 있는 지주산(砥柱山)이란 바위산이 세찬 물결 속에서도 무너지지 않고 우뚝하게 버티고 서 있는 것을 말하는데, 곧 세류에 휩쓸리지 않는 높은 절조를 칭송한 것이다.

184 음이……양 : 불행의 시기가 계속되다가 그것이 극에 이르러 다시 행운의 시기가 찾아옴을 말한다. 이 말은 본래 음기(陰氣)가 극에 달한 순음(純陰)의 10월을 지나 11월 동지(冬至)가 되면 양(陽)의 기운이 처음으로 생겨나 복괘(復卦)를 이루게 되는 것을 가리키는 것이다. 《周易 復卦 本義》

해당시키고자 하였는데, 마침 신수근(愼守勤)이 구원하고 해명하는 말을 하여 단지 관직이 삭탈되고 도성 밖으로 내쫓기는 데에 그쳤다.

계해년(1503)에 서용(敍用)되어 형조 참판과 황해도 관찰사에 제수되었으나 모두 부임하지 않았다. 겨울에 대사헌으로서 조정에 나아갔다.

이듬해 갑자년(1504) 1월에 한성부 우윤(漢城府右尹)에 제수되고 세자시강원 좌부빈객(世子侍講院左副賓客)을 겸관하였다. 2월 5일에 작은 병이 났는데 자리에서 일어나지 못할 줄을 스스로 알고 약을 먹지 않았다. 성공 희안(成公希顔), 이공 우(李公堣), 이공 현보(李公賢輔), 권공 발(權公橃) 등이 와서 문병하자 공이 일어나 앉아 옷깃을 정제하고 사운시(四韻詩)를 지었는데, 그 시에,

삼각산은 높고 한수는 둘러져 있는데	三角山高漢水圍
하늘 가득 눈이 내려 어지러이 흩날리네	漫天雨雪亂霏霏
선산에서 목숨을 마치려 한 이[185] 누구였던가	松楸畢命何人是
종사를 부지하려던 이 뜻이 어긋났네	宗社扶顚此志違

하니, 말뜻이 강개하여 왕실을 잊지 못함이 이와 같았다.

그 이튿날 졸하였는데, 임종하려 할 때에 숨이 거의 끊어지려 하는 목소리로 연신 종성(鍾城)에 대해 물었다. 종성은 정 선생 여창(鄭先生汝昌)이 유배되었던 곳인데 경신년(1500)에 내려졌던 양이의 명에 그곳이 포함되지 못했으므로 이렇게 말한 것이다. 3월에 연방(蓮坊)의

185 선산(先山)에서……이 : 당(唐)나라 한유(韓愈)를 말한다. 한유의 시 〈부강릉도중기증……한림삼학사(赴江陵途中寄贈……翰林三學士)〉에 "깊이 생각하고 벼슬을 그만둔 뒤에, 목숨 다하도록 선산에 의지하고 있으려네.〔深思罷官去, 畢命依松楸.〕"라는 대목을 두고 한 말이다. 《全唐詩 卷336》

저사(邸舍)에서 울산(蔚山)으로 널을 돌려보내고, 10월에 고을의 북쪽에 있는 함월산(含月山) 유향(酉向)의 언덕에 장사 지냈다. 중종 2년 정묘년(1507)에 상이 무오년의 원한을 씻어 주고는 공이 경신년에 올린 계사의 말을 뒤미처 보고 한참 동안 가상히 여겨 감탄하였다. 이에 특별히 예관을 보내어 조제(弔祭)를 올리게 하였는데, 이공 현보가 가기를 자청하였다.

공의 배위(配位)는 학성 이씨(鶴城李氏)로, 동부녹사(東府錄事) 이종근(李宗根)의 따님으로 부덕(婦德)과 선한 행실이 있었는데 공보다 4년 먼저 세상을 떠났다. 4남 2녀를 낳으니, 문선(聞善)은 현감이고, 배선(拜善)은 진사로서 음보(蔭補)로 출사하였고, 계선(繼善)과 숙선(淑善)은 모두 요절하였다. 사위는 조복겸(曺福謙)과 권효정(權孝貞)이다.

공이 졸한 지 이미 300년이 흘렀는지라 시문이 산일되어 여향(餘香)이 거의 사라지려 하나, 선배들의 월조평(月朝評)[186]은 또렷하게 남아 있어 여전히 그 실제 모습을 상고해 볼 수 있다. 남공 효온(南公孝溫)은 "우뚝이 서서 대체(大體)를 견지하니 참으로 재보(宰輔)의 그릇이다."라고 하고, 권공 경유(權公景裕)는 "얼굴은 아녀자 같고 몸은 옷의 무게도 감당하지 못할 것같이 보이지만, 의리를 분석할 때는 의연히 범하기가 어렵다."라고 하고, 일두(一蠹) 정 선생(鄭先生)은 "흰 칼날을 밟고 작록을 사양할 수 있는 사람은 오직 양가행(楊可行) 한 사람뿐이다."라

186 월조평(月朝評) : 인물평을 말한다. 후한 영제(後漢靈帝) 때 여남(汝南) 사람 허소(許劭)가 그 종형(從兄) 허정(許靖)과 함께 매월 1일 향당(鄕黨)의 인물을 품평하였던 고사에서 유래한 말이다. 《後漢書 許劭列傳》

고 하고, 표공 연말(表公沿洙)은 "처자를 맡기고 어린 군주를 보필하게 할 만한 사람이다."라고 하고, 조공 지서(趙公之瑞)는 "그 언행은 실로 학문하는 사람이고, 사한(詞翰)은 참으로 문장하는 선비이다."라고 하고, 이공 창신(李公昌臣)은 "충량(忠亮)을 온축하고 경륜을 품어 이익을 좇는 데엔 나약하나 정도(正道)를 지키는 데엔 용감하니, 거의 옛날의 이른바 사군자(士君子)라 할 것이다."라고 하였다. 이는 모두 아부를 좋아하지 않던 분들의 말이므로 족히 이를 통해 공의 실상을 알 수 있는데, 단 이러한 것들은 오히려 부차적인 것에 속한다고 할 수 있다.

공은 집 안에서는 날마다 《논어》와 《소학(小學)》을 읽어 큰 병을 앓지 않으면 이를 그만둔 적이 없었고, 집 밖에서는 일두, 한훤과 함께 도의(道義)로써 교분을 맺었다. 두 선생이 서북 변방으로 귀양을 갈 적에 공은 편지를 보내어 권면하였는데, 그 말이 간절하고 의리가 발라서 비록 백대가 지난 이후에도 또한 이를 통해 환난이 닥쳐도 흔들림 없이 정도를 지켰던 사실을 알 수 있으니, 이는 공의 내면에 있는 것이 그러하였기 때문이다. 이런 사실을 살핀 뒤에야 가히 공을 안다고 할 만하니, 나머지 일은 의당 생략한다.

금상 병오년(1786, 정조10)에 사림(士林)이 달성(達城)의 오천(梧川)에 사당(祠堂)을 세워 제사를 지냈다. 이듬해 봄 10대손 락(濼)이 천리 먼 곳에서 찾아와 나에게 비명(碑銘)을 부탁하니 그 덕을 높이고 선인을 위하는 것을 모두 기록하지 않을 수 없기에 마침내 명(銘)을 짓는 바이다. 명은 다음과 같다.

관서의 후예[187]가	關西令胄
동토[188]에서 드날리니	颺于東土

땅은 만 리나 떨어져 있고	地去萬里
세월은 수천 년이나 지났네	歲後千數
그 도는 마찬가지였으니	其道則同
산하의 정기를 타고났네	嶽毓河鍾
인성한 임금이 있어	有君仁聖
그 운룡[189]이 찬란하였네	爛其雲龍
노도[190]를 엄히 물리치니	威屛鷺翿
임궁[191]에 향화가 사라졌네	香不琳宮
이에 임금이 가상히 여기니	王庸嘉乃
곧다는 명성이 사방에 드날렸네	直聲四揚
슬프다 무오년에	盡哉戊午
하늘의 살펴 주심이 어두워	天視荒荒

187 관서(關西)의 후예 : 양희지의 선조가 관서 부자(關西夫子)로 불린 양진(楊震)이므로 이렇게 말한 것이다.

188 동토(東土) : 동국(東國), 즉 우리나라를 말한다.

189 운룡(雲龍) : 《주역》 〈건괘(乾卦) 문언(文言)〉에 "구름은 용을 따르고, 바람은 범을 따른다.〔雲從龍, 風從虎.〕"라고 한 데서 온 말로, 명군(明君)과 현신(賢臣)이 서로 만남을 뜻한다.

190 노도(鷺翿) : 백로(白鷺)의 깃으로 만든 일산(日傘)으로, 방탕한 놀이나 삿된 제사를 의미한다. 《시경》 〈진풍(陳風) 완구(宛丘)〉에서 진(陳)나라 유공(幽公)의 방탕한 행실을 풍자하며 "둥둥 질장구를 침이여, 완구의 길에서 하도다. 겨울도 없고 여름도 없이 노도를 꽂고 있도다.〔坎其擊缶, 宛丘之道. 無冬無夏, 値其鷺翿.〕"라고 한 데서 유래하였다.

191 임궁(琳宮) : 선궁(仙宮)이나 도관(道觀)을 말하는데, 여기서는 양희지가 성균관 유생 시절 개창을 반대하였던 원각사(圓覺寺)를 뜻하는 말로 쓰였다.

올빼미가 조정에 가득하여[192]	鴟鴞滿廷
저 난새와 봉황새를 쪼았네	啄彼鸞凰
아, 지금 사람들은	唉今之人
혀가 있는 것이 마치 묶인 죄수 같았는데	有舌如囚
공은 분연히 소장을 지어	公奮爲疏
피눈물을 줄줄 흘리니	淚血交流
지극한 정성이 통하여	至誠則通
혼주가 또한 응답을 하였네	昏主亦唯
백대의 환한 빛이	百代耿光
정사와 야사에 실려 있네	國乘野史
돌아가 성종께 절한다면	歸拜成廟
나는 신을 아노라 하리라	曰予知臣
우뚝이 높이 선	壁立巖巖
함월의 산이여	含月之山
공의 묘가 이에 있으니	公墓在是
이곳을 지나는 자는 반드시 예를 갖출지어다	過者必式
손을 씻고 명을 지으니	盥手作銘
나는 내 낯빛이 부끄럽지 않도다	我不愧色

192 올빼미가 조정에 가득하여 : 간신이 득세하여 조정에 가득 포진한 것을 말한다.

번암집

제45권

신도비
神道碑

대광보국숭록대부 의정부영의정 겸 영경연홍문관예문관춘추관관상감사 세자사 권공 신도비명

大匡輔國崇祿大夫議政府領議政兼領經筵弘文館藝文館春秋館觀象監事世子師權公神道碑銘

하늘이 나라를 사랑하면 반드시 그 나라를 보우하고자 하지만 기기(氣機)[1]가 변천함에 따라 상사(常事)도 있고 변고(變故)도 있게 되는 것은 당연한 이치이므로 기기가 바야흐로 변고에 머물러 있을 때엔 하늘도 이를 어쩌지 못한다. 이런 상황에서 하늘은 반드시 걸출하고 탁월한 인물을 내어 그것을 바로잡게 하는데, 이 걸출하고 탁월한 자는 마주한 상황도 불행이고 큰 책임을 짊어진 것도 역시 불행이다. 하늘도 어쩌지 못하는 것을 사람의 힘으로 그치게 할 수 있겠는가. 오직 자기가 마땅히 해야 할 일에 최선을 다함으로써 하늘이 자기를 낳아 준 의미를 저버리지 않아야 할 뿐인 것이다. 이는 하늘과 사람이 서로 의존하는 의리이긴 하나, 그 심정 또한 괴롭다고 하겠다.

숙종 기사년(1689, 숙종15)에 수상(首相)이었던 이는 권공(權公) 휘(諱) 대운(大運)이다. 이보다 앞서 공은 원임 좌상(原任左相)으로서 당인(黨人)들의 모함을 받아 장기(瘴氣)가 서린 바닷가에서 10년간

1 기기(氣機) : 천지에 운행하는 음양(陰陽) 두 기운의 기틀을 말한다. 성리학의 본체론에 따르면 우주의 근본원리인 태극(太極)은 그 자체로 운동성이 없지만 그와 언제나 붙어 있는 존재인 기기는 스스로 동(動)하고 정(靜)하는 운동성을 가지는데, 기기가 운동하면 태극은 그에 따라 함께 운동하여 세상의 모든 현상과 변화를 만들어 내게 된다. 《近思錄集解 卷1 道體》

유배 생활을 하고 있었다.[2] 그러다가 기사년에 경종(景宗)이 이미 2세가 되어 상이 원자(元子)의 호칭을 정할 때 이의(異議)를 제기하는 자들을 내쫓고 조정(朝政)을 개기(改紀)[3]하여 도배(徒配) 중에 있던 공을 기용해 영의정에 제수하였다. 그런데 공이 조정에 돌아오자마자 나라에 변고가 생겨 성모(聖母)가 장차 손위(遜位)하려 하였다.[4] 그때 공이 제신(諸臣)을 이끌고 상을 위하여 눈물을 흘리며 아뢰기를 "선대비(先大妃)께서 친히 명문가에서 간택하여 상의 배필로 삼으셨으므로 명위(名位)가 지극히 중한 데다가, 신 등이 10년 동안 모후로 섬겼으니 감히 명을 받들지 못하겠습니다."라고 하였다. 이에 상이 몹시 노하여 발로 어안(御案)을 차니 어안이 공의 사모(紗帽)에 부딪혔다. 그런데도 공은 아뢰기를 "죽을지언정 결코 명을 받들 수 없습니다."라고 하니, 상이 한층 더 노하여 이르기를 "어서 물러가라, 어서 물러가라."라고 하였다.

그날 저녁 상이 간신(諫臣) 박태보(朴泰輔)를 국문하자[5] 공이 서둘

2 이보다……있었다 : 1680년 허적(許積)의 서자 허견(許堅)이 복선군(福善君) 이남(李柟)과 함께 역모를 꾸미다가 남인이 정권에서 축출되고 서인이 정권을 잡은 경신대출척(庚申大黜陟)의 와중에서, 권대운이, 양사(兩司)로부터 권간(權奸)을 옹호하고 나라를 그르쳤다는 탄핵을 받고 삭탈되어 영일(迎日)에서 10년간 위리안치(圍籬安置)되어 있던 것을 말한다.《肅宗實錄 6年 6月 13日, 14日》

3 개기(改紀) : 정세를 변경하여 새로이 한다는 말로, 여기서는 기사환국(己巳換局)을 가리킨다.

4 성모(聖母)가……하였다 : 1689년 투기죄를 지었다는 명분으로 숙종의 계비(繼妃) 인현왕후(仁顯王后)가 폐위되고 희빈(禧嬪) 장씨(張氏)가 중전에 오른 일을 말한다.

5 그날……국문하자 : 1689년 4월 25일 박태보가 인현왕후의 폐위를 반대하는 상소를 올리자 숙종이 직접 인정문(仁政門)에서 박태보를 국문(鞫問)한 것을 말한다. 이때

러 들어와 아뢰기를 "박태보가 올린 소장(疏狀)으로 어찌 옥체를 고생시켜 친히 신문(訊問)까지 하십니까."라고 하고 또 아뢰기를 "낙형(烙刑)은 법형(法刑)이 아닙니다."라고 하여 눈물을 흘리며 대내(大內)로 돌아가기를 청하니, 상이 공을 위해 자리에서 일어나 대신에게 정국(庭鞫)할 것을 명하였다. 이에 공은 병을 핑계로 나아가지 않고 바로 차자(箚子)를 올려 아뢰기를 "바라건대 박태보에게 사형을 면해 주어 천지의 살리기 좋아하는 덕[6]을 보이십시오."라고 하니, 상이 사형을 감하여 원지(遠地)에 정배(定配)하라고 명하였다.

얼마 뒤 상이 대신에게 절목(節目)[7]에 대해 의논하라고 명하자 공은 또다시 병을 핑계로 나아가지 않고 차자를 올리기를 "바라건대 상께서는 그 명호(名號)를 존속시키고 그 의물(儀物)을 그대로 두어 온 나라 신민(臣民)들의 여망을 위로해 주십시오."라고 하니 상이 몹시 질책하였다. 이윽고 상이 또 중외(中外)에 교서(敎書)를 반포하자[8] 공은 끝내

박태보는 낙형을 비롯한 참혹한 고문을 받고 목숨이 위태로운 지경에까지 이르렀는데, 끝내 위리안치 처분을 받아 유배지로 가던 도중 죽었다. 《肅宗實錄 15年 4月 25日・26日, 5月 4日》

6 천지의……덕 : 생명을 아끼고 살생을 싫어하는 천지의 마음을 말한다. 《서경》〈대우모(大禹謨)〉에, 법관인 고요(皐陶)가 순(舜) 임금에 대해 "무고한 사람을 죽이기보다는 차라리 경도(經道)를 잃어버렸다는 비난을 받는 것이 낫다고 여기시어, 살리기를 좋아하는 덕이 백성들의 마음에 흠뻑 젖어들었습니다.〔與其殺不辜, 寧失不經, 好生之德, 洽于民心.〕"라고 찬양한 데서 유래하였다.

7 절목(節目) : 인현왕후를 폐위한 데 대한 절목을 말한다. 《息山先生續集 卷6 權相國墓誌銘》

8 상이 또……반포하자 : 1689년 5월 4일 숙종이 인현왕후를 폐서인(廢庶人)한다는 교서를 반포한 것을 말한다. 《肅宗實錄 15年 5月 4日》

병을 핑계로 나아가지 않고 탄식하기를 "내 다시는 국사(國事)에 참여하지 않겠다."라고 하고는 상소하여 매우 강력히 사직을 청하였는데, 공경(公卿)들이 날마다 공의 집으로 찾아와 나오라고 설득하여도 꿈쩍하지 않았으며 근시(近侍)[9]들이 연이어 찾아와 상의 뜻을 전하며 타일러도 나아가지 않았다. 그러는 사이 공은 4, 5십 차례나 정고(呈告)하였는데, 상이 특별히 도승지를 보내어 궤장(几杖)을 하사하므로 사은(謝恩)을 위해 한 번 나갔다가 곧바로 돌아왔고, 세자(世子)의 위호(位號)가 정해지지 않아 사람들이 답답해하고 걱정하므로 경오년(1690) 여름에 한 번 조정에 나아가 서둘러 대례를 거행할 것을 청하고는 예가 이루어지자 곧바로 돌아왔으며, 갑술년(1694) 봄에 상이 손수 쓴 서찰을 내렸을 때 서찰 속의 글 뜻이 매우 간절하므로 또 한 번 조정에 나아가 연석(筵席)에 나갔다.

아, 우리 왕조는 명의(名義)로써 나라를 세웠으니 기사년(1689)의 일은 천수(天數)의 변고이다. 박공(朴公)이 간언하다가 죽은 경우는 충(忠)과 열(烈)에 해당하는 일임에는 분명하나 이는 그래도 언론(言論)을 맡은 자의 직분인 것이다. 그에 반해 대신(大臣)의 경우는 나라가 있으면 함께 있고 나라가 망하면 함께 망하는 법으로, 그 책무가 말 한마디로 목숨을 버려 훌륭하다는 칭송이 자기에게 모이게 하는 것에 그치는 게 아니라, 반드시 지극한 정성을 쌓는 데 힘써 차분하게

9 근시(近侍) : 승정원의 승지나 환관(宦官), 사관(史官) 등 임금을 가까이에서 모시는 신하를 말하는데 여기서는 승지를 가리킨다. 1689년 10월부터 11월에 이르는 기간 동안 숙종은 병으로 사직한 권대운에게 수차례 승지를 보내어 간곡하게 타이르고 만류하였다.《肅宗實錄 15年 10月 22日・28日, 11月 16日》

임금을 일깨워 주어야 하는 것이다. 이에 간신(諫臣)을 처형하려 할 때엔 소명하여 살게 해 주었고, 절목을 의논하게 할 때엔 굳게 나아가지 않는 한편 소장을 올려 의리(義理)를 밝혔고, 교서를 반포할 때엔 이전과 마찬가지로 또 나아가지 않음으로써 상이 한번이나마 깨닫기를 기대하였으며, 그런데도 끝내 그렇게 되지 못하자 사직도 청하고 휴가도 청하였던 것이다. 그리하여 정승의 직책을 맡은 5, 6년 동안 업무를 살핀 기간이 몇 달도 채 되지 못하였는데 그로써 천하 만세에 자신의 마음을 밝힐 수 있었으니, 상이 시종일관 공을 버려두지 않은 것은 그것이 하늘의 뜻인지라 어찌하겠는가. 공이 처한 상황을 비록 한기(韓琦)와 부필(富弼)[10]이 마주했다 하더라도 이 밖에 의를 지킬 다른 방도는 있지 않았을 것이다. 그러니 세상에서 "기사년의 수상(首相)"이라는 말로 공을 헐뜯고 모함하려는 자는 당인(黨人)이 시기와 질투를 하는 것이 아니라면 공이 수립한 게 무엇인지를 전혀 모르는 자일 것이니, 공에게 무슨 흠이 되겠는가. 얼마 지나지 않아 김춘택(金春澤)의 은옥(銀獄)[11]이 발생하였는데, 옥사(獄事)가 갖추어지자 일의 기미가 일변

10 한기(韓琦)와 부필(富弼) : 모두 북송(北宋)의 명재상이다. 한기의 자는 치규(稚圭), 호는 공수(贛叟), 시호는 충헌(忠獻)이다. 송나라 인종(仁宗) 천성(天聖) 5년(1027) 진사시에 합격하여 30세에 추밀부사가 되고 가우(嘉祐) 연간에 정승에 제수되었다. 덕량(德量)과 문장(文章), 정사(政事)와 공업(功業)에서 송나라 제일의 정승으로 일컬어진다. 부필의 자는 언국(彦國)이며, 하남(河南) 사람이다. 인종 때 무재(武才)로 천거되었다가 경력(慶曆) 3년(1043) 추밀사가 되어 범중엄(范仲淹)과 함께 경력신정(慶曆新政)을 추진하였고 재상의 자리에 올라서는 탁월한 업무 능력으로 현상(賢相)이라 불렸다. 《宋史 韓琦列傳, 富弼列傳》

11 김춘택(金春澤)의 은옥(銀獄) : 1694년 김진귀(金鎭龜)의 장자 김춘택이 한중혁(韓重爀)을 비롯한 서인(西人) 자제들과 함께 은화(銀貨)를 모아 폐위된 인현왕후의

하여 당인들이 또다시 세력을 부려 공이 기사년의 일에 대해 힘써 간쟁하지 않았다고 하여 해남(海南)에 유배 보냈다.

당초 공은 젊은 시절부터 큰 뜻을 품어 집안일에 마음을 두지 않고 오직 서책에만 전념하였다. 인조(仁祖) 임오년(1642, 인조20)에 사마시(司馬試)에 입격하였고, 효종(孝宗)이 세자로 입학할 적에 설석(設席)으로 선발되었는데 이는 사림의 여망이었다. 그 공로로 인하여 금오랑(金吾郎)에 제수되었다. 이즈음 승평부원군(昇平府院君) 김류(金瑬)가 마침 옥사를 처리하고 있었는데 공을 가리켜 말하기를 "우리가 앉은 이 자리는 훗날 이 사람의 자리가 될 것이다."라고 하였다. 여러 번 천직하여 호조의 낭관이 되었는데, 호조 판서 원공 두표(元公斗杓)가 공을 몹시도 중히 여겨서 아전이 어떤 일로 아뢸 때마다 번번이 말하기를 "권 원외(權員外)[12]가 있으니 나를 귀찮게 말라."라고 하였다.

기축년(1649, 효종 즉위년)에 문과에 급제하여 예조 낭관으로 이배(移拜)되었다가 곧이어 정언(正言)에 제수되었다. 김자점(金自點)을 논핵하여 멀리 유배를 보내도록 하였다.[13] 중간에 병조 낭관이 되었다.

복위를 도모하였다는 혐의로 일어난 옥사를 말한다. 당시 우의정으로 있던 민암(閔黯)이 이 사건의 국문을 담당하면서 서인을 일망타진하려고 하였는데, 희빈 장씨의 방자한 행동에 불만이 커져 가던 숙종은 오히려 민암의 처사를 문제 삼아 남인을 대거 정계에서 축출하고 서인을 다시 등용하였다. 이를 갑술환국(甲戌換局)이라 한다.

12 권 원외(權員外) : 권대운을 말한다. 원외는 원외랑(員外郎)의 약칭으로 낭관(郎官)을 가리키는데, 당시 권대운이 호조 낭관으로 있었기 때문에 이렇게 칭한 것이다.

13 김자점(金自點)을……하였다 : 김자점은 인조 재위 동안 숙원(淑媛) 조씨(趙氏)와 결탁하여 영의정에까지 오를 정도로 위세를 자랑하였는데, 인조가 죽고 효종이 즉위하자 곧바로 양사(兩司)로부터 거만하고 사치하다는 탄핵을 받아 홍천(洪川)으로 유배를 가게 되었다. 《孝宗實錄 卽位年 6月 22日》

경인년(1650)에 부친상을 당하였다. 3년이 지난 뒤에 사서(司書), 지평(持平), 문학(文學)에 연이어 제수되었고, 곧이어 홍문관에 선발되어 수찬(修撰), 교리(校理)에 제수되었다. 추천으로 이조에 들어가 좌랑(佐郎)이 되고 헌납(獻納)으로 천직되고 이조 정랑(吏曹正郎)으로 승진하였다. 부모 봉양을 위해 외직을 청해 통진 현감(通津縣監)이 되었는데, 임기를 마치고 돌아올 때 백성들이 비석을 새겨 잊지 않겠다는 마음을 담았다. 부교리(副校理)로서 명을 받들고 호남(湖南)을 염찰(廉察)하고, 복명(復命)한 뒤엔 사인(舍人)으로 승진하고, 집의(執義), 응교(應教), 사간(司諫)으로 천직되었다. 서장관(書狀官)으로서 연경(燕京)에 갔으며, 돌아와서는 태복시 정(太僕寺正)에 제수되었다. 그동안 겸임한 것은 교서관 교리(校書館校理), 한학교수(漢學教授), 서학교수(西學教授), 문학(文學), 필선(弼善)으로, 한 관직에 여러 번 제수된 경우가 매우 많았다. 통정대부(通政大夫)로 품계가 올랐다. 효종은 공에게 몹시도 관심을 기울여 공이 옥당(玉堂)에 입직할 때 마침 날이 무덥자 액정서의 하례를 보내 제호(醍醐)[14]를 하사하고 이르기를 "어떻게 견디고 있는가?"라고 하였으니, 이는 특별한 은전이었다.

무술년(1658)에 동부승지에 제수되고 형조 참의와 병조 참지를 역임하였다.

경자년(1660, 현종1)에 우승지로서 봉양을 위해 외직을 청하여 양주목사(楊州牧使)에 제수되었는데, 이듬해에 도백(道伯)의 뜻에 거슬려 벼슬을 버리고 돌아갔다.

14 제호(醍醐) : 오매육(烏梅肉), 사인(砂仁), 백단향(白檀香), 초과(草果)를 곱게 가루로 만들어 꿀에 버무려 끓였다가 냉수에 타서 먹는 청량음료를 말한다.

임인년(1662)에 우승지로서 다시 봉양을 위해 외직을 청하여 풍덕부사(豐德府使)가 되었는데, 1년 뒤에 벼슬을 버리고 돌아갔다.

갑진년(1664)에 승정원에 연달아 재직하였는데 그사이에 예조 참의가 되고 한성부 우윤(漢城府右尹)에 발탁되었으며 형조 참판과 도승지를 역임하였다.

을사년(1665)에 추천으로 개성 유수(開城留守)에 제수되었다.

병오년(1666)에 평안도 관찰사로 이배되었는데, 이때 북사(北使)가 국경에 들이닥쳐 전임 관찰사가 직무를 계속 맡게 되자 공 역시 개성 유수를 계속 맡게 되었다.

정미년(1667)에 대사간에 징배(徵拜)되어 강직하게 논계(論啓)하다가 시의(時議)에 거슬려 외직으로 나가 함경도 관찰사가 되었다. 공은 앞서 개성 유수를 맡고 있을 적에 토호(土豪)를 법으로 다스리고 재물에 대해서는 마치 자신을 더럽힐 것처럼 멀리하였었는데, 관북(關北) 지방의 토호들을 다스릴 때에도 털끝만큼도 취하는 것이 없었기에 백성들의 칭송이 개성에 있을 때와 똑같았다.

기유년(1669)에 내직으로 들어와 호조 참판, 예조 참판, 동지의금부사가 되었다.

경술년(1670)에 묘당의 천거에 의해 발탁되어 호조 판서에 제수되었다. 내국(內局)에서 병을 보살핀 공로로 정헌대부(正憲大夫)에 올랐다.

신해년(1671)에 나라에 대기근이 들고 역병으로 사람들이 죽어 나가는 일까지 겹치자 공이 진휼 정사를 통솔하여 매일 관복을 입고 출근하여 청사에 앉아 수척하고 헐벗은 이들에게 음식을 먹였다. 또 음식을 먹인 수천 수백 명 중 역병에 감염된 자가 과반이나 되어 고통을 호소하는 소리가 관청에 가득하고 역병의 기운으로 코가 막히고 머리가 아플 지경이었는데, 공은 몸소 그들을 살피기를 몇 달이 넘도록 한결같이 하면서도 한 번도 병가를 내지 않았으니, 백성들이 지금까지도 이를 은덕으로 여기고 있다. 여름에 모친상을 당하였는데, 이때 공은 예순의 나이였음에도 집상(執喪)의 예를 더욱 엄격히 하였다. 복상을 마치고서는 영릉(寧陵 효종의 능)을 개봉(改奉)하는 일을 감독하였고, 얼마 후 형조 판서와 도총관(都摠管)에 제수되었다.

갑인년(1674)에 인선왕후(仁宣王后)의 국장례(國葬禮)를 감독하였고, 일을 마친 뒤에 북사의 접빈사(接賓使)가 되었다. 국장(國葬)에서 수고한 것으로 인하여 숭정대부(崇政大夫)로 자급이 오르고 판중추부사(判中樞府事)에 제수되어 판의금부사(判義禁府事)를 겸관하였으며, 좌참찬, 우참찬, 예조 판서에 이배되었다. 공이 형조 판서로서 신병을 이유로 사직할 적에 상이 태의(太醫)를 보내어 약을 하사하고 진찰하게 하였는데, 이러한 예법은 삼공(三公)의 경우에 비견되는 것이었다.

이에 앞서 현종(顯宗)이 기해년(1659)에 이루어진 방례(邦禮)[15]가 잘못이었음을 깨닫고는 대신과 삼사(三司)에게 이 일에 대해 함께 논의하도록 명하였는데, 일이 채 끝나기도 전에 갑자기 승하하였다. 이에 숙종(肅宗)이 선대왕의 뜻을 계승하여 예를 그르친 신하들을 내쫓았는데, 이로써 공이 병조 판서를 거쳐 우의정에 제수되었고 곧이어 좌의정

15 기해년에 이루어진 방례(邦禮) : 1659년(현종 즉위년) 효종의 장례에 효종의 계모이자 인조의 계비인 자의대비(慈懿大妃)의 복상(服喪) 문제가 제기될 때 서인인 송시열(宋時烈)과 송준길(宋浚吉)이 주장한 기년설(朞年說)이 채택된 것을 말한다. 서인의 기년설에 대해 남인인 윤휴와 허목은 삼년설(三年說)을 주장했다.

으로 승진하였으니 실로 숙종 1년인 을묘년(1675)의 일이었다. 이 당시 미수(眉叟) 허 선생 목(許先生穆)[16]은 등급을 뛰어넘어 의정부에 들어가고 윤휴(尹鑴)[17]는 이조 판서가 되었었는데, 수상(首相) 허적(許積)[18]이, 상이 마음을 비우고 윤휴의 말을 들어주는 것을 보고는 윤휴와 서로 깊이 결탁하여 국정을 전횡하였다. 그러나 공은 반드시 그것이 실패하리라는 것을 알고는 매우 깊이 우려하였다. 그리하여 윤휴가 북벌에 대한 의론을 과감히 펼치자 공은 "헛된 명분을 무릅쓰다가 실제의 화를 입는 것은 좋은 계책이 아니다."라고 하고, 윤휴가 선왕의 제도를 어수선하게 변경하자 공은 "인심이 매우 불편해한다."라고 하고, 윤휴가 또 허적과 함께 만과(萬科)[19]를 시행하여 용맹한 무사(武士)들을 널리 선발하자고 의견을 내놓자 공은 "백성들이 굶주리고 있으니 서둘러야 할 것은 무사가 아니다. 후일 반드시 큰 환란이 닥칠 것이다."라고 하고, 허적이 평소 군사의 일을 좋아하여 윤휴와 함께 체부(體

16 미수(眉叟) 허 선생 목(許先生穆) : 허목(1595~1682)으로, 본관은 양천(陽川), 자는 문보(文甫), 호는 미수, 시호는 문정(文正)이다. 경사(經史)와 예학(禮學)에 밝았고 전서(篆書)와 문장(文章)에도 뛰어났다.

17 윤휴(尹鑴) : 1617~1680. 본관은 남원(南原), 자는 희중(希仲), 호는 백호(白湖)이다. 예송(禮訟) 때 남인으로 활동하며 송시열 등 서인 세력과 맞섰으며, 숙종 즉위 후부터 경신대출척(庚申大黜陟) 때까지 많은 개혁안을 제기하고 실행하려 했다. 서인으로부터 사문난적(斯文亂賊)으로 규탄받고 끝내 처형당했다.

18 허적(許積) : 1610~1680. 본관은 양천, 자는 여거(汝車), 호는 묵재(默齋)·휴옹(休翁)이다.

19 만과(萬科) : 무과에서 한 번에 1000명 이상의 무사를 선발하던 광취(廣取) 무과를 말한다. 무과는 본래 3년마다 28명을 뽑는 것이 원칙이었는데, 국방에 위급한 상황이 발생하면 긴급히 무사를 충원하는 방법으로 이 제도가 활용되었다.

府 도체찰사부)를 설치하자고 의견을 내놓자 공은 "특별한 이유 없이 중병(重兵)을 만들어 임금이 머무는 도성에 부(府)를 설치한다면, 이보다 상서롭지 못한 일이 어디에 있겠는가."라고 하는 등 일이 있을 때마다 번번이 상 앞에서 논쟁하여 조금의 용납도 하지 않았다. 이에 윤휴가 상소하여 공이 대계(大計)를 저해한다고 비난하였으나 공은 아랑곳하지 않았다. 공이 일찍이 상사(上使)의 자격으로 연경(燕京)에 갈 적에 입궐하여 상에게 하직 인사를 올리고 이어 아뢰기를 "북벌은 때에 맞지 않은 일이고 만과는 잘못된 계책이니, 원컨대 상께서는 행하지 마소서."라고 하였다. 그런데 돌아올 때 만과가 이미 시행되었고, 이에 격분한 나머지 눈을 부릅뜨고 말도 제대로 못하는 사람들이 도성에 넘쳐났다. 그 후에 과연 멋대로 횡행하여 제어할 수 없게 된 상황이 하나같이 공이 우려한 대로였다.

정사년(1677)에 고묘(告廟)를 해야 한다는 논의가 일어났는데,[20] 이는 방례(邦禮)가 바로잡혔기 때문이다. 그런데 허적은 의견을 달리하여 상에게 아뢰기를 "상께서 만일 들어주지 않으신다면 몇 달이 지나지 않아 대간(臺諫)의 계사(啓辭)가 절로 그칠 것입니다."라고 하였다. 이에 공이 나아와 아뢰기를 "고묘를 하느냐 마느냐에 대한 문제는 차치하고서라도, 대신이 임금에게 대간의 말을 듣지 말라고 권하는 것은 훗날의 폐단과 관계됨이 적지 않습니다."라고 하는 한편, 물러 나와서

20 고묘(告廟)를……일어났는데 : 1674년 현종의 모후이자 효종의 비인 인선왕후(仁宣王后)의 장례에 효종을 장자(長子)로 삼는 남인의 기년설이 채택되자, 1677년 앞서 효종의 장례 당시 서인의 기년설을 따라 효종을 서자(庶子)로 여긴 사실을 다시 수정하여 태묘(太廟)에 고해야 한다는 논의가 일어난 것을 말한다. 《肅宗實錄 3年 7月 26日, 8月 1日》

는 허적을 책망하기를 "상이 국사를 공에게 전적으로 맡겼는데, 어찌 나라를 망치는 그런 말을 할 수 있는가."라고 하였다.

이 당시 허적의 서자인 허견(許堅)이 간사하고 패악하여 나라 안에 원성이 들끓고 있었는데도 허적은 이를 깨닫지 못하였다. 이에 허미수옹이 상소하여 허견을 논핵하고 이어 그 아버지까지 언급하면서 준엄하게 잘못을 지적하니 상이 노하였다. 그런데 당시의 의론은 공의 종제(從弟)인 판서공(判書公) 권대재(權大載)[21]와 그의 아들 권해(權瑎)가 기실 그 상소문을 도와서 지었다고 하면서 이러한 사실을 상에게 아뢰어 그들을 유배 보내게 하였다. 이 당시는 조정이 청류(淸流)와 탁류(濁流)로 분열되어 허적을 따르는 이들을 '탁(濁)'으로, 미옹(眉翁)을 높이는 이들을 '청(淸)'으로 부르고 있었다. 이러한 상황에서 공은 "진신(搢紳)들은 아마 내부의 분열로 멸망을 초래할 것이다."라고 하면서 정승의 직책을 매우 간절하게 사양하였는데, 이에 체차되어 판중추부사에 부직되었다.

경신년(1680)이 되자 김석주(金錫胄)[22]가 대대적으로 옥사를 꾸며

21 권대재(權大載) : 1620~1689. 본관은 안동(安東), 자는 중거(仲車), 호는 소천(蘇川)이다. 아버지는 진사 권위중(權偉中)이다. 1658년 문과 중시에 합격하여 여러 관직을 역임한 뒤에 호조 판서에까지 올랐다.

22 김석주(金錫胄) : 1634~1684. 본관은 청풍(淸風), 자는 사백(斯百), 호는 식암(息庵), 시호는 문충(文忠)이다. 1662년 증광 문과(增廣文科)에서 장원으로 급제하여 이조 좌랑, 정언, 좌부승지 등 여러 관직을 역임하였다. 1674년 자의대비(慈懿大妃)의 복상(服喪) 문제가 일어날 때에는 허적 등 남인과 의견을 같이하였다가, 허적이 실각하자 서인과 결탁하여 1680년 왕이 쓰는 장막(帳幕)을 사사로이 사용한 사건을 빌미로 허적 등을 축출하고 이어 허적의 아들 허견이 모역한다고 고변하여 남인 세력을 완전히 몰아냈다.

'탁'으로 불린 자들은 연루되어 나란히 죽음을 맞이하였지만 '청'의 경우엔 아무리 해도 죄에 끌어들일 명분이 없자 마침내 고묘에 대한 논의를 그물과 덫으로 삼아 공을 하동(河東)에 유배시키고 얼마 후 다시 공에게 천극(栫棘)을 가하게 하였다.

계해년(1683)에 민상 정중(閔相鼎重)이 주달하여 연일(延日)로 양이(量移)되었다가 곧 천극에서 풀려났다.

을축년(1685)에 남상 구만(南相九萬)과 정상 재숭(鄭相載嵩)이 합사(合辭)하여 공을 감률(減律)할 것을 청하니, 상이 철원(鐵原)으로 부처(付處)하라고 명하였으나 양사(兩司)의 간쟁(諫爭)으로 인하여 연일에 도로 유배하였다. 그러나 공은 태연하게 이를 개의치 않고 자질(子姪)들에게 원망하거나 탓하는 말을 하지 말라고 경계하는 한편 늘 말하기를 "남아(男兒)가 어디로 간들 제대된 죽음을 맞이하지 않을쏜가."라고 하였다.

기사년(1689)에 재차 정승이 되었다. 이때 공은 이미 78세로 복어의 등껍질처럼 여기저기 반점이 있는 피부와 학의 깃털처럼 하얗게 센 머리카락으로 흔연히 조정에 나아갔는데, 도성(都城) 안의 사람들이 길을 메우고 모여서 그 모습을 바라보고는 말하기를 "어진 정승을 나라에서 다시 정승으로 임명하였으니, 우리들은 살게 되었다."라고 하였고, 상은 사대(賜對)하여 이르기를 "충성스럽고 근실한 대신을 몇 년 동안이나 외방(外方)에 쫓겨나 있게 하였으니, 이는 나의 잘못이다."라고 하였다. 이에 마침내 기로사(耆老社)에 들어갔으며, 그동안 맡은 여러 사제조(司提調)와 도제조(都提調)는 생략한다.

공은 정승의 직무를 맡을 적에 지중(持重)하는 데에 힘쓰고 개작(改作)하는 것을 좋아하지 않아 "천하에는 본디 일이 없는데, 용렬한 사람들이 소란을 일으키는 것일 뿐이다."[23]라고 하고, 파면된 정신(廷紳)이 새로 기용되어 의론이 가시가 돋친 듯 격렬하게 일어나는 것을 보고는 말하기를 "공법(公法)은 무디고 사검(私劍)은 날카로우니, 내 맹세컨대 이욕(利慾)을 좇고 또 좇아 거듭 국사를 그르치는 짓은 하지 않겠다."라고 하고, 격렬한 의론에 대해선 하나같이 제지하는 한편 옥사를 처리할 때엔 반드시 평번(平反)하여 형벌이 남발되지 않도록 하였다. 사는 집은, 위로는 머리가 천정에 닿고 아래로는 다리를 겨우 펼 수 있을 정도로 협소하였고, 앞마당은 말 한 마리가 겨우 몸을 돌릴 수 있을 정도로 작았으며, 담장은 허물어져 막힌 게 없었고 문은 설치되어 있지도 않았다. 이에 공무로 찾아오는 낭리(郎吏)들이 있을 곳이 없어 모두 골목 어귀에서 둥글게 모여 앉아 말하기를 "재상의 집이 이 정도로 누추했던 게 옛날에도 있었던 일인가?"라고 하였다. 조정에서 압반(押班)[24]할 때마다 8자가 넘는 키에 청수한 용모와 하얀 수염과 눈썹의 그 모습을, 백관들은 마치 시귀(蓍龜)[25]를 대하듯 우러러보았다. 그러다가 중곤(中壼)의 일[26]이 발생하자 공은 세상을 담당할 뜻이 없어 오랜 시간 동안 집에 누워만 있었는데, 그럼에도 온 나라는 공을 의지해 편안해하였다.

갑술년(1694) 봄 어전에 나아갔을 적에 상이 공을 위하여 선온(宣

23 천하에는……뿐이다 : 본래 당(唐)나라 때 포주 자사(蒲州刺史)를 지낸 육상선(陸象先)이 한 말이다. 《新唐書 陸象先列傳》

24 압반(押班) : 백관이 자리할 위차(位次)를 정돈하는 일을 말한다.

25 시귀(蓍龜) : 옛날에 일의 시비와 길흉을 점치던 시초(蓍草)와 거북이로, 한 시대의 사표로서 모든 의문을 판별해 주는 원로나 국사(國士)를 뜻하는 말로 쓰인다.

26 중곤(中壼)의 일 : 인현왕후가 폐위된 일을 말한다.

醞)하고는 연구(聯句)를 지으라고 명하였다. 상이 이르기를,

한 당에서 오늘 풍운이 합하니[27] 一堂今日風雲合

하니, 공이 대답하기를,

화기가 따스하니 태운[28]이 장구하네 和氣融融泰運長

하고, 상이 이르기를,

어려운 일이 많으면 노성한 신하가 정히 생각나니 多難正憶老成臣

하니, 공이 대답하기를,

다만 우리 임금 성덕이 새로운 것을 축원하네 只祝吾君聖德新

하였는데, 태평 성세의 군신 관계를 여기에서 볼 수 있다. 때에 따라 일어서기도 하고 넘어지기도 한 것으로 말하자면 천명(天命)이니, 그것이 공에게 무슨 상관이 있으랴. 공이 해남(海南)으로 유배되었을 적에 윤상 지원(尹相趾完)이 상소하여 사면해 줄 것을 청하고 남상 구만이 "기사년(1689)에 올린 소장의 말이 엄정(嚴正)하였다."라고 하여 이에 상이 방귀전리(放歸田里)하라는 명을 내리자, 대간의 의론이 강경하게 일어나 헌납(獻納) 유봉서(柳鳳瑞), 대사간(大司諫) 윤덕준(尹德駿), 교리(校理) 유득일(兪得一) 등이 따르지 않기도 하고 상소를 올려 구제하기도 하였다. 이들은 평소 공과 뜻을 달리하는 자들로, 공의(公議)가 사라지지 않은 것이 이와 같았다.

27 한……합하니 : 임금과 신하가 조정에서 만나 서로 의기가 투합함을 말한다. 《주역》 〈건괘(乾卦) 문언(文言)〉에 "구름은 용을 따르고 바람은 범을 따르듯 성인이 나타나시니 만물이 우러러본다.〔雲從龍風從虎, 聖人作而萬物覩.〕"라고 한 데서 유래하였다.

28 태운(泰運) : 천지 상하가 막히지 않고 두루 통하는 대운(大運)을 말한다. 《주역》 〈태괘(泰卦) 상(象)〉에 "하늘과 땅이 사귀어 조화로운 것이 태이다.〔天地交泰〕"라고 하였다.

병자년(1696)에 대간의 간책(簡冊)이 멈추자 검양(黔陽)에 있는 우거(寓居)로 돌아갔다. 이로부터 세상일에 대해 듣지 않고 《자양강목(紫陽綱目)》[29]을 손에 들고 초연히 살아가다가 기묘년(1699) 10월 23일에 졸하니, 향년 88세였다. 졸한 날 저녁에 무지개가 달을 꿰뚫고 큰 별이 남산(南山)에 있던 공의 본가로 떨어졌다. 부음(訃音)이 전해지자 상이 놀라고 슬퍼하여 하교하기를 "일을 맡긴 지 오래되었고, 청백(淸白)함을 숭상할 만하다."라고 하고는 특별히 직첩(職牒)을 환급하였다. 그 뒤 다시 승지를 보내어 조문하는 한편 예관으로 하여금 치제(致祭)하도록 하였다. 왕세자 역시 궁관(宮官)을 보내 제사를 지내도록 하였고 1등(等)의 예법을 적용해서 시행토록 하였다. 12월에 부평(富平) 과연리(瓜延里)에 장사 지냈다가 뒤에 인천(仁川) 도정곡(道井谷) 임좌(壬坐)의 언덕으로 천장(遷葬)하였다.

공의 자는 시회(時會), 본관은 안동(安東)으로, 고려(高麗) 태사 행(幸)의 후예이다. 고려 때부터 본조(本朝)에 들어서까지 이름난 석학이 대대로 나고 관리가 차례로 배출되어 일국의 망족(望族)이 되었다. 증조(曾祖)의 휘는 상(常)으로 영의정에 추증되고 동흥부원군(東興府院君)에 추봉되었는데 지극한 효성으로 세상에 이름이 났다. 조부(祖父)의 휘는 협(愜)으로 예조 판서를 지내고 영의정에 추증되고 길창부원군(吉昌府院君)에 추봉되었다. 선고(先考)의 휘는 근중(謹中)으로 사어(司禦)를 지내고 영의정에 추증되었다. 선비(先妣)는 증 정경부인(貞敬夫人) 전주 이씨(全州李氏)로 사평(司評) 이유혼(李幼渾)의 따님

29 자양강목(紫陽綱目) : 주희(朱熹)의 《자치통감강목(資治通鑑綱目)》을 가리킨다. 자양(紫陽)은 주희의 별호이다.

이자 집의(執義) 이경중(李敬中)의 손녀이다.

공은 만력(萬曆) 임자년(1612, 광해군4)에 태어났다. 공이 막 잉태되었을 적에 대부인[30]이 꿈을 꾸었는데, 해가 중천에 떠 있고 한 어린아이가 그 해 옆에 서서 부채질을 하여 환한 빛이 쏟아져 감히 그 모습을 쳐다볼 수 없었다. 그 뒤 공이 태어나자 등에 남두(南斗)의 형상을 한 여섯 개의 점이 있었다. 이로써 대부인은 공이 필시 매우 귀한 신분이 되리란 걸 알았다.

공은 성품이 차분하고 검소하였으며 밖으로는 온화하였지만 안으로는 확고한 지조가 있었다. 신하로서 오를 수 있는 최고 지위에 오른 뒤에도 마치 처자(處子)처럼 스스로 절조(節操)를 지켰고 빈한(貧寒)한 선비처럼 옷을 입었다. 40여 세가 된 이후로는 내실(內室)에 들어가지 않았고, 후부인(後夫人)의 상을 당한 뒤로 첩을 두지 않고 수십 년 동안 혼자 살면서 집에서 기거하되 이를 무덤덤하게 여겼다. 그러다 조반(朝班)의 맨 앞자리에서 홀을 바로잡고 서게 되자, 탁류를 저지할 때엔 드넓은 물결속의 지주(砥柱)[31]처럼 흔들리지 않았고, 아직 발생하지 않은 일을 논할 때엔 촛불로 비추고 수로 계산하는 것처럼 분명하였으며,[32] 천시(天時)는 조화롭고 농사는 풍년이 들어

30 대부인 : 권대운의 어머니 전주 이씨를 말한다.

31 지주(砥柱) : 중국 황하(黃河)의 중류에 있는 바위산으로, 세찬 물결 속에서도 우뚝하게 버티고 서 있는 까닭에 세속에 휩쓸리지 않고 꿋꿋하게 자신의 절조를 지키는 사람을 비유한다.

32 촛불로……분명하였으며 : 당나라 한유(韓愈)가 〈송석홍처사서(送石洪處士序)〉에서 처사(處士) 석홍(石洪)의 정밀하고 분명한 식견을 묘사한 표현이다. 《古文眞寶後集 卷3》

나라 안이 평온할 때엔 높은 산이 움직이지 않아도 공리(功利)가 사람들에게 미치는 것 같았으니,[33] 공은 가히 태평성대의 어진 재상이라 이를 만하다.

초취(初娶)는 상산 김씨(商山金氏)로 관찰사 김상(金尙)의 따님이다. 을묘년(1615)에 태어나 갑신년(1644, 인조22)에 졸하였으며 여사(女史)의 행실이 있었다. 후취(後娶)는 단양 우씨(丹陽禹氏)로 진사 우정(禹鼎)의 따님이다. 남편의 뜻을 오직 삼가 받들어 화려한 장식을 가까이하지 않았다. 항상 집안사람들에게 경계하기를 "내가 죽거든 청나라의 비단으로 염을 하지 말라."라고 하였는데, 이러한 말을 한 것은 대개 부모가 병자년(1636)의 난리 때 죽었기 때문이다.[34] 두 부인은 상국(相國)의 묘 앞에 합부(合祔)되었다.

장남은 이름이 위(瑋)로 특별한 재질을 갖추었으나 요절하였고 뒤에 아경(亞卿)으로 추증되었다. 세 사위는 현감(縣監) 신양(申暘), 허담(許湛), 감사(監司) 이운징(李雲徵)이다. 이상은 전처(前妻)의 소생이다. 차남(次男)은 규(珪)로 문과에 급제하여 대사헌을 지냈는데 후처(後妻)의 소생이다.

33 높은……같았으니 : 송나라 소식(蘇軾)이 〈제구양공문(祭歐陽公文)〉에서 구양수(歐陽脩)의 덕을 찬양하면서 "비유하자면 큰 시내 높은 산이 움직임은 보이지 않아도 공과 이로움이 만물에 미치는 것과 같다.〔譬如大川喬嶽, 雖不見其運動而功利之及於物者.〕"라고 한 데서 유래한 표현이다. 《古文眞寶 後集 卷8》

34 부모가……때문이다 : 단양 우씨의 아버지 우정은 1636년 병자호란 때 적을 피해 어머니를 모시고 산에 숨어 있다가 어머니를 엄호하려는 목적으로 아내와 함께 자진하여 적의 포로가 되었는데, 길을 가던 중 금강(錦江) 나루에 이르러 아내와 함께 투신자살하였다. 《星湖全集 卷53 禹氏雙節旌閭記》

위는 감사 이덕주(李德周)의 딸에게 장가들어 1남 1녀를 낳았다. 장남은 중경(重經)으로 문과에 급제하여 이조 참의를 지냈으며, 도사(都事) 이징(李徵)은 사위이다. 규는 목사(牧使) 안필성(安弼星)의 딸에게 장가들어 1녀를 낳았고 뒤에 최응건(崔應乾)의 딸에게 장가들어 1남 2녀를 낳았다. 아들은 서경(敍經)으로 생원(生員)이고, 한준(韓濬)과 심득경(沈得經)은 사위이다. 신양은 1남 1녀를 두었고, 허담은 2남 1녀를 두었다.

중경은 교리(校理) 김환(金奐)의 딸에게 장가들어 1남 7녀를 낳았다. 아들은 세달(世達)이고 딸은 모두 출가하였다. 뒤에 이만엽(李萬曄)의 딸에게 장가들었는데 자녀를 기르지 못하였다. 서경은 감사 심중량(沈仲良)의 딸에게 장가들었는데 자녀를 기르지 못하였고 뒤에 진사 이의홍(李儀鴻)의 딸에게 장가들어 1남 4녀를 낳았다. 아들은 세항(世頊)이고 딸은 모두 출가하였다.

세달은 시직(侍直) 이협(李浹)의 딸에게 장가들었는데 아들을 두지 못하여 족형(族兄)인 좌랑(佐郎) 세륭(世隆)의 아들 사언(師彦)을 데려다 아들로 삼았는데, 그는 문과에 급제하고 정랑(正郎)을 지냈다. 세항은 1남 1녀를 두었는데 아들은 익언(益彦)이고 딸은 출가하였다.

사언은 2남을 두었는데 성(偗)과 급(伋)이며 모두 진사이다. 외손과 6대손은 다 기록하지 않는다.

아, 공이 작고한 지 벌써 80여 년이 되었지만 묘비를 아직 새기지 못한 까닭에 4대손 사언이 근심하고 불안해하여 비명 짓는 일을 나에게 부탁하였다. 공의 맑은 덕과 아름다운 행실은 국사(國史)에 환히 빛나고 있으니 참으로 이른바 "위의가 성대히 갖추어져서 특별히 고를 것이 없다."[35]라는 것이라 하겠다. 그런데 기사년(1689)에 수립한 공(功)이 한층 공의 고심(苦心)과 충정(忠情)에 속하는 일인 까닭에 내가 이에 대해서 재삼 뜻을 드러내어 백대 뒤의 사람으로 하여금 하늘이 걸출하고 탁월한 사람을 내는 의도가 본디 따로 있다는 사실을 알도록 하는 바이다. 명(銘)은 다음과 같다.

숙종이 왕위에 오르고	肅考御極
기사년이 되자	歲在己巳
곤유가 기울어지니[36]	坤維以傾
하늘이 실로 그렇게 만든 것이네	天實爲此
그 당시 정승은 누구였던가	元輔爲誰
밝고도 신실한 권공이었네	顯允權公
밝고 밝은 저 하늘의 해가	明明天日
우리의 깊은 충정을 비춰 주니[37]	鑑我深衷

35 위의가……없다 : 《시경》 〈패풍(邶風) 백주(柏舟)〉의 "내 마음은 돌이 아니라서 굴릴 수도 없고, 내 마음은 돗자리가 아니라서 걷어치울 수도 없다. 위의가 성대히 갖추어져서 특별히 고를 것이 없다.〔我心匪石, 不可轉也. 我心匪席, 不可卷也. 威儀棣棣, 不可選也.〕"라고 한 말을 발췌한 것으로, 어느 하나 버릴 것 없이 완벽한 경지를 찬양한 것이다.

36 곤유(坤維)가 기울어지니 : 1689년(숙종15) 인현왕후가 폐위된 것을 말한다. 곤유는 왕후(王后)를 가리키는데, 땅을 지탱하는 밧줄인 지유(地維)와 같은 말이다. 중국의 고대 전설에 따르면 천신(天神)인 공공씨(共公氏)가 전욱(顓頊)과 황제 자리를 놓고 싸움을 벌이다 화가 나서 부주산(不周山)을 들이받자, 천주(天柱)가 부러지고 지유가 끊어져 하늘이 서북쪽으로 기울어졌다고 한다. 《淮南子 覽冥訓》

37 밝고……주니 : 밝은 지혜를 가진 숙종이 권대운의 충정을 헤아려 주었다는 말이다.

말씀을 드릴 때엔 알기 쉬운 것부터 설명하였고	有言納約
소장을 올릴 때엔 속마음을 모두 토로하였네	有疏刳肝
훤칠한 큰 키로	脩幹有頎
상륜을 떠맡으니	擔以常倫
자기로 말미암은 것은 최선을 다했거니와	由我者竭
자기로 말미암지 않은 것은 천명이었네[38]	不我則天
흰 머리와 붉은 뺨으로	皓髮丹頰
늙은 눈물이 마를 날이 없었네	老淚靡乾
조정에 나아가길 원치 않았고	身不願朝
궤장도 편히 여기지 못하였네	几杖匪安
밝은 숙종께서는	惟明肅考
시종일관 신하를 알아주어	始終知臣
환히 빛나는 애절한 윤음으로	煌煌哀綸
공의 청백을 가상히 여겼네	嘉乃淸白
공이 조정에 있을 때엔	公在朝廷
산악이 되었었는데	爲山爲岳
공이 황야에서 졸하자	公歿荒野

38 자기로 말미암은……천명이었네 : 한유가 〈당고조산대부상주자사제명사봉주동부군묘지명(唐故朝散大夫商州刺史除名徙封州董府君墓誌銘)〉에서 "자신에게서 비롯된 것은 자신이 초래한 것이고, 자신에게서 말미암지 않은 것은 천명이다.〔由我者吾, 不我者天.〕"라고 한 말을 활용한 것으로, 권대운이 인현왕후가 폐위되는 등의 정치적 소용돌이 속에서 신하로서 마땅히 해야 할 일에 최선을 다하는 한편, 그로 인해 겪은 고초와 고뇌를 천명으로 돌림으로써 그 무엇도 탓하지 않는 덤덤한 태도를 보였다는 말이다. 《昌黎先生文集 卷29》

선비와 백성이 모두 눈물을 흘리니	士涕民洟
공을 생각해서였을 뿐 아니라	匪惟公思
세도에 대한 슬픔 때문이었네	世道之悲
붕당들이 입을 놀려	朋家弄喙
사실이 아닌 말로 현혹하였으나	眩厥非是
공은 웃기만 할 뿐 따지지 않고	公笑不辨
백세의 먼 훗날을 기다렸네	百世之俟
원기에는 한계가 있으니	元氣有限
어디에서 이 같은 분을 얻겠는가	何處得來
나의 명문 매우 분명하니	我銘孔昭
이것을 새겨 유구한 훗날에 보이노라	刻視悠哉

증 자헌대부 이조 판서 행 가선대부 예조참판 겸 동지춘추관사 오위도총부부총관 온계 이공 신도비명

贈資憲大夫吏曹判書行嘉善大夫禮曹參判兼同知春秋館事五衛都摠府副摠管溫溪李公神道碑銘

아, 명종 을사년(1545, 명종 즉위년)이 되자 사화가 4, 5년 동안이나 이어졌으니,[39] 그 당시의 일을 차마 말로 할 수 있겠는가. 명종이 어렸을 때 적신(賊臣) 이기(李芑)와 윤원형(尹元衡)이 모함과 선동으로 죄를 꾸미자 그 그물과 덫에 걸리지 않은 단인(端人)과 정사(正士)들이 거의 없었으니, 종묘사직(宗廟社稷)이 망하지 않은 것은 천운(天運)이었다. 국시(國是)가 정해진 뒤로 누군들 이에 대해 팔을 걷어붙이고 눈을 부릅뜨며 분노하지 않았겠는가. 그러나 가슴 아프고 애석하기로는 온계(溫溪) 이공(李公)의 경우가 한층 더 심한 점이 있다.

대개 공은 퇴도(退陶 이황(李滉)) 선생의 형으로 젊어서부터 뜻이 같고 도가 합치하여 당시에 금곤옥우(金昆玉友)[40]라고 일컬어졌다. 공이 서울로 가서 벼슬할 적에 퇴도 선생은 "청산에서 함께 살자고 서로

39 명종……이어졌으니 : 1545년 인종(仁宗)이 홍어하고 명종이 즉위하자 명종의 외척인 윤원형 일파 소윤(小尹)이 인종의 외척인 윤임(尹任) 일파 대윤(大尹)을 반역음모죄로 무고하여 대대적인 숙청을 가하도록 한 일을 말한다.

40 금곤옥우(金昆玉友) : 형제의 미칭으로 옥곤금우(玉昆金友)라고도 한다. 남조(南朝) 양(梁)나라 때 왕전(王銓)·왕석(王錫) 형제가 나란히 효행으로써 명성을 드날려 당시 사람들이 그들을 옥곤금우라 칭하였다고 한다. 《南史 王彧列傳》

약속하였네."라는 시[41]를 남겼고, 공은 일찍이 말하기를 "벼슬하면서 품계가 2품(品)에까지 이른 것은 포의로서의 영광이기는 하나, 나는 이에 대해 즐거운 마음이 없다."라고 하였으니, 그 뜻이 품은 바를 가히 알 수 있다. 공이 만약 충절을 다하여 임금을 섬기고 다시 초야로 돌아가 주정(主靜)의 학업[42]을 궁구하였다면 하남(河南)의 양정(兩程)[43]이란 칭호가 필시 저 옛날 훌륭함을 독차지하지 못했을 것이다. 그런데 흉악한 불길 속에 곤옥(崑玉)이 섞여 들어가 버렸으니,[44] 후학들이 애통해하고 한스럽게 여기는 것이 어찌 유독 나라가 끊기고 병들어서일 뿐이겠는가.

당초 인종(仁宗)이 새로 즉위하자 팔도의 백성들은 나라가 더할 나위 없이 잘 다스려지기를 기대하였다. 그런데 우상(右相) 이기가 하는 일들이 흉포하고 제멋대로인 경우가 많아, 공이 대사헌으로서 그를

41 청산에서……시 : 《퇴계집(退溪集)》 별집(別集) 권1에 〈병신칠월회일여형동숙서재시여장왕의령감념이합지고용소자유소요당시운(丙申七月晦日與兄同宿西齋時余將往宜寧感念離合之故用蘇子由逍遙堂詩韻)〉으로 실려 있는 두 수의 칠언 절구 가운데 두 번째 시이다.

42 주정(主靜)의 학업 : 마음을 고요히 가져 외물에 휩쓸리지 않는 상태를 유지하는 공부를 말하는 것으로, 송(宋)나라 주돈이(周敦頤)의 《태극도설(太極圖說)》에 "성인께서 중정인의로 이를 정하되 정을 주로 하여 사람의 표준을 세운 것이다.〔聖人定之以中正仁義, 而主靜, 立人極焉.〕"라고 한 데서 유래하였다.

43 하남(河南)의 양정(兩程) : 송나라의 학자 정호(程顥)·정이(程頤) 형제를 말한다. 하남은 그들의 출생지이다.

44 흉악한……버렸으니 : 끔찍한 화란에 선인(善人)들까지 함께 해를 당한 것을 말한 것으로, 사화(士禍)의 여파로 이해(李瀣)가 죽음을 맞이한 것을 비유한 것이다. 《서경》〈윤정(胤征)〉에 "곤강에 불이 나면 옥이나 돌이 다 타 버린다.〔火炎崑岡, 玉石俱焚.〕"라고 한 데서 유래한 표현이다.

탄핵하였고 헌납(獻納) 이치(李致)[45]도 이에 동참하였다. 그 뒤로 5년이 지나 공이 외직으로 나가 충청도 절도사(忠淸道節度使)가 되었을 적에, 이홍남(李洪男)이, 자기의 아우 이홍윤(李洪胤)이 역모(逆謀)를 하였다고 무고하여 충주(忠州) 사람들을 어육(魚肉)으로 만들고 옥사를 많이 남발하였다.[46] 이에 조정은 충주를 강호(降號)하여 유신현(維新縣)으로 만들고 이치를 그곳의 지현사(知縣事)로 삼았다. 이홍남이란 자는 일찍이 이조 낭관을 역임하다가 그의 아버지 이약빙(李若氷)이 화(禍)로 죽은 일에 연좌되어 유배형에 처해졌었는데, 이때가 되자 조정에서는 이홍남이 의리(義理)를 위하여 친속을 멸하였다고 하면서 그를 다시 등용할 것을 논의하였다. 한편 같은 고을 사람 최하손(崔賀孫)이란 자가 이홍남을 따라해 이익을 탐하려고 기도하였다. 그리하여 유배되어 있던 곳에서 도망쳐[47] 고을 사람들의 향회문(鄕會文)을 몰래

45 이치(李致) : 1504~1550. 본관은 덕수(德水), 자는 가원(可遠)이다. 1540년(중종35) 식년 문과에 을과로 급제하여 성균관 학유와 사간원 헌납 등을 역임하였다. 인종 초에 이기를 탄핵하여 파직하자 이를 원망한 이기와 윤원형의 음모와 모해로 1547년 대역죄를 받아 장살(杖殺)되었다.

46 이홍남(李洪男)이……남발하였다 : 1549년(명종4) 대윤(大尹) 윤임(尹任)의 사위 이홍윤은 자신의 아버지 이약빙이 양재역벽서 사건에 연루되어 억울한 죽음을 당하자 시정(時政)에 대해 불평하는 말을 자주 하였는데, 이에 동생과 사이가 좋지 않던 형 이홍남이 그를 역모죄로 고변하였다. 이에 윤임의 사위였던 이홍윤은 반대 세력인 윤원형 일파에게 대대적인 공격을 당하여 결국 처형되고, 그가 살던 충주는 유신현으로 강등되었다.《燃藜室記述 卷10 明宗朝故事本末 乙巳士禍 》《明宗實錄 4年 4月 18日》

47 유배되어……도망쳐 : 이에 앞서 1549년 최하손은 친형을 구타한 죄로 의주(義州)로 입거(入居)되었는데, 이듬해 처자들을 이끌고 그곳에서 도망쳤다.《明宗實錄 5年 8月 6日》

훔치고는 막 서울로 달려가 고변(告變)하려 하였는데 그때 일이 발각되어 버렸다. 이에 이치가 이 일을 감영(監營)에 보고하여 신문(訊問)할 것을 청하자 공이 허락하고는 그 실정을 파악한 후에 조정에 알리려고 하였는데, 첫 신문에서 최하손이 죽어 버린 것은 공이 미처 예측하지 못한 일이었다. 한편 이홍남이 관아로 찾아와 그 아우의 재산을 몰수하는 것이 타당한지를 두고 따져 묻자[48] 공은 많은 사람들이 있는 앞에서 그에게 침을 뱉으며 꾸짖으니, 이에 이홍남은 끝없는 원한을 품게 되었다.

당시 사간(司諫) 이무강(李無疆)은 이기의 하수인이었고, 원호변(元虎變)이란 자는 이홍남의 손위 동서(同壻)로서 이무강과 매우 깊은 교분을 맺고 있었다. 이에 이홍남은 원호변과 원호변의 숙부인 대사간(大司諫) 원계검(元繼儉)을 부추겨 이무강에게 공을 무고(誣告)하도록 하였다. 이무강은 본래 공과 함께 사직(史職)을 맡고 있었으나 공이 그의 행실을 천박하게 여겨 한 번도 돌아봐 주지 않았던 탓에 공에게 단단히 원한을 품고 있었다. 그러던 차에 원호변의 고변을 듣고는 이를 빙자해 이기의 환심을 사는 한편 자신의 원한도 풀려는 속셈으로 마침내 헐레벌떡 달려가 이기에게 이 사실을 고하니, 이기가 이로 인해 더욱 깊이 모략을 꾸몄다.

이듬해 경술년(1550)에 이기가 상소하여 구수담(具壽聃)을 뒤미처

48 이홍남이……묻자 : 이홍남이 관아에 나와 몰수된 동생 이홍윤의 가산을 하나하나 열거하면서 정당하게 몰수되었는지를 따진 것을 말한다. 《명종실록》 5년 8월 10일 기사에 따르면 이홍남은 이홍윤의 가산이 몰수되자 어머니의 상중(喪中)이었음에도 불구하고 직접 관아로 나와 몰수된 가산을 하나하나 열거하면서 "어떤 물건은 내 것이니 돌려달라."라고 따져 물었다고 한다.

논핵하자[49] 공이 탄식하여 말하기를 "대신이 성상(聖上)의 귀를 현혹하여 사림(士林)의 화를 가중하니, 시국이 위태롭지 않겠는가."라고 하였다. 이에 이기는 쌓여 있던 원한에다 새롭게 일어난 분노의 감정을 품고 대각(臺閣)에 눈짓을 하니, 이무강과 원계검이 이에 호응해 일어나 공이 이전 충청도 감영에 있을 때 역당들의 전답과 노비를 사사로이 누락시켰다고 무고하였다. 그런데 이 말이 사실이 아닌 것으로 판명되자 다시금 공이, 이치가 최하손을 장살하도록 허락함으로써 역적을 비호하려 입을 없앨 계략을 일삼았다고 무고하였는데, 이렇게 해도 옥사가 빨리 이루어지지 못할까 걱정하여 마침내 공이 구수담과 붕당(朋黨)을 지었다고 말하였다. 구수담은 일찍이 간관(諫官)으로서 이기를 쳐서 제거하고자 하였는데, 이기가 여러 불령(不逞)한 자를 부추겨 죄목을 주워 모아 그를 사형에 처하게 하고는 그가 좌죄(坐罪)될 때 상의 노기를 촉발했던 말을 가지고 마침내 공을 아무개의 당여라고 하여 상을 격분시키고자 한 것이다. 이에 공과 이치는 함께 조옥(詔獄)에 갇혀 매우 혹독한 고문을 받았는데, 이치는 죽고 공 역시 생명이 위태로운 지경에 이르렀다.

사람들이 혹 말하기를 "거짓으로 자백한다면 죽지 않을 수 있을 것이

49 이듬해……논핵하자 : 1550년 이기가, 구수담이 송순(宋純), 허자(許磁) 등과 결탁하여 을사년(1545)에 치죄되었던 역적을 비호하고 사의(邪議)를 자행하였다고 무고하여 탄핵한 일을 말한다.《明宗實錄 5年 5月 15日, 18日》 구수담의 본관은 능성(綾城), 자는 천로(天老)로, 1528년 문과에 급제하고 1534년 대사간에 올랐다. 1548년에는 대사헌으로서 권신 이기를 탄핵하다가 삭직되고, 갑산에 유배되었다가 1550년 을사사화에서 화를 입은 자들을 비호하였다는 죄목으로 사사되었다. 1567년(선조 즉위년)에 신원되었다.

다."라고 하자 공은 개연히 말하기를 "죄를 범하지도 않았는데 거짓으로 자백하여 목숨을 구하는 것은 내가 부끄럽게 여기는 바이다."라고 하였다. 윤원형(尹元衡)이 추관(推官)이 되어 억지로 공사(供辭)를 갖추어 상의 뜻에 맞추고는 공에게 서명(署名)을 강요하자, 공은 평소와 다름없는 낯빛으로 느긋하게 말하기를 "모두 모르는 일이라 감히 서명할 수 없다."라고 하고 옥중소(獄中疏)를 초하여 올리고자 하였는데 윤원형이 이를 막아 올라가지 못하였다. 얼마 후에 상이 공의 억울함을 헤아리고는 갑산부(甲山府)에 유배할 것을 명하였는데, 공이 탄 가마가 양주(楊州)의 점사(店舍)에 이를 즈음 형독(刑毒)이 발하여 8월 14일에 졸하니, 향년 55세였다. 9월에 온계(溫溪)의 고향 마을로 널을 돌려보내어 12월 모일(某日)에 현 북쪽 연곡(燕谷) 좌경(坐庚)의 언덕에 장사 지냈다.

공의 휘(諱)는 해(瀣), 자는 경명(景明), 본관은 진보(眞寶)이다. 6세조 석(碩)은 현리(縣吏) 출신으로 진사시(進士試)에 입격하고 밀직사(密直使)에 추증되었는데, 은덕(隱德)이 있었다고 세상에서 일컬어졌다. 그 아들은 자수(子脩)이니 고려 말에 벼슬하여 홍건적(紅巾賊)을 평정하고 그 공으로 송안군(松安君)에 봉해졌다. 고조(高祖)의 휘는 운후(云侯)이니 군기시 부정(軍器寺副正)을 지냈다. 증조(曾祖)의 휘는 정(禎)이니 일찍이 영변(寧邊)의 약산성(藥山城)을 증축할 때 공로가 현저하였으며 선산 부사(善山府使)로 생애를 마쳤다. 조부(祖父)의 휘는 계양(繼陽)이니 성균관 진사(成均館進士)로 안동(安東)에서 이거하여 예안(禮安)의 온계에 거처를 정하였고 후에 이조 판서에 추증되었다. 선고(先考)의 휘는 식(埴)이니 진사로서 일찍 졸하였고 좌찬성(左贊成)으로 추증되었다. 선비(先妣)는 증 정경부인(貞敬夫

人) 춘천 박씨(春川朴氏)이니 사정(司正) 박치(朴緇)의 따님이다.

공은 일찍이 부친을 여의고 퇴도(退陶) 선생과 함께 숙부(叔父) 송재공(松齋公)으로부터 수업(受業)하였는데, 문사(文辭)를 일찍 숙달(熟達)하여 아무도 앞서는 사람이 없었다. 이에 모재(慕齋) 김 선생(金先生)[50]이 한번 보고 기특하게 여겨 송재공에게 말하기를 "이 아이는 특별한 그릇이니 잘 보살피십시오."라고 하였다.

을유년(1525, 중종20)에 진사시(進士試)에 입격하였다.

무자년(1528)에 문과에 급제하여 승문원에 뽑혀 들어갔다가 곧 추천으로 한림(翰林)이 되었고 봉교(奉教)를 거쳐 전적(典籍)에 올랐으며, 공조와 예조의 낭관(郎官)으로 전직하였다. 이때부터 명성이 더욱 커져 현반(顯班)을 두루 역임하였는데, 간원(諫院)에서는 정언(正言)·사간(司諫)·대사간(大司諫)이 되고, 헌부(憲府)에서는 집의(執義)·대사헌(大司憲)이 되고, 춘방(春坊)에서는 사서(司書)가 되고, 옥서(玉署)에서는 응교(應教)·전한(典翰)·직제학(直提學)이 되고, 의정부(議政府)에서는 검상(檢詳)·사인(舍人)이 되고, 이조에서는 좌랑(佐郎)·정랑(正郎)이 되고, 제용감(濟用監)과 사복시(司僕寺)에서는 정(正)이 되고, 승정원에서는 동부승지(同副承旨)에서 도승지(都承旨)까지 이르고, 예조에서는 참판이 되고, 경조(京兆)에서는 우윤(右尹)이 되고, 장례원(掌隷院)에서는 판결사(判決事)가 되고,

50 모재(慕齋) 김 선생(金先生) : 김안국(金安國, 1478~1543)으로, 본관은 의성(義城), 자는 국경(國卿), 호는 모재, 시호는 문경(文敬)이다. 1503년(연산군9) 별시 문과에 을과로 급제 후 박사, 부수찬, 부교리 등을 역임했다. 1517년 경상도 관찰사가 되어 각 향교에 《소학》을 권장하였다.

도총부(都摠府)에서는 부총관(副摠管)이 되었으니, 이상은 모두 내직이다. 외직으로는 황해도와 충청도의 관찰사가 되고, 명을 받들어 일본의 사신을 선위(宣慰)하고, 성절사(聖節使)에 충원되어 경사(京師)에 조회하러 갔다. 또 일찍이 북관(北關)을 염찰(廉察)하고 영남(嶺南)을 감찰(監察)하였는데, 북관을 진휼(賑恤)할 때에는 가는 길이 멀고 험준한 곳도 많았으나 공은 고통 받는 백성을 찾아가 위문하기 위해 길이 멀든 궁벽하든 꺼리지 않았으니 백성들이 이에 매우 기뻐하였다. 또 진휼을 감찰할 적에는 계획하고 처리하는 것이 모두 시의(時宜)에 맞은 덕에 굶주리는 가호(家戶)들이 이에 힘입어 살 수 있게 되어 공을 마치 자애로운 어머니처럼 모시니, 상이 글을 내려 그 노고를 위로하였다. 황해도와 충청도의 관찰사가 되었을 적에는 청간(淸簡)한 정사를 펼쳐 온 도(道)가 평온하였다. 이상의 일들은 공이 관직을 맡아 직분에 최선을 다한 것들이다. 그러나 이는 오히려 현자(賢者)의 소략한 일에 속하는 것이다.

공은 젊은 시절 김안로(金安老)[51]와 같은 마을에 살았는데 김안로가 누차 발탁해 쓰려고 하였지만 공은 끝내 굽히지 않았다. 또 이무강 등이 여기저기 거짓을 날조하여 화(禍)의 기미가 당장 어떻게 될지 예측하기 어려운 상황일 때 도헌(都憲) 송세형(宋世珩)이 공을 만나

51 김안로(金安老) : 1481~1537. 본관은 연안, 자는 이숙(頤叔), 호는 희락당(希樂堂)·용천(龍泉)·퇴재(退齋)이다. 1506년(중종1) 별시 문과에 장원급제하였다. 1531년 당시 동궁이던 인종을 보호한다는 명분으로 인종의 외숙인 윤임(尹任)과 결탁하여 반대파인 윤원로(尹元老)와 윤원형(尹元衡) 등을 제거하는 등 여러 차례 옥사를 일으켜 사림들로부터 깊은 원성을 샀다. 1537년 중종의 계비인 문정왕후(文定王后)의 폐위를 기도하다가 발각되어 유배된 뒤 사사되었다. 저서로 《용천담적기(龍泉談寂記)》가 있다.

보고자 하였는데, 송세형은 이기에게 빌붙은 자였다. 어떤 이가 공더러 한번 가서 만나 화를 막아 보라고 타일렀으나 공은 말하기를 "나는 그 사람에 대해 알고 있다. 하물며 죽고 사는 일은 하늘에 달렸는데 그 집으로 찾아가 불쌍하게 봐주기를 구걸하는 것은 또한 비루하지 않은가."라고 하니, 그 정도를 지키고 굽히지 않아 화복(禍福)으로 인해 마음이 흔들리지 않음이 이와 같았다. 공이 졸하고 몇 년이 지나자 이기는 죄악이 극도에 이르러 끝내 근심으로 폐사(廢死)하였고 이무강 역시 귀양을 가 죽었다. 선조(宣祖)가 즉위한 첫 해에 명종의 뜻을 계승하여 공의 원한을 씻어 주고 작질(爵秩)을 환급하였으며, 숙종 17년(1691)에 또 대총재 태학사(大冢宰太學士)로 추증하니, 천도(天道)가 이로써 정해지게 되었다.

퇴도 선생이 공의 묘지명을 짓기를,

"공은 덕성이 관후(寬厚)하고 기량이 크고 넓었다. 형제에게는 우애하였고 집에 있을 적에는 온화하여 자제들과 하인들이 잘못을 저질러도 한 번도 화를 낸 적이 없었다. 중형(仲兄) 의(漪)가 일찍 졸하자 그 아들을 양자로 삼아 성인이 되어 자립할 수 있을 때까지 보살피고 가르쳤다. 친구에게 급한 사정이 생기면 반드시 온 힘을 다해 도와주었고 평생토록 남을 해치려는 마음이 없어 사람들이 바라만 보고서도 그가 길인(吉人)이자 군자(君子)임을 알았다."

하였다. 아, 퇴도 선생이 공의 덕을 기술한 것은 넘치지도 않고 과하지도 않아 눈금 있는 저울로 단 것처럼 털끝만큼도 어긋남이 없으니, 이를 자세히 음미해 보면 그 사람됨을 충분히 알 수 있다. 그런즉 후학이 어찌 감히 망녕되이 더 보태어 말하겠는가.

공의 배위(配位)는 정부인(貞夫人) 연안 김씨(延安金氏)이니 김복흥(金復興)의 따님이며 5남 1녀를 낳았다. 아들은 복(宓), 영(寗), 교(嶠), 치(寘), 혜(憓)이고, 딸은 현감 최덕수(崔德秀)에게 출가하였다.

복은 공을 따라 성절행(聖節行)을 가다가 통주(通州)를 지나는 길에 졸하였고 아들을 두지 못하였다. 영은 현감을 지냈는데 아들이 없어 유도(有道)를 후사로 삼았고, 딸은, 장녀는 감찰(監察) 이언직(李彦直)에게 출가하였고 차녀는 이예복(李禮福)에게 출가하였다. 교는 현감을 지냈는데 아들은 숭도(崇道), 정도(正道), 유도(有道)이고 딸은 도사(都事) 이경원(李敬元)에게 출가하였다. 치는 요절하여 순도(純道)를 후사로 삼았다. 혜는 공조 좌랑(工曹佐郎)을 지냈는데 아들은 능침랑(陵寢郎)을 지낸 주도(周道), 호군(護軍)을 지낸 미도(味道), 심도(深道), 사도(士道), 직도(直道)이다. 최덕수의 아들은 탐(琛)으로 봉사(奉事)를 지냈고, 사위는 군수를 지낸 이충가(李忠可)와 승지를 지낸 이경함(李慶涵)이다. 증손과 현손 이하는 많아서 이루 다 싣지 못한다.

금상(今上) 8년(1784, 정조8)에 공에게 정민(貞愍)이란 시호를 내리고 예관(禮官)에게 명하여 제고(祭告)하게 하니, 퇴도 군자가 말하기를 "이러하구나. 한때에 굽혀졌으나 만세토록 펼쳐지는구나."라고 하였다. 공의 7대손 전(前) 정언(正言) 급(級)이 눌은(訥隱) 이공(李公)이 지은 행장[52]을 나에게 주며 말하기를 "원컨대 그대에게 부탁하여 우리 선조의 비석을 빛내고자 한다."라고 하니, 나는 이 일을 할 적임자가 아니나 오직 퇴옹(退翁)의 글에 따라 기록함으로써 분하고 통쾌한

52 눌은(訥隱)……행장 : 이광정(李光庭)이 지은 〈증자헌대부이조판서겸……온계이선생행장(贈資憲大夫吏曹判書兼……溫溪李先生行狀)〉을 말한다.

뜻[53]을 풀어냄과 동시에 경모(景慕)하는 마음을 부치는 바이다. 명(銘)은 다음과 같다.

하늘에 있는 맑은 기운이	天有淑氣
진성[54]에 모이니	萃于眞城
금옥 같은 형제가	金昆玉友
그 생을 돈독하게 하였네	曰篤其生
공이 조정에 있을 때엔	公在朝廷
봉황과 기린처럼 상서로웠네	鳳瑞麟祥
제 몸을 돌보지 않고 간인을 미워하여	忘躬嫉姦
탄핵 상소가 서리를 가르니	白簡橫霜
남귀가 피를 빨아	藍鬼吮血
뱃속에 날카로운 칼날을 품었네	腹有利鋩
우리 명종께서는	惟我明廟
당시 어린 나이였는데	時維在冲
태양이 하늘에 내걸렸으나	太陽懸空
저 무지개를 어찌하랴[55]	柰彼陰虹

53 분하고 통쾌한 뜻 : 이황이 이해의 묘갈명을 지었는데 그 명의 마지막에 "진정을 토로하여 만세에 고하니, 이 글을 보고 분함과 통쾌함이 함께 일어날 이가 반드시 있으리라.〔刳肝血而告萬世兮, 其必有交憤快於斯文者矣.〕"라고 한 것을 말한다. 《退溪集 卷46 嘉善大夫禮曹參判兼同知春秋館事五衛都摠府副摠管李公墓碣銘》

54 진성(眞城) : 경상도 진보현(眞寶縣)으로, 이황·이해 형제의 관향이다.

55 태양이……어찌하랴 : 간신이 임금의 눈과 귀를 가려 권력을 농단하고 임금을 기만하는 상황을 탄식한 것으로, 태양은 명종을 비유하고 무지개는 이기(李芑)를 비롯한 당시

흉악한 주둥이를 은밀히 놀리매　凶吻密鼓
추악한 무리들이 찬동하니　衆醜攸同
소인들이 공을 무함하여　索性羅織
정확에 불이 지펴졌네　鼎鑊傍烘
저 깊숙한 감옥에서　幽幽犴狴
혈성으로 쓴 글 품 안에 두었는데　血字在抱
대궐에 올릴 길이 막혀　閶闔路阻
범이 으르렁거리고 승냥이가 울부짖으니　虎狺豺哮
죽어도 스스로 부끄럽지 않았고　死吾不愧
죽지 않음도 하늘을 믿을 뿐이었네　不死恃天
천왕이 성명하사　天王聖明
은지가 서둘러 내려지니　恩旨亟宣
큰 덕을 생이라 하였는지라[56]　大德曰生
북변을 어찌 멀다 하겠는가　有北奚遜
유양[57]의 궁벽한 곳에서　維楊之曲
고복하게 됨을 어찌하겠는가　柰何臯復

의 간신들을 비유한다. 당(唐)나라 이백(李白)이 〈오월동로행답문상옹(五月東魯行答汶上翁)〉 시에서 현종(玄宗) 때 재상으로서 아첨을 일삼고 언로(言路)를 막았던 이임보(李林甫)를 비판하며 "서쪽으로 돌아가매 곧은길로 가는데, 지는 해가 무지개에 가려 어둡네.〔西歸去直道, 落日昏陰虹.〕"라고 한 데서 유래한 표현이다. 《李太白文集 卷15》

56 큰……하였는지라 : 《주역》 〈계사전 하(繫辭傳下)〉에 "천지의 큰 덕을 생이라 하고, 성인의 큰 보배를 위라 한다. 무엇으로 위를 지킬 것인가? 바로 인이다.〔天地之大德曰生, 聖人之大寶曰位. 何以守位? 曰仁.〕"라고 하였다.

57 유양(維楊) : 이해가 별세한 곳인 경기 양주(楊州)를 말한다.

사림들이 울부짖으며 통곡하니	士林呼咷
누군들 백번이라도 대신 죽고 싶지 않았으랴	疇不身百
울울한 원망의 기운이	鬱鬱冤氛
저 남복[58]에 드높았는데	矗彼南服
천도는 곧잘 도는지라[59]	天道好斡
십 년이 못 되어 회복되니	不十年復
큰 간신의 발톱이 제거되매	巨奸脫距
외로운 충정이 비로소 드러났네	孤忠始白
추증한 작질 밝게 빛나며	贈秩光光
아름다운 시호 환히 빛나니	美謚焯焯
공에게 그 무슨 한이 있으리	在公何憾
우리의 도가 슬플 뿐인 것을	吾道之慽
정자의 생각과 주자의 뜻을	程思朱情
훈지가 함께 울리지 못한 것 한스럽네[60]	恨不塤篪

58 남복(南服) : 복(服)은 서울 밖 500리 되는 지역인데, 여기서는 이해가 생장한 영남(嶺南)을 뜻한다.

59 천도(天道)는 곧잘 도는지라 : 천도가 순환하여 어그러진 일을 곧장 다시 정상으로 회복함을 말한다. 《도덕경(道德經)》 제30장에 "도로써 임금을 보좌하는 자는 군사로써 천하를 강성하게 하지 않으니, 그 일이 곧잘 돌아오기 때문이다.〔以道佐人主者, 不以兵强天下, 其事好還.〕"라고 한 데서 유래하였다.

60 정자(程子)의……한스럽네 : 이해가 일찍 세상을 떠난 탓에 아우인 이황과 함께 나란히 도학(道學)에 명성을 드날리지 못한 것을 아쉬워한 것이다. 정자의 생각과 주자의 뜻이란 정주학(程朱學)을 말하며, 훈지(塤篪)는 형제를 말하는데 《시경》 〈소아(小雅) 하인사(何人斯)〉에 "백씨는 훈을 불고, 중씨는 지를 분다.〔伯氏吹壎, 仲氏吹篪.〕"라고 한 데서 유래한 말이다.

온계가 조용히 흐느끼니	溫溪幽咽
공의 무덤이 그곳에 있네	秋栢在玆
나의 명문 매우 분명하니	我銘孔昭
큰 비석에 새겨	刻于豐石
백세 뒤의 사람들로 하여금	俾百世人
선을 즐기고 악을 징계하게 하노라	樂善懲惡

가선대부 행 성균관 대사성 진선군 강공 신도비명
嘉善大夫行成均館大司成晉善君姜公神道碑銘

붕당(朋黨)의 화가 일어난 이래로 조정에서는 누가 무릎에 올려놓을 사람이며 누가 돌을 던질 사람인지[61]를 오직 자기와 당색이 같은가 다른가에 따라서 판단할 뿐이었다. 이는 누구를 속이는 것인가? 후대인들을 속이는 것이다. 세상에서는 기사년(1689, 숙종15)의 당사자들을 모함하면서 걸핏하면 말하기를 "중궁(中宮 인현왕후)이 손위(遜位)할 때에 유연하게 영합하여 한마디 말도 하지 않고 또 뒤이어 은밀히 그것을 돕기까지 하여, 이를 통해 나라에 절반이나 되는 사람들을 가두고 이를 통해 이권(利權)을 독점하는 바탕을 만들고도 평생토록 뉘우칠 줄 몰랐다."라고들 한다. 정말 이 말대로라면 지금까지 환히 빛나고 있는 직언(直言)과 극론(極論)을 하였던 이우당(二憂堂) 이공 만원(李公萬元),[62] 나은(懶隱) 이공 동표(李公東標),[63] 만안당(晩安堂) 이공 후

61 누가 무릎에……사람인지 : 누가 아끼고 중하게 여길 사람인지 누가 비난하고 공격할 사람인지라는 말이다. '무릎에 올려놓을 사람'이란 《예기》 〈단궁 하(檀弓下)〉에 자사(子思)가 "오늘날의 군주는 사람을 기용할 때에는 마치 무릎에 올려놓을 듯하다가, 사람을 물리칠 때에는 마치 못에 빠뜨릴 듯이 한다.〔今之君子, 進人若將加諸膝, 退人若將墜諸淵.〕"라고 한 데서 유래한 말이고 '돌을 던질 사람'이란 한유(韓愈)의 〈유자후묘지명(柳子厚墓志銘)〉에 "어느 날 작은 이해에 닥치면 함정에 떨어졌어도 손을 내밀어 구해 주기는커녕 도리어 밀치거나 또 돌을 던진다.〔一旦臨小利害, 落陷穽不一引手救, 反擠之又下石焉者, 皆是也.〕"라고 한 데서 유래한 말이다.

62 이우당(二憂堂) 이공 만원(李公萬元) : 이만원(1651~1708)으로, 본관은 연안(延安), 자는 백춘(伯春), 호는 이우당이다. 1678년 증광 문과에 병과로 급제하여 내직

정(李公后定)[64] 같은 분들은 유독 기사년의 당사자가 아니란 것인가. 내가 대사성(大司成) 강공(姜公)의 행장을 읽어 보니 참으로 만안당과 더불어 함께 전해질 만하므로, 이로써 더욱 감회가 인다.

공의 휘는 석빈(碩賓), 자는 위사(渭師)이다. 진주 강씨(晉州姜氏)는 대족(大族)이라 불리는데, 문경공(文敬公) 군보(君寶)와 공목공(恭穆公) 시(蓍)가 고려에서 현달하였고 아조(我朝)에서는 대사간(大司諫) 형(詗)이 연산군(燕山君)의 학정(虐政)을 만나 직간(直諫)하다 죽었고 뒤에 이조 판서에 추증되었다. 그 뒤 두 대를 지나 사인(舍人) 온(溫)이 우의정 정정공(貞靖公) 사상(士尙)을 낳으니 이분이 공의 고조(高祖)가 된다. 증조(曾祖)는 인(絪)이니, 유행(儒行)으로 천용(薦用)된 후 여러 관직을 거쳐 한성부 우윤(漢城府右尹)이 되었고 선조(宣祖)의 호성 공신(扈聖功臣)에 책훈되고 진창군(晉昌君)에 봉해졌다. 조부(祖父)는 홍정(弘定)으로 현령을 지냈는데 아들이 없어 종조형제(從祖兄

과 외직을 두루 거쳤다. 1689년 인현왕후 폐위를 반대하여 숙종의 노기를 거스른 결과 숙종이 찬 어상(御床)에 맞아 상처를 입기까지 할 정도로 강개한 면모를 보였다.

63 나은(懶隱) 이공 동표(李公東標) : 이동표(1644~1700)로, 본관은 진성(眞城), 자는 군칙(君則), 호는 나은이다. 1683년 문과에 급제한 후 검열, 부수찬, 헌납, 이조 좌랑, 승지 등을 역임했다. 기사환국 때 인현왕후의 폐위를 반대하여 죄를 입은 박태보(朴泰輔), 오두인(吳斗寅) 등을 구원하다가 좌천당하였다. 경학(經學)에 밝아 당시에 소퇴계(小退溪)라고 일컬어졌다.

64 만안당(晩安堂) 이공 후정(李公后定) : 이후정(1631~1689)으로, 본관은 연안, 자는 정숙(定叔), 호는 만안이다. 1675년 식년 문과에 병과로 급제하여 지평(持平), 정언(正言), 헌납(獻納) 등을 지내다가 1689년 부호군(副護軍)으로서 인현왕후의 폐위가 부당하다고 상소하였으나 승정원의 저지로 숙종에게 전달되지 못하자 끝내 격분에 못 이겨 죽었다.

弟)인 관찰사 홍중(弘重)의 셋째 아들 욱(頊)을 아들로 삼으니, 이분이 공의 선고(先考)로서 목사(牧使)를 지냈다. 공이 귀한 신분이 된 뒤에 조부는 승지로, 선고는 이조 참판과 진남군(晉南君)으로 추증되었다. 선비(先妣)는 정부인(貞夫人) 한산 이씨(韓山李氏)로, 현감 이창원(李昌源)의 따님이자 충숙공(忠肅公) 이덕형(李德泂)의 손녀이다.

공이 4, 5세가 되었을 무렵 이 충숙(李忠肅)이 공을 어루만지면서 말하기를 "용모가 단정하고 진중하며 정신(精神)이 내면에 온축되어 있으니, 훗날 이 아이는 귀한 신분이 될 것이다."라고 하였다. 약관의 나이에 문사(文辭)로 이름을 알리고, 24세에 사마 양시(司馬兩試 생원시와 진사시)에 입격하였다.

현종 임인년(1662, 현종3)에 문과에 급제하여 괴원(槐院 승문원(承文院))에 분관되었다. 당시 영남(嶺南) 유생 유세철(柳世哲)이 상소하여 방례(邦禮)의 잘못을 논하자[65] 사관(四館)이 떠들썩하게 들고 일어나 처벌할 것을 논하였으나, 공은 그것이 불가하다고 쟁집하였다. 이에 요로(要路)에 있던 자[66]가 크게 노하여 공의 이름을 사판(仕版)에서

65 당시……논하자 : 1666년(현종7) 유세철을 비롯한 1000여 명의 영남 유생들이 상소하여, 1659년(효종10) 자의대비(慈懿大妃)의 복상(服喪) 문제가 제기될 당시 서인인 송시열(宋時烈)과 송준길(宋浚吉)의 기년설(朞年說)이 채택된 것이 잘못이라고 주장한 것을 말한다. 《顯宗實錄 7年 3月 23日》

66 요로(要路)에 있던 자 : 당시 대사헌으로 있던 조복양(趙復陽)을 말한다. 본관은 풍양(豐壤), 자는 중초(仲初), 호는 송곡(松谷)으로 김상헌(金尙憲)의 문인이다. 1666년에 유세철을 비롯한 영남 유생들이 1659년에 내려진 기년설이 부당하다고 하는 상소문을 올려 유세철이 정거(停擧)될 위기에 처하자 강석빈이 이를 옹호하였는데, 이때 조복양은 강석빈이 제멋대로 이견을 내세운다면서 현종에게 사판에서 삭제할 것을 요구하였다. 《顯宗實錄 7年 5月 2日》

삭제하도록 청하였는데, 오랜 뒤에 비로소 서용(敍用)되었다.

정미년(1667)에 세자가례도감(世子嘉禮都監)에서 감조(監造)한 공로로 6품직에 올랐다. 이에 앞서 공이 아직 벼슬하지 않았을 적에 동지들을 이끌고 상소하여 우계(牛溪) 성혼(成渾)과 율곡(栗谷) 이이(李珥)를 문묘(文廟)에 종사(從祀)하는 일을 논척(論斥)한 바 있었는데, 괴원에 재직하게 되자 또 목소리를 드높이며 요로에 있는 자에게 아부하지 않으니, 이로 말미암아 시류(時流)들로부터 미움이 쌓이게 되었다. 금오랑(金吾郎)에 제수되었다가 강원 도사(江原都事)에 보임(補任)되니, 이는 배척당해 등용되지 못한 것이다. 이때 관동(關東) 지방에 기근이 들자 공이 명을 받들고 여러 고을의 진휼(賑恤)을 감독하여 목숨을 살린 자들이 매우 많았다. 이후 모종의 일에 연좌되어 파직되었다.

신해년(1671)에 병조 좌랑에 제수되었다가 곧 전주 판관(全州判官)으로 옮겨졌는데, 병조에서 공을 유임(留任)하여 병조를 보좌하게 해 달라고 청하자 이조에서 아뢰기를 "병조의 낭관은 얻기 쉬우나 전주는 다스리기 어려우니, 병조의 말을 따를 수 없습니다."라고 하니, 상이 결국 이조의 말을 따랐다. 공은 앞서 병조에 재직할 적에 계책을 치밀하게 마련하여 국고(國庫)가 그 덕을 보았는데, 전주를 다스리게 되어서는 더욱 성심을 다해 위무함으로써 굶주리고 역병에 걸린 자들이 죽음에 이르지 않을 수 있었으니, 이에 백성들이 몹시 감사히 여겨 떠받들었다.

계축년(1673)에 부친상을 당하였는데, 복상(服喪)을 마친 때는 숙종 1년인 을묘년(1675)이었다. 지난날 집권한 자들이 물러나자 공이 비로소 크게 등용되어 사헌부 지평과 사간원 정언에 연이어 제수되었다. 마침 엄인(閹人)이 과거에 응시할 수 있게 해 달라고 청하자[67] 공이 아뢰기를 "형인(刑人)은 선비들과 함께 과거를 볼 수 없습니다."라고 하였는데, 상이 내부(內府)의 일을 논하는 것은 마땅치 않다고 꾸짖었다. 이에 공이 또 아뢰기를 "궁중(宮中)과 부중(府中)은 모두 한 몸이니,[68] 대각(臺閣)은 응당 말할 수 없는 것이 없어야 합니다."라고 하니 상이 옳게 여겼다.

옥당(玉堂)에 선발되어 수찬(修撰)과 교리(校理)에 누차 제수되었는데, 경연(經筵)에 입시하여서는 경전의 뜻을 분석해 설명하면서 치란(治亂)과 흥망(興亡)의 기미에 대해 더욱 간절하게 아뢰니, 상이 그때마다 마음을 비우고 받아들였다. 마침 홍득우(洪得愚)와 조상우(趙相愚)가 자기 스승의 억울함을 변론하자[69] 공이 아뢰기를 "예를 그르친 사람을 변론할 수 있겠습니까."라고 하니 상이 공의 말을 옳게 여겨 처분을 매우 엄하게 하고 뒤이어 이르기를 "강모(姜某)는 강직하

67 엄인(閹人)이……청하자 : 1675년 김윤문(金胤文)이란 내시(內侍)가 허위로 무과(武科)에 응시하여 입격한 일이 발각되어 곧 발거(拔去)되었는데 뒤이어 다른 내시가 계품(啓稟)하여 내시도 과거에 응시할 수 있도록 해 달라고 요구하였다. 《肅宗實錄 1年 11月 14日, 17日, 28日》

68 궁중(宮中)과……몸이니 : 임금의 측근인 내시부(內侍府)와 의정부를 비롯한 조정의 관료들이 일체가 되어 서로 같은 원칙을 적용해야 한다는 말이다. 이 말은 제갈량(諸葛亮)의 〈출사표(出師表)〉에 "궁중과 부중이 모두 한 몸이니 착한 사람을 포상하고 악한 사람을 처벌하는 데 달리해서는 안 됩니다.〔宮中府中, 俱爲一體, 陟罰臧否, 不宜異同.〕"라고 한 데서 유래하였다.

69 홍득우(洪得愚)와……변론하자 : 1674년 갑인예송에서 남인 측이 승리한 여파로 그 반대의 입장에 있던 서인(西人)의 송준길(宋浚吉)이 1675년 사후 삭직되자, 그의 제자였던 홍득우, 조상우 등이 상소하여 송준길의 억울함을 변호한 것을 말한다. 《肅宗實錄 1年 12月 27日》

니 암행 어사(暗行御史)에 선발하도록 하라."라고 하였다. 마침내 호서(湖西)의 10개 읍(邑)을 염탐하였고, 복명(復命)한 뒤로는 헌납(獻納)에 제수되고 이조 좌랑에 제수되었다. 옥당으로 옮기고는 상소하여 한림(翰林) 최석정(崔錫鼎)이 사적인 애호(愛好)를 가지고 사람을 천거하였다고 논척하니, 상이 최공(崔公)을 파직하라고 명하였다.

정사년(1677)에 사인(舍人)에 올랐다가 사간(司諫)과 응교(應敎)로 이배되었다. 천거로 통정대부(通政大夫) 광주 부윤(廣州府尹)에 제수되었다. 광주의 전정(田政)은 평소부터 문란하였는데, 공은 계리(計吏)를 앞에 불러서 계산하게 하는 한편 직접 장부에 근거해 고증하고 비교하여 아전이 간교를 꾸미지 못하니, 조세가 이로써 균등해졌다. 1년이 지난 뒤에 작은 일로 인하여 파직되었다.

무오년(1678)에 판결사(判決事)에 제수되었다가 호조 참의로 이배되었다. 묘당에서 공이 문무(文武)의 재능이 있다고 천거하여, 자급을 뛰어넘어 가선대부(嘉善大夫) 경기수사 겸 삼도통어사(京畿水使兼三道統禦使)에 제수되고 진선군(晉善君)에 습봉(襲封)되었다. 그 이듬해 바닷가에 큰 기근이 들자 공은 관영(官營)의 곡식을 내고 녹봉으로 받은 쌀을 출연하여 마치 충분하지 못할까 급급한 듯이 진휼을 행하니 백성들이 매우 기뻐하였다. 이에 전함(戰艦)을 수리하고 무기를 정비하였는데, 얼마 뒤에 불만을 가진 자의 공격을 받게 되자 군민(軍民)들이 다투어 나아가 묘당에 호소하여 공을 머무르게 해 달라고 청하였다.

경신년(1680)에 허견(許堅)이 주살되고 허적(許積)이 죄에 연좌되어 죽자, 대관(臺官)이 권세를 부리는 자의 뜻을 받들어 공의 허물을 찾아내느라 하지 않는 짓이 없었는데 김석주(金錫胄)가 마침내 "모(某)는 체부(體府)에 종사한 지 오래되었으므로 죄가 없을 수 없습니다."라고 상에게 아뢰어 통천(通川)에 유배 보냈다.

임술년(1682)에 사면을 받았다.

계해년(1683)에 서용됨과 동시에 훈작(勳爵)과 봉호(封號)가 회복되었다. 이때부터 두문불출(杜門不出)하여 시사(時事)를 말하지 않았다.

무진년(1688)에 대부인(大夫人)의 상을 당하였다.

기사년(1689)에 민종도(閔宗道)가 공을 방문하였는데 공이 말하기를 "머지않아 궁궐에 변고가 일어날 것이니, 그대들은 청의(淸議)에 죄를 얻으면 안 될 것이다."라고 하였다. 이에 민종도가 말하기를 "세자의 외가(外家)가 미약하니 순전히 정도(正道)만을 써서는 안 된다."라고 하고는 이어 화를 버럭 내며 자리에서 일어나 버렸다. 그 뒤 얼마 지나지 않아 곤전(坤殿)이 장차 손위(遜位)할 적에 공이 천정을 바라보며 탄식하기를 "내 비록 초야에 묻혀 있는 신하이나 일찍이 대부(大夫)의 뒤를 따랐으니,[70] 국가에 변고(變故)가 일어난 때를 당하여 맹세코 한마디 말을 하고 죽으리라."라고 하였는데, 소장을 이미 완성하였으나 끝내 상에게 전달되지 못하였다. 마침 만안당(晩安堂) 이공(李公)이 공과 뜻을 함께하였는데 공이 말하기를 "그대는 평소 명절(名節)로 스스로를 면려하였으니 오늘날의 일은 그대가 아니면 안 된다. 만약 말을 하다가 화가 생기면 나를 끌어다가 증인으로 삼으라."라고 하였다. 이공의 소장이 후원(喉院 승정원(承政院))에 이르렀으나 또 끝내 상에게 전달되지 못하였다. 아, 당시에 공은 초췌한 모습으로 상복을

70 일찍이……따랐으니 : 대부의 반열(班列)에 있다는 겸사이다. 공자가 "내가 대부의 뒤를 따르기 때문에 감히 고하지 않을 수 없었다.〔以吾從大夫之後, 不敢不告也.〕"라고 한 데서 유래한 표현이다. 《論語 憲問》

입던 와중이라 상사(喪事)가 아니면 말하지 않아도 괜찮은데, 다만 충심(忠心)이 울울하여 스스로 멈출 수 없었기에 소장(疏狀)을 초하여 하고 싶은 말을 남김없이 하였던 것이다. 그러다 그것이 끝내 상에게 전달되지 않자 다시 만안당과 함께 거듭 서약하여 예측할 수 없는 재앙에 마주해서도 마치 그것을 낙토(樂土)를 보듯 하였으니, 의리를 버리고 구차하게 사는 것이 죽기보다 더 싫은 자가 아니라면 능히 이렇게 할 수 있었겠는가.

상기(喪期)를 마친 뒤에 공조 참판에 제수되었다가 얼마 뒤에 도승지, 대사간, 대사성으로 천직되고 뒤이어 충훈부 유사 당상(忠勳府有司堂上)에 차임되었다. 이에 앞서 국정을 쥔 자들이 밤낮으로 기찰(譏察)을 펼쳐 마침내 큰 옥사를 일으켰었는데, 이때에 이르러 무신(武臣)들이 또 그 폐습을 따라 하였다. 이에 공이 사간원(司諫院)에 있으면서 상소하기를 "기찰은 청명한 조정의 아름다운 일이 아닙니다."라고 하고 이어 무신의 잘못을 논척하니 시의(時議)가 몹시 불쾌해하였다. 상국(相國) 권대운(權大運)이 말하기를 "10년 동안 배척당해 쫓겨나 있었으니 기운이 조금 쇠해질 만도 한데 늠연히 지난날의 풍모가 있도다."라고 하였다.

신미년(1691) 가을에 사은 부사(謝恩副使)에 제수되자 벗들이 서교(西郊)에서 공을 전별해 주었는데 장희재(張希載) 역시 배표(拜表)하는 일로 하인을 보내어 공을 문후하게 하니 공이 말하기를 "네가 잘못 온 것이 아닌가? 나는 너의 장수와 친분이 없다."라고 하였다. 상사(上使) 민암(閔黯)이 다시 공더러 와 달라고 청하였는데 공은 장희재가 그 자리에 있다는 말을 듣고 사양하고 가지 않았다. 환국(還國)하여 압록강을 건널 때 민암의 아들이 갓 문과에 급제하여 만상(灣上 의주(義

州))에서 그 아버지를 문후하자, 공이 민암을 돌아보고 말하기를 "공의 아들도 과거에 급제하였는가?"라고 하고 신참례(新參禮)로 그 아들을 대하지 않았다. 조정에 돌아오자마자 병이 발작하여 12월 24일에 졸하니, 공이 태어난 신미년(1631, 인조9)으로부터 일갑(一甲)이 지난 때였다. 상이 예관을 보내어 규례대로 조문하고 부의하였다.

공은 명가(名家)의 훌륭한 전통을 계승하고 성조(聖朝)에서 명성을 드날렸다. 일찍이 옥당(玉堂)으로서 편전(便殿)에 입시할 적에 성지(聖旨)에 응대하여 20운의 율시(律詩)를 매우 짧은 시간에 지어 바친 일이 있었다. 이에 상이 특별히 선온(宣醞)하여 총애하는 한편, 그 자리에서 물러날 즈음 공이 입은 옷이 몹시 해진 것을 보고는 그 옷을 벗기고 어구(御裘)를 입혀 주니, 조정에서 이를 영화로 여기지 않는 이가 없었다. 그러나 이는 그리 대수롭지 않은 일에 불과하다. 숙종의 시대가 당도하자 정국이 수차례 일변하여 선인(善人)과 악인(惡人)이 번갈아 가며 조정에 진출하였는데, 공은 포의(布衣)로 있을 때부터 오직 사론(士論)만을 주장하여 당인(黨人)들에게 미움을 사 배척과 방해를 당하고도 조금도 후회하지 않았다. 그런데 이는 해내기 어려운 일임은 분명하나 저들은 그래도 평소부터 허여하지 않았던 자들이었던 데다, 또 혈기가 한창 강했을 때에 한 일이었다. 침체되어 있다 다시 기용되었을 때 공은 또한 늙었고, 함께 공부하던 오랜 벗들이 낭묘(廊廟)에 포진되자 공 역시 늠름하게 조만간 등용되어 권세를 잡을 것 같았다. 하지만 공은 지론(持論)이 시류와 맞지 않아서 옳지 않은 것을 보면 그때마다 면전에서 비판하여 깨끗하고 고결한 태도를 보인 까닭에 사이가 좋지 않은 사람들이 매우 많았다. 그러나 고결한 지조를 우뚝 세우매 명망이 날로 높아져 사류들이 의지하다가 갑자기 잃게 되니 이 어찌 세도의 한이 아니겠는가.

공은 성품이 효성스럽고 우애로웠다. 대부인의 상을 치를 때에 이미 예순을 바라보는 나이였으나 상복을 벗지 않고 조문객이 오면 비록 비천한 자일지라도 반드시 직접 접대하여 추울 때나 더울 때나 그만두지 않았으니, 사람들이 거상(居喪)을 잘한다고 칭찬하였다. 아우 부사공(府使公) 석신(碩臣)과 늙을 때까지 함께 살면서 재산을 독점하지 않고 함께 공유하였으며 곤궁하여 의지할 데 없는 친척들을 다 데려다 길러 시집보내고 장가보내 주었다. 이에 공이 조정에서 보여 준 몸가짐은 실로 집안에서의 행실을 미루어 실천한 것임을 알 수가 있다.

전부인(前夫人)은 사천 목씨(泗川睦氏)이니 승지 목겸선(睦兼善)의 따님이며 두 딸을 길렀다. 사위는 수찬(修撰) 조정우(趙挺宇)와 박행의(朴行義)이다. 후부인(後夫人)은 강화 최씨(江華崔氏)로 최성(崔䜣)의 따님이며 4남 2녀를 길렀다. 첫째는 력(櫟)이니 참봉(參奉)이고, 둘째는 학(欅)이고, 셋째는 석(檡)이니 진사(進士)이고, 넷째는 협(梜)이다. 두 사위는 이형도(李衡道)와 조제보(趙濟普)이다.

력은 3남 3녀를 두니, 첫째는 필보(必輔)로 문과(文科)에 급제하여 도사(都事)를 지냈고, 둘째는 필성(必聖)이고 셋째는 필동(必東)이다. 세 사위는 오중운(吳重運), 한세영(韓世英), 이규령(李奎齡)이다. 학은 2남 3녀를 두니 아들은 필응(必應)과 필득(必得)이고, 세 사위는 박운신(朴雲新), 진사(進士) 한병정(韓秉鼎), 이원휴(李元休)[71]이다.

71 이원휴(李元休) : 대본에는 '李元体'로 되어 있다. 《해좌집(海左集)》 권27 〈가선대부행성균관대사성겸동지의금부사진선군강공묘갈명(嘉善大夫行成均舘大司成兼同知義禁府事晉善君姜公墓碣銘)〉에 근거하여 '体'를 '休'로 바로잡아 번역하였다.

석은 2남을 두니 필정(必聶)과 필무(必懋)이다. 협은 형의 아들 필동을 후사로 삼았다. 조정우는 1남을 두니 조필강(趙必剛)이고, 박행의는 1남을 두니 박경수(朴景洙)이고, 이형도는 아들이 없다. 조제보는 2남을 두니 장남은 조사충(趙思忠)으로 문과에 급제하여 정언(正言)을 지냈고, 차남은 조사근(趙思近)이다. 내외의 증손과 현손 5, 6십 명은 다 기록하지 않는다.

공의 묘는 장단(長湍) 망현리(望峴里)에 있는데 최 부인(崔夫人)이 그곳에 부장(祔葬)되어 있다. 목 부인(睦夫人)은 금천(衿川) 난곡(蘭谷)에 장사 지냈는데 선영(先塋)을 따른 것이다. 공의 3대손인 세선(世選)과 세정(世靖)이 나에게 명(銘)을 부탁하였는데, 나는 평소부터 공의 풍모를 사모하던 사람이므로 명을 짓는다. 명(銘)은 다음과 같다.

숙종이 등극한 뒤로	明陵御世
신기한 변화가 끝이 없었으니	神變不窮
누가 그 아름다운 명성을	誰其令譽
시종일관 누렸던가	以始以終
탁월하고 출중했던	矯矯不群
이분 강공이었네	有是姜公
공은 피눈물을 머금었으니	公有血淚
눈물 떨구며 상소하였고	點滴封章
공은 강직한 혀가 있었으니	公有硬舌
권귀들을 저지하고 꾸짖었네	遏折貴强
맑은 선비가 있지 않다면	不有淸士
세상에 무엇을 볼 것인가	于世何觀

천대의 세월이 뒤에 있는지라	千世在後
이 사람의 완정함을	若人之完
명으로써 밝히노니	銘以闡之
한 글자 쓸 때마다 재삼 탄식하노라	一字三歎

증 자헌대부 이조 판서 행 통정대부 사간원 대사간 동계 권공 신도비명

贈資憲大夫吏曹判書行通政大夫司諫院大司諫東溪權公神道碑銘

공의 휘(諱)는 도(濤), 자는 정보(靜甫), 호는 동계(東溪)이다. 안동 권씨(安東權氏)는 고려 태사(太師) 행(幸)의 후예로서 고려에서 성조(聖朝)에 이르는 동안 일족이 커지고 번성하여 대대로 뛰어난 인물을 배출하였으니, 씨보(氏譜)에서 이를 상고할 수 있다. 영녕전 참봉(永寧殿參奉) 휘 시준(時準)과 상의원 별좌(尙衣院別坐) 휘 운(運)이 공에게 증조(曾祖)와 조부(祖父)가 된다. 선고(先考)의 휘는 세춘(世春)이니 사포서 별좌(司圃署別坐)를 지내고 승지에 증직되었다. 선비(先妣)는 상산 김씨(商山金氏)이니 김담(金湛)의 따님이며 직제학(直提學) 김장(金長)의 손녀이다.

만력(萬曆) 을해년(1575, 선조8)에 단성현(丹城縣)의 단계촌(丹溪村)에서 공을 낳았다. 공은 어려서부터 총명하였는데, 관찰사가 그 명성을 듣고 현(縣)에 순도(巡到)하여 공과 함께 《한서(漢書)》를 논하고는 찬탄하기를 "너는 나의 스승이다."라고 하였다. 공은 이때 10세로, 이를 기특하게 여기지 않는 사람이 없었다.

임진년(1592) 봄에 부친에게 아뢰고서 식구를 데리고 깊숙한 곳으로 들어가니 사람들이 이를 두고 모두 손가락질하며 비웃었다. 그런데 얼마 지나지 않아 왜노(倭奴)가 대대적으로 쳐들어오자 손가락질하며 비웃던 자들이 비로소 놀라고 탄복하였다. 이듬해 승지공(承旨公)이 역병에 걸려 화왕산성(火旺山城)에서 작고하였다. 빈소를 차린 뒤 친지(親知)들이 권하기를 "잠시 떠나 여독(癘毒)의 전염을 피하는 것이 어떻겠는가?"라고 하였으나 공은 듣지 않고 아침저녁으로 슬피 울부짖으며 더욱 엄격하게 예법을 지켰다. 장례할 때가 되자 적의 칼날을 피해 이주하여 호서(湖西)에서 객지살이를 하였는데, 호서 사람들이, 효성으로 모친을 섬기고 엄숙히 복상(服喪)하는 공의 모습을 보고는 모두 공을 공경하고 사랑하였다.

정유년(1597)에 왜적이 또 쳐들어와 양호(兩湖 호서와 호남)에까지 이르자 영남의 성주(星州)에 우거(寓居)하였고, 난이 그친 뒤에 단계(丹溪)의 고향 마을로 돌아왔다.

36세에 사마시(司馬試)에 입격하였고, 그로부터 3년이 지난 계축년(1613, 광해군5)에 과거에 급제하였다. 이때는 광해(光海)가 정사를 문란하게 하던 시절로, 권병을 쥔 신하 가운데 공을 천거하려는 자가 있자 즉시 사절하고는 뒤도 돌아보지 않고 조령(鳥嶺)을 넘어갔다.

갑인년(1614)에 모친상을 당하여 3년을 한결같이 시묘(侍墓)하며 슬피 울부짖었다. 복제를 마치고 성균관 학유(成均館學諭)에 부직(付職)되었다. 당시 정인홍(鄭仁弘)[72]이 권력을 쥐고 일을 좌지우지하여 사대부들 가운데 그를 추종하는 자들이 많았는데, 공은 드러내 놓고 그를 비판하면서 일찍이 "가야(伽耶)의 노적(老賊)"[73]이라고 하였다.

72 정인홍(鄭仁弘) : 1535~1623. 본관은 서산(瑞山), 자는 덕원(德遠), 호는 내암(來庵)으로 조식(曺植)의 수제자이자 북인의 영수(領首)이다. 임진왜란 때 합천(陜川)에서 의병을 모아 왜적과 싸웠고, 광해군이 즉위하자 대북 정권을 수립하여 인목대비를 폐하는 일을 주도하였다. 1623년(인조1) 인조반정 후 참형되었다.

73 가야(伽倻)의 노적(老賊) : 정인홍의 고향인 합천이 옛 가야 지방이기 때문에 그렇게 부른 것이다.

이에 사람들이 공이 위험하다고 하였으나 공은 조금도 흔들리지 않았다.

천계(天啓) 3년(1623, 인조1) 인조가 반정(反正)을 단행한 뒤에 승정원 주서(承政院注書)에 제수되고 천거로 사국(史局)에 들어가 한림(翰林)이 되었다.

갑자년(1624)에 이괄(李适)이 거병하여 반란을 일으키자 공주(公州)로 어가(御駕)를 호종하였다. 환도(還都)한 뒤에 전적(典籍)에 오르고 감찰(監察), 병조 좌랑·정랑으로 천직하였다가 곧이어 정언(正言)에 제수되었다.

을축년(1625)에 홍문관에 선발되었다. 이로부터 삼사를 두루 거쳐 대각(臺閣)에선 지평(持平)·장령(掌令)·집의(執義)·정언·헌납(獻納)·사간(司諫)이 되고, 홍문관에서는 수찬(修撰)·부수찬(副修撰)·부교리(副校理)·응교(應教)가 되고, 세자시강원에서는 보덕(輔德)이 되고, 의정부(議政府)에서는 사인(舍人)이 되고, 장악원(掌樂院)·사복시(司僕寺)·종부시(宗簿寺)에서는 정(正)이 되었는데, 한 관직을 여러 번 지내기도 하였다. 그사이 지제교(知製教)에 선발되기도 하였다.

정묘년(1627)의 난리[74] 때 경상우도 독운 어사(慶尙右道督運御史)가 되고 뒤에 가례도감 낭청(嘉禮都監郎廳)이 되었는데 이로써 통정대부(通政大夫)로 품계가 올랐다. 전후로 소명(召命)이 있을 때마다 나아가기도 하고 나아가지 않기도 하였는데, 일단 나아가면 반드시 직분을 다할 것을 생각하였고 직임이 체차되면 곧바로 미련 없이 고향집으로 돌아가 한 번도 서울에 머무른 적이 없었다. 공이 정언으로 있을 적에

74 정묘년의 난리 : 1627년에 일어난 정묘호란(丁卯胡亂)을 가리킨다.

상에게 아뢰기를 "사묘(私廟)[75]에서 친제(親祭)할 때 미리 궁을 나가서 재숙(齋宿)하는 것은 종묘(宗廟)에 제사하는 것과 조금도 예수(禮數)의 차이가 없으니, 이는 거둥을 엄격히 하고 사적인 친분을 막는 방도가 아닙니다."라고 하고 또 아뢰기를 "계운별궁(啓運別宮)[76]이 금중(禁中)을 출입할 때 예부(禮部)에서 승지 1원(員)을 배행(陪行)하도록 결정하였는데, 이는 실로 전에 없는 변례(變禮)입니다. 예조 당상을 마땅히 경책(警責)해야 합니다."라고 하였다. 또 아뢰기를 "김공량(金公諒)이 선조(先朝) 말년에 행한 일[77]은 도리에 어긋나고 분수에 넘치는 점이 많습니다."라고 하고 이어 자급을 내리는 일을 속히 중단하기를 청하니, 상이 부득이 김공량의 자급을 거두었다가 이튿날 다시 자급을 주라고 명하였다. 이에 공이 아뢰기를 "오늘 대간의 말을 따르시다 다음 날 중지시키시니, 어찌 이런 사리(事理)가 있습니까. 정령(政令)이 일정치 않고 아랫사람을 대할 때 성실히 하지 않으면 그로 인한 폐단은 이루 다 말할 수가 없습니다."라고 하였다. 수찬이 되었을 적에 상소하기를 "국가에서 기찰(譏察)한다는 것은 국가의 복이 아니니, 기찰을 그치지 않으면 국가를 보전할 수 없습니다."라고 하였다. 당시에 훈신(勳臣)들은 인성군(仁城君) 이공(李珙)이 왕이 되고자 하는 마음을 품었다고 의심하여 기찰에 힘썼으므로, 공이 이렇게 통렬히 말한 것이다.

75 사묘(私廟) : 인조의 생부인 정원군(定遠君)의 사당을 말한다.

76 계운별궁(啓運別宮) : 인조의 생모인 인헌왕후(仁獻王后)를 말한다.

77 김공량(金公諒)이……일 : 1591년 좌의정 정철(鄭澈)이 세자의 책봉을 주장하며 이른바 건저 문제(建儲問題)를 제기하자, 선조의 후궁인 인빈(仁嬪) 김씨(金氏)의 오빠 김공량이 영의정 이산해(李山海)와 결탁하여 정철이 인빈 김씨의 소생 신성군(信城君)을 해치려는 음모를 꾸민다고 인빈 김씨를 통해 선조에게 고하게 한 일을 말한다.

사간으로 있으면서는 낙안 군수(樂安郡守) 임경업(林慶業)이 뇌물을 수수하였다고 논핵하였는데, 말이 체찰사(體察使) 김류(金瑬)에게까지 관련되어 김류가 사직서를 올리고 대죄(待罪)하자 상이 이르기를 "대신을 이렇게 대우해서는 안 된다."라고 하고는 공을 외직으로 내보내 흥양 현감(興陽縣監)에 보임하였다. 그 후로 넉 달이 지나 사간으로 소환되자 온 경내의 백성들이 공의 수레를 붙잡으며 눈물을 흘리는 한편 비석을 세워 칭송하였다. 보덕으로서 체부 종사관(體府從事官)을 겸관할 적에 요동아문(遼東衙門)의 장수 유흥치(劉興治)가 부총병(副摠兵) 진계성(陳繼盛)을 죽이고 자신이 직접 그 군사를 거느리자[78] 조정에서는 이서(李曙)와 정충신(鄭忠信)을 보내 죄를 물어 토벌할 것을 논의하였다. 이에 공이 말하기를 "천조(天朝)가 통제하는 지역에 함부로 군사를 일으켜 난입하는 것은 의리상 불가하다."라고 하니 식견 있는 이들이 모두 이 말을 옳다고 여겼다.

인조 신미년(1631)에 상이 원묘(元廟)를 추숭하려 할 적에[79] 성종(成宗)의 고사(故事)[80]에 의거해 시호를 논의하라고 명하였다. 이에 공이 집의(執義)로서 아뢰기를 "적절하지 않습니다."라고 하였는데 상

78 요동아문(遼東衙門)의……거느리자 : 1629년 후금(後金)과의 전투로 가도(椵島)에 주둔해 있던 명나라 장수 모문룡(毛文龍)이 원숭환(袁崇煥)에게 죽음을 당하자 모문룡의 부하였던 유흥치가 모반하여 부총병 진계성과 흠차 통판(欽差通判) 유응학(劉應鶴) 등을 죽이고 병권을 잡은 일을 말한다. 《仁祖實錄 8年 4月 19日》

79 상이……적에 : 1631년 인조가 자신의 생부인 정원군을 원종(元宗)으로 추숭하려고 한 일을 말한다.

80 성종(成宗)의 고사(故事) : 1470년(성종1) 성종이 자신의 생부인 의경세자(懿敬世子) 이장(李暲)을 덕종(德宗)으로 추존한 전례를 말한다.

은 "자식으로서 차마 하지 못하는 바이다."라고 유시(諭示)하였다. 그러자 공이 또 아뢰기를,

"시호는 아들도 그 아버지를 사사롭게 하지 못하고 신하도 그 군주를 사사롭게 하지 못하는 것입니다. 시호를 유(幽)와 여(厲)로 정하였어도 불효했다는 비난이 선왕(宣王)이나 평왕(平王)에게 미치지 않았습니다.[81] 추숭한 임금께서는 불행하게도 미처 즉위하지 못하였고 정사를 행하지도 못하였므로 성대한 덕과 큰 공업을 찾아볼 만한 자취가 없습니다. 실상이 명칭에 맞지 않는데 억지로 허명(虛名)을 만들어 낸다면 성실(誠實)의 도에 흠이 있게 되지 않겠습니까."

하였다. 이에 상이 몹시 분노하여 화가 장차 어디까지 미칠지 예측할 수 없는 상황이 되었는데, 대신(大臣)과 대간(臺諫) 들이 교대로 소장을 올려 변호한 덕분에 해남현(海南縣)으로 유배되는 데에 그쳤다. 이에 올곧다는 명성이 조야(朝野)를 진동하여 조정의 이름난 공경들이 모두 강가로 나가 공을 전송하고는 슬픔과 탄식 속에 돌아왔다. 유배지에 이르러서는 인사(人士)들을 유시하여 석천(石川 임억령(林億齡))과 미암(眉巖 유희춘(柳希春))[82] 두 현인의 유적에 사당을 세워 제사 지내게 하는 한편, 준수한 자들을 뽑아 면려하고 독책하기를 게을리하지 않았

81 시호를……않았습니다 : 중국 주(周)나라 임금인 유왕(幽王)과 여왕(厲王)이 포악무도한 정치를 행한 까닭에 사후에 그들을 이은 선왕과 평왕으로부터 각각 어둡다는 의미의 유(幽)와 사납다는 의미의 여(厲)라는 시호를 부여받았는데, 그럼에도 세상에서는 그들을 불효하다고 비난하지 않았다는 말이다.

82 미암(眉巖) : 대본에는 '眉庵'으로 되어 있다. 《미암집(眉巖集)》 부록 〈시장(諡狀)〉에 근거하여 '庵'을 '巖'으로 바로잡아 번역하였다.

으니, 지금까지도 그곳 사람들은 공을 스승이라고 부른다.

계유년(1633)에 우레가 치는 변고가 발생하자 포저(浦渚) 조공 익(趙公翼)이 상소하기를 "강직한 신하가 견책을 입어 오래도록 용서를 받지 못하고 있으니, 어찌 재앙을 초래하지 않을 수 있겠습니까."라고 하니, 이에 상이 방면(放免)하라고 명하였다. 이로부터 공은 세상을 담당할 생각이 사라져 재사(齋舍)를 마련해 향리의 수재들을 불러 모으고는 정이천(程伊川)의 월과법(月課法)[83]처럼 과제를 부여해 가며 공부를 시키니, 이에 단성(丹城)의 온 경내가 찬란하게 문학(文學)하는 선비가 많이 생겨났다.

병자년(1636) 겨울에 남한산성(南漢山城)이 포위되었다는 소식을 듣고 급히 말을 달려 조령(鳥嶺)에 이르렀으나 길이 막히는 바람에 앞으로 나아갈 수가 없어 관찰사 심연(沈演)을 따라 군략(軍略)을 도왔다. 쌍령(雙嶺)의 군사가 패배하자 눈물을 흘리며 타이르고는 부상당한 남은 군사들을 수습하여 구원하러 갈 계책을 세웠는데, 오랑캐의 기병이 철수했단 소식을 듣고서야 이를 그만두었다.

정축년(1637) 2월 상을 분문(奔問)[84]하기 위해 서울에 이르렀다가

83 정이천(程伊川)의 월과법(月課法) : 송(宋)나라 학자 정이(程頤)가 주장한 교육 방법으로, 과도한 경쟁을 유발하는 시험 제도를 없애고 달마다 과제를 부여하여 부족한 부분이 있으면 학관(學官)에게 보충 교육을 받게 하는 것을 말한다. 《小學 善行》

84 분문(奔問) : 난리를 당한 임금에게 달려가서 문후하는 것을 말한다. 주 양왕(周襄王)이 난리를 피해 정(鄭)나라의 범(氾) 지방에 머물 때 노(魯)나라에 사람을 보내어 난리가 일어난 사실을 알리자, 장문중(臧文仲)이 "천자께서 도성 밖에서 먼지를 뒤집어쓰고 계시니, 감히 달려가서 관수에게 문후하지 않을 수 있겠습니까.〔天子蒙塵于外, 敢不奔問官守.〕"라고 말한 데서 유래하였다. 《春秋左氏傳 僖公24年》

곧 진구 어사(賑救御史)로서 왕명을 받들고 남쪽으로 내려갔는데, 계책을 세우는 것마다 모두 시의에 적절하였다. 복명(復命)한 후 집의로서 주강(晝講)에 참석할 적에 지경연사(知經筵事) 이귀(李貴)가 "임금을 끌어들여 당을 만들었다.〔引君爲黨〕"라는 주자(朱子)의 말[85]을 인용하면서 잘못된 대답을 하자 공이 물러나 차자(箚子)를 올렸는데, 그 대략에,

"우리 주자가 이리저리 다양하게 설명을 한 것이 모두 만세의 법이 될 만한데도 전하께서는 대번에 그도 병통이 없지 않다고 의심하시니, 이는 불행하게도 주자의 말을 모욕하는 데 가깝습니다. 주자가 유정(留正)에게 보낸 편지[86] 네 통을 가져다가 반복해 읽으며 궁구해 보시면 주자가 말한 본뜻이 밝게 드러날 것입니다."

하였다.

무인년(1638)에 겨울에 통정대부로 품계가 올랐다.

기묘년(1639)에 동부승지에 제수되었다가 차례로 승진하여 좌승지에 이르렀다.

경진년(1640)에 병조 참지에 제수되고 호조 참의로 옮겼다가, 얼마

85 임금을……말 : 주희(朱熹)가 남송(南宋)의 명재상인 유정(留正)에게 보낸 〈여유승상서(與留丞相書)〉에 실려 있다. 유정은 자가 중지(仲至)로 남송의 효종(孝宗), 광종(光宗), 영종(寧宗)의 세 조정에서 벼슬하여 승상의 지위까지 오른 인물인데, 주희는 붕당(朋黨)을 염려하는 그를 위해 편지를 보내어 "군자의 당을 미워하면 안 될 뿐만 아니라 자신이 그 당이 되는 것을 꺼리지 말아야 하고, 자신이 그 당이 되는 것을 꺼리지 말아야 할 뿐만 아니라 또 장차 임금을 이끌어서 그 당이 되게 하고도 꺼리지 말아야 할 것입니다.〔不惟不疾君子之黨, 而不憚以身爲之黨. 不惟不憚以身爲之黨, 而又將引其君以爲黨而不憚也.〕"라고 하였다. 《晦庵集 卷28》

86 주자가……편지 : 《회암집(晦庵集)》 권28과 권29에 〈여유승상서〉로 실려 있다.

뒤 또 대사간에 제수되었다. 이조 판서 이귀가 대관(臺官)의 잘못을 거론하여 탄핵한 일[87]에 대해 논하기를 "해당 조(曹)의 권력이 너무 무겁지 않은가."라고 하고, 회맹(會盟)한 훈신(勳臣)의 가자(加資)가 남발되는 것을 논하면서 "청컨대 모두 개정(改正)하고 따로 은사를 베푸소서."라고 하니 사론(士論)이 훌륭하게 여겼다. 조정에서 공을 부제학과 이조 참의로 천거하자는 의론을 내놓았으나 끝내 공을 좋아하지 않던 자들에 의해 저지되었다. 이에 공은 쉴 나이에 이르렀다는 이유로 치사(致仕)하고 물러나 고향으로 돌아왔다.

갑신년(1644) 8월 27일에 졸하니, 향년 70세였다. 진무 원종공신(振武原從功臣)과 정사 원종공신(靖社原從功臣)으로 재차 녹훈되었던 까닭에 대총재(大冢宰 이조 판서)에 증직되었다. 수청동(水淸洞) 신좌(辛坐)의 언덕에 장사 지내니 실로 선부인(先夫人)의 묘소 아래였다. 사림들이 간절히 그리워 마지않아 현종(顯宗) 13년[88]인 임자년(1672)에 단성(丹城)의 도천서원(道川書院)에 합향(合享)하였는데, 그곳은 강성군(江城君) 문공 익점(文公益漸)을 제향하는 곳이다.

공의 배위(配位)는 진양 유씨(晉陽柳氏)이니 증(贈) 참판(參判) 유옥(柳沃)의 따님이다. 장남은 극중(克重)이니 진사이고, 차남은 극효(克斅)이다. 측실에게서 3남 3녀를 두었는데 극순(克純), 극윤(克允), 극신(克紳)이고 사위는 김기준(金基俊), 이지발(李之發), 이박(李璞)

87 이조……일 : 1632년 2월 이귀가 주강(晝講)을 마친 자리에서 부제학 박정(朴炡)에게 인조의 생부(生父)를 추숭하는 예를 논의할 때 자신의 소신을 확실하게 말하지 않는다고 면전에서 비난한 것을 말한다. 《仁祖實錄 10年 2月 22日》

88 현종(顯宗) 13년 : 대본에는 '顯宗十二年'으로 되어 있다. 《동계선생연보(東溪先生年譜)》 권1에 근거하여 '二'를 '三'으로 바로잡아 번역하였다.

이다.

극중은 3남 2녀를 두었는데 진사 두망(斗望), 두장(斗章), 두양(斗陽)이고 사위는 박승희(朴承禧), 정빈(鄭彬)이다. 극효는 4남 1녀를 두었는데 두원(斗元), 두첨(斗瞻), 두흥(斗興), 두로(斗老)이고 사위는 조하전(曺夏全)이다.

두망은 3남 4녀를 두었는데 석형(碩亨), 덕형(德亨), 생원(生員) 계형(繼亨)이고 딸은 모두 출가하였다. 두장은 형의 아들 덕형을 아들로 삼았고, 두 딸을 두었는데 모두 출가하였다. 두양은 3남 2녀를 두었는데 의형(義亨), 철형(哲亨), 이형(履亨)이고 딸은 모두 출가하였다. 두원은 2남을 두었는데 식형(植亨), 옥형(玉亨)이다. 두첨은 2남 1녀를 두었는데 아들은 시형(是亨), 윤형(允亨)이고 딸은 출가하였다. 두흥은 2남 1녀를 두었는데 아들은 억형(嶷亨), 신형(信亨)이고 딸은 출가하였다. 두로는 형의 아들 신형을 아들로 삼았고 세 딸을 두었는데 모두 출가하였다. 4, 5대 이하는 많아 다 기록하지 않는다.

공은 충효하고 성실하며 청렴 정직하고 강개하였다. 집안에서는 부모를 생전에 봉양하고 사후에 장사 지냄에 남보다 뛰어난 행실이 있었으며, 한가하게 있을 적에도 반드시 의관을 정제하고 단정하게 앉아 나태하지 않았다. 향숙(鄕塾)에서 학문을 독책하니 사도(師道)가 크게 진작되었으며, 자손들을 훈계하니 자손들이 능히 부지런하여 뜻을 세우게 되었다. 출사하고서는 선(善)을 아뢰고 잘못을 막을 때에 낯빛을 바르게 하고 직언하여 영욕(榮辱)을 개의치 않았다. 원묘(元廟)의 시호에 대해 논한 한 편의 소장은 의리가 엄정하여 비록 고인의 강직한 유풍을 이은 사람이라 할지라도 그것을 능가하지 못했다. 전(傳)에 이르기를 "군자가 없으면 어찌 나라를 잘 다스릴 수 있겠는가."라고 하였는데[89] 나는 공에 대해 마찬가지로 그렇게 말하겠다.

아, 공이 작고한 지도 이미 100여 년이 지났건만 사림들이 그 덕을 사모하고 사가(史家)가 그 말을 전한 까닭에 마치 어제 일인 양 환하다. 내가 일찍이 아동(衙童)으로서 단성현(丹城縣)에 머물 적[90]에 한두 번 단계(丹溪)에 있는 공의 옛 터를 오가면서 고산경행(高山景行)[91]을 우러러보며 배회하였고, 또 공의 후손들과 교유하면서는 속으로 그 전형(典刑)[92]이 여전히 존재함을 기뻐하였다. 지금 공의 5대손 상사(上舍) 필보(必輔)가 나에게 묘비에 새길 글을 부탁하니, 어찌 감히 글에 능하지 못하다는 이유를 대며 사양하겠는가. 삼가 듣건대 한강(寒岡)[93]과 여헌(旅軒)[94] 두 선생은, 공이 학문이 해박하고 실천이 독실하다고 공

89 전(傳)에……하였는데 : 《춘추좌씨전(春秋左氏傳)》 문공(文公) 12년에 나오는 말로, 춘추 시대 진(秦)나라 사신 서걸술(西乞術)이 노(魯)나라에 와서 옥(玉)을 예물로 주며 온화하고 겸손한 태도를 보이자, 노나라 대부 양중(襄仲)이 "군자가 없으면 어찌 나라를 잘 다스릴 수 있겠는가.〔不有君子, 其能國乎.〕"라고 칭찬한 대목을 인용한 것이다.

90 내가……적 : 1743년(영조19) 번암이, 단성 현감(丹城縣監)으로 재직 중이던 부친 채응일(蔡膺一)을 따라 단성현에 머물렀던 것을 말한다. 아동은 수령(守令)의 자제를 가리킨다.

91 고산경행(高山景行) : 고상한 덕행과 정대한 행실을 말한다. 《시경》 〈소아(小雅) 거할(車舝)〉에 "높은 산을 우러러보고 큰길을 가는도다.〔高山仰止, 景行行止.〕"라고 한 데서 유래하였다.

92 전형(典刑) : 예전부터 전하여 내려오는 법도를 말한다.

93 한강(寒岡) : 정구(鄭逑, 1543~1620)로, 본관은 청주(淸州), 자는 도가(道可), 호는 정구, 시호는 문목(文穆)이다.

94 여헌(旅軒) : 장현광(張顯光, 1554~1637)으로, 본관은 인동(仁同), 자는 덕회(德晦), 호는 여헌이다.

을 자주 추켜올렸고, 사옹(沙翁)[95]과 택로(澤老)[96]는 매양 공의 문장이 소장(疏章)에 특히 뛰어나다고 칭찬하였으며, 용주(龍洲) 조공(趙公)[97]은 통명하고 개결하며 선을 좋아한다고 공을 추중(推重)하였으니, 모두 제대로 된 말을 할 줄 알아 능히 실상을 기록하였다고 말할 수 있다. 이에 훗날에 공을 알고자 하는 자는 이 말들에서 그 실상을 얻을 수 있을 것이니, 내가 어찌 감히 췌언하겠는가. 명(銘)은 다음과 같다.

공에겐 사우가 있었으니	公有師友
한강과 여헌 두 현인이었고	寒旅二賢
공에겐 충효가 있었으니	公有忠孝
나아가고 물러남에 그것을 실천하였네	出處以焉
집안에서 나라에 이르기까지	自家而國
예가 아니면 말하지 않았고	非禮不言
단정히 홀을 잡고 조정에 서서	端笏立陛
백간[98]을 근엄하게 하였네	白簡謹嚴
웃음을 머금고 나아간 곳은	含笑以赴

95 사옹(沙翁) : 사계(沙溪) 김장생(金長生, 1548~1631)으로, 본관은 광산(光山), 자는 희원(希元), 호는 사계이다.

96 택로(澤老) : 택당(澤堂) 이식(李植, 1584~1647)으로, 본관은 덕수(德水), 자는 여고(汝固), 호는 택당이다.

97 용주(龍洲) 조공(趙公) : 조경(趙絅, 1586~1669)으로, 본관은 한양(漢陽), 자는 일장(日章), 호는 용주, 시호는 문간(文簡)이다.

98 백간(白簡) : 관리를 탄핵하는 상소문을 말한다.

해변의 장기가 푹푹 찌는 곳이었으니[99]	海瘴炎炎
어찌 형구가 없어서 그렇게 했겠는가	豈無鼎鑊
상이 실로 너그럽고 어질었기 때문이었네	上實寬仁
백세토록 우러러 사모할 이는	百代瞻想
바로 이 임금이며 이 신하이네	是君是臣
학문의 역량이 없었다면	不有學力
무엇이 볼만했겠는가	于何可觀
우뚝 솟은 서원이 있고	有院巋然
높이 솟은 무덤이 있네	有墓睪如
나의 명 사라지지 않으리니	我銘不泐
수청[100]의 언덕이라네	水淸之墟

99 웃음을……곳이었으니 : 장기(瘴氣)가 득실거리는 바닷가로 유배를 가면서도 괴로워하는 기색 없이 느긋한 태도를 견지한 권도의 의연한 모습을 묘사한 것이다. 권도는 1631년 인조가 자신의 생부인 정원군을 원종으로 추숭하려 할 때 상소문을 올려 이를 강력히 저지하다가 해남현(海南縣)으로 유배되었다.

100 수청(水淸) : 권도의 무덤이 있는 수청동(水淸洞)을 말한다.

자헌대부 이조판서 겸 지경연의금부춘추관사 월성군 경절공 손공 신도비명

資憲大夫吏曹判書兼知經筵義禁府春秋館事月城君景節公孫公神道碑銘

나는 경절(景節) 손공(孫公)의 행장(行狀)을 읽고 자리에서 일어나 감탄하며 이렇게 말하였다.

"이러한 점이 있도다. 옛 성세(盛世)에 어진 이를 등용할 때 출신을 따지지 않았던 뜻[101]이여. 공은 영남(嶺南) 사람이니, 조정에 어찌면 친척이 있었을 것인가. 오직 재능과 학문만으로 벼슬하여 한원(翰苑)을 거쳐 시종(侍從)에 들어갔고 마침내는 네 도(道)의 감사(監司)를 지내고 이조 판서와 의정부의 참찬(參贊)에 올라 졸하였으니, 이런 직위가 아니면 족히 공의 덕에 걸맞을 수 없기 때문이 아니었겠는가. 아, 만약 공이 지금 세상에 태어났다면 비록 천인(天人)을 꿰뚫는 학문과 공보(公輔)로 촉망받는 명망이 있다고 한들 과연 공으로 하여금 예전처럼 낭묘(廊廟)에서 관복을 입고 있으면서 배운 바를 저버리지 않도록 할 수 있겠는가. 세도(世道)를 맡은 자는 여기에서 경계 삼을 바를 알 것이다."

공의 휘(諱)는 중돈(仲暾), 자는 태발(泰發), 호는 우재(愚齋)이다. 젊어서 학문에 힘써 21세에 사마시(司馬試)에 입격하였고, 성종(成宗)

101 어진……뜻 : 원래 탕(湯) 임금을 칭송한 말로, 《맹자》〈이루 하(離婁下)〉에 "탕 임금은 중도(中道)를 잡으시며 어진 이를 등용할 때 출신을 따지지 않았다.〔湯執中, 立賢無方.〕"라고 한 데서 유래하였다.

20년(1489)에는 문과에 급제하였는데 이때 27세였다. 처음엔 성균관에 예속되었다가 곧 천거로 한림(翰林)이 되고 봉교(奉敎)를 거쳐 전적(典籍)에 올랐다. 이로부터 감찰(監察), 형조 좌랑(刑曹佐郞), 경상도사(慶尙都事), 중학교수(中學敎授), 성균관 직강(成均館直講)으로 누차 천직되고, 사간원 헌납(司諫院獻納)과 호조 정랑(戶曹正郞)에 제수되었다. 부모가 연로하다는 이유로 외직을 청하여 양산 군수(梁山郡守)에 제수되었고, 임기가 찬 뒤에는 내직으로 들어와 사예(司藝)가 되고 사헌부 장령(司憲府掌令)에 제수되었으며, 예빈시 부정(禮賓寺副正)과 사복시 정(司僕寺正)으로 천직되고 김해 부사(金海府使)에 제수되었다.

당시 연산주(燕山主)가 무도(無道)하여 형벌을 남발해 선조(先朝)의 간신(諫臣)들을 주륙하여 아무도 이를 모면하지 못하였는데, 공 역시 체포되어 온갖 고문을 받고서 파출(罷黜)되었다. 그러다 중종(中宗)이 난을 평정하자 바로 공을 기용하여 상주 목사(尙州牧使)에 제수하였다. 당초에 공이 양산(梁山)을 다스릴 때 아전과 백성 들의 마음을 탄복하게 만든 덕분에 그들 모두 말하기를 "우리 수령님은 청렴하고 공평하다."라고 하였는데, 상주(尙州)에 부임하게 되어서는 혼조(昏朝)의 학정(虐政)을 통렬히 도려내는 한편, 몸시도 성실하게 백성들을 위무(慰撫)하였다. 그리하여 다스린 지 4년 만에 뽕나무와 삼이 경내에 가득하여 떠나간 자들이 비로소 돌아오게 되니, 그 정사가 양산 시절보다 더 많은 칭송을 받았다. 이에 상이 새서표리(璽書表裏)를 재차 하사하는 한편, 특별히 통정대부(通政大夫)로 품계를 더하여 그 직위를 계속 맡게 하였다. 뒤에 상주 사람들이 그 덕을 사모하여 단밀현(丹密縣)에 생사(生祠)를 세우고 공의 유상(遺像)을 내걸어 제사를 지냈다. 승정원으로 들어와 우승지가 되었다.

이듬해 좌승지에 올랐다가 대부인의 상을 당하였는데, 상제(喪制)는 문공(文公 주희(朱熹))의 《가례(家禮)》를 예법으로 삼아 조금도 어긋나지 않게 하였다. 복제(服制)를 마치고 다시 승지에 제수되었다가 사간원의 대사간으로 천직되고 도승지에 제수되었다.

10년(1515, 중종10) 봄에 대신이 인재를 천거할 것을 논의하면서 공이 청렴결백하다고 아뢰자, 상이 가선대부(嘉善大夫)의 품계로 발탁하였다. 내직으로는 부총관(副摠管), 한성부 좌윤(漢城府左尹), 예조·형조·공조의 참판, 사헌부 대사헌, 세자시강원 우부빈객(世子侍講院右副賓客)을 역임하고 월성군(月城君)에 습봉(襲封)되었으며, 외직으로는 경상(慶尙), 함경(咸鏡), 충청(忠淸), 전라(全羅) 네 도의 관찰사에 제수되었고 그사이 명을 받들고 경사(京師)에 조회하러 가기도 하였다.

가정(嘉靖) 5년(1526)에 특별히 자헌대부(資憲大夫)로 자급이 올라 공조 판서에 제수되었다. 곧이어 이조 판서에 제수되었는데, 정주(政注)[102]할 때에 한 치의 사심도 없어 오직 인물의 현부(賢否)만을 분별하였다. 비록 모종의 일로 인해 체직되기는 하였지만 공이 돈후(敦厚)하고 질직(質直)하여 충성스러움과 신실함이 남들에게 인정받는다는 사실을 조정에서는 의심하지 않았다. 한성부 판윤(漢城府判尹)으로 전직(轉職)되었다가 다시 이조에 들어가 판서가 되고, 경연(經筵), 의금부(義禁府), 춘추관(春秋館) 같은 것들은 모두 겸임하였다.

102 정주(政注) : 정조(政曹), 즉 이조와 병조에서 관원을 임명할 때 임금에게 후보자 세 사람을 정하여 올리던 일을 말한다.

8년(1529, 중종24) 여름 의정부 우참찬으로서 서울에서 졸하니, 이날은 4월 10일로 공이 태어난 천순(天順) 계미년(1463, 세조9)으로부터 67년을 살았다. 상이 놀라고 슬퍼하면서 이틀 동안 조회를 정지하고 법식대로 부의(賻儀)를 하였다. 10월 경오(庚午)에 흥해군(興海郡) 달전리(達田里) 도음산(禱陰山) 묘향(卯向)의 언덕에 돌아가 안장되었다. 부음(訃音)이 전해지자 아들 하나가 병이 나 죽었고, 성심으로 널을 호송하고 예법으로 일을 치렀던 이는 공의 누이의 아들인 이회재(李晦齋) 선생[103]이었다.

계림 손씨(雞林孫氏)는 실로 신라 대수부(大樹部)[104]의 후예이다. 4대조의 휘는 현검(玄儉)으로 마지막 벼슬이 검교 중추원부사(檢校中樞院副使)이다. 휘 등(登)은 아조(我朝)에 들어와 벼슬이 감찰(監察)에 이르렀고 호조 참의에 추증되었다. 휘 사성(士晟)은 벼슬이 병조 참의이고 참판 계성군(鷄城君)에 추증되었다. 선고(先考)의 휘는 소(昭)이니 문학(文學)에 능하였고 과거에 급제하여 세조(世祖)의 조정에서 벼슬하였다. 이시애(李施愛)가 길주(吉州)에서 반란을 일으킬 때 평로장군(平虜將軍)[105]의 막부에 참여하여 계책을 도와 역적을 쳐 이기

103 이회재(李晦齋) 선생 : 이언적(李彦迪, 1491～1553)으로, 본관은 여주(驪州), 자는 복고(復古), 호는 회재, 시호는 문원(文元)이다. 저서로 《회재집(晦齋集)》, 《봉선잡의(奉先雜儀)》, 《중용구경연의(中庸九經衍義)》가 있다.

104 대수부(大樹部) : 신라의 육촌(六村) 가운데 하나이다. 신라의 육촌은 알천(閼川)의 양산촌(楊山村), 돌산(突山)의 고허촌(高墟村), 취산(觜山)의 진지촌(珍支村), 무산(茂山)의 대수촌(大樹村), 김산(金山)의 가리촌(加利村), 명활산(明活山)의 고야촌(高耶村)이다.

105 평로장군(平虜將軍) : 박중선(朴仲善, 1435～1481)을 말한다. 본관은 순천(順

고 돌아왔다. 적개 공신(敵愾功臣)에 책훈되고 계천군(鷄川君)에 봉해졌으며 시호를 양민(襄敏)이라 하였는데, 점필재(佔畢齋) 김 선생(金善生)이 도의(道義)로써 교분을 맺어 그의 묘갈명(墓碣銘)[106]을 지었다. 선비(先妣)는 정부인(貞夫人) 풍덕 유씨(豐德柳氏)로 만호(萬戶) 유복하(柳復河)의 따님이다.

공은 전대(前代)의 훌륭한 업적을 이어받고 가정의 올바른 가르침을 익혔다. 그것을 통해 전형(銓衡)을 관장할 때에는 사사로이 간여하지 않았고, 경연(經筵)에 참여할 때에는 말을 반드시 도리에 맞게 하였으며, 지방 수령을 맡고 남쪽과 북쪽 지방의 관찰사가 되었을 때에는 빙벽(氷檗)으로 절조를 닦고[107] 관대함으로 백성을 다스려 공리(功利)가 만물에 미쳤으니,[108] 이는 공의 사업(事業)과 행적(行蹟)이 밖으로

天), 자는 자숙(子淑)으로 1460년(세조6) 7월 무과에 장원으로 급제해 훈련원 부사(訓鍊院副使)가 되었다가 1467년 5월 이시애가 난을 일으키자 구성군(龜城君) 이준(李浚) 휘하의 평로장군으로서 황해도의 관군을 이끌고 문천(文川)으로 들어가 공을 세웠다.

106 묘갈명(墓碣銘) : 《점필재집(佔畢齋集)》 권2 〈계천군손공묘갈명(雞川君孫公墓碣銘)〉으로 실려 있다.

107 빙벽(氷檗)으로 절조를 닦고 : 청렴한 태도로 지조와 절개를 지키는 것을 말한다. 빙벽은 맑은 얼음물을 마시고 쓰디쓴 황벽(黃蘗)나무 껍질을 씹는다는 뜻인데, 당나라 백거이(白居易)의 시 〈삼년위자사(三年爲刺史)〉에 "삼 년 동안 자사로 있으면서, 맑은 얼음물을 마시고 쓰디쓴 황벽을 씹었노라.〔三年爲刺史, 飮氷復食蘗.〕"라고 한 데서 유래한 말이다. 《白樂天詩集 卷1》

108 공리(功利)가 만물에 미쳤으니 : 훌륭한 덕망과 정사로 수많은 혜택이 광범위하게 퍼진 것을 표현한 말이다. 송(宋)나라 소식(蘇軾)이 〈제구양문충공문(祭歐陽文忠公文)〉에서 구양수(歐陽脩)의 덕을 형용하기를 "비유하자면 큰 시내 높은 산이 움직이는 것은 보이지 않아도 공과 이로움이 만물에 미치는 것과 같다.〔譬如大川喬嶽, 雖不見其運動, 而功利之及於物者.〕"라고 한 데서 유래하였다. 《東坡全集 卷91》

드러난 것들이다. 공이 졸하자 한 시대의 명공(名公)들이 모두 글을 지어 제사를 지냈는데, 문익공(文翼公) 정광필(鄭光弼)은 "강과 바다 같은 넓은 도량과 산악 같은 큰 기국(器局)을 지녔다."라고 하고, 윤공 은보(尹公殷輔)와 소공 세양(蘇公世讓)은 "반듯하고 굳세되 온화하였고, 단정하고 삼가되 인자하였다."라고 하고, 유공 윤덕(柳公潤德)과 윤공 임(尹公任)은 "천지가 정기(精氣)를 쌓고 숭악(崧岳)이 수려한 기운을 모았다."라고 하고, 유공 관(柳公灌)은 "일찍부터 가훈(家訓)을 이어받아 학문은 해박하고 행실은 돈독하였다."라고 하였으니 이러한 유(類)를 이루 다 기록할 수가 없다. 비록 연대가 멀고 가고(家藁)가 산일(散逸)되기는 하였지만 이러한 말들을 통해서 공의 사람됨을 찾아본다면 어찌 찾아내지 못하겠는가. 그러나 이것으로는 오히려 미진하다.

회재(晦齋) 선생은 어릴 적부터 공을 아버지로 섬기면서 학문의 지결(旨訣 요체)을 전수받아 이를 존신(尊信)하고 가슴에 새김으로써 마침내 동방의 대현(大賢)이 되었으니, 공이 아니면 무슨 수로 회재가 되었겠으며 회재가 아니면 무슨 수로 공의 학문이 한 사람에게 은밀히 전해진 사실[109]을 증명하겠는가. 먼 훗날에 공에 대해 알고자 하는 자가 있다면 반드시 여기에 근거해야 하고 저기에 근거해서는 안 될 것이다.[110] 공이 졸한 지 5년에 경절(景節)이란 시호가 내려졌고, 그 뒤 100여 년이 지나 속수서원(涑水書院)이 세워지고 또 몇 년 뒤에 동강서원(東江書院)이 세워져 나란히 공을 제사하니, 사림의 존봉(尊奉)하는

109 한……사실 : 이언적이 손중돈의 학문적 도통을 이어받았다는 말이다.

110 저기에……것이다 : 겉으로 드러난 사업과 행적 및 손중돈을 찬양한 여러 사람의 말에 근거해서는 안 된다는 말이다.

마음이 이로써 유감이 없게 되었다.

공의 초취(初娶)는 남양 홍씨(南陽洪氏)이니 부사맹(副司猛) 홍흠손(洪欽孫)의 따님이다. 시어머니를 공경히 섬기고 가정을 화목하게 다스리니, 공이 손님을 대하듯 공경하였다. 1남 3녀를 낳았는데, 아들은 경(儆)으로 공의 부고를 듣자마자 병이 나 죽은 바로 그 사람이다. 세 사위는 참봉 김말손(金末孫), 조국량(曺國良), 정호(鄭灝)이다. 후취(後娶)는 화순 최씨(和順崔氏)이니 진사 최한남(崔漢男)의 따님이다. 부도(婦道)가 순정하고 완전하여 종친(宗親)들이 흠모하였다. 2남 1녀를 낳았으나 모두 요절하였다. 측실(側室)에서 난 아들로 영(暎)이 있다. 두 부인은 모두 도음산(禱陰山)에 안장되었다.

경은 3남을 낳았는데 광서(光曙), 진사 광호(光皜), 광현(光晛)이다.

광서의 아들은 시(時)로 문음(門蔭)으로 출사하여 판관(判官)을 지냈고, 광호의 두 아들은 엽(曄)과 질(晊)로, 엽은 진사로 참봉을 지냈는데 문예(文藝)와 필법(筆法)이 한 시대의 추중을 받았다. 광현의 두 아들은 희(嘻)와 병(昞)이다.

시의 장자(長子) 종하(宗賀)는 문음(門蔭)으로 출사하여 주부를 지냈고, 차남(次男) 종로(宗老)는 벼슬이 현감인데 인조 병자년(1636, 인조14)에 쌍령진(雙嶺陣)으로 나아가 힘써 싸우다 전사하니 금상(今上)[111]이 포증(褒贈)할 것을 명하였다. 엽의 서자(庶子)는 수원(壽元)이고, 질의 아들은 종덕(宗德)이다. 희의 아들은 종상(宗尙)이고, 병의

111 금상(今上) : 정조(正祖)를 말한다. 정조는 1783년(정조7) 가을 손종로(孫宗老)의 5대손 손정구(孫鼎九)가 올린 상언을 받아들여 손종로의 정려를 세울 것을 명하였다. 《樊巖集 卷52 忠臣贈訓鍊院正孫公墓碣銘》

아들은 종도(宗道)이다. 5세(世) 이하는 다 기록하지 않는다.

9대손 사마(司馬) 국제(國濟)가 천 리나 되는 먼 곳에서 대령(大嶺)을 넘어와 나에게 신도(神道)를 표창(表彰)할 글을 청하니, 그 일을 주관하는 자는 10대손 성덕(星德)이라 한다. 명(銘)은 다음과 같다.

손씨가 조선에 드러난 것은　孫著聖鮮
양민[112]으로부터이니　粵自襄敏
계책을 내어 북방을 정벌한 일로　出謀征北
왕이 훈권을 하사하였네　王錫勳券
이분이 돈독히 경절[113]을 낳으니　篤生景節
높은 재주와 바른 학문을 갖추었네　高才正學
출사하여 왕의 신하 되니　出爲王臣
내직이든 외직이든 다 합당하였네　外內咸適
높이 총재의 자리에 거하고　尊居冢宰
무겁게 방백의 직임을 받들었네　重托方伯
공은 영남에서 태어났으니　公產于嶺
어찌 소원하지 않았으리오마는　曷不踈逖
성세였던 까닭에　惟是盛際
급히 여기는 바는 현인이었네　所急者賢

112 양민(襄敏) : 손중돈의 부친인 손소(孫昭, 1433~1484)의 시호이다. 손소의 자는 일장(日章), 호는 송재(松齋)이다. 1459년(세조5) 식년 문과에 병과로 급제한 후 1467년 5월 이시애의 난 때 평로장군 박중선의 종사관(從事官)으로서 공을 세워 적개공신(敵愾功臣)에 책훈되었다.

113 경절(景節) : 손중돈의 시호이다.

내 공의 자취를 모아	我最公蹟
아름다운 빗돌에 새기노니	刻之貞珉
공을 그리워해서일 뿐 아니라	匪惟思公
성세를 그리워하는 것이네	盛際之思
지나는 이들은 말에서 내려	過者下馬
여기에 느끼는 바가 있으리라	庶感於斯

공이 일찍이 도헌(都憲 대사헌)으로서 상소하여 시사(時事)를 진달하였는데, 그 조목이 다섯 가지였다. 강학(講學)에 대해 논하기를 "강관(講官)들은 경서(經書)를 들고서 의(義)와 이(利)의 차이를 분석하지 않고 전하께서는 글을 대하여 질문하고 변론하는 말씀은 들어 볼 수 없습니다. 옛날 성종(成宗)께서는 늘 경연(經筵)에 납시어 성현의 경전을 토론하고 치도(治道)를 의논하셨으니 바라건대 이를 본받으소서."라고 하고, 백성의 고통에 대해 논하기를 "전하께서는 먹고살기 어려운 백성들의 처지를 진념(軫念)하여 이를 위해 상평창(常平倉)을 설치하셨습니다만, 화조(和糶)[114]가 합당하게 시행되지 못하여 백성들이 실질적인 혜택을 받지 못하고 있습니다. 옛날 성종께서는 가뭄으로 인해 경기 지방에서 진상하는 어육(魚肉)을 줄이도록 하셨으니, 바라건대 이를 본받으소서."라고 하고, 검소함을 숭상하는 것에 대해 논하기를 "전하께서 처음 즉위하실 때에 호화로운 장식을 힘써 제거하는 한편 참람되고 사치스러운 풍습을 통렬히 혁

114 화조(和糶) : 정부와 민간이 합당한 조건으로 쌀을 팔고 사서 양방 모두 손해를 보지 않게 하는 것이다.

파하셨으나 성상의 뜻이 견고하지 못하여 점점 처음만 같지 못하고 있습니다. 옛날 성종께서 조서(詔書)를 내리기를 '아랫사람들이 혼인할 때나 손님을 대접할 때 쓰는 것을 되도록 검약하게 하여 폐풍(弊風)을 일절 혁파하라.'라고 하셨습니다. 바라건대 이를 본받으소서."라고 하고, 인재를 등용하는 것에 대해 논하기를 "전조(銓曹)를 맡은 자가 주의(注擬)를 마음대로 한 까닭에 젖내 나는 자제들이 모두 각종 관원으로 승진되어 선한 자와 악한 자가 서로 뒤섞이고 지혜로운 자와 우매한 자를 구분할 수 없게 되었습니다. 옛날 성종께서는 학문도 없고 재능도 없으면서 각종 직위에 있는 사대부집 자제들을 모두 도태시키고, 생원과 진사로서 경전(經典)에 통달하고 시무(時務)를 아는 자들을 등용하셨습니다. 바라건대 이를 본받으소서."라고 하고, 선비의 풍습에 대해 논하기를 "옛날에 어려서는 올바른 것으로 교육하고 자라서는 의리로써 배양하여 쇄소응대(灑掃應對)의 예절을 익히게 하고 격물(格物), 치지(致知), 성의(誠意), 정심(正心)의 학문[115]을 가르친 까닭은 훗날에 세상을 다스리고 백성을 구제할 터전을 마련하기 위해서였습니다. 그런데 지금의 유자(儒者)들은 《시경》과 《서경》은 배우지 않고 우선 관직을 탐할 생각을 하여 온 세상이 도도한 물결처럼 다 이렇게 휩쓸려 가니 참으로 비통한 일입니다. 옛날 성종께서는 학유(學儒)들에게 조서를 내리기를 '학궁(學宮)을 세워 인재를 양성하는 것은 장차 나라를 다스리고 백

115 격물(格物)……학문 : 격물과 치지는 사물의 이치를 연구해서 앎을 지극하게 하는 것이고 성의와 정심은 뜻을 성실하게 가지고 마음을 바르게 하는 것으로, 모두 《대학(大學)》의 팔조목(八條目)에 속한 수신(修身) 공부를 가리킨다.

성을 안정시키기 위해서이니, 각기 학문을 부지런히 하여 임금을 성군으로 만들고 백성에게 은택을 끼칠 생각을 하라.'라고 하셨습니다. 원컨대 이를 본받으소서."라고 하였다.

금상 7년(1783, 정조7)에 《열성보감(列聖寶鑑)》의 편찬을 명하여 《중종실록(中宗實錄)》을 상고하다가 마침내 이상의 대목을 여기에 수록하니, 이로써 앞서 공의 덕을 드러낸 글에 마땅히 써야 하나 쓰지 못한 내용이 많다는 사실을 더욱 알게 되었다. 아, 들어가서는 임금에게 고하고 나가서는 사업으로 시행했던 이러한 일들이 얼마나 많았겠는가마는 징험할 수 있는 문헌(文獻)이 부족하니 애석하도다. 아랫부분에 추서(追書)하여 후대인들로 하여금 그래도 사실을 고찰할 수 있게 하는 바이다.

증 자헌대부 병조 판서 행 수충갈성양무 공신 가의대부 평안도 병마절도사 전양군 이공 신도비명
贈資憲大夫兵曹判書行輸忠竭誠揚武功臣嘉義大夫平安道兵馬節度使全陽君李公神道碑銘

공의 휘(諱)는 익필(益馝), 자는 문원(聞遠)이다. 전의 이씨(全義李氏)는 본래 고려(高麗)의 개국 공신인 태사(太師) 도(棹)와 국조(國朝)의 호조 전서(戶曹典書) 구직(丘直)의 후예이다. 고조(高祖)는 종문(宗文)으로 성균관 생원(成均館生員)이다. 만력(萬曆) 임진년(1592, 선조25)에 의병(義兵)을 일으켜 왜적을 토벌하여 원종공신(原從功臣)에 녹훈(錄勳)되었고, 현감을 지내고 좌승지에 증직되었다. 증조(曾祖)는 지영(之英)이니, 문과에 급제하여 함길도 병마평사(咸吉道兵馬評事)를 지내다가 광해(光海)의 난정(亂政)을 만나 벼슬을 버리고 향리로 돌아갔으며 사간(司諫)에 증직되었다. 조부(祖父)는 구(球)이니 문과에 급제하여 길주 목사(吉州牧使)를 지내고 대사간에 증직되었다. 선고(先考)는 진주(震柱)이니 재주와 덕행이 있었으나 일찍 졸하였으며, 순충보조 공신(純忠補祚功臣) 자헌대부 호조 판서 전흥군(全興君)에 증직되었다. 선비(先妣)는 정부인(貞夫人) 옥산 장씨(玉山張氏)로, 여헌(旅軒) 선생[116]의 손녀이자 정랑(正郎) 장영(張鍈)의 따님이다. 생부(生父)는 시격(時格)으로 군수를 지냈고, 생모(生母)는 숙부인(淑夫

116 여헌(旅軒) 선생 : 장현광(張顯光, 1554~1637)으로, 본관은 인동(仁同), 자는 덕회(德晦), 호는 여헌, 시호는 문강(文康)이다.

人) 연안 이씨(延安李氏)로 통덕랑(通德郎) 이엄(李襝)의 따님이다.

공은 골격이 수려하고 남달랐으며 영민하고 호방한 성격을 지녀 어디에도 구속되는 법이 없었다. 어렸을 적에는 집안사람이 밤중에 공이 있는 곳을 놓쳐 샅샅이 찾았더니, 바로 암흑 속의 오래된 사당에 앉아 있었다. 이에 집안사람이 놀라며 거기에 있는 이유를 묻자 공은 웃으며 말하기를 "도깨비의 허실(虛實)과 유무를 알아보려 한 것이다."라고 하였다. 또 공은 일찍이 밤중에 다산포(茶山浦)로부터 도깨비 우는 소리가 들려오자 쏟아지는 비를 무릅쓰고 그곳으로 가 살펴보고는, 돌아와 말하기를 "사람들이 도깨비가 있다고 말하는 것은 모두 거짓말이다."라고 하였다. 15, 6세에 경전(經傳)과 사서(史書)를 널리 통달하고 과거 공부를 하였다.

숙종 계미년(1703, 숙종29)에 사람들의 권유에 따라 무과(武科)로 진출하였는데, 급제한 뒤로는 청탁으로 벼슬자리 구하는 것을 치욕으로 여겨 고향으로 돌아와 두문불출하면서 여러 무경(武經)을 읽었다. 그로부터 8년 뒤 비로소 무겸선전관(武兼宣傳官)에 제수되었고 곧이어 비국랑(備局郎)을 겸관하였다. 주부(主簿), 도사(都事), 첨정(僉正)으로 누차 천직(遷職)하다가 외직으로 나가 평해 군수(平海郡守), 죽산 부사(竹山府使), 전주 영장(全州營將), 선천 부사(宣川府使)가 되었는데, 사안을 판결함에 막힘이 없었고 의취(意趣)가 호방하고 시원스러웠다. 〈의검정(倚劍亭)〉이란 시를 지어 "어느 때나 대막(大漠)[117]에서 격전을 벌여, 노래하고 춤추며 장안으로 들어갈거나."라고

117 대막(大漠) : 몽고고원(蒙古高原)의 큰 사막으로, 북쪽 변경의 오랑캐 지역을 뜻하는 말로 쓰인다.

하였는데, 오공 명항(吳公命恒)[118]이 접반사(接伴使)로서 부(府)에 들렀다가 이 시를 보고 감탄하고 칭찬하기를 "기상이 웅혼(雄渾)하니, 욀 만하다."라고 하였다.

영조 을사년(1725, 영조1)에 내금위장(內禁衛將)을 거쳐 강계 부사(江界府使)에 제수되었으나 나아가지 않았고, 대흥 중군(大興中軍)에 제수되었다.

정미년(1727)에 여주 목사(驪州牧使)가 되었다.

무신년(1728) 봄에 승진하여 호남좌도 수군절도사(湖南左道水軍節度使)에 제수되니, 이는 당시 남방(南方)에 벽서(壁書)가 내걸리는 변고가 생겨 인심이 흉흉해지자[119] 조정에서 장수가 될 만한 재목을 선발하여 벼슬을 내린 것이다. 그런데 미처 그곳에 부임하기 전 적신(賊臣) 이인좌(李麟佐)[120] 등이 거병(擧兵)하여 반란을 일으켜 청주성(淸州

118 오공 명항(吳公命恒) : 오명항(1673~1728)으로, 본관은 해주(海州), 자는 사상(士常), 호는 모암(慕菴)으로 1705년(숙종31) 식년 문과에 을과로 급제하여 출사하여 벼슬이 우의정에 이르렀다. 1728년 이인좌의 난이 일어나자 판의금부사(判義禁府事)로서 사로 도순무사(四路都巡撫使)를 겸관하였는데, 이때 이익필을 자신의 수하로 추천하여 그와 함께 난을 평정하였다. 이 공으로 분무 공신(奮武功臣) 1등에 녹훈(錄勳)되고 해은부원군(海恩府院君)에 봉해졌다.

119 남방(南方)에……흉흉해지자 : 1727년 12월 전주(全州)와 남원(南原)의 저잣거리에 연달아 흉서(凶書)가 내걸린 일을 말한다. 이 흉서는 이듬해 1월 서울의 서소문(西小門)에서도 발견되었는데, 모두 이인좌 난의 주모자였던 민관효(閔觀孝)가 이유익(李有翼), 이순관(李順觀) 등을 사주하여 일으킨 일로 밝혀졌다. 《英祖實錄 3年 12月 16日・21日, 4年 1月 17日・3月 27日・4月 22日》

120 이인좌(李麟佐) : 1695~1728. 본관은 광주(廣州), 본명은 현좌(玄佐)로 청주(淸州) 송면 출신이며 남인의 명문가 출신이다. 영조의 즉위로 소론이 정치일선에서 소외되자 1728년 정희량(鄭希亮), 이유익 등 소론 과격파들과 갑술환국 이후 정계에서

城)을 함락하고 절도사(節度使)와 영장(營將)을 죽이니, 이때는 3월 15일이었다. 상이 격노하여 대사마(大司馬) 오명항(吳命恒)을 불러 이르기를 "경을 도순무사(都巡撫使)에 제수하니, 경은 삼군(三軍)을 통솔하여 가서 흉역(凶逆)을 정벌하되 오직 마군(馬軍)[121]을 이끌 장수는 스스로 선택하라."라고 하니, 이에 오명항이 공과 이수량(李遂良)이라고 대답하자 상이 이를 허락하고는 특별히 공을 금위영 우별장(禁衛營右別將)에 제수하여 도순무사의 지휘를 따르도록 하였다.

당시는 태평한 나날이 오래도록 이어진 탓에 군사들이 전쟁에서 쓰는 북과 징 소리조차 듣지 못하여 모두가 무기를 들고 앞으로 나서기를 원치 않고 있었다. 이러한 상황에서 공은 마군을 이끌고 선봉장이 되었고, 출정(出征)을 앞두고서는 몸에 차고 있던 것[122]을 떼어 모친에 돌려주고 말하기를 "군신의 의리는 중하고 모자(母子)의 은혜는 가벼우니, 만약 돌아오지 못한다면 이것으로 저의 얼굴을 대신하십시오."라고 하였다. 길을 떠난 지 여러 날 만에 좌별장(左別將) 이수량을 돌려보내라는 상지(上旨)가 전해지자, 공이 도순무사에게 말하기를 "이수량은 충

축출당한 남인들과 공모하여 밀풍군(密豊君) 이탄(李坦)을 추대하고 무력으로 난을 일으켰다. 청주성을 함락한 후 서울로 북상하다가 안성(安城)과 죽산(竹山)에서 오명항이 지휘하는 관군에게 패하여 한양으로 압송되었고, 결국 영조의 친국을 받고 능지처참되었다.

121 마군(馬軍) : 조선 시대 훈련도감, 금위영, 총융청 등에 속하던 기병이다. 이때 이익필은 금위영 우별장(禁衛營右別將)이 되어 300여 기에 이르는 기병을 이끌었다. 《全城李氏世稿 卷9 家狀》

122 몸에……것 : 《전성이씨세고(全城李氏世稿)》 권9에 실려 있는 〈가장(家狀)〉에 따르면 이때 몸에 차고 있던 것은 칼이다.

의(忠義)를 갖춘 용감한 선비이니, 싸움터에 임하여 장수를 교체한다면 병가(兵家)에서 기피하는 일을 범하는 것이 아니겠습니까."라고 하니, 도순무사가 또한 깨닫고는 머물게 하고 보내지 않았다.

밤중에 진위현(振威縣)에서 진을 칠 적에 홀연 함성 소리가 나며 검객(劍客)들이 진영으로 돌진해 왔는데, 이때 주위가 칠흑같이 어두워 누가 적인지 판별할 수가 없자 공이 서둘러 일어나 장막 안으로 들어가서 말하기를 "군졸에게 원앙대(鴛鴦隊)[123]로 배열을 지어 규정된 위치에 가지런히 서도록 하십시오. 그렇게 하지 않는 나머지가 적입니다."라고 하였다. 도순무사가 그 말대로 하여 과연 10여 명을 붙잡아 죽이니, 종사관(從事官) 조현명(趙顯命)·박문수(朴文秀)가 기뻐하며 말하기를 "이러한 장수가 있으니, 군문(軍門)에 걱정이 없겠다."라고 하였다.

안성(安城)에 이르렀을 때에는 마침 날이 저물어 어둑어둑해지고 비까지 내려 적이 어디에 있는지 알 수가 없었는데, 다음 날 아침 적이 보낸 간첩을 붙잡아 비로소 적이 청룡곡(靑龍谷)에 주둔하고 있다는 것을 알아냈다. 이에 도순무사가 군사를 지휘하여 나아가 전투를 벌였는데, 그때 공이 앞장서서 용기를 북돋아 날랜 기병이 비바람이 몰아치듯 내달리니 적이 그 위세를 보고는 기가 꺾여 아무도 그 예봉(銳鋒)에 감히 맞서지 못하였다.

이튿날 승세를 타고 죽산(竹山)에 있던 적을 추격하였는데, 깊은 산과 골짜기에 매복이 있을까 의심되어 경포(警砲)를 한 차례 울렸다.

123 원앙대(鴛鴦隊) : 원앙이 한 짝을 이루듯 2열 종대로 편성된 군대의 항오(行伍)를 말한다. 《兵學指南 卷2》

그 앞에 고개 하나가 있어 이름을 장항령(獐項嶺)이라 하였는데, 그곳을 적이 먼저 차지할까 염려하여 공이 말을 달려 나는 듯이 그 위에 오르니, 바람이 불어와 펄럭펄럭 소리를 내며 깃발이 나부꼈다. 그 고개 아래의 수십 보 되는 거리에 적의 주둔지가 있었는데, 마치 하늘에서 쏟아지듯 세찬 기세로 내려오는 관군(官軍)을 별안간 발견한 적이 퇴각하려는 태세를 취하자, 공은 좌별장과 함께 매우 신속히 좌우로 둘러싸며 공격하여 적신 이인좌를 붙잡아 서울로 보냈다. 이로써 안성과 죽산에 있던 적들이 다 평정되니, 도순무사가 말하기를 "내가 원래부터 장군이 승리할 줄을 알았다."라고 하고 이어 〈의검정〉 시를 외고는 말하기를 "오늘의 일이 그 징험이지 않는가."라고 하였다.

이날로 행수 선전관(行首宣傳官)에 제수되었다. 얼마 후 영남에서 적이 출현하였다는 급보(急報)가 전해지자 박 종사가 직접 가서 토벌하기를 청하였는데, 이에 공이 나아가 말하기를 "도순무사의 군문 안에서 군사로 하여금 사력을 다해 싸우도록 만든 이는 오직 박 종사뿐이니, 이 군문에서 하루도 이 사람이 없어서는 안 됩니다."라고 하였다. 도순무사가 그 말을 따르고는 영남의 적을 평정하는 일이 쉬울지 어려울지에 대해 조용히 묻자 공이 말하기를,

"적들은 비록 형성된 지는 이미 오래되었지만 지려(知慮)는 너무도 없습니다. 무지한 백성들을 술과 음식으로 꾀어 억지로 활과 칼을 잡고 여기저기에 머물도록 하고 있으니, 무릇 오합지졸이란 상대의 수가 많으면 쉽게 놀라고 시간이 오래 지나면 쉽게 흩어지는 법입니다. 하물며 남방의 충의지사(忠義之士)들이 창의(倡義)하는 소리가 곳곳에서 일어나 관군과 서로 호응하고 있으니, 이에 놀라면 흩어지고 흩어지면 싸움을 하지 않아도 될 것입니다."

하였는데, 얼마 후 공의 말이 과연 들어맞았다.

4월에 도순무사를 따라 남쪽으로 내려가 난을 겪은 읍들을 진무(鎭撫)하고 19일에 군대를 정돈하여 서울로 돌아오니, 상이 숭례문(崇禮門)에 거둥하여 승지를 보내 맞이하여 위로하도록 하였다. 예법대로 이인좌의 수괵(首馘)을 받고 나서 출정한 장군들을 선정전(宣政殿)으로 불러 접견하였는데, 상이 "도순무사는 앞으로 나오라."라고 하여 직접 큰 술잔에 술을 따라 주고는 이르기를 "경은 이익필, 이수량과 함께 나누어 마시라."라고 하였다. 또 공을 수충갈성양무 공신(輸忠竭誠揚武功臣)에 책훈하고 가선대부(嘉善大夫)에 승진시켜 전라 병마절도사(全羅兵馬節度使)에 제수하고 전양군(全陽君)에 봉하였다. 회맹을 마치고는 단서철권(丹書鐵券)을 내리고 또 임금과 신하가 서로 경계하는 내용의 글[124]을 내렸으며, 얼마 뒤에 또 화상(畫像)과 토전(土田)과 노비를 하사하였다.

공은 성품이 침착하고 굳세었으며 생각이 깊고 원대하였다. 처음 벼슬하여 비국랑이 되었을 적에 수상(首相) 서공 종태(徐公宗泰)가 묘당(廟堂)에서 의논할 12조목을 입으로 불러 주고는 공으로 하여금 묘당의 여러 재신(宰臣)에게 아뢰어 그것의 이해(利害)와 가부(可否)에 대한 의견을 받아 오도록 하였는데, 내용이 복잡하여 한 번에 듣고 이해할 수 있는 것이 아니었다. 그런데 공은 그 내용을 듣자마자 물러

124 임금과……글 : 1728년 7월 19일 영조가 이인좌의 난을 평정한 여러 공신에게 내린 어제수서(御製手書)를 말한다. 《전성이씨세고》 권9에 〈사훈부유제훈신(賜勳府諭諸勳臣)〉으로 실려 있다. 이 글에서 영조는 훈신들의 공을 치하하는 한편, 임금과 신하가 서로 전일한 마음으로 화합함으로써 회맹에서 한 맹약을 언제나 잊지 말자는 당부를 하였다. 《英祖實錄 4年 7月 19日》

나와 묘당의 재신들에게 돌아가며 아뢰기를 마치고는 돌아와 수상에게 아뢰었는데 하나도 순서가 틀린 것이 없었다. 이에 서공이 재차 칭찬하기를 "비국랑이 인물을 얻었도다."라고 하였다. 청나라 사신 목극등(穆克登)이 어떤 일[125]로 만부(灣府 의주(義州))에 머무르고 있을 때 마침 호서(胡書) 한 통이 관서(關西)의 감영에 전해졌다. 접반사(接伴使)[126]가 어떤 사정이 있을 것이라고 의심하여 이를 조정에 급히 올렸는데, 상이 명하여 뜯어보게 하니 목호(穆胡 목극등)의 집안 편지였다. 이에 여러 재신이 일이 생길까 걱정하였는데, 공이 이를 해결할 계책을 묘당에 고한 덕분에 끝내 아무런 일도 일어나지 않았다.

백성을 다스릴 때에는 공적이 더욱 현저하였다. 평해(平海)에 있을 때에는 안찰사와 암행 어사가 백성을 잘 구휼하였다고 잇달아 표창하니 상이 명하여 표리(表裏)를 하사하고 통정대부로 승진시켰다. 죽산(竹山)에서 돌아올 적에는 백성들이 비석을 세워 공이 떠난 뒤의 그리운 심정을 담았다. 절도사로 있을 당시에는 큰 난리를 막 겪은 탓에 적폐(積弊)가 가득하였는데, 공은 성심을 다하여 그 폐단을 일소하는 한편 군적(軍籍)의 손질과 모마(募馬)의 창설을 행하고 수천 수백에 이르는 활과 화살, 총과 총알을 갖추었으며 2000섬의 곡식을 별도로

125 어떤 일 : 1710년(숙종36) 11월 이만건(李萬建) 등이 삼을 캐기 위하여 국경을 넘어갔다가 청나라 사람을 살해한 사건이 발생하자 청나라가 국경을 분명히 정하기 위해 1712년 목극등을 파견하여 백두산에 정계비를 세우도록 한 일을 말한다. 《肅宗實錄 36年 11月 9日, 38年 2月 26日 · 12月 7日》

126 접반사(接伴使) : 박권(朴權, 1658~1715)을 말한다. 본관은 밀양(密陽), 자는 형성(衡聖), 호는 귀암(歸庵)으로 청나라 사신 목극등이 조선과 청나라의 국경을 확정하기 위하여 조선으로 파견되었을 때 조선 측 대표인 접반사에 임명되었다.

비축하고 1000필의 베를 별도로 비축하였다. 또 성을 개축함으로써 위세를 굳건하게 하고 적상루(赤裳樓)를 지음으로써 국경의 방어를 공고하게 만들었다. 임기를 마치고 돌아가서는 부총관(副摠管)을 거쳐 관서 병마절도사(關西兵馬節度使)에 제수되었다. 이때 대간의 탄핵[127]이 일어났는데, 상이 비록 언관(言官)에게 죄를 주었으나 공은 극력 사직해 체차되어 마침내 훈련원 도정(訓鍊院都正)에 제수되었다. 얼마 뒤 전라도 암행 어사가 병영(兵營)의 시사(時事)를 논한 일로 인하여 고령(高靈)으로 귀양을 가게 되었으나 이는 공의 죄가 아니었다. 이에 안찰사가 상소하여 공의 억울한 정상을 밝히자 상이 즉시 사면하였다. 이로부터 부총관, 회령 부사(會寧府使), 금위영 중군(禁衛營中軍), 춘천 부사(春川府使)에 누차 제수되었다.

당초 공은 아들이 없어 족자(族子) 관후(觀厚)를 후사로 삼았다. 그런데 공이 춘천(春川)에 부임해 있을 때 관후가 대각(臺閣)에 들어가 소장(疏狀)을 올렸는데 그 내용이 조리가 없어 장배형(杖配刑)에 처해지자 공 역시 파직되었다. 얼마 지나지 않아 서용(敍用)하라는 명이 내려져 길주 목사(吉州牧使)에 제수되었으나 나아가지 않고 물러나 쉬기로 결정하였다. 그리하여 영남의 하목정(霞鶩亭)으로 돌아가 거문고와 서책을 일삼고 꽃과 대나무를 벗 삼으면서 술 마시고 시 지으며 살아가니, 사람들은 공이 옛날에 장군이었다는 사실을 알지 못하였다.

계해년(1743)에 정부인(貞夫人) 장씨(張氏)의 상을 당하였다. 공은

127 대간의 탄핵 : 1730년 10월 사헌부 장령 박규문(朴奎文)이 상소하여 영남(嶺南) 출생으로 내력도 분명치 않은 이익필이 평안 병사 같은 중요한 자리를 차지하는 것은 부당하다고 아뢴 일을 말한다. 《英祖實錄 6年 10月 8日》

소싯적에 생부의 병을 시중들면서 손가락에 피를 내어 간호하였고 상을 당해서는 성심을 다하여 애훼하였는데, 이해에 이르러서는 이미 70세였는데도 한결같이 예법에 맞게 상례를 치렀다. 상기(喪期)를 마친 뒤 가의대부(嘉義大夫)에 올랐다.

신미년(1751) 8월 17일 침소에서 졸하니 향년 78세였다. 그 전날 저녁 공의 집에 큰 별이 땅에 떨어지고 땅이 진동하여 그 소리가 10리 밖까지 들렸는데 의원이 곁에 있다가 놀라며 말하기를 "공의 기가 흩어졌으니, 약을 써서 무엇 하겠는가."라고 하였다. 부음이 전해지자 자헌대부(資憲大夫) 병조 판서 지의금부훈련원사(兵曹判書知義禁府訓鍊院事)로 관작을 추증하고 예법대로 부의를 하였다.

임신년(1752) 3월 개령현(開寧縣) 금오산(金烏山) 신좌(辛坐)의 언덕에 예장(禮葬)하였다.

갑술년(1754) 가을 상이, 훈신(勳臣)이 세상을 떠난 것을 슬퍼하여 특별히 예관을 보내어 제사 지내게 하였다.

배위(配位)는 증(贈) 정부인 해남 정씨(海州鄭氏)로 통덕랑(通德郎) 정억(鄭檍)의 따님이다. 남편을 모심에 덕을 어기지 않았고 병오년(1726)에 졸하니 향년 53세였다. 3녀를 낳으니, 첫째는 정낙신(丁樂愼)에게 출가하고 둘째는 생원(生員) 이헌복(李憲復)에게 출가하고 셋째는 김제행(金霽行)에게 출가하였다. 관후가 조정으로부터 죄를 얻은 후 공이 상소하여 파양(罷養)을 청하였는데, 상국(相國) 조현명(趙顯命)이 상에게 아뢰기를 "훈신(勳臣)의 후사(後嗣)에 대해서 국가가 유념하지 않을 수 없습니다."라고 하니, 이에 상이 관후에게 명하여 본종(本宗)으로 돌아가게 하였다. 공은 당제(堂弟) 익집(益䌖)의 아들인 배후(配厚)를 후사로 삼았는데, 유언을 남겨 배후의 이름을 직양(直

養)으로 고치게 하였다.

직양은 2남을 낳았는데, 장남 정오(鼎五)는 사마시에 입격하였고 차남은 경오(敬吾)이다. 정낙신은 양자(養子)로 정지현(鄭志賢)을 두었다. 이헌복은 6남을 낳았는데 이홍명(李弘明), 이홍저(李弘著), 이홍백(李弘白), 이홍진(李弘晉), 이홍득(李弘得), 이홍욱(李弘昱)이고 두 딸은 모두 출가하였다. 김제행은 3남을 낳았는데 김시흡(金始翕), 김시전(金始全), 김시여(金始畬)이고 세 딸은 모두 출가하였다.

공은 집에 있을 적에 종족(宗族)과 향리(鄕里)에 인애(仁愛)를 베풀어 공을 의지해 끼니를 잇는 자가 늘 대여섯 집은 되었고 가난하여 혼인하지 못하는 자들에게는 반드시 재물을 대 주어 때를 놓치지 않게 해 주었는데, 이러한 것들은 소략한 일에 지나지 않는다. 부모를 모실 때는 삼가고 공손하여 뜻을 받들고 음식을 봉양하는 것이 모두 지극하였다. 장 부인(張夫人)은 법도가 엄격하여 공이 이미 존귀하고 현달한 신분과 늙은 나이가 되었음에도 수시로 꾸짖기를 아이 때와 다름없이 하였는데, 그럴 때면 공은 즉시 머리를 숙이고 공손히 그 가르침을 받드는 한편 때로 즐겁게 웃으며 그 마음을 기쁘게 해 드리고자 애썼다. 그러다 고로(孤露)[128]의 몸이 되어서는 사람들이 부모를 언급하는 경우가 있으면 스스로 견디지 못하고 오열하였으니, 고인(古人)의 이른바 "충신(忠臣)을 구하려면 반드시 효자의 가문에서 찾아야 한다."라고 한 것[129]이 참말이다. 명(銘)은 다음과 같다.

128 고로(孤露) : 부모가 세상을 떠나 혼자 남겨진 고단한 신세를 말한다.

129 고인(古人)의……것 : 《후한서(後漢書)》 〈위표열전(韋彪列傳)〉에서 "무릇 나라는 현자(賢者)의 등용을 급선무로 삼아야 하고, 현자 여부를 가릴 때에는 효행을

공을 이루기 어려운 것이 아니라 匪成功難
공에 머무는 게 어려운 것이니 難哉處功
공신록을 차례로 헤아려 보매 歷選盟券
끝맺음을 잘한 이 드물었네[130] 鮮克始終
용맹한 이공은 矯矯李公
나라의 호신이라 國之虎臣
신하로서 절하고 왕에게 바친 것은 臣拜獻王
그릇에 가득 담긴 적의 귀였네 賊馘盛盤
능연각에 머리털이 또렷하고[131] 煙閣毛髮
웅곤에 창과 깃발을 세웠네[132] 雄閫戟纛
조정이 융단[133]의 지위에 올릴 것을 의논하여 議築戎壇

가장 중요한 척도로 삼아야 한다. 공자께서도 '어버이를 효로써 섬기기 때문에 임금에게 충성을 옮겨 갈 수 있다. 그러므로 충신을 구하려면 반드시 효자의 집안에서 찾아야 한다.'라고 말씀하셨다.〔夫國以簡賢爲務, 賢以孝行爲首. 孔子曰: "事親孝故忠可移於君. 是以求忠臣, 必於孝子之門."〕"라고 한 위표(韋彪)의 말을 인용한 것이다.

130 끝맺음을……드물었네 : 처음에 이룬 공을 끝까지 지켜 유종의 미를 거둔 자가 드물다는 말이다. 《시경》〈대아(大雅) 탕(蕩)〉에 "하늘이 뭇 백성을 내시니, 그 명을 믿을 수 없도다. 시작이 없는 경우는 없으나 끝맺음을 잘하는 이는 적도다.〔天生烝民, 其命匪諶. 靡不有初, 鮮克有終.〕"라고 한 데서 유래하였다.

131 능연각(凌煙閣)에 머리털이 또렷하고 : 이익필의 초상화가 공신각(功臣閣)에 걸려 있는 모습을 표현한 것이다. 능연각은 당 태종(唐太宗)이 643년에 공신들을 표창하기 위하여 지은 누각으로, 그곳에 장손무기(長孫無忌)를 비롯한 공신 24명의 초상화를 걸어 두었다.

132 웅곤(雄閫)에……세웠네 : 이익필이 큰 고을의 병마절도사가 된 것을 말한다. 웅곤은 큰 고을의 병영(兵營)으로, 이익필은 전라도와 평안도에서 병마절도사를 역임하였다.

곧 양국[134]으로 자리할 것 같았는데	朝莫兩局
공은 유유히 소매를 떨치고	拂袖逌然
대령의 남쪽으로 내려가니	大嶺之南
낚시하고 소요하며	漁釣徜徉
하얗게 센 머리로 단심을 품었네	皓髮丹心
밝은 영조께서는	惟明英考
태조[135]를 닮으시어	藝祖是似
덕에 힘쓴 이를 온전히 보전하여	德懋全保
은혜를 크게 베풀고 증직을 거듭해 주셨네	恩大贈貤
공명을 이룰 때에	功名之際
훌륭하게 주선하였으니	善乎周旋
정기는 북락성으로 돌아가고[136]	精歸北落
무덤은 기련산을 본떴네[137]	冢象祁連

133 융단(戎壇) : 군문 대장의 자리를 말하며, 조선 후기 훈련도감(訓鍊都監), 어영청(御營廳), 금위영(禁衛營), 수어청(守禦廳), 총융청(摠戎廳) 등 오군영(五軍營)의 대장이 이에 해당한다.

134 양국(兩局) : 훈련도감과 어영청을 아울러 이르는 말이다.

135 태조(太祖) : 이성계(李成桂)를 말한다.

136 정기(精氣)는 북락성(北落星)으로 돌아가고 : 이익필이 세상을 떠나 그 정기가 북방의 군문(軍門)을 상징하는 별인 북락사문성(北落師門星)으로 돌아갔다고 한 것이다. 북락성은 북락사문성의 준말로, 《진서(晉書)》〈천문지(天文志)〉에 "북락(北落)과 사문(師門)은 한 별로 우림(羽林)의 서남쪽에 있다. 북(北)이라 한 것은 이 별이 북방에 있기 때문이고 낙(落)이라 한 것은 하늘의 울타리이기 때문이다. 사(師)라 한 것은 무리이니, 사문은 군문과 같다."라고 하였다.

137 무덤은 기련산(祁連山)을 본떴네 : 이익필이 수립한 공이 한 무제(漢武帝) 때의

태산과 황하[138]가	岱岳黃河
나의 명과 함께 전해지리라	我銘同傳

명장 곽거병(霍去病)에 비견된다고 한 것이다. 곽거병은 기련산 일대에 있던 흉노를 정벌하여 수차례 큰 공을 세웠는데, 곽거병이 병으로 죽자 무제가 그의 죽음을 슬퍼하여 무덤 모양을 그가 생전에 전공을 세웠던 기련산의 모습을 본떠 만들어 주었다. 《史記 驃騎將軍列傳》

138 태산(泰山)과 황하(黃河) : 한 고조(漢高祖) 유방(劉邦)이 천하를 통일한 후에 개국 공신들을 책봉하면서 "황하가 띠처럼 가늘어지고 태산이 숫돌처럼 작아진다 하더라도 나라는 영원히 보전되어 후손에게까지 영화가 미치게 하리라.〔使黃河如帶, 泰山如礪, 國以永存, 爰及苗裔.〕"라고 한 말에서 채택하였다. 《史記 高祖功臣侯者年表》 여기서는 이익필이 무궁한 공을 세웠음을 알려 주는 말이다.

지은이 **채제공(蔡濟恭)**

1720년(숙종46)~1799년(정조23). 조선 후기의 문신으로, 본관은 평강(平康), 자는 백규(伯規), 호는 번암(樊巖)·번옹(樊翁)이며, 시호는 문숙(文肅)이다. 1743년 정시 문과에 병과로 급제하여 승문원 권지부정자에 임명되면서 관직 생활을 시작하였다. 1748년 11월 영조의 특명으로 시행한 한림 소시(翰林召試)에서 수석을 차지하여 예문관 검열과 대교가 되었고, 이후 대사간, 한성부 판윤, 병조 판서, 예조 판서, 호조 판서 등을 역임하였다. 1780년 역적 홍국영과의 친분, 사도세자에 대한 신원 주장으로 공격을 받자 사직하고, 명덕산(明德山)과 노량(鷺梁) 등지에서 은거하였다. 1788년 우의정이 되었으며 2년 후 좌의정으로 승진하면서 3년간 혼자 정승을 맡아 국정을 운영하였다. 영조가 사도세자의 죽음을 후회하여 기록한 〈금등(金縢)〉을 정조와 함께 보관할 유일한 신하로 채택될 만큼 두 국왕의 깊은 신임을 받았으며, 정조의 탕평책을 추진한 핵심적인 인물이었다. 사후인 1801년 황사영 백서 사건(黃嗣永帛書事件)으로 관작이 추탈되었다가 1823년 영남만인소로 신원되었다. 문장은 소차(疏箚)에 능했고, 시풍은 위로는 이민구(李敏求)·허목(許穆), 아래로는 정약용(丁若鏞)으로 이어진다고 한다.

옮긴이

박미경(朴媄敬)

경북대학교 대학원에서 소식 서전 연구로 박사 학위를 받았다. 한국국학진흥원 번역연수과정을 졸업하였고, 한국고전번역원 및 한국국학진흥원에서 번역을 하고 있다. 번역서로 《창계집》, 《유연당집》, 《초간일기》, (이상 공역) 《서계집》, 《등암집》, 《무송헌집》, 《강해집》, 《묵암집》, 《성재집》, 《용눌재집》 등이 있다.

정문채(鄭文采)

부산대학교 국어국문학과를 졸업하고 서울대학교 국어국문학과 석사과정을 수료하였으며 한국고전번역원 부설 고전번역교육원 연수과정을 졸업하였다. 현재 한국고전번역원 고전문헌번역실 교점번역위원이다.

번암집 11

채제공 지음 | 박미경 정문채 옮김

2021년 12월 31일 초판 1쇄 발행

발행인 신승운 | 발행처 한국고전번역원
등록 2008. 3. 12. 제25100-2018-000049호
주소 (03310) 서울시 은평구 진관1로 85
전화 02-350-4800 | 팩스 02-350-4994 | 홈페이지 www.itkc.or.kr

번역 박미경(제41권~제43권) 정문채(제44권~제45권)
연구총괄 양기정 | 연구기획 김지민 | 자문 정선용

책임편집 하현주 | 편집진행 김태훈 신진호 김지수
편집교정 박현진 서세영 유정님 | 조판 김지현 | 제작 김형석
디자인 씨디자인 | 인쇄 ㈜대유기획인쇄

값 20,000원
ISBN 978-89-284-0865-8 94810
978-89-284-0427-8 (세트)